Michael Haus

Kommunitarismus

Michael Haus

Kommunitarismus

Einführung und Analyse

Westdeutscher Verlag

Bibliografische Information Der Deutschen Bibliothek
Die Deutsche Bibliothek verzeichnet diese Publikation in der Deutschen
Nationalbibliografie; detaillierte bibliografische Daten sind im Internet über
<http://dnb.ddb.de> abrufbar.

1. Auflage Mai 2003

Alle Rechte vorbehalten
© Westdeutscher Verlag/GWV Fachverlage GmbH, Wiesbaden 2003

Der Westdeutsche Verlag ist ein Unternehmen der
Fachverlagsgruppe BertelsmannSpringer.
www.westdeutscher-verlag.de

Umschlaggestaltung: Horst Dieter Bürkle, Darmstadt

Gedruckt auf säurefreiem und chlorfrei gebleichtem Papier

ISBN-13:978-3-531-13662-2   e-ISBN-13:978-3-322-80401-3
DOI: 10.1007/978-3-322-80401-3

Inhalt

Danksagung 9

Einleitung 11

1. *Auf der Suche nach dem Kommunitarismus:*
   Soziale Reformbewegung und politische Theorie 11
2. *Kommunitarismus als 'Familienähnlichkeit'* 14
3. *Kommunitarismus und die 'Wiederauferstehung' der politischen*
   Philosophie 15
4. *Kommunitarismus und Liberalismus: komplementär oder*
   widersprüchlich? 19
5. *Zum Aufbau dieses Buches* 23

I.   Warum Moral? 26

1. *Moderne Moralphilosophie und Neoaristotelismus* 28
2. *MacIntyre: Die Tragik der Tugendethik in der Moderne* 35
   2.1   Moralphilosophie und Moderne: Entfremdung und Manipulation .. 36
   2.2   Reformulierung des tugendethischen Ansatzes 40
   2.3   MacIntyres selbsterrichtete Sackgasse:
         Apolitischer Aristotelismus 51
3. *Taylor: Artikulation der Moral der Moderne* 56
   3.1   Starke Wertungen, Sozialontologie und Parteinahme 57
   3.2   Kritik an der Verfahrensethik 60
   3.3   Die Weiterführung des Aristotelismus als Reaktion
         auf die Motive der Verfahrensethiken 64
   3.4   Das moderne Ideal der Authentizität 71
   3.5   Aristotelismus und die politische Theorie der Moderne 77
4. *Walzer: Pragmatischer Umgang mit der Moderne* 80
   4.1   Die Motive der immanenten Gesellschaftskritik 83

4.2 'Geteilte Verständnisse' und die Potentiale interner
Gesellschaftskritik 87

II. Welche Gemeinschaft? 93

1. *Kritik am Gemeinschaftsbegriff im Zeichen des Dualismus von*
Gemeinschaft und Gesellschaft 95
   1.1 Tönnies als vermeintlicher Stichwortgeber 95
   1.2 Gemeinschaft bei Dewey 102
   1.3 Philosophische Kritik am Gemeinschaftsdiskurs 105
   1.4 Gemeinschaft und Lebensweise 107

2. *Etzioni: Aktive Gesellschaft, Verantwortungsgemeinschaften und*
Ordnungsgleichgewicht 110
   2.1 Responsive Gemeinschaften, Authentizität
       und soziale Steuerung 111
   2.2 Die Beschwörung des Gleichgewichts 116

3. *Selznick: Authentizität als normative Logik der Gemeinschaft* 119

4. *Taylor: Politische Gemeinschaft, Nation und 'Würde'*
in der Moderne 126

5. *Walzer: Politische Gemeinschaften und die 'Politik der Differenz'* 132
   5.1 Moralische Kreativität und 'gemeinsames Leben' 133
   5.2 Perspektiven einer 'Politik der Differenz' 136

6. *Schluß: Gemeinschaft und normative Integration* 142

III. Wessen Gerechtigkeit? 145

1. *Die Gerechtigkeitstheorie Rawls' und die Kritik Sandels* 146
   1.1 Rawls: 'Gerechtigkeit als Fairneß' 146
   1.2 Sandels Kritik: Die Gemeinschaft als Grenze der Gerechtigkeit... 150
   1.3 Die Antwort des politischen Liberalismus und das bleibende
       Unbehagen Sandels 154

2. *Galstons Gerechtigkeitstheorie: Liberaler Aristotelismus* 158
   2.1 Zwischen Liberalismus und Kommunitarismus 159
   2.2 Gerechtigkeit als Proportionalität und liberale Güter 161
   2.3 Liberalismus und Perfektionismus 165

3. Walzer: Gerechtigkeitssphären und komplexe Gleichheit 172
   3.1 Gütersphären und Verteilungskriterien............................. 173
   3.2 Inwiefern ist Walzers Gerechtigkeitstheorie egalitär?.................. 185
   3.3 Walzer und der Aristotelismus 190
   3.4 Schluß.. 193

IV. Wie Demokratie? 197

1. Einleitung: Republikanismus und Liberalismus 197

2. Die Familienähnlichkeit kommunitaristischer Positionen
   im Bereich der Demokratietheorie 201

3. Neorepublikanismus bei Sandel: Das gute Leben des Bürgers 207
   3.1 Republikanimus und der Vorrang des Guten 207
   3.2 Praktische Konsequenzen... 210

4. Politik als Lebensform und kreative Problemlösung:
   Barbers Programm der 'starken Demokratie' 217
   4.1 Starke Demokratie und Kommunitarismus......................... 217
   4.2 Republikanische Lebensweise und demokratischer Konsens........ 224

5. Pluralistischer Republikanismus: Zivilgesellschaft und moderne
   Demokratie bei Taylor und Walzer..................................... 230
   5.1 Die kommunitaristische Sicht der Zivilgesellschaft 231
   5.2 Zivilgesellschaft und Komplexität................................. 235
   5.3 Bürgeraktivierung und soziale Gleichheit 238

6. Putnams Forschungen zum sozialen Kapital........................... 243
   6.1 Putnams Italien-Studie: Sozialkapitalfatalismus.................. 244
   6.2 Putnams Amerika-Studie:
        Der Wandel zum Sozialkapitalaktivisten.......................... 246
   6.3 Sozialkapitalforschung und Kommunitarismus.................... 247

V.   Schluß: Im Zweifelsfall für die Gemeinschaft? 252

1. Individuelle Rechte, gemeinschaftliche Praktiken
   und Authentizität.. 255

2. Moraltheorie: Kategoriale Anforderungen an die Suche
   nach dem guten Leben 261

3. *Gemeinschaft: Moralische Bindung und kulturelle Lebensweise* 265

4. *Gerechtigkeit: Integrität von Handlungssphären und*
   Würdigung individuellen Verdienstes 269

5. *Demokratietheorie: Wie ist der 'gute Bürger' möglich?* 271

Zitierte Literatur 280

Danksagung

Ich danke ganz herzlich allen Kolleginnen und Kollegen bzw. Mitgliedern des Theoriekolloquiums am Institut für Politikwissenschaft in Darmstadt, die Teile des Manuskriptes gelesen und kommentiert haben: Rainer Schmalz-Bruns, Tanja Hitzel-Cassagnes, Daniel Gaus, Jörg Kemmerzell und Sybille de la Rosa. Ein ganz besonderer Dank geht jedoch an Oliver Flügel, der eine wahrhaft heroische Lese- und Kommentarleistung vollbracht hat, indem er das gesamte Manuskript nach Unklarem und Unzulänglichem durchforstet hat. Mit Sicherheit hätten meine Kommentatoren vieles ganz anders dargestellt und bewertet als ich. Daß die Kommunikation dennoch so gut funktioniert hat, liegt nicht nur an persönlicher Sympathie (und akademischen Tugenden), sondern hat mir auch gezeigt, daß unsere Sorge den selben Intuitionen gilt und es somit vielleicht doch so etwas wie ein normatives Projekt der Moderne geben könnte, an dem wir alle auf unsere Weise herumbasteln. Für Teile wie Ganzes, um im alteuropäischen Duktus zu bleiben, zeichne ich dennoch selbstverständlich allein verantwortlich. Hubert Heinelt hat mir den nötigen Freiraum für die Durchführung der Arbeit gegeben und stand mir mit wertvollem Rat zur Seite. Oliver Wolf half mir bei der Durchsicht des Manuskriptes. Meiner Frau Annette möchte ich dafür danken, daß sie Freude und Leid des Schreibens mit mir geteilt und (wieder einmal) Geduld gezeigt hat.

Meinen Eltern Gerd und Gertraud Haus

Einleitung

1. Auf der Suche nach dem Kommunitarismus: Soziale Reformbewegung und politische Theorie

Die Frage, was denn 'der' Kommunitarismus sei, hat nun schon eine beträchtliche Zahl von studentischen Jahrgängen in den Sozialwissenschaften, der Philosophie und der Theologie umgetrieben. Auch die Feuilletons der großen Tages- und Wochenzeitungen fragten eine geraume Weile, halb neugierig, halb bangend, was hinter der Heraufkunft dieser neuen geistigen Strömung und sozialen Bewegung stecke, die ihren Weg von Nordamerika über den Atlantik nach Europa fand. Das Ziel dieser Bewegung wurde nicht nur in einer Stärkung des gemeinschaftlichen Zusammenhalts angesichts einer sich zunehmend in Privatinteressen und Egoismus auflösenden Gesellschaft gesehen (denn vom englischen *community* leiten sich, wie inzwischen weithin bekannt ist, die Ausdrücke *communitarian* und *communitarianism* ab). Es wurde auch der Verdacht gehegt, daß die Kommunitaristen zugleich auf eine Umstürzung oder doch Umwertung der für moderne Gesellschaften leitenden Begrifflichkeiten und Legitimitätsvorstellungen abzielten.

Die Zahl der Lehrveranstaltungen zum Thema 'Kommunitarismus und Liberalismus' ist nach wie vor beachtlich. In den Feuilletons hingegen ist es merklich stiller geworden. Auch mit Blick auf den akademischen Bereich kann festgehalten werden, daß die Hochzeit der einschlägigen Veröffentlichungen zur Kommunitarismusdebatte wohl die späten 80er und frühen 90er Jahre waren, während heute vorwiegend von den Resten gezehrt wird. Wie bei jeder großen akademischen Debatte ist der Ausgang letztlich mehr oder weniger umstritten, und man wendet sich allmählich anderen Themen zu. Fest steht jedoch in jedem Fall, daß die Kommunitarismusdebatte die letzte große Kontroverse in der politischen Theorie im ausgeklungenen Jahrtausend gewesen ist. Eine umfassende Darstellung dieser Diskussion kann unzweifelhaft einen Beitrag zur gegenwärtigen Standortbestimmung der (normativen) politischen Theorie leisten. Die paradigmatische Struktur dieser Theoriediskussion könnte darin gesehen werden, daß sie, mehr als alle Kontroversen zuvor, als Ausfluß einer *internen Differenz* im Selbstverständnis moderner, d.h. demokratisch-konstitutioneller und ausdifferenzierter, mithin:

'westlicher' Gesellschaften zu verstehen ist. In ungleichem höherem Maße als bislang der Fall hat sie sich an divergierenden Auslegungen der für diese Gesellschaften konstitutiven Normen und Werte festgemacht. Es handelte sich um eine Differenz, die nicht durch die Entgegensetzung des eigenen Gesellschaftsverständnisses mit einem konkurrierenden hervorgebracht wurde (wie bei der Legitimierung des westlichen Gesellschaftssystems durch seine Gegenüberstellung mit dem östlichen), sondern durch unterschiedliche Möglichkeiten der Selbstauslegung und -kritik.[1]

Ein erster differenzierender Blick sollte verschiedene *Spielarten* des Kommunitarismus unterscheiden. Thomas Meyer grenzt zurecht einen praktisch-reformerischen (von ihm „politisch" genannten) von einem theoretischen („philosophischen") Kommunitarismus ab (Th. Meyer 1999). Ziel des *praktisch-reformerischen Kommunitarismus* sei „eine Gesellschaft verantwortungsbereiter Bürger, die in erster Linie selbst und in selbstbestimmten Formen des Engagements in ihren gesellschaftlichen Lebenswelten tätig werden, um politische Probleme, die einer gemeinschaftlichen Lösung bedürfen, selbst zu lösen" (ebd.: 33). In dieser Beschreibung mag man in der Tat die gemeinsame Formel der auf den ersten Blick wenig zusammenhängenden Forderungen der kommunitaristischen „politisch-sozialen Bewegung" (Reese-Schäfer 1997: 378) zu Familie, Schule, Gesundheitsfürsorge u.v.m. sehen (vgl. Etzioni 1995). Dabei nehmen, wie Meyer weiterhin erkannt hat, die Vertreter dieser Kommunitarismus-Variante zugleich drei unterschiedliche Rollen ein: jene des/der Intellektuellen, jene der sozialen Bewegung und jene politischer Parteien (Th. Meyer 1999: 33). Das heißt: Kommunitaristen der ersten Variante zielen auf eine argumentative Beeinflussung der öffentlichen Meinung; sie etablieren Netzwerke gemeinsamen Handelns; und sie entwerfen politische Programme. Hinzuzufügen wäre die große Bedeutung der Politikberatung bzw. der persönlichen Beeinflussung politischer Verantwortungsträger, wie sie von Etzioni gegenüber den US-Präsidenten Carter und Clinton und von Anthony Giddens gegenüber Tony Blair praktiziert worden sind. Die praktisch-reformerische Variante ist sicherlich hauptverantwortlich für die (zumindest vorübergehende) öffentliche Resonanz gegenüber dem Phänomen Kommunitarismus. In Deutschland ist sie vielfach eine strategische Allianz mit dem anderen politischen Modetrend der letzten Jahre eingegangen, nämlich dem der *'aktiven Bürgergesellschaft'*, und nicht selten lief die Rezeption des Kommunitarismus im parteinahen

---

1   In diese Richtung argumentieren u.a. auch Walzer 1993b, Wellmer 1993 und Cladis 1992.

Umfeld ab.[2] Erst im Fahrwasser des praktisch-reformerischen Kommunitarismus konnten auch sozialphilosophische Fragen nach der normativen Qualität von politischen Institutionen oder der Begründung moralischer Normen den Bereich akademischer Debatten überschreiten und ins Forum der Öffentlichkeit gelangen.

Als *theoretischen oder philosophischen Kommunitarismus* kann man eine bestimmte Positionierung innerhalb eines politiktheoretischen Diskussionszusammenhangs bezeichnen, der mit dem 1982 erschienen Buch von Michael Sandel, *Liberalism and the Limits of Justice*, seinen Ausgang nahm. Diese Debatte lebte wesentlich von einer Gegenüberstellung 'liberaler' und 'kommunitaristischer' Positionen, auf die weiter unten näher eingegangen werden soll.

Die Unterscheidung zwischen einem praktisch-reformerischen und einem theoretisch-akademischen Strang des Kommunitarismus kann sich auf verschiedene Merkmale stützen: Zunächst sind erstere durch ein gemeinsames politisch-gesellschaftliches Programm verbunden (Etzioni 1995), während letztere keinerlei Aktionseinheit bilden oder auch nur zu bilden in der Lage wären. Während die Aktivisten des *Communitarian Network* unter der Ägide Amitai Etzionis zumindest als Gruppe die Bezeichnung *communitarians* für sich akzeptieren, trifft das auf die wichtigsten, als Referenzautoren kommunitaristischen Denkens gehandelten Theoretiker wie Walzer, Taylor, Sandel, MacIntyre und Barber gerade nicht zu.[3] Eine 'Schule' des Kommunitarismus existiert nicht. Der theoretische Strang wirft folglich sehr viel größere Schwierigkeiten auf bei der Beantwortung der Frage, was denn der Kommunitarismus sei. Um die Frage richtig zu formulieren, ist es meines Erachtens freilich unabdingbar, auf das Verlangen nach einer 'Wesensbestimmung'

---

2   S. z.B. die Beiträge in Alemann et al. 1999 für die sozialdemokratische Rezeption, die verschiedenen Stellungnahmen in Chatzimarkakis/Hinte 1997 und die Beiträge von Gauly, Kretschmann, Vorländer und Meyer im *Forschungsjournal Neue Soziale Bewegungen*, Jg. 8, Heft 2, 1995.

3   Eine (keineswegs vollständige) Zusammenstellung von Distanzierungen findet sich bei Bell (1995: 17, Fußn. 14). Auf der anderen Seite finden sich auch immer wieder wohlwollende Verwendungsweisen von Begriffen wie 'Kommunitaristen' oder 'kommunitaristisch', so in der Verbindung mit 'demokratisch' (vgl. Barber 1995: 383, Anm. 23, Walzer 1992g: 469). Mit dem Versuch einer positiven Synthese der verschiedenen zu den Kommunitaristen gezählten Denker (v.a. Taylor, Walzer, MacIntyre) – in Form eines modernen platonischen Dialoges – steht Bell freilich allein da. Etzioni (1995, 1999) hat zwar den Begriff *communitarianism* positiv zu besetzen versucht – von einer systematischen politischen Theorie kann hier jedoch nur mit Einschränkungen gesprochen werden. Selznick (2002: 7-10) offeriert die Perspektive eines „communitarian liberalism".

von vornherein zu verzichten. Das angemessene Verständnis scheint mir demgegenüber im Begriff der *'Familienähnlichkeit'* erfaßt zu sein.

2. Kommunitarismus als 'Familienähnlichkeit'

Eine kommunitaristische Familienähnlichkeit läßt sich im Anschluß an Ludwig Wittgensteins Verwendung dieses Begriffes feststellen (Wittgenstein 1995: §§ 66-67). Wittgenstein, der bestrebt war unserem Verlangen nach Wesensdefinitionen entgegenzutreten, wollte mit diesem Begriff deutlich machen, daß wir Wörter unter Umständen sehr wohl sinnvoll verwenden können, ohne daß wir in der Lage wären, das so bezeichnete Phänomen auf eine abgegrenzte Reihe von Eigenschaften festzulegen. Es wird im folgenden also nicht davon ausgegangen, daß es ein gemeinsames Wesensmerkmal zwischen den Theorien der unter der Bezeichnung 'Kommunitaristen' subsumierten Denker gibt. Wohl aber wird die Möglichkeit in Betracht gezogen, daß ein *Geflecht von Übereinstimmungen* zwischen jeweils einzelnen unter ihnen im Hinblick auf bestimmte Merkmale existiert – so wie uns bei den Mitgliedern einer Familie bei den einen die gleichen Augen, bei anderen die gleiche Nasen, bei einigen eine verblüffende Ähnlichkeit hinsichtlich Augen und Nasen auffallen mögen usw. In relativ trivialer Weise läßt sich diese Familienähnlichkeit an der Tatsache festmachen, daß es durchaus Verweisungszusammenhänge und gemeinsame Foren unter den Autoren gibt, welche gemeinhin dem theoretischen Strang des Kommunitarismus zugeordnet werden.[4]

Eine Familienähnlichkeit ist noch in einem weiteren Sinne festzustellen, und dieser verweist auf einen wenig beachteten Aspekt in der Genese kommunitaristischer Argumente. Gemeint ist die Verwandtschaft der *Herkunft*. So entstammen die kommunitaristischen Theoretiker allesamt einem bestimmten linksintellektuellen Milieu der sechziger und siebziger Jahre. 'Kommunitaristen' und 'Liberale' gehören einer gemeinsamen größeren Familie an, nämlich der Großsippschaft der nordamerikanischen demokratischen Linken. In ihrer praktischen Orientierungen oft gar nicht weit ausein-

---

4   Vgl. z.B. Barber 1995, wo er sich auf Taylor, Walzer, MacIntyre u.a., v.a. auf Sandel stützt. Zusammen mit Etzioni, Taylor, Bellah, Selznick, Galston u.a. gehört Barber auch zu den Herausgebern der Zeitschrift *The Responsive Community*, dem wissenschaftlichen Organ kommunitaristischen Denkens und Debattierens.

ander, pflegen sie doch recht unterschiedliche Traditionen.[5] Wie kam es zum
Streit innerhalb dieses Milieus der demokratischen Linken, die doch bislang
Seit an Seit für Demokratie und Bürgerrechte gekämpft hatte? Philip Selz-
nick (2002: 5) nennt drei wesentliche Gründe:

- die Dynamik der philosophischen Debatte, gespeist vom Bedürfnis nach
  einer Wiederbelebung des akademischen Diskurses,
- die Erfahrung des 'kaltherzigen' Neo-Liberalismus der 80er unter Reagan
  in den USA und Thatcher in Großbritannien,
- die wachsende Unzufriedenheit mit wohlfahrtsstaatlichen Strukturen, in
  denen eine Logik der Abhängigkeit und Verantwortungslosigkeit erblickt
  wurde.

Auf den ersten von Selznick genannten Punkt möchte ich im folgenden etwas näher eingehen, da er der aus theoretischer Perspektive wohl interes-
santeste ist.

3. Kommunitarismus und die 'Wiederauferstehung' der politischen Philosophie

Zur Kultur der Moderne gehört offensichtlich, daß sie ein mißtrauisches
Verhältnis gegenüber normativer, also auf *Soll*zustände ausgerichteter, Theoriebildung hegt – obwohl am Anfang dieser Kultur unbestreitbar der aufklärerische Versuch eine wichtige Rolle gespielt hat, ein universal gültiges Fundament der Moralität auszuweisen. So kann normative Theorie als 'unwis-
senschaftlich' verworfen werden, wo Wissenschaftlichkeit als gesetzmäßige
Erfassung der beobachtbaren Wirklichkeit, und sonst nichts, verstanden
wird. In Bezug auf normative *politische* Theorie kann ergänzend angemerkt
werden, daß moralische Reflexion von Grund auf an den Gesetzen der politisch-sozialen Wirklichkeit vorbeigehe. In der machiavellistischen Lesart bedeutet dies im Kern, daß sich politische Theorie auf die Lehre von der Tech-
nik der Macht und ihren klugen Gebrauch zu konzentrieren habe (vgl. Burn-
ham/Reiwald 1949). Dieselbe Leitmelodie kann freilich auch in ganz anderen Variationen vorgetragen werden. So läuft 'politische Theorie' im Mar-

---

5   Die Gemeinsamkeit zwischen den Liberalen Rawls, Nagel, Dworkin sowie dem mitunter auch
    zu den Kommunitaristen gezählten Rorty und ihm selbst in „fast jeder" politischen Frage in den
    60er Jahren hat Michael Walzer (1994a: 41) eigens unterstrichen.

xismus auf die Analyse sozialer Widersprüche und der von ihnen bedingten Bewegungsgesetze der Gesellschaft hinaus. Praktische Orientierung stiftet dann das 'wissenschaftlich' abgesicherte Bewußtsein, auf der richtigen Seite der historischen Entwicklung zu stehen, und sonst nichts. Und der Dezisionismus Carl Schmittscher Prägung pocht auf den normativ nicht einholbaren Status der souveränen Entscheidung (Schmitt 1932).

Solche gegenüber jeder normativen Herangehensweise argwöhnischen Haltungen sind in den letzten Jahrzehnten eher in die Defensive geraten. Es ist von einer regelrechten „Renaissance" oder auch „Wiederaufstehung" der vormals toten normativen politischen Philosophie gesprochen worden, und einem Theoretiker im besonderen wurden dabei herausragende Verdienste bescheinigt: John Rawls und seinem 1971 erschienen Buch *A Theory of Justice* (vgl. Kersting 1993: 11-18, 2000: 23ff.). Mit diesem Buch machte Rawls die politische Philosophie des Gesellschaftsvertrages und Kants Rechtsphilosophie fruchtbar für eine moderne Theorie sozialer Gerechtigkeit. Aber auch andere Erfolgsgeschichten der politischen Philosophie wären hier zu nennen, etwa die Erhebung des Diskurstheoretikers Jürgen Habermas zum gleichsam offiziellen „Philosophen der Bundesrepublik Deutschland".[6] Wie der im vergangenen Jahr verstorbene Rawls hat Habermas einen viel beachteten Reaktualisierungsversuch der Kantischen Tradition erbracht und erfolgreich die Idee einer sich über öffentliche Diskurse legitimierenden und integrierenden Gesellschaft popularisiert (Habermas 1981, 1992).

Es wäre natürlich verfehlt zu glauben, daß vor Rawls, Habermas und den Kommunitaristen keinerlei normativ-theoretischer Diskurs in den Sozialwissenschaften stattgefunden hätte.[7] Außerdem muß bedacht werden, daß der eigentliche Triumphzug der Rawlsschen Theorie im Grunde erst nach den 70er Jahren erfolgen konnte, als neomarxistische und 'kritisch-dialektische' Ansätze schon wieder auf dem Rückzug waren. Freilich hatten gerade deren Gefechte v.a. mit dem Kritischen Rationalismus Popperscher Prägung weniger eine konstruktive Erörterung normativer Prinzipien zum Gegenstand. Während die marxistischen Positionen dieses Anliegen als Widerspiegelung sozialer Entfremdung und Ausblendung gesellschaftlicher Widersprüche de-

---

6 So Jan Philipp Reemtsma in seiner Laudatio auf Habermas anläßlich der Verleihung des Friedenspreises des Deutschen Buchhandels in der Frankfurter Paulskirche am 14. Oktober 2001.
7 Vgl. Kersting 1993: 17, Malowitz/Krause 1998: 18, wo zu Recht auf Denker wie Hannah Arendt, Leo Strauss und Eric Voegelin verwiesen wird, welche bereits vor Erscheinen der Rawlsschen Gerechtigkeitstheorie im Jahr 1971 Protagonisten einer äußerst lebendigen Theoriediskussion waren. Für die Rückkehr der 'großen Theorie' in den Humanwissenschaften insgesamt vgl. Skinner 1985.

nunzierten, empfahl Popper eine „Sozialtechnik der kleinen Schritte", die sich skeptisch gegenüber Visionen der idealen Gesellschaft zeigte und einfach nach der leidensmindernden Wirkung konkreter politischer Vorschläge fragen wollte (Popper 1957/58). Für viele politische Akteure der 70er Jahre, v.a. im Bereich der Sozialdemokratie, waren Neomarxismus oder Kritischer Rationalismus die relevanten identitätsstiftenden Hintergrundtheorien. Es spricht einiges dafür, daß heute *Kommunitarismus* und *politischer Liberalismus* als Hintergrund-Paradigmen des selben politischen Lagers miteinander konkurrieren – ohne damit suggerieren zu wollen, daß die früheren Marxisten heute Kommunitaristen seien. Dennoch gibt es Wahlverwandtschaften. So thematisiert der Kommunitarismus wie der Neo-Marxismus Phänomene der Entfremdung, ohne dabei freilich bevorzugt auf Geschichtsphilosophie und politische Ökonomie zurückzugreifen.[8]

Die These von der Wiederbelebung der politischen Philosophie durch Rawls kann also nur so verstanden werden, daß sie einer *bestimmten Art* der politischen Theoriebildung wieder zu ihrem Recht verholfen hat. Einschlägig dafür ist die Rede von der 'wohlgeordneten Gesellschaft'. Daß Rawls es sich zugetraut hat und in den Augen vieler recht erfolgreich darin war, den institutionellen Grundriß einer gerechten Gesellschaft im ganzen zu zeichnen, daß er auf der eigenständigen Bedeutung normativer Prinzipien bestand und daß er einen Gerechtigkeitsmaßstab entwickelte, der eine normative Perspektive über eine Politik der 'kleinen Schritte' hinaus offeriert – dies alles unterscheidet ihn von den zuvor die Theoriediskurse dominierenden Positionen. So kann Rawls bescheinigt werden, wesentlich zu einer Ablösung der Dominanz utilitaristischer Ansätze beigetragen zu haben (vgl. Gutmann 1989). Mit seinem Postulat der allgemeinen Glücksmaximierung bzw. Leidensminimierung (Poppers 'negativer Utilitarismus') als alleiniger Richtschnur sozialer Praxis stellt der Utilitarismus eine Position dar, die der eigenständigen Reflexion auf normative Prinzipien das Wasser abgräbt. Weder wird die Frage gestellt, ob es moralische Schranken für Glücksmaximierung und Leidensminimierung gibt, noch wird die Frage der Verteilung von Nutzen als moralisches (gerechtigkeitstheoretisches) Problem gewürdigt, und auch der Glücksbegriff selbst blendet jede gehaltvolle philosophische Argumentation über das, was Glück denn eigentlich sei, aus. Der Utilitarismus

---

8   Zur Auffassung vom Neo-Marxismus als einer früheren 'Welle' der kommunitaristischen Kritik am Liberalismus vgl. Gutmann 1993. Für eine Unterstützung der marxistischen Liberalismuskritik bei Ablehnung von dessen modernistischen Ethos vgl. MacIntyre 1987: 10.

steht insofern in einem Verhältnis der Wahlverwandtschaft zum 'empirisch-analytischen' Verzicht auf normative Theorie, wie sie sich in der großen Beliebtheit des Kritischen Rationalismus auch unter Politikwissenschaftlern gezeigt hat.

Das Aufkommen kommunitaristischen Denkens in der politischen Theorie ist im Gefolge dieser Rawlsschen Rehabilitierung einer nicht auf Nutzenerwägungen reduzierbaren Vorstellung von sozialer Gerechtigkeit angesiedelt (Kersting 1997: 397-435). Zugleich muß ihr Verhältnis zu der besonderen Weise, wie Rawls Argumentationsfiguren der klassischen politischen Philosophie wieder in ihr Recht gesetzt haben, als ambivalent bezeichnet werden. Auch die als Kommunitaristen etikettierten Theoretiker übten schon seit längerer Zeit (und vor Veröffentlichung der Rawlsschen Gerechtigkeitstheorie) Kritik am Utilitarismus, freilich eher aus einer am Ideal des Aktivbürgers ausgerichteten Perspektive (vgl. z.B. Walzer 1980d, urspr. 1967); und ähnlich wie Habermas (1973) insistieren Theoretiker des Kommunitarismus seit längerem darauf, daß die empirischen Sozialwissenschaften sich der hinter ihren Analysen stehenden normativen Prämissen und Implikationen vergewissern sollten (vgl. Taylor 1975). Auch halten die kommunitaristischen Theoretiker im Unterschied zu den genannten empiristischen und realistischen Positionen mit Rawls daran fest, daß der normativen politischen Theorie ein fester Platz in der akademischen Diskussion wie in der öffentlichen Auseinandersetzung demokratischer Gesellschaften zukommt. Die Ambivalenz gegenüber der Art und Weise, wie diese Rehabilitierung ihren Gang nahm, liegt nun allerdings darin, daß man in abstrakten Systembildungen wie bei Rawls den Rückfall in eine unfruchtbare Sterilität der politischen Theorie erblickt, da es keine überzeugende Möglichkeit gebe, legitime politische Strukturen und Verfahren einer Gesellschaft aus einem einzigen Prinzip heraus zu konstruieren bzw. zu rekonstruieren. Eine dementsprechende Arbeitsteilung zwischen normativer politischer Philosophie und empirischer Politikwissenschaft wäre aus dieser Perspektive unfruchtbar. Auf philosophischer Seite wäre es angebracht, die moralische Urteilskraft im Bereich der Politik als Reflexion auf den Sinn und die Integrität spezifischer sozialer bzw. politischer Praktiken zu verstehen; auf sozialwissenschaftlicher Seite sollte von einem szientistischen Selbstverständnis abgerückt und die unumgängliche normative Imprägniertheit der sozialen Praxis anerkannt werden. Insofern die liberalen Theorien diesem Anspruch nicht gerecht werden, bleibt die durch Rawls initiierte Rehabilitierung der normativen politischen

Philosophie auf halbem Wege stehen. Sie rehabilitiert zwar die politische Philosophie, nicht aber das Politische als normativ konstituierte Praxis.

Aus solchen Wahrnehmungen der Ambivalenz von Rawls' Rehabilitierung der politischen Philosophie speiste sich dann die bereits erwähnte Kommunitarismusdebatte in der politischen Theorie. Diese umfaßte im wesentlichen drei Fragenkomplexe[9]:

- Eine *politisch-anthropologische* Debatte um das angemessene Verständnis der menschlichen Person als Bezugspunkt der politischen Philosophie im allgemeinen und der Gerechtigkeitstheorie im besonderen. Kommunitaristische Positionen kritisierten das nach ihrer Auffassung den liberalen Konzeptionen zugrundeliegende 'atomistische' Bild eines 'ungebundenen Selbst' und forderten dazu auf, dessen 'Einbettung' in 'Konstitution' durch gemeinschaftliche Lebenszusammenhänge anzuerkennen.

- Eine *metatheoretische* Debatte um die mit moralphilosophischen Argumenten verbundenen Geltungsansprüche und die damit korrespondierende sinnvolle Architektonik und Methode normativer Überlegungen. Kommunitaristische Positionen zweifelten die Begründbarkeit universal gültiger Standards an und kritisierten Vorgehensweisen, die Rationalität durch die weitgehende Abstraktion von gemeinschaftlichen Wertvorstellungen zu erreichen hoffen.

- Eine *politisch-institutionelle* Debatte um die angemessen Rolle öffentlicher Institutionen und Politiken. Kommunitaristische Positionen warfen den liberalen Theoretikern ein überzogenes Verständnis der weltanschaulichen Neutralität des Staates vor. Sie hielten es für keine sinnvolle Forderung, daß der Staat gleichermaßen auf Distanz zu allen Vorstellungen der guten Lebensführung geht.

4. Kommunitarismus und Liberalismus: komplementär oder widersprüchlich?

Sind Liberalismus und Kommunitarismus tatsächlich unvereinbare Gegensätze oder nicht vielmehr friedlich koexistierende Theoriekontrahenten oder

---

9 Ich fasse hier Vorschläge zur Unterscheidung verschiedener Dimensionen oder Stränge der Kommunitarismusdebatte zusammen (vgl. Mulhall/Swift 1992, Bell 1995: 4-8, Forst 1993, Honneth 1993 und van den Brinck 1995).

gar komplementäre Formen der Beschreibung der moralischen Grundlagen moderner Gesellschaften? Für alle diese Auffassungen lassen sich triftige Gründe anführen. Zu differenzieren wäre dabei wieder zwischen den unterschiedlichen Spielarten des Kommunitarismus. Ist also die *politischpraktische* Spielart des Kommunitarismus problemlos vereinbar mit einem theoretischem Liberalismus? Dieser Auffassung ist beispielsweise Thomas Meyer, wenn er schreibt: „Nichts spricht gegen Positionen, die das Vertragsdenken von Rawls oder auch ganz andere Varianten der Letztbegründung von Gerechtigkeit und sozialen Pflichten mit einem praktischen politischen Bürgerengagement verbinden, wie es die Kommunitaristen im Grunde ja auch nicht neu erfunden haben, sondern letztlich nur neu bewußt machen und beleben wollen" (Th. Meyer 1999: 31). Daran ist so viel richtig, daß man, ohne sich in Widersprüche zu verwickeln, zugleich Rawls' Sicht der Gerechtigkeit teilen und Appelle für mehr Bürgerengagement unterstützen kann. Tatsächlich hat es der Mentor der kommunitaristischen Bewegung, Amitai Etzioni, an keiner Stelle für nötig befunden, sich mit der Gerechtigkeitstheorie von Rawls kritisch auseinanderzusetzen. Umgekehrt verhält sich der Liberalismus Rawlsscher Prägung tolerant gegenüber allen 'vernünftigen', d.h. auf umfassende Ansprüche verzichtenden Konzeptionen des guten Lebens – so auch gegenüber 'kommunitarischen' Konzeptionen, die die Übernahme individueller Verantwortung in aktiven Gemeinschaften als Kern eines gelungenen menschlichen Lebens auszeichnen; und die vom Liberalismus geschützte Freiheit der Meinungsäußerung gestattet es fraglos, die Mitbürger zu einem höheren Maß an Gemeinsinn aufzurufen. Wenn alle kommunitaristischen Reformer mit Philip Selznicks (2002: 60f.) Skepsis gegenüber jeglicher Ausübung von Zwang übereinstimmten, würden sich alle Gegensätze verflüchtigen.

Zu bedenken ist freilich, daß die konkreten Reformüberlegungen, wie sie etwa vom *Communitarian Network* angestellt werden, durchaus nicht immer mit den Neutralitätsforderungen des Liberalismus in Einklang zu bringen scheinen. Problematisch wird es im Hinblick auf die Vereinbarkeit von praktischem Kommunitarismus und theoretischen Liberalismus spätestens dann, wenn die kommunitaristische Konzeption des guten Lebens in irgendeiner Form Eingang finden soll in *öffentliche Politik*. Dies kann etwa in der Form der Fall sein, daß der Empfang bestimmter *Leistungen* an das Erfüllen bestimmter *Pflichten* gebunden wird (etwa in Form von 'workfare'-Programmen). Es kann des weiteren dadurch erfolgen, daß aktive Gemeinschaften als *Kooperationspartner* des Staates in Erscheinung treten und dadurch die konkrete Form der staatlichen Leistung beeinflussen. Drittens erscheint die Vereinbarkeit fraglich, wenn die Erfüllung bestimmter Pflichten im Namen staatsbürgerlicher *Solidarität staatlich erzwungen* wird, so bei der Einrichtung eines sozialen Pflichtjahres, wie es von den Kommunitaristen immer wieder gefordert wird (Etzioni 1995: 154ff.). Zu denken ist schließlich auch an den auf Kosten von Persönlichkeitsrechten ausgeübten *'Tugendterror'*, z.B. die öffentliche (und mitunter staatlich veranlaßte) Anprangerung von Straftätern. Etzionis Hinweis auf die Veröffentlichung der Namen von Freiern in örtlichen Zeitungen (ebd.: 165) ist dafür ebenso ein Beispiel wie die Übertragung von Gerichtsaufgaben an Laiengerichte 'vor Ort' (z.B. Schülergerichte, bei denen Minderjährige Fehlverhalten unter ihresgleichen anprangern und bestrafen).

Wie steht es demgegenüber um die Vereinbarkeit von *theoretischem* Kommunitarismus und Liberalismus? Auf den ersten Blick scheinen hier die Unvereinbarkeiten noch größer zu sein. Was die verschiedenen Denker im Bereich der politischen Theorie zu Mitgliedern der kommunitaristischen Familie machte (oder Gemeinsamkeiten sichtbar werden ließ), war zunächst die Gemeinsamkeit als anscheinend geistesverwandte Kritiker der Gerechtigkeitstheorie von John Rawls, die sicherlich als das Flaggschiff liberalen Denkens betrachtet werden muß. Nicht von ungefähr fanden die namensgebenden Begriffe 'community' und 'communitarian' zum ersten Mal als ständige Bezugspunkte in Michael Sandels kritischem Kommentar zu Rawls Verwendung (Sandel 1982). Als 'Kommunitaristen' wurden fortan all jene 'gelabelt' (Kallscheuer 1995b), die für die Bedeutung kollektiver Wertvorstellungen und Moralverständnisse ('das Gute') eintraten, während 'Liberale' für den Vorrang individueller Freiheiten ('das Rechte') plädierten. Aber trägt diese Unterscheidung wirklich?

Zunächst ist zu vermerken, daß die hier angeführte Gegenüberstellung in mindestens einem zentralen Punkt mißlich ist, weil sie Ausschließlichkeit vorgibt, wo sie nicht unbedingt vorliegt. Unterstellt wird nämlich, daß individuelle Freiheitsrechte und kollektive Vorstellungen vom Guten als Bezugspunkte der politischen Theorie sich gegenseitig ausschließende Alternativen bilden. Gemeinschaftliche Wertvorstellungen können jedoch individuelle Freiheitsrechte als konstitutive Bedingung eines guten Lebens einschließen. Mit Blick auf die politische Theorie des Republikanismus etwa läßt sich aufzeigen, daß das hier propagierte 'gute Leben' als aktiver, verantwortlicher und an der Selbstregierung teilhabender Bürger (*citoyen*) in sich bereits auf die Anerkennung individueller Teilhabe- und Freiheitsrechte verweist. Ohne

politische Freiheitsrechte ist eine gemeinsame Praxis des Selbstregierung im
Sinne aktiver Bürgerschaft gar nicht vorstellbar. Und umgekehrt gilt, daß aus
liberaler Perspektive individuelle Freiheitsrechte oder Ansprüche nicht nur
als Schutz der Individuen vor illegitimen Ansprüchen autoritärer Gemeinschaften zu verstehen sind, sondern auch als Schutz gemeinschaftlicher
Identitäten vor illegitimer Intervention und Machtausübung durch einen tyrannischen Staat. Es könnte sich letztlich herausstellen, daß es weniger die
generelle *Befürwortung* individueller Freiheitsrechte als grundlegendes normatives Moment moderner Gesellschaften ist, welche liberale und kommunitaristische Positionen voneinander unterscheidet, als vielmehr das jeweilige
Verständnis und die entsprechende *Begründung* dieser Freiheitsrechte.

Albrecht Wellmer hat vor dem Hintergrund derartiger Erwägungen einen
etwas anders gelagerten, pragmatischen Vorschlag zur Unterscheidung von
Liberalen und Kommunitaristen präsentiert, der aber immer noch an der Gegenüberstellung des 'Rechten' und des 'Guten' ausgerichtet ist. Demnach
treten „im Zweifelsfall" Liberale für den unverbrüchlichen Schutz individueller Freiheitsrechte ein, während Kommunitaristen Partei für die Integrität
gemeinschaftlicher Lebensformen oder kollektiver Selbstbestimmung ergrei-
fen (Wellmer 1993: 177). Vorteilhaft an dieser Differenzbestimmung ist, daß
den Kommunitaristen zugebilligt wird, nicht von vornherein mit individuellen Freiheitsrechten auf Kriegsfuß zu stehen, während für die liberale Seite
ausgesagt wird, daß sie durchaus nicht einem atomistischen Verständnis individueller Freiheit huldigt, welches jedwede gemeinschaftliche Bindung als
potentielle Freiheitsbedrohung perhorresziert. Die Rede vom 'Zweifelsfall'
als dem Punkt, an dem sich die Wege von Liberalen und Kommunitaristen
trennen, läßt jedoch zweierlei offen: Erstens wird nicht thematisiert, *wann*
dieser Zweifelsfall genau vorliegt, und zweitens fehlt es an einer Erläute-
rung, *warum* sich die eine Seite für die eine, die andere für die andere Option
entscheidet.

Außerdem sollte der 'Zweifelsfall' meines Erachtens etwas anders gefaßt
werden: Kommunitaristische Positionen *erlauben* zwar grundsätzlich die
durch kontextuelle Begründungen gestützte Unterordnung individueller Freiheitsrechte unter die Erfordernisse des Überlebens kultureller Gemeinschaften, der Praxis kollektiver Selbstbestimmung und der Integrität sozialer
Handlungszusammenhänge. Sie treten jedoch nicht *zwangsläufig* für die von
Wellmer angeführte Option ein (s. dazu Kapitel V). Der 'Kontext' ist dabei
letztlich selbst ein *Ethos der Freiheit*, das sich in demokratischen Institutionen und Traditionen verkörpert und auf eine politische Gemeinschaft wie

auch eine umfassendere Kultur verweist. Für Liberale ist die Vorstellung einer Zurückstellung individueller Freiheitsrechte im Namen eines gemeinschaftlichen Freiheitsethos und dessen kultureller Rahmung grundsätzlich nicht legitim. Die Existenzberechtigung einer politischen Ordnung besteht für sie in nichts anderem als der Sicherung individueller Freiheitsräume, ohne daß die Qualität dieser Freiheit einer externen Bewertung hinsichtlich ihrer Werthaftigkeit unterliegen dürfte. Für die Diskurstheorie wiederum, dem dritten populären Ansatz der zeitgenössischen politischen Philosophie, ist sie grundsätzlich unsinnig, weil private (individuelle) und öffentliche (politische) Autonomie sich gegenseitig bedingen. Sie seien somit als 'gleichursprünglich' zu betrachten (Habermas 1992, 1996, Forst 1994) und können nicht in Widerspruch zueinander geraten. Warum kommunitaristische Positionen dies anders sehen und welche Folgen dies für den zeitgenössischen Theoriediskurs hat – dies ist Gegenstand dieser Einführung in kommunitaristisches politisches Denken.

5. Zum Aufbau dieses Buches

Statt eines sukzessiven Referierens der Grundgedanken einiger vorab als Kommunitaristen qualifizierter Denker (Reese-Schäfer 1994, Mulhall/Swift 1992) wird hier eine Einführung in kommunitaristisches Denken entlang zentraler *Begrifflichkeiten* vorgenommen. Kommunitaristische Familienähnlichkeiten werden dann sichtbar im Lichte der Positionen zu den verschiedenen, begrifflich abgesteckten Diskussionszusammenhängen. Ob sich daraus ein mehr oder weniger geschlossenes Familienbild ergibt, muß sich zeigen. Daß kommunitaristische politische Theorie mehr sein kann als bloß Kritik am Liberalismus oder anderer Formen des Rationalismus in der politischen Theorie, dies ist freilich meine Auffassung.

Ist die Anlage dieses Buches in der Orientierung an Begriffen bzw. Themenkomplexen der Kommunitarismus-Einführung von Thomas Philipp (1998) verwandt (die mehr Aufmerksamkeit verdient hätte), so werden doch entscheidende Akzente anders gesetzt (und auch die Einschätzung kommunitaristischer Positionen fällt anders aus). Geht es dort zentral um eine Gegenüberstellung von differenzierter *Gesellschaft* und integrierter *Gemeinschaft*, so wird hier stärker auf Debatten im Rahmen der (normativen) politischen Theorie abgestellt. Das heißt, in der Hauptsache steht die Frage im

Mittelpunkt, welche Legitimitäts- und Qualitätskriterien für eine 'gute' Form politischer Herrschaft und eine 'gerechte' Gesellschaft ins Spiel gebracht worden sind. Zumindest in dieser Hinsicht sind kommunitaristische Positionen nach meiner Einschätzung bei weitem nicht so konfliktscheu, harmonistisch und vergangenheitsverklärend, wie oft behauptet wird.

Im ersten Kapitel wird kommunitaristischen Perspektiven zur Frage nach dem angemessenen Selbstverständnis der politischen Philosophie nachgegangen. Vor dem Hintergrund der Gegenüberstellung von *prozeduraler* und *substantieller* Ethik werden die Positionen von MacIntyre, Taylor und Walzer als unterschiedliche Fortführungen einer aristotelischen Tradition der politischen Philosophie begriffen, die sich in unterschiedlichem Maße dem normativen Selbstverständnis der Moderne geöffnet haben. Dabei zeigt sich, daß es letztlich nicht um eine Entscheidung zwischen beiden Positionen gehen kann, sondern um deren sinnvolle Verknüpfung.

Das Gegensatzpaar, welches den Ausgangspunkt des zweiten Kapitels bildet, ist jenes von *Gemeinschaft* und *Gesellschaft*. Auch diese gängige Entgegensetzung gibt keine tauglichen Kategorien für ein Verständnis kommunitaristischer Positionen an die Hand, sondern erschwert dieses beträchtlich. Aus kommunitaristischer Sicht steht der Begriff der Gemeinschaft für einen Zielzustand, dem sich das Zusammenleben *in* einer Gesellschaft mehr oder weniger annähern kann – und möglichst weitgehend annähern *sollte*. Gesellschaft wird immer mehr zur Gemeinschaft, je stärker sie von Verantwortungsbeziehungen durchdrungen ist, die sich wiederum an der gegenseitigen Ermöglichung einer bestimmten Lebensweise ausrichten. Eine politische Gemeinschaft konstituiert sich durch das Reflexivwerden einer geteilten Lebensweise, in dessen Rahmen politische Institutionen und Organisationen Responsivität gegenüber den Bedürfnissen und Identitäten der Bürger zeigen und umgekehrt die moralischen Bande der politischen Gemeinschaften einen Resonanzboden in der individuellen Lebensführung der Bürger finden.

Gegenstand des dritten Kapitels stellt die *gerechtigkeitstheoretische* Dimension der Kommunitarismusdebatte dar. Ausgehend von Sandels Kritik an Rawls werden zwei Perspektiven für alternative Ansätze der Gerechtigkeitstheorie erörtert, und zwar die Konzeptionen von Galston und Walzer. Beide formulieren distributive Gerechtigkeit als Berücksichtigung verschiedener güterspezifischer Verteilungskriterien, wobei Galston eine Theorie des individuell Guten als notwendiges Begründungsfundament ausgibt, während Walzer die Ermittlung von Verteilungskriterien in die Selbstverständigung und Anerkennungskämpfe demokratischer politischer Gemeinschaften ein-

bettet. Beide reformulieren ein aristotelisches Verständnis von Verteilungsgerechtigkeit und tragen damit der von Sandel eingeforderten Berücksichtigung des Verdienstkriteriums als Bezugsgröße gerechter Verteilungen Rechnung.

Im vierten Kapitel stelle ich wiederum drei Strategien kommunitaristischer Theoriebildung vor, diesmal im Hinblick auf die *demokratietheoretische* Dimension der Kommunitarismusdebatte. Ausgehend von Anforderungen an die moderne Reformulierung des klassischen republikanischen Ideal
des Aktivbürgers unterscheide ich Sandels Ansatz des Republikanismus als
alternative 'öffentliche Philosophie' zum Liberalismus, Barbers Vorschlag
der Institutionalisierung einer 'starken Demokratie' und Vorstellungen eines
'pluralistischen Republikanismus', wie sie sich bei Walzer und Taylor finden. Im Anschluß wird auf die Diskussion um die Bedeutung von 'sozialem
Kapital' für moderne Demokratien eingegangen, die maßgeblich von den
Arbeiten Putnams bestimmt worden ist.

Der Schluß faßt die Erträge der einzelnen Kapitel zusammen und stellt sie
in den Zusammenhang weitergehender Überlegungen über die Herausforderungen an die zeitgenössische politische Theorie nach der Kommunitarismusdebatte. Dabei werde ich v.a. auf Wellmers Überlegungen zum die liberalen, kommunitaristischen und diskurstheoretischen Geister scheidenden
'Zweifelsfall' zurückkommen. Es wird gezeigt, daß dieser Zweifelsfall eng
mit dem Motiv einer 'authentischen' Lebensweise zusammenhängt, welches
in jeder der diskutierten Dimensionen der Kommunitarismusdebatte eine
zentrale Rolle spielt.

I. Warum Moral?

Die charakteristische Struktur kommunitaristischer Argumentation wurde als zweistufige Vorgehensweise beschrieben: Als erstes würden vorhandene allgemein-formale Moralbegründungen einer eingehenden *Destruktion* unterzogen, als zweites ersetze man sie durch *narrative Techniken*, also Formen der erzählerischen Bewußtmachung kultureller Moralüberzeugungen (Reese-Schäfer 1997: 264). Doch 'Zerstören' und 'Erzählen' ist nicht alles, was kommunitaristische Theoretiker zu bieten haben. Von besonderem Interesse für die moraltheoretische Diskussion ist nämlich ihre *methodologische und sozialontologische Reflexion* über das Wesen normativer Auseinandersetzungen und die Rolle, welche jene narrativen Techniken hierin spielen können. Kommunitaristen erzählen nicht einfach, sondern denken auch darüber nach, was eine gute Erzählung ausmacht und welche Erzählungen heute möglich sind. Hierin liegt der eigentliche konstruktive Beitrag zur sozialphilosophischen Metatheorie.

Im folgenden wird eine differenziertere Beschreibung kommunitaristischer Moraltheorie vorgeschlagen, die sich am in der Einleitung vorgestellten Konzept vom Kommunitarismus als 'Familienähnlichkeit' im Sinne Wittgensteins orientiert. Demnach ist den verschiedenen kommunitaristischen Ansätzen zunächst die Wahrnehmung eines Defizits in der Theoriebildung des Mainstreams der Sozialphilosophie gemeinsam. Diese gemeinsame Wahrnehmung eines Mangels nicht nur in liberalen, sondern auch diskursethischen oder utilitaristischen Positionen kann mit einem Begriff von Charles Taylor als These der *Inartikuliertheit* bezeichnet werden. Mit 'Inartikuliertheit' ist gemeint, daß die kulturellen und wertbezogenen Voraussetzungen verschwiegen werden, die diesen Positionen erst einen verständlichen Sinn verleihen. Dem sollen die von kommunitaristischen Theoretikern vorgeschlagenen *Modelle der Artikulation* gegenüber gestellt werden. Differenzen innerhalb der kommunitaristischen Theoriefamilie werden nicht nur im Hinblick auf die Frage deutlich, wie ein solches Modell der Artikulation überzeugend zu konzipieren ist. Unterschiede zeigen sich auch bezüglich der Artikulier*barkeit* der kritisierten Ansätze. Hält man diese für prinzipiell inartikulierbar, so gilt es, nach radikalen Alternativen Ausschau zu halten. Geht man hingegen davon aus, daß sie artikulierbar seien, so besteht das Theorieprogramm darin, eine Reformulierung in Angriff zu nehmen.

Dieser Ausgangspunkt hat wichtige Implikationen für das Verhältnis kommunitaristischer Positionen zur *Moderne*. Moraltheoretisch verweisen Kritik an Inartikuliertheit und der Versuch der Artikulation auf die Alternative zwischen *prozeduralen* und *substantiellen* Ethiken. Prozedurale Auffassungen sind insofern Kinder der Aufklärung, als sie an die von politischen Philosophen wie Hobbes, Locke, Kant oder Bentham begründete Auffassung anschließen, daß sich normative Beurteilungskriterien aus *formalen Prinzipien* wie 'Zustimmungsfähigkeit', 'vernünftige Verallgemeinerbarkeit' oder 'allgemeiner Nutzen' herleiten müssen. Diese Prinzipien stellen Verfahren der Normüberprüfung zur Verfügung, mittels derer die Zulässigkeit oder Gebotenheit von Normen oder Handlungen bestimmt werden kann. Substantielle Theorien behaupten demgegenüber, daß normative Verbindlichkeit erst durch eine Rückbindung an eine inhaltliche Vorstellung des *guten Lebens* gestiftet wird. Sie schließen in mehr oder weniger eindeutiger Weise an die ethische Konzeption des Aristoteles oder doch die Tradition des Aristotelismus an, die für das moralphilosophische 'Projekt' der Aufklärung wiederum wesentlich als Abgrenzungsinstanz gedient hat.

Als Leitfaden für die folgenden Ausführungen dient deshalb die Frage, inwiefern es sich bei kommunitaristischen Positionen um *neo-aristotelisches* Denken handelt. Diese Frage soll am Beispiel von drei Theoretikern – MacIntyre, Taylor und Walzer – veranschaulicht werden. In ihrem Verhältnis zu moderner Moralphilosophie und Gesellschaft verkörpern diese drei Denker bestimmte Typen einer Wiederaufnahme aristotelischer Argumentationsmuster. Die Moralphilosophie der Moderne, so der übereinstimmende Befund, leistet nicht, was sie zu leisten beansprucht: die von partikularen Traditionen und spezifischen Vorstellungen des Guten unabhängige Begründung moralischer Normen. Signifikante Unterschiede bestehen jedoch im Hinblick darauf, welche Bedeutung diesem Scheitern beizumessen und wie ein alternatives Theorieprogramm zu konturieren ist. Diese Divergenzen betreffen gleichermaßen begriffsstrategische Weichenstellungen wie auch die Einschätzung der sozio-moralischen Verfaßtheit moderner Gesellschaften als des Anwendungsbereichs eines solchen alternativen Theorieprogramms.

So schlagen MacIntyre und Taylor nicht nur voneinander abweichende konzeptionelle Reformulierungen der aristotelischen Perspektive vor. Sie stehen auch für eine deutlich verschiedene – radikal pessimistische bzw. gemäßigt optimistische – Lesart der Moderne und ihrer moralphilosophischen

Kinder. Mit Blick auf MacIntyre kann von einer *tragischen Unandwendbarkeit* des Aristotelismus in der Moderne gesprochen werden, während Taylor dessen *hermeneutische Anwendbarkeit* zeigen will. Die Argumentation Walzers schließlich kann als *pragmatische Anwendung* narrativer Techniken im Rahmen einer güterethischen Begrifflichkeit verstanden werden. Seine politische Theorie operiert eindeutig nicht mehr *gegen*, sondern *in* der Moderne, indem sie versucht, deren Freiheits- und Gleichheitsideale aus der Interpretation sozialer Praktiken heraus zu artikulieren.

1. Moderne Moralphilosophie und Neoaristotelismus

Die Hauptströmungen der zeitgenössischen Moralphilosophie haben ihren Ursprung im 17. und 18. Jahrhundert, wobei einerseits die rationalistischen Theorien des Gesellschaftsvertrages (Hobbes, Locke, Rousseau, Kant) und andererseits die empiristisch-psychologische Reformulierung moralischer Einstellungen (Hume, Utilitarismus) als ideengeschichtliche Quelle zu nennen sind. Die kontraktualistischen Theorien erblickten den Kern einer rationalen Rechtfertigung politischer Herrschaft in der allgemeinen Zustimmung der Herrschaftsunterworfenen. Dabei konnte entweder das aufgeklärte Eigeninteresse (Hobbes) oder eine unbedingt gebietende praktische Vernunft (Kant) als letzte Instanz vorgestellt werden. Hume setzte dem das empirisch beobachtbare subjektive Interesse als moralbegründendes Handlungsprinzip entgegen und etablierte den zu erwartenden Nutzen von Handlungen als deren sittlichen Wert. Der klassische Utilitarismus Benthams führte den Humeschen Ansatz fort, indem er Glücksmaximierung als einzig sinnvollen Maßstab sozialen Fortschritts begründete. Es sind vor allem zwei paradigmatische *Gemeinsamkeiten* der beiden Strömungen, welche im Zusammenhang mit der kommunitaristischen Kritik am Mainstream der politischen Philosophie von besonderem Interesse erscheinen:

– Quelle für die Beurteilung normativer Fragen ist letztlich das *Subjekt* bzw. *Individuum*. Es sind dessen Rechte bzw. Wohlergehen, welche den Ausschlag geben müssen, nicht eine unabhängig davon begründete Auffassung des guten Lebens. Darin kommt die Annahme einer grundlegenden *Gleichheit* aller Menschen zum Ausdruck. Glücks- und Leidenserfahrungen einerseits, der Status als Träger von Rechten andererseits sind gleichermaßen zu berücksichtigen. Damit werden zugleich allgemeine Eigenschaften aller Menschen wie Empfindungsfähigkeit oder Vernunftfähigkeit angesprochen.

– Es wird ein *quasi-wissenschaftlicher Erkenntnisanspruch* erhoben, der sich entweder am Vorbild der Naturwissenschaft oder an Mathematik und Logik orientiert, der aber in jedem Fall verspricht, zu einer klaren Scheidung von bloßer Meinung und gesicherter Erkenntnis zu gelangen. Ausdruck dieses Fundierungsanspruchs moralischer Erkenntnis ist eine bestimmte *Methode* zur Überprüfung normativer Urteile, die wiederum auf einem *Grundprinzip* aufbaut. Im letzten müssen sich normative Aussagen in bezug auf politische Institutionen auf die Idee eines Gesellschaftsvertrages bzw. das Nutzenprinzip zurückführen lassen. Mit diesem quasiwissenschaftlichen Erkenntnisanspruch hängt die Auffassung zusammen, daß der moralische Standpunkt einer der *Neutralität* im doppelten Sinne der Unparteilichkeit und der kontextunabhängigen Überprüfbarkeit ist.

Utilitaristische und kontraktualistische Positionen lassen sich als zwei Ansätze begreifen, die jeweils einen Wesenszug der Moderne aufgegriffen haben: Der Utilitarismus orientiert sich am Ideal empirischer *Meßbarkeit*, indem er den objektiv feststellbaren Nutzen (Leidensminimierung, Glücksmaximierung) zum alleinigen Kriterium erhebt, während der Kontraktualismus bei der Unverfügbarkeit indvidueller Freiheit und Subjektivität seinen Ausgangspunkt nimmt, also am *Individualismus* der Moderne anschließt. In der politischen Theoriediskussion spielen utilitaristische Ansätze gegenwärtig kaum noch eine Rolle – es herrscht ein „antiutilitaristischer Konsens" (Kersting 2000: 29f.). Jedoch verdeutlicht etwa die bioethische Diskussion den nach wie vor großen, ja mitunter unwiderstehlichen Reiz, welchen utilitaristische Argumentationsmuster in modernen Gesellschaften ausüben (vgl. Gesang 2001) – wahrscheinlich, weil in diesem Bereich der körperlichen Integrität die utilitaristischen Kategorien von *pleasure and pain* (Bentham) ihre größte Attraktivität entfalten. Utilitaristische Philosophen wie Peter Singer und Norbert Hoerster werden hier zu publikumswirksamen Figuren. Auf die allgemeine politisch-kulturelle Prägewirkung von Poppers 'Negativem Utilitarismus' für die Eliten westlicher Demokratien und für empirische Politikwissenschaftler ist bereits in der Einleitung hingewiesen worden.

Die politische Philosophie des Gesellschaftsvertrages erfreut sich in der Theoriediskussion jedoch einer ungleich größeren Popularität. Dabei führt das kontraktualistische Grundmotiv der allgemeinen Zustimmungsfähigkeit

als Legitimitätskriterium zu ganz unterschiedlichen sozialphilosophischen
Entwürfen. Bei Robert Nozick (1974) wird es zur Begründung einer Minimalstaatskonzeption in Anschlag gebracht, bei John Rawls (1975) dient es
der Begründung bürgerlicher Freiheiten und umfassender Sozialstaatlichkeit,
während es bei Habermas (1992) im Sinne einer demokratischen Erzeugung
von Rechtsnormen unter Rationalitätsansprüchen gedeutet wird. Die zwei
oben angeführten grundlegenden Eigenschaften des sozialphilosophischen
Projektes der Moderne finden sich jedoch bei jedem von ihnen wieder: Bezugspunkt ist das Individuum und dessen Autonomie. Und ein formales
Prinzip verbürgt den epistemischen Anspruch des Begründungsprogrammes.
Die mögliche Rekonstruktion von öffentlichen Institutionen aus dem freiwilligen Verhalten von Eigentümern (Nozick), ihre Vereinbarkeit mit der Beschlußfassung innerhalb eines fairen Entscheidungsverfahrens (Rawls) oder
ihre Übereinstimmung mit den möglichen Ergebnissen eines rationalen Diskurses (Habermas) dient dabei als letztlicher Prüfstein. Gemieden werden
Bezugnahmen auf Vorstellungen davon, was *wesentlich ein gutes menschliches Leben ausmacht.* Genau auf die Unverzichtbarkeit solcher Vorstellungen pochen nun die Kommunitaristen.

Der Grundgedanke der kommunitaristischen Kritik am moralphilosophischen Mainstream kann vielleicht am besten an der von Charles Taylor
(1986a: 46) so benannten „radikale[n] Warum-Frage" verständlich gemacht
werden: *Warum* sollten wir den von der Moralphilosophie formulierten Vorgaben Folge leisten? In den Worten des passionierten Gesellschaftskritikers
Walzer formuliert: Was ist deren „kritische Kraft" bzw. „Autorität" (Walzer
1990a: 21, 30 u. pass.), die uns veranlassen würden, unser Verhalten oder
unsere Einstellung zu ändern? Nach kommunitaristischer Auffassung kann
eine solche Autorität nur dadurch erzeugt werden, daß die unser individuelles und soziales Leben konstituierenden Wertungen, Ziele und Ideale durch
eine deutende Beschreibung klarer hervortreten.[1] Vor diesem Hintergrund
können kommunitaristische Kritiken am sozialphilosophischen Mainstream
der kontraktualistischen und utilitaristischen Tradition in einer ersten Annäherung folgendermaßen zusammengefaßt werden:

— Ohne die Darstellung einer dem jeweiligen Verfahren zugrundeliegenden
    Vorstellung des Guten bleibe die Argumentation dieser Ansätze *unvoll-
    ständig.* Wo Verfahrensethiken dennoch größere Resonanz finden, liege

---

1   Für alternative Antworten auf diese Frage nach den 'Quellen der Normativität' vgl. die Beiträge
     in Korsgaard 1996.

dies entweder daran, daß sie faktisch bestimmte kulturelle Hintergrundverständnisse des Guten ansprächen, ohne dies explizit zu machen (so die
Einschätzung Taylors und Walzers), oder aber daran, daß sie als Instrument zur manipulativen Verfolgung der eigenen Interessen von Vorteil
sein können (so MacIntyres Lesart). Eine Darstellung des Guten zu liefern, hieße hingegen, von der Vorstellung der Souveränität des Individuums Abstand zu nehmen. Denn diese Souveränität könnte nur in einer
atomistischen Konzeption der Person vertreten werden, welche wiederum
zu zahlreichen Selbstwidersprüchen führe. Die abstrakt-formale Auffassung von *Gleichheit* wird zudem tatsächlichen Anerkennungsverhältnissen und Praxiszusammenhängen nicht gerecht, in welchen Gleichheit erst
als moralisches Ideal einen Ausdruck finden kann.

– Was sich als quasi-wissenschaftlicher Erkenntnisanspruch gebärde, stelle
   in Wahrheit einen moralphilosophischen *Reduktionismus* dar. So lösten
   die Verfahrensethiken prozedurale Bestimmungen aus dem moralisch-
   kulturellen Kontext heraus, der ihnen erst ihren Sinn verleiht; und sie
   stellten bestimmte Momente der moralischen Welt westlicher Gesellschaften als 'das' richtige Verständnis unserer moralischer Intuitionen
   dar, auf Kosten anderer Intuitionen. Das sei im übrigen der Grund dafür,
   daß sie untereinander keine Einigkeit erlangen.

– Das Gute zu erkennen seien wir letztlich nur durch die Teilhabe an *kulturellen Praktiken* im Stande. Erst hier würden Vorstellungen vom Guten in
   dialogischer Weise erfahrbar gemacht. Somit sei keine Argumentation
   vorstellbar, die schlechthin zwingende Schlüssigkeit entfalten könnte.
   Neutralität in diesem Sinne sei also eine Fiktion. Dies impliziert jedoch
   nicht, daß es keine gemeinschaftsübergreifend gültigen Moralvorstellungen geben könne; insofern Praktiken nicht an die Grenzen einer Gemeinschaft gebunden sind, können auch moralische Intuitionen geteilt werden.

Ideengeschichtlich werden Utilitarismus und Kontraktualismus in der Regel
als neuzeitliche Überwinder der auf Aristoteles zurückgehenden politischen
Ethik begriffen; den Kommunitarismus deklariert man hingegen gerne als
Variante des „Neoaristotelismus" (Reese-Schäfer 1994: 11), oft ohne genaue
Verbindungslinien aufzuzeigen. Mitunter erfolgt diese Zuordnung auch in
der offensichtlich polemischen Absicht, den Kommunitarismus als moraltheoretisch und gesellschaftsdiagnostisch rückwärtsgewandtes und wenig

originelles Theorieprogramm zu diskreditieren.[2] Andererseits wurde den
Kommunitaristen eine *illegitime* Berufung auf Aristoteles vorgeworfen:
Während diese ihren moralphilosophischen Partikularismus fälschlicherwei-
se mit Aristoteles rechtfertigen wollten, habe jener doch eigentlich eine *universalistische* Ethik und politische Philosophie vertreten.[3]

Mit diesen kommunitarismuskritischen Kommentaren ist der Rahmen einer Darlegung kommunitaristischer Moraltheorien gezogen. Es geht um die
Frage, inwiefern kommunitaristische Positionen einfach aristotelische Ge-
meinplätze aufwärmen und damit eine kaum innovative Kritik der Moderne
moraltheoretisch unterlegen. Ohne bestreiten zu wollen, daß die in den Stellungnahmen der Kommunitaristen mitschwingenden modernekritischen, ja
mitunter apokalyptischen Töne zu einem beträchtlichen Teil für deren hohe
Publikumswirksamkeit verantwortlich sind, muß bereits an dieser Stelle festgehalten werden, daß zumindest der Anspruch ein anderer ist. Denn selbst
jene unter den Kommunitaristen, die sich explizit zur aristotelischen Tradition bekannt haben (MacIntyre 1987, 1988, Taylor 1986b: 109ff.), übernehmen nicht unreflektiert Aristoteles' Konzept und erst recht nicht dessen inhaltliche Positionen. Die entsprechenden Weiterführungsversuche stellen zu
einem erheblichen Teil zugleich Versuche der *Übernahme genuiner moralischer Einsichten der Moderne* dar, insbesondere solcher, die mit der modernen „Freiheitsethik" (Taylor 1986b: 110) zusammenhängen.

Doch was heißt überhaupt 'aristotelisch'?[4] Ein brauchbares Verständnis,
das sich vor allem auf die *Nikomachische Ethik* und die *Politik* bezieht,
scheint mir das folgende zu sein: Der aristotelische Standpunkt geht davon
aus, daß sich moralische Forderungen nicht von der Anwendung eines abstrakt und formal beschriebenen Verfahrens her bestimmen lassen. Meine
Verpflichtungen werden mir nur klar, wenn ich erkenne, welche Rolle sie in

---

2   So läßt sich Wolfgang Kersting ganz von der kompromißlosen Alternative zwischen Aristote-
     lismus und Kontraktualismus leiten und erklärt, daß der Aristotelismus zwar „in der gesamten
     antiken und mittelalterlichen Welt als verbindliche Philosophie des Menschen und der mensch-
     lichen Angelegenheiten" gegolten habe, daß ihm in der Gegenwart jedoch nur die Funktion der
     Bereitstellung eines „Fundus modernitätskritischer Lehrstücke und Argumentationsmuster" zu-
     komme, und er nennt in diesem Zusammenhang ausdrücklich die „Kommunitaristen der Ge-
     genwart" (Kersting 1994a: 1, s.a. Kersting 1993: 20, 2000: 34ff., Brunkhorst 1994: 49-80).
3   Otfried Höffe macht geltend, daß Aristoteles den Inhalt ethischer Reflexion – das 'gute Leben'
     bzw. die 'Glückseligkeit' – gerade als ein nicht von partikularen Verständnissen abhängiges Ziel
     des menschlichen Handelns verstanden habe und darin ein fundamentaler Unterschied zu den
     Kommunitaristen von heute liege (Höffe 1996: 236f., 1995: 277-290). Zur Frage, ob Aristoteles
     'ein Kommunitarist war', s.a. Rapp 1997.
4   Sehr erhellend zum politischen Aristotelismus sind immer noch die Studien von Joachim Ritter
     (etwa Ritter 1969).

einem insgesamt guten, d.h. gelungenen, sinnvollen, erfüllten Leben spielen; und die ethische Qualität meines Lebens bemißt sich dann daran, inwiefern ich mich diesem Verständnis des Guten als Ziel annähere (das besagt der Begriff 'Teleologie', von griech. *telos* = Ziel). Die Qualität dieses Lebens steht letztlich im Mittelpunkt der moralischen Reflexion, nicht einfach einzelne Handlungen oder Normen, die einer formalen Überprüfung als geboten, verboten oder erlaubt unterzogen werden. Deswegen tritt die aristotelische Ethik zum einen bevorzugt als *Tugend*-Ethik auf, indem danach gefragt wird, welche personalen Eigenschaften (praktische Haltungen, Geistesvermögen) für ein gutes Leben konstitutiv sind. Aus dem gleichen Grund kann sie zum anderen als *Güter*-Ethik bezeichnet werden, weil sie darzustellen bemüht ist, welchen Gütern konstitutive Bedeutung für ein gelungenes Leben zukommt. Schließlich ist sie als eine Ethik der *Praxis* zu charakterisieren, da statt einer formalen Reflexion der praktischen Vernunft die Vertrautheit mit Praktiken, innerhalb welcher Güter als solche in Erscheinung treten, als Argumentationsvoraussetzung und -grundlage gelten muß. Als *politische* Theorie zeichnet sich der Aristotelismus dann dadurch aus, daß die *politische Gemeinschaft* (für Aristoteles die Polis) als Ort begriffen wird, in welchem die für ein gutes Leben konstitutiven Güter erst in vollem Umfang verwirklicht und verteilt werden. Insofern ist die politische Gemeinschaft für Aristoteles eine „Gemeinschaft um des guten Lebens willen" (*Politik*, 1252b, 29), und die politische Theorie befaßt sich mit der Frage, welche Rolle den verschiedenen Gütern im Leben einen solchen Gemeinschaft zukommt. Die Reflexion darauf, was das dem Menschen wesentliche Gute ist und welche Güter dieses umfaßt, kann nach dieser Auffassung nicht aus dem politischen Diskurs verbannt werden.

Dieser komprimierten Darstellung des Aristotelismus lassen sich nun spezifische Probleme zuordnen, denen sich jede *Weiterführung* der aristotelischen Tradition stellen muß. Die im folgenden genannten drei Problemdimensionen verweisen zugleich auf zentrale Motive der modernen Sozialphilosophie für die *Verabschiedung* einer aristotelischen Perspektive:

(1) Das *Objektivitätsproblem*. Jeder Ansatz, der die politische Philosophie normativ von einem Verständnis des guten Lebens her konzipieren will, muß Auskunft darüber geben, worin dieses Gute besteht und was unter dem Glück zu verstehen ist. Schaut man auf die von Aristoteles selbst präsentierten Möglichkeiten des guten Lebens, so zeigt sich, daß die von der Vernunftnatur des Menschen hergeleiteten Lebensweisen sowohl des

Aktivbürgers als auch des *Philosophen* (Aristoteles' Favorit) fraglos auf eine partikulare Sichtweise des besonderen Ziels der menschlichen Gattung zurückgeführt werden können, die von anderen Auffassungen in Frage gestellt werden mag. Johannes Hirschberger hat Aristoteles' Beschreibung des guten Lebens nicht ohne Recht „die Ethik des sittlich hochgebildeten und kultivierten Diesseitsmenschen" genannt (Hirschberger 1976: 232). Bereits Kants Fundamentalkritik an allen Auffassungen, die das Streben der Menschen nach Glück als Grundlage moralischer Gebote begreifen (Eudämonismus), stellte auf unüberwindbare erkenntnistheoretische Hürden in der Bestimmung eines allgemein angestrebten höchsten Gutes ab. Auch der politische Liberalismus der Gegenwart verweist auf das 'Faktum des Pluralismus', welches die unausweichliche Folge einer freiheitlichen Gesellschaft sei (Rawls 1992a: 296-312), und auf die 'Bürden der Vernunft', die es aussichtslos erscheinen lassen, daß alle sich auf eine gemeinsame Lebensweise einigen könnten (Rawls 1992b: 336-339). Selbst wenn wir alle vernünftig handeln und argumentieren würden, so Rawls' Behauptung, wäre eine Verständigung über den Inhalt des guten Lebens nicht zu erreichen.

(2) Das *Gleichheitsproblem*. Dolf Sternberger (1978: 88) hat auf den in der antiken Philosophie vorherrschenden Zug einer „Humanität ohne Gleichheit" verwiesen. Der Mensch wird, so läßt sich dieses Diktum erläutern, einerseits aufgrund seiner Teilhabe am *logos* als Vernunftwesen gewürdigt und herausgestellt. Andererseits jedoch wird nicht vergessen zu erwähnen, daß nicht alle Menschen gleichermaßen das natürliche Ziel 'des' Menschen zu verwirklichen imstande seien. Die drei zentralen Ungleichheiten in der politischen Philosophie des Aristoteles, die zwischen Griechen und Barbaren, zwischen Sklaven und Herren und zwischen Gatte und Gattin, beruhen auf der 'natürlichen' Unfähigkeit des jeweils zweiten Gliedpaars zum guten Leben im Vollsinn. Ausgehend von diesem Befund, hält Aristoteles den Ausschluß eines Großteils der Polisbevölkerung (Frauen, Arbeiter, Sklaven) von der Bürgerschaft für geboten und legitimiert damit die vorherrschende Praxis in den antiken Stadtstaaten, wie im übrigen auch die Herrschaft über die (nicht griechisch sprechenden) 'Barbaren' (einzelne Belege bei Höffe 1996: 248-253). Mehr noch: Das gute Leben der einen (der Vollbürger) beruhte als soziale Praxis geradezu darauf, daß das zum Überleben Notwendige von den anderen (den Sklaven, Frauen, Arbeitern) verrichtet wurde. Auch dies findet bei Aristoteles seine Rechtfertigung (vgl. ebd.: 50).

(3) Das *Komplexitätsproblem*. Aristoteles formulierte seine politische Theorie im überschaubaren Kontext antiker Stadtsstaaten. Mittelalterliche Aristoteliker wie Thomas von Aquin hatten es zwar nicht mehr mit überschaubaren territorialen Gebilden, wohl aber mit ideologisch hochintegrierten, personalistisch geprägten Herrschaftsstrukturen zu tun. Die Aristoteliker der Neuzeit schließlich konnten immerhin auf einer klar hierarchischen Gesellschaftsstruktur aufbauen, welche den Staat als Garanten des Glücks seiner Untertanen auswies (so Bodin im 16. Jh.). Den Ausdifferenzierungsprozessen der (Spät-)Moderne scheint all dies nicht mehr gerecht zu werden. Einerseits scheint es hier kein hierarchisches Zentrum mehr zu geben, sondern nebeneinander agierende, aber interdependente Teilsysteme (Luhmann 1984, 2000); andererseits existiert eine Vielzahl inkompatibler Wertsphären, in denen nach dem guten Leben gestrebt werden kann (Berlin 1995: 250-256). Wie sollte hier noch eine Auszeichnung *einer* dieser Sphären als höherwertig begründet werden können?

Im folgenden soll aufgezeigt werden, wie einerseits die oben angesprochene Kritik an der modernen Moralphilosophie und die Diagnose moderner Gesellschaften durch MacIntyre, Taylor und Walzer akzentuiert wird, und wie andererseits eine Weiterführung der aristotelischen Tradition angesichts der genannten Herausforderung durch diese politischen Theoretiker konturiert wird.

2. MacIntyre: Die Tragik der Tugendethik in der Moderne

Der aus Irland stammende, in Amerika lebende und lehrende Moralphilosoph Alasdair MacIntyre (*1929) hat sich vehement für eine Rehabilitierung der *Tugendethik* eingesetzt, wie sie ursprünglich von Aristoteles formuliert und dann von Thomas von Aquin weitergeführt wurde.[5] Für die beträchtliche Aufmerksamkeit, welche MacIntyre fand, waren freilich weniger philosophische Überlegungen ausschlaggebend als die Tatsache, daß er einer weitverbreiteten Stimmung des 'Werteverfalls' auf eingängige und zugleich anspruchsvolle Weise zum Ausdruck verhalf. Systematisch sind seine Ausfüh-

---

5   Zu MacIntyre vgl. grundlegend den von Horton und Mendus (1994) herausgegebenen Sammelband.

rungen als herausragende Variante einer kommunitaristischen Fundamentalkritik der Moderne zu würdigen. Seine Theorie repräsentiert in gewissem
Sinne die pessimistische Lesart der Moderne innerhalb des Kommunitarismus.

MacIntyres publikumswirksamstes Werk, *After Virtue* (dt. *Der Verlust
der Tugend*) (MacIntyre 1987), weist zwei zentrale Stoßrichtungen auf: Zum
einen zeichnet MacIntyre das Bild einer tiefgreifenden Krise der Moral in
modernen Gesellschaften. Diese „Katastrophe" der moralischen Urteilsfä-
higkeit (ebd.: 13 ff.) bestehe im Kern darin, daß es in modernen Gesellschaften prinzipiell keine Möglichkeit der rationalen Verständigung über
normative Fragen mehr gibt. Die oben dargestellten neuzeitlichen Ansätze
der Moralphilosophie hätten diesen Zustand mit herbeigeführt, indem sie die
Tradition der aristotelischen Tugendethik verwarfen. Zum anderen versucht
das Buch den Nachweis zu erbringen, daß die Anstrengungen der Aufklärung zur Begründung einer kontextunabhängigen Moral im Grunde überflüssig gewesen sind. Zwar hat der Aristotelismus vor bestimmten konzeptionellen Schwierigkeiten gestanden. Dennoch gilt nach MacIntyre, daß er nie
hätte fallengelassen werden sollen, weil die gegen ihn vorgebrachten Einwände durch eine Reformulierung der aristotelischen Tradition selbst hätten
entkräftet werden können.

2.1   Moralphilosophie und Moderne: Entfremdung und Manipulation

MacIntyres Modernekritik läßt sich in zwei grundlegenden Thesen zusammenfassen:

(1) *Die Moderne befindet in einem verhängnisvollen Zustand der morali-
      schen Unordnung.*
Diese These ist nicht so zu verstehen, daß in der Moderne unmoralische
Praktiken an der Tagesordnung seien. Um so eine Feststellung treffen zu
können, müßte überhaupt erst einmal klar sein, worin Moral und Unmoral
bestehen. Nach MacIntyre gibt es in modernen Gesellschaften jedoch offensichtlich „keinen vernünftigen Weg (...), eine moralische Übereinstimmung
zu erzielen", denn moralische Äußerungen stellten nichts weiter als einen
Ausdruck von „Meinungsverschiedenheiten" dar, und moralische Debatten
führten weder zu einem Ende noch zu einem Ergebnis (ebd.: 19). Dies illu-

striert MacIntyre an den Beispielen des gerechten Krieges, der Abtreibung und sozialstaatlicher Verteilungspolitiken. All diese Debatten seien dadurch gekennzeichnet, daß Begriffe und Argumente verwendet werden, die nicht in einen gemeinsamen Bezugsrahmen gesetzt werden könnten ('Inkommensurabilität'). Für alle treffe außerdem zu, daß die jeweils zugrundeliegenden Begriffe semantisch aus einem umfassenden Theorie-Praxis-Zusammenhang herausgelöst wurden, der ihnen erst ihren Sinn verlieh. In der Sprache der Thermodynamik: Die moralische Sprache ist von einem „Zustand der Ordnung in einen Zustand der Unordnung" (ebd.: 25) übergegangen.

Die aus ihrer Praxis-Einbettung herausgelösten Argumentationsweisen bleiben gewissermaßen *halb-rational*. Denn innerhalb des jeweiligen Argumentationsstranges gebe es durchaus einen Anschein von (und ein tatsächliches Bemühen um) Objektivität. Damit hängt zusammen, daß die moralische 'Katastrophe' sich zugleich als *Verhängnis* darstellt: Da bei aller Orientierungslosigkeit der *Anschein* der Rationalität gewahrt bleibt und das nie erreichte Ziel der vernünftigen Moralbegründung doch immer als heller Stern der Verheißung leuchtet, wird die Bodenlosigkeit des ganzen Unterfangens nicht sichtbar. Vielmehr erscheint dieses Unterfangen als etwas, das prinzipiell erreichbar ist – und insofern noch mehr Arbeitsaufträge für die Moralphilosophie begründet. Darin liegt die Tücke der Moderne und zugleich die Vergeblichkeit des moralphilosophischen Projektes einer unabhängigen Begründung der Moral. Wenn MacIntyre schreibt, daß seine Thesen als widerlegt zu gelten hätten, wenn sie weithin akzeptiert würden (ebd.: 17), dann werden Erinnerungen wach an die Hochzeit der 'Kritischen Theorie'. Auch hier wurde von einem 'universalen Verblendungszusammenhang' (Adorno) gesprochen, der selbst die Einsicht in die eigene Misere noch systematisch verdunkelt.

Die End- und Ergebnislosigkeit der moralischen Auseinandersetzungen spiegele sich in der End- und Ergebnislosigkeit der *moralphilosophischen Diskurse* wider. Für jede der in den alltäglichen Debatten in Anspruch genommenen Begründungen, so MacIntyres Unterstellung, findet sich eine entsprechende philosophische Position. Dies macht er beispielhaft deutlich, indem er die Gerechtigkeitstheorien von Nozick und Rawls gegeneinander ausspielt (MacIntyre 1987: 329-335). Die beständige Uneinigkeit unter denjenigen, welche sich professionell mit normativen Fragen beschäftigen, könne als ein starker Hinweis auf das Scheitern moderner Moralentwürfe insgesamt verstanden werden (ebd.: 38f.). Bereits philosophiehistorisch sei für die verschiedenen philosophischen Versuche einer traditionsunabhängigen Moralbegründung feststellbar, daß sich „die wirksame Kritik jeder Position durch die anderen (...) unter dem Strich als Scheitern aller" herausstelle (ebd.: 74). Die Moralphilosophie bediene sich begrifflicher Fragmente, um sie zu einem kohärenten System zusammenzufügen. Es sei jedoch das Ziel eines guten, erfüllten, sinnvollen Lebens gewesen, was den Regeln und Begriffen erst ihre *Autorität* verliehen habe – nicht deren Zugehörigkeit zu einem philosophischen System. Meist war dies ein religiös bestimmtes Ziel. Die Philosophie versucht vergeblich, die Erbschaft der Religion anzutreten (ebd.) – dies ist ein kritisches Motiv, welches sich immer wieder in kommunitaristischen Reflexionen findet.

(2)   *Die Herrschaft des Emotivismus ist ein Grundzug moderner Gesellschaften.*
Die beiden genannten Tendenzen laufen darauf hinaus, daß wir in einer „emotivistischen" Gesellschaft bzw. Kultur leben, in der „alle moralischen Urteile *nur* Ausdruck von Vorlieben, Einstellungen oder Gefühlen" sind (ebd.: 26). Argumente haben in einer solchen Gesellschaft keine eigenständige Autorität, sie werden vielmehr rein als strategische Mittel im Kampf um die weitestgehende Verwirklichung der eigenen Präferenzen benutzt. Der Qualität der Verwendung von Begriffen entspricht die Qualität der Behandlung von Menschen: Zu den Merkmalen einer emotivistischen Gesellschaft gehöre das „Auslöschen jeder echten Unterscheidung zwischen manipulativen und nicht-manipulativen sozialen Beziehungen" (ebd.: 41) sowie das „Zuviel an Mitteln" gegenüber einer gänzlichen Unklarheit über die erstrebenswerten Ziele (ebd.: 44). Als dominante Ausdrucksformen einer solchen emotivistischen Gesellschaft nennt MacIntyre zum einen ein bestimmtes Selbstverständnis ihrer Mitglieder, zum anderen eine diese Gesellschaft absichernde spezifische Funktionsweise öffentlicher Institutionen.

    Auf der Seite der Akteure sind zunächst die für die emotivistische Kultur typischen Rollen, von MacIntyre als „Charaktere" bezeichnet, zu nennen: die Charaktere des *reichen Ästheten*, des *Managers* und des *Therapeuten* (ebd.: 50). Sie verkörpern in herausragender Weise die Aufhebung des Unterschieds zwischen manipulativen und nicht-manipulativen Beziehungen. Bei Unklarheit über den Sinn gesellschaftlichen Zusammenlebens üben diese die Funktion aus, den ganzen Betrieb organisatorisch oder psychisch am Laufen zu halten bzw., den Überfluß genießend, zu inszenieren. Das moderne Bild vom einzelnen handelnden Menschen (dem 'Invididuum') als solchem sei demgegenüber das des *„emotivistischen Selbstes"*. Der durch die Kommunitarismusdebatte in der politischen Theorie etablierte Begriff des 'Selbst' (engl. *self*) hat in der Sozialpsychologie eine lange Tradition. Dort kennzeichnet er „den mit der Identität und mit der psychischen Instanz des Ich(s) verflochtenen Komplex von Auffassungen, Vorstellungen, Einstellungen und Bewertungen eines Individuums im Hinblick auf die eigene Person" (Hillmann 1994: 769).

Das 'emotivistische Selbst' – vulgo: der Mensch in der modernen Gesellschaft – ist entsprechend durch eine eigentümlich Orts- und Geschichtslosigkeit gekennzeichnet (MacIntyre 1987: 52f.): Einerseits sei es imstande, alle möglichen Standpunkte einzunehmen und noch die jeweiligen Wahl des Standpunktes kritisch in den Blick zu nehmen; andererseits sei es aufgrund des „Verlust[es] aller letzter Kriterien" nicht mehr dazu fähig, eine rationale Geschichte seiner selbst zu erzählen, bei der Übergänge verstehbar gemacht und Wesentliches von Zufälligem geschieden würde. Konturen gewinnt dieses emotivistische Selbst im Grunde nur als Gegenstück zu den drei Charakteren. In ihrem Verhältnis zueinander spiegele sich „die Zweiteilung der gegenwärtigen sozialen Welt in einen Bereich des Organisatorischen, in dem Ziele als gegeben angenommen werden und einer rationalen Überprüfung nicht zugänglich sind, und einen Bereich des Persönlichen, in dem Urteil und Diskussion über Werte zentrale Punkte sind, ohne daß es rationale soziale Lösungen von Problemen geben kann" (ebd.: 55).

Genau dies spiegelt sich auch im Wesen *liberaler Politik* wider, wie MacIntyre in *Whose Justice? Which Rationality?* im Rahmen einer Art negativen Diskursmodells der Demokratie dargelegt hat (MacIntyre 1988: 342ff.). Dieses Modell beschreibt vier Stufen der politischen Konfliktbearbeitung: Auf der *ersten* Stufe bringen Individuen und Gruppen ihre Ansichten und Haltungen gewissermaßen ungefiltert zum Ausdruck. Auftretende Meinungsverschiedenheiten bleiben unlösbar, weil keine rationale Überprüfung der zugrundeliegenden Prämissen erfolgt. Auf der *zweiten* Stufe werden die Äußerungen der ersten Stufe als 'Präferenzen' registriert und gewichtet. Es geht dann um „counting votes, responding to consumer choice, surveying public opinion" (ebd.: 343) – nicht um eine rationale Argumentation über die Sinnhaftigkeit von Wünschen und Einstellungen. Damit rückt aber die Rationalität der *Verfahren* der Präferenzregistrierung und -aggregation in den Mittelpunkt – und damit die vornehmste Aufgabe der Sozialphilosophen des Liberalismus, womit die *dritte* Stufe erreicht ist, nämlich der (Meta-) Diskurs der (liberalen) *Gerechtigkeitstheorien*. Auf dieser Stufe tritt wiederum die bereits beschriebene prinzipielle End- und Ergebnislosigkeit moderner moralphilo-

sophischer Debatten zutage. Die andauernden Kontroversen über Gerechtigkeit werden zunehmend zum Selbstzweck bzw. zu einer Art Zuliefererbe-
trieb, indem sie die jeweils 'passenden' Begründungen für die an der *vierten
Stufe* beteiligten Akteure liefern. Diese spielt sich auf der Ebene des *Rechtssystems* ab und bildet das eigentliche Herzstück der liberalen Wunschvor-
stellung einer Konfliktlösung ohne Berufung auf eine Theorie des Guten.
Entscheidend ist hier, daß sich die Akteure des Rechtssystems aus den
Schatullen der Rechtstheoretiker beliebig bedienen können, wie es gerade
nützlich zur Beförderung ihres Ziels der friedlichen Konfliktlösung erscheint
(ebd.: 344).

Insofern Befriedung hier zum sozialtechnologischen Selbstzweck gerinnt,
wird auch an dieser Stelle der Bezug zur Diagnose des grundlegend manipulativen Charakters sozialer Beziehungen in modernen Gesellschaften
deutlich. Die Bemerkungen zur zentralen Rolle der Juristen als Befrieder der
emotivistischen Gesellschaft ergänzen gewissermaßen die Ausführungen zu
den prägenden Charakteren als Teil einer tugendethisch inspirierten Soziologie der Moderne. In einer emotivistischen Gesellschaft könne die soziale
Elite als derjenige Personenkreis aufgefaßt werden, welcher die Reichweite
möglicher Alternativen kontrolliert bzw. deren Präsentation beherrscht (ebd.:
345). Die „herrschenden Eliten im Liberalismus" zeichnen sich durch ihre
Beherrschung der „kosmetischen Künste" (ebd.) aus. Richter und Anwälte,
nicht die Philosophen stellten den eigentlichen „Klerus" des Liberalismus
(ebd.: 344).

2.2   *Reformulierung des tugendethischen Ansatzes*

Als *Beschreibung* der gegenwärtigen Gesellschaft, so MacIntyre (1987:
34ff.), ist der Emotivismus (wonach alle moralischen Äußerungen letztlich
nichts als Ausdruck subjektiver Vorlieben sind) völlig zutreffend. Alles
kommt nun darauf an, ob mit diesem Befund der Emotivismus auch als *Moraltheorie* belegt wird. Träfe der Emotivismus als Moraltheorie zu, so würde
dies bedeuten, daß moralische Urteile gar nichts anders sein *können* als die
verklausulierte Äußerung subjektiver Vorlieben oder Herrschaftsinteressen.
Verkörpert ist diese Auffassung in der Person Nietzsches. Daß der Emotivismus als Moraltheorie zutreffend ist, bestreitet MacIntyre energisch, und
als Garant gilt ihm die aristotelische Tradition der Tugendethik. So kommt er

zu der eingängigen Alternative „Nietzsche oder Aristoteles?" (ebd.: 149): Ersterer verkörpert die konsequente Entlarvung vermeintlicher moralischer Urteile als strategisches Instrument zur Durchsetzung von Herrschaftsinteressen, die nicht offen vertreten werden können; letzterer steht für eine rationale Begründung moralischer Urteile.

Der Kern der aristotelischen Tradition, ihr *teleologischer* Charakter (s.o.), verbürgt nach MacIntyres Auffassung deren Rationalität. Sie operiere mit einem „fundamentale(n) Gegensatz zwischen dem Menschen, *wie er ist* und dem Menschen, *wie er sein könnte, wenn er sein eigentliches Wesen erkennen würde*" (ebd.: 77). Gegenüber den 'Regelethiken' der Aufklärungstradition, die auf eine solche Perfektionsperspektive verzichten, liege darin die spezifische Stärke der aristotelischen Tradition der 'Tugendethik'. Statt der Begründung allgemein verbindlicher Normen oder eines Normprüfungsverfahrens gehe es dann darum, in der Reflexion auf den Gehalt eines guten menschlichen Lebens die zu dessen Verwirklichung erforderlichen Tugenden zu bestimmen. Dies geschieht freilich nicht in Form einer Ableitung einzelner Tugenden aus dem zu erreichenden Zielzustand; vielmehr stellen Tugenden jene Charaktereigenschaften dar, die Handelnde dazu befähigen, innerhalb bestimmter sozialer Praktiken das Gute jeweils zu erkennen und zu befördern. Das 'gute Leben' insgesamt wird dann als eine kohärente Ordnung der verschiedenen Tugenden bzw. Güter betrachtet. Normen sind eingebettet in diese Ordnung. Entscheidend ist, daß die für den Menschen wesentlichen Güter als etwas verstanden werden, was den Handlungen der Individuen *voraus* liegt und somit diesem Handeln als Ziel dienen kann.

An dieser Bestimmung des Kerngehalts der aristotelischen Tradition wird klar, daß MacIntyre den Aristotelismus selbst relativ *formal* faßt, nämlich als *teleologische Struktur*, die kulturell ganz unterschiedlich gefüllt werden kann. Entsprechend hebt er als besondere Leistung der aristotelischen Perspektive hervor, daß sie sich wie sonst keine philosophische Lehre in vielen verschiedenen kulturellen Kontexten habe behaupten können (ebd.: 160) – was eben nicht bedeutet, daß jede Tugendvorstellung explizit unter Rückgriff auf Aristoteles vertreten worden wäre. Insofern ließe sich formulieren, daß der Aristotelismus (und nicht, wie es ihr Anspruch ist, die Aufklärungstradition) die eigentliche *universalistische* Ethik darstellt. Allerdings würde dieser universalistische Gehalt eben nur die Einsicht in die angemessene Struktur ethischer Argumentation umfassen, nicht die jeweils ausgewiesenen Güter und Tugenden selbst. Freilich erscheint es durchaus plausibel anzunehmen, daß es bestimmte Kardinaltugenden gibt, die immer wieder und überall von

Bedeutung sein dürften (ebd.: 256). Außerdem läßt sich aus MacIntyres Darstellung entnehmen, daß die kulturgeschichtlich vorfindlichen Vorstellungen
von den für den Menschen wesentlichen Gütern nicht völlig abwegig sind
bzw. sein können.

Gerade MacIntyres Einsicht in die Vielfältigkeit kulturgeschichtlicher
Annahmen über das Gute macht jedoch deutlich, warum auch für ihn die aristotelische Tradition nicht nur Lösung, sondern auch Problem darstellt. Mit
der (an sich unverzichtbaren) teleologischen Grundausrichtung der aristotelischen Argumentation sind für MacIntyre nämlich *drei fundamentale Schwierigkeiten* verbunden, die mit dem ersten und dem dritten der oben genannten
Problembereiche, dem Objektivitätsproblem und dem Komplexitätsproblem,
korrespondieren (das Gleichheitsproblem wird hingegen nicht systematisch
behandelt). So nennt MacIntyre als Probleme des Aristotelismus (1) den Zusammenbruch der metaphysischen Biologie als Bestimmungsgrundlage des
Guten, (2) die fragliche Übertragbarkeit der auf das Leben der Polis zuge-
schnittenen Argumentation sowie (3) die aristotelische Konfliktscheu (ebd.:
217ff.).

Man kann MacIntyre angesichts solcher fundamentaler Anfragen nicht
vorhalten, Problembewußtsein gegenüber der aristotelischen Tradition ver-
missen zu lassen. Das Hauptproblem erkennt MacIntyre darin, daß Aristoteles die verschiedenen Tugenden nicht nur als ohne weiteres miteinander vereinbar erachtet, sondern auch das Vorhandensein jeder einzelnen als Voraussetzung für die Entwicklung aller anderen. Dem hält er entgegen, daß die
Tugenden nur dann ein derart geschlossenes System bilden könnten, wenn
die Güter, zu deren Erreichung sie dienen, in einer umfassenden kosmischen
Ordnung integriert sind. Bereits Sophokles habe in seinen Dramen die tragische Möglichkeit in Betracht gezogen, daß Tugend mit Tugend in Konflikt
gerät (ebd.: 192, s.a. 299f.). MacIntyre sieht übrigens durchaus (was ihm
mitunter abgesprochen wird), daß Aristoteles *universalistisch* argumentiert,
wenn er sich auf das Telos des Menschen an sich bezieht (ebd.: 246). Dieser
universalistische Bezug sei jedoch gerade die Wurzel der aristotelischen
Konfliktscheu, da sie die Vielfältigkeit des menschlichen Guten verkenne.

Es wird verschiedentlich behauptet, daß MacIntyre weniger einer Rückkehr zur Antike als einem neuen Mittelalter das Wort rede, insofern er nämlich eine auf Thomas von Aquin gestützte Lesart des Aristotelismus ver-
fechte (Reese-Schäfer 1997: 269). Dafür gibt es in seinen Büchern zur Gerechtigkeitstheorie und zur Bedeutung moralischer Traditionen durchaus einige Belege (MacIntyre 1988: 164-208, 1990: 127-148). In *After Virtue*

macht MacIntyre jedoch deutlich, daß gerade Thomas von Aquin die genannten Grundprobleme des Aristotelismus *nicht* löst. So beruhe Thomas'
umfassendes Klassifikationssystem der Tugenden zum einen auf der aristotelischen Kosmologie, die als obsolet betrachtet werden müsse, zum anderen
auf der christlichen Theologie, deren Anerkennung Sache des Glaubens sei
(MacIntyre 1987: 238). Mehr noch: Ein solches umfassendes Klassifikationssystem sollte „immer unser Mißtrauen erregen", weil ein großer Teil unseres Wissens über die Tugenden empirischer und nicht theoretischer Natur
sei (ebd.). Zudem ignoriere jede Annahme einer problemlosen Einigung über
Tugenden und Laster „die Stellung der schweren Konflikte in unserer Kulturgeschichte darüber, worin das menschliche Gedeihen und Wohlergehen
besteht, und auch die Art, in der rivalisierende und unvereinbare Überzeugungen (...) rivalisierende und unvereinbare Tugendkataloge hervorbringen"
(ebd.: 218).

Diese Passagen sind insofern von besonderem Interesse für die Kommunitarismusdebatte als ganze, weil MacIntyre hier zugleich einige wichtige
Vorgaben für eine überzeugende Weiterführung der aristotelischen Tradition
macht, die für die Beurteilung von MacIntyres eigenem Reformulierungsver-
such höchst aufschlußreich sind. Genau auf die von MacIntyre gegen Thomas von Aquin ins Feld geführten *Konflikte* hinsichtlich des Guten berufen
sich nämlich gemeinhin die Vertreter einer prozeduralen Ethik, um ihren
'neutralen' Standpunkt, den *moral point of view*, als alternativlos auszuweisen. Nicht so MacIntyre. Da dieser Weg aus seiner Sicht nur zu nietzeani-
schem Nihilismus führen kann, schlägt er eine Revision der aristotelischen
Tradition vor, die den geschilderten Einwänden gerecht zu werden vermag.
Sein Lösungsversuch besteht darin, an die Stelle der naturalistischen Bestimmung des menschlichen Telos mittels eines Vergleichs divergierender
historischer Tugendkonzeptionen eine gemeinsame Kernvorstellung des Tugendbegriffes herauszuarbeiten. Diese Konzeption baut im wesentlichen auf
drei Begriffen auf: dem der menschlichen 'Praxis', der 'narrativen Einheit'
und der 'Tradition'.

(1) Unter einer *'Praxis'* versteht MacIntyre einen zusammenhängenden
Komplex von Tätigkeiten mit folgenden Eigenschaften: In ihr werden *inhärente Güter* verwirklicht, es gibt *Maßstäbe für ihre vortreffliche Ausübung*
und ihr eignet eine *dynamische Erweiterung* sowohl der Perfektionierung
von Handlungsqualitäten als auch der Vorstellungen der zu verwirklichenden
Güter (ebd.: 251). Inhärente Güter sind solche, die *nur innerhalb* der ent-

sprechenden Praxis zu realisieren sind, und zwar in einem zweifachen Sinne:
Sie sind nicht anders zu *erreichen*, und sie sind nicht anders zu *erkennen*.
Tugenden bestimmt MacIntyre in einem ersten Schritt als jene Eigenschaften, die zum Erreichen inhärenter Güter befähigen (ebd.: 255f.). Der erreichte Erkenntnisgewinn und die damit verbundene Freude des Forschers
sind zum Beispiel inhärente Güter im Rahmen wissenschaftlicher Praxis,
während seine finanzielle Vergütung oder ein höheres soziales Prestige als
dieser Praxis äußerliche Güter zu betrachten wären (sie könnten genauso gut
durch andere Aktivitäten erreicht werden – und wahrscheinlich leichter).
Forscherische Tugenden wie Entdeckungsfreude, Objektivität oder Reflexi-
onsvermögen sind auf die Verwirklichung dieser inhärenten Güter gerichtet.
Mit dieser immanentistischen Konzeption glaubt MacIntyre, sich von metaphysischen Weltbildern loslösen zu können. Auch das Problem der Konfliktscheu werde damit überwunden, denn Konflikte entspringen nun nicht mehr
notwendigerweise Mängeln im individuellen Charakter (wie bei Aristoteles),
sondern auch aus der Tatsache, daß Praxisarten und ihnen innewohnende
Güter vielfältig und potentiell konkurrierend sind (ebd.: 263).

Die Bedeutung dieser Auffassung des Zusammenhangs von Praktiken,
inhärenten Gütern und Tugenden für die politische Theorie liegt nun zum einen darin, daß Politik *selbst* als eine solche *Praxis* verstanden werden kann,
wie es der Sichtweise des Republikanismus entspricht, die von kommunitaristischen Demokratietheorien wiederbelebt wird (s. Kap. IV). Des weiteren ist
erwähnenswert, daß Praktiken grundsätzlich auf *regulierende Institutionen*
angewiesen sind. Während der erste Aspekt auf die Rekonstruktion der politischen Praxis als eine mit spezifischen Gütern und Tugenden verknüpfte
Handlungssphäre verweist, geht es beim zweiten um die institutionelle Ordnung sozialer Praxis insgesamt – in der aristotelischen Sicht die Aufgabe der
Politik schlechthin (vgl. *Nikomachische Ethik*, 1094a, 25ff). Institutionen befassen sich nach MacIntyre (1987: 260) mit der Zuordnung von äußeren
Gütern zu den Praktiken und belohnen so individuelles Verdienst um die internen Güter. Ihre Funktionsweise ist jedoch nach MacIntyre stets prekär:
Eigentlich ist es ihre Aufgabe, die Praktiken gegen die Dominanz äußerer
Güter zu schützen. Eine defizitäre Funktionsweise der Institutionen selbst
kann jedoch zu einer Verfestigung der Dominanz äußerer Güter über die
Orientierung an den internen Standards der Vortrefflichkeit führen. Die Institutionen des Wissenschaftssystems, um im Beispiel zu bleiben, sind funktional auf die Wissenschaftspraxis hin geordnet, indem sie etwa For-
schungsmittel (äußerliche Güter) so verteilen sollen, daß wissenschaftliche

Forschung floriert und der Erkenntnisgewinn voranschreitet (inhärente Güter). Wo diese äußerlichen Güter zum eigentlichen Zweck werden, leidet darunter die Integrität der jeweiligen Praxis. Hier kommen dann wieder (allgemeine) Tugenden wie Gerechtigkeit, Tapferkeit und Wahrheitsliebe ins Spiel, deren „Hauptfunktion" es sei, zum Widerstand gegen die „korrumpierende Macht der Institutionen" zu befähigen (ebd.).

Mit dem Begriff der Praxis allein ist eine Rehabilitierung der Tugendethik nach MacIntyre allerdings noch nicht möglich. Zwar wird eine harmonistische Ausblendung von Güterkonflikten ebenso wie eine dezisionistische Negation konkurrierender Praktiken vermieden. Nun aber gibt es „zuviele Konflikte und zuviel Willkür" (ebd.: 269), so daß sich, salopp formuliert, der Wolf des 'emotivistischen Selbstes' im Schafspelz der aristotelischen Begriffsumkleidung wieder einschleicht.

(2) Mit Blick auf das Problem der Vereinheitlichung von Güterbezügen bietet MacIntyre als zweiten Reformulierungsschritt der Tugendethik das Konzept der *'narrativen Einheit'* eines menschlichen Lebens an. Dieses baut auf der Annahme auf, daß die moralische Identität einer Person „in der Einheit einer Erzählung ruht, die Geburt mit Leben und Tod wie die narrative Einleitung mit der Mitte und dem Ende verbindet" (ebd.: 275). Auch hier liegt offensichtlich ein Versuch der 'Verweltlichung' des Aristotelismus vor, die auf Elemente einer philosophischen Anthropologie verweist. Der moralisch handelnde Mensch wird zum „Geschichten erzählenden Tier" („story-telling animal"), da sich erst aus den identitätsstiftenden Erzählungen normative Konsequenzen ergeben, nicht einfach aus dem Vorhandensein von Praktiken und Gütern (ebd.: 288). Geschichten verweisen auf eine mögliche Zukunft, in der ein Ziel als erreichbar dargelegt wird. Von daher können sie auch als Ermöglichung einer *kohärenten Suche* nach diesem Ziel verstanden werden. Dementsprechend hält MacIntyre als zweite Bestimmung eines postaristotelischen Tugendbegriffes fest: „Das gute Leben für den Menschen ist das Leben, das in der Suche nach dem guten Leben für den Menschen verbracht wird, und die für die Suche notwendigen Tugenden sind jene, die uns in die Lage versetzen, zu verstehen, worin darüber hinaus und worin sonst noch das gute Leben für den Menschen besteht" (ebd.: 293). Diese formalistische Formulierung heischt nach einer genaueren Bestimmung, wenn anders sie nicht auf die zeitgenössische emotivistische Lebensweisheit hinauslaufen soll, daß der Weg das Ziel sei. Irgendwo muß der Weg beginnen, irgendwel-

che Ziele müssen mir vor Augen gestellt werden, damit die Suche eine Richtung bekommt.

Die Vorstellung einer gerichteten Suche nach dem Guten verweist somit auf die Frage der *„persönlichen Identität"* (ebd.: 289ff.). Mit Blick auf diese Identität kann nach MacIntyre nicht mehr sinnvoll von einer Trennung von *Sein* und *Sollen* gesprochen werden, die die neuzeitliche Moralphilosophie als grundlegend für jede plausible Begründung von Normen ausgibt. Die folgende häufig zitierte Passage faßt diese Sicht prägnant zusammen:

> „Ich bin der Sohn oder die Tochter von jemandem, der Vetter oder Onkel von irgendwem; ich bin ein Bürger dieser oder jener Stadt, ein Mitglied dieser oder jener Zunft oder Berufsgruppe, ich gehöre zu dieser Sippe, jenem Stamm, dieser Nation. Was also gut für mich ist, muß gut für jemanden sein, der diese Rollen innehat. Als solcher erbe ich aus der Vergangenheit meiner Familie, meiner Stadt, meines Stammes, meiner Nation eine Vielzahl von Schulden, Erbschaften, berechtigten Erwartungen und Verpflichtungen. Sie konstituieren das Gegebene meines Lebens, meinen moralischen Ausgangspunkt" (ebd.: 293f.).

Zugehörigkeit gibt nach MacIntyre eine Antwort auf Taylors 'radikale Warum-Frage' (s.o. S. 30). Sie geht moralischen *Regeln* voraus, denn *„meine* Rechtfertigung für die Befolgung dieser moralischen Regeln [finde ich] in *meiner* bestimmten Gemeinschaft [...]; ohne das Leben dieser Gemeinschaft hätte ich keinen Grund, moralisch zu sein" (MacIntyre 1993: 92). Gemeinschaften motivieren dann nicht durch Emotionalität oder abstrakte Vernunft, sondern durch die Autorität ihrer Praktiken und internen Güter.

Erläuterungsbedürftig ist diese Position nun insofern, als MacIntyre sie radikal vom „modernen Individualismus" abgrenzt, aus dessen Sicht „ich das [bin], was ich zu sein gewählt habe" (ebd.: 294). Hier bieten sich zwei Lesarten an, die ganz unterschiedliche Implikationen haben:

a) Zum einen könnte gemeint sein, daß Identitäten und die damit verbundenen Verpflichtungen, also der 'moralische Ausgangspunkt' grundsätzlich nicht *gewählt* werden können, sondern nur *ererbt*. Einige der von MacIntyre angeführten Identitätsaspekte (z.B. Zugehörigkeit zu Berufsgruppen, Stadtbürgerschaft, familiäre Bindungen, z.T. Nationalität) hängen jedoch in wesentlichen Zügen mit Wahlentscheidungen zusammen. Wenn gilt, daß „ich [...] zu wesentlichen Teilen [bin], was ich erbe" (ebd.: 295), dann schließt dies offensichtlich nicht die bewußte Entscheidung aus, eine Erbschaft antreten zu wollen oder nicht.

b) Eine zweite mögliche Lesart lautet, daß die mit sozialen Rollen verknüpften Pflichten, Erwartungen, Ziele usw. sich aus der *Geschichte* der jeweiligen Gemeinschaft, Kultur oder Institution ergeben. Es würde dann einen Irrtum des 'modernen Individualismus' darstellen, zu glauben, als Träger dieser Rolle könnte man diese Verpflichtungen ignorieren, um sich gleichsam eine institutionelle Umwelt nach individuellem Gusto zusammenzustellen. Diese Lesart des Anti-Individualismus wird unterstützt durch MacIntyres Verweis auf die nur um den Preis moralischer Orientierungslosigkeit aufgebbare Verantwortlichkeit für nationale historische Schuld (von Amerikanern für die Sklaverei, von Deutschen für den Holocaust, von Engländern für das in Irland begangene Unrecht) (ebd.).

Die zweite Lesart scheint mir die einzig kohärente zu sein. Es kann also nur darum gehen, sich der geschichtlichen Dimension der eigenen moralischen Identität sowohl in ihren unfreiwillig als auch ihren freiwillig ererbten Bezugspunkten bewußt zu werden; das schließt ein, sich mit den jeweiligen Praktiken, Gütern und Tugenden vertraut zu machen wie auch spezifische Verantwortlichkeiten anzuerkennen. Damit wäre der Standpunkt der Tradition zwar deutlich von den Auffassungen einer *radikalen Wahl* des Selbst im Sinne einer absoluten moralischen Selbsterschaffung (Sartre) unterschieden, aber nicht gänzlich wahl-avers (vgl. Taylor 1988a: 29). Gewiß sind bestimmte Identitätsstränge immer schon gegeben, so daß ich sie nicht ausblenden könnte, wenn ich eine kohärente Geschichte meines Lebens zu erzählen beabsichtigte, um herauszufinden, 'wer ich bin'. Aber in dieser Erzählung werden individuelle Entscheidungen ebenfalls eine wesentliche Rolle spielen. Die eigentliche Herausforderung besteht also in der Herstellung einer narrativen Einheit von Gegebenheit und Entwicklung, die eine reflexive Haltung zur eigenen Herkunft geradezu *erfordert*. Wie diese Einheit aus MacIntyres Sicht erreicht werden kann, verdeutlicht der dritte aristotelische Reformulierungsschritt.

(3) Daß tugendethischer Standpunkt und individuelle Wahl sich nicht gegenseitig ausschließen, verdeutlicht schließlich gerade der Blick auf die dritte Weiterführung des aristotelischen Ansatzes, nämlich das Konzept der *moralischen Tradition*, das dann die folgenden Arbeiten MacIntyres so nachhaltig prägen sollte (MacIntyre 1988, 1990). Traditionen fungieren aus MacIntyres Sicht als sinnstiftender Rahmen der narrativen Konstruktion einer kohärenten persönlichen Biographie (MacIntyre 1987: 295ff.). In einer gewissen Weise *ermöglicht* die Tradition sogar die individuelle Wahl. Schließlich soll sie helfen, in den oben genannten Fällen eines tragischen Güterkonfliktes eine begründete Entscheidung zu treffen. Diese „Wahl zwischen konkurrierenden

Gütern in einer tragischen Situation" soll sich von der „modernen Wahl zwischen inkommensurablen moralischen Prämissen" freilich darin grundlegend unterscheiden, „daß *beide* alternative Handlungsabläufe, mit denen der einzelne konfrontiert wird, als zu einem authentischen und substantiellen Gut führend erkannt werden müssen." (ebd.: 299). Entgegen der Auffassung Kants geht MacIntyre folglich davon aus, daß es mehrere sich untereinander ausschließende Handlungsweisen geben kann, die allesamt verfolgt werden ‘sollten’; entgegen Sartre hält er es jedoch zugleich für unangemessen, von einer Wahl *zwischen verschiedenen moralischen Grundsätzen* zu sprechen. Was sich ereignet, ist im Grunde eine wohlüberlegte Über- und Unterordnung verschiedener Güter.

In diesem Zusammenhang ist ein enger von einem weiten Begriff moralischer Traditionen zu unterscheiden. Der *enge* Begriff bezieht sich auf die Tradition einer bestimmten Praxis, ihren Institutionen und einer korrespondierenden Gemeinschaft wie z.B. der Praxis der Wissenschaft, der Institution der Universität und der *scientific community*. Das Wirken einer Tradition steht dann für einen historisch konstituierten Diskussionszusammenhang über die Implikationen dieser Praxis, etwa „eine ständige Erörterung darüber [...], was eine Universität ist und sein sollte" (ebd.: 296). Eine solche praxisbezogene Tradition stehe jedoch „niemals in Isolation zu größeren sozialen Traditionen" (ebd.). In diesem *weiten* Verständnis ermöglicht Tradition eine kulturelle Praxis, die das Verständnis für ein *höchstes Gut* („one overall good", MacIntyre 1988: 337) zu ebnen vermag. Unter Bezugnahme auf dieses höchste Gut werden die Entscheidungen im Bereich konfligierender niederrangiger Güter kohärent und eine übergreifende Einheit des menschlichen Lebens möglich.

Wenn man in der aristotelischen Tradition Politik als Praxis der Ordnung aller anderen Praktiken einer Gemeinschaft versteht, so stellt sie sich zugleich als Adressat solcher umfassender Traditionen dar.[6] Wie könnte nun eine in diesem Sinne ‘traditionalistische’ Perspektive in der politischen Theorie aussehen? – Nach MacIntyre keinesfalls in der Weise, wie es ge-

---

6 MacIntyre macht dies an Aristoteles‘ Auffassung der Gerechtigkeit deutlich. Wenn diese von der Bestimmung des relativen Verdienstes ausgeht, so erfordere dies ein gemeinsames „Verständnis von Gütern und von dem Guten, das über die Vielzahl an Gütern hinausgeht, die die verschiedenen Arten von Praxis erfüllen" (MacIntyre 1987: 270). Das heißt, um individuelle Verdienstlichkeit festzustellen, braucht man erstens einen internen Maßstab, der entscheidbar macht, welche Qualität ein individueller Beitrag (etwa einer Forschungsarbeit zur Praxis der Wissenschaft) hat, zweitens einen externen Maßstab, der bestimmt, wie wichtig diese Praxis für eine Gemeinschaft insgesamt ist.

meinhin erwartet würde, nämlich in Form des politischen *Konservatismus*. Gegen dessen ideengeschichtlichen Gewährsmann, Edmund Burke, wendet er sich sogar in scharfer Form. Der Konservatismus stellt die Tradition der *rationalen Argumentation* und dem *sozialen Wandel* kontradiktorisch gegenüber. Tradition sei jedoch nicht das Gegenteil von Rationalität, vielmehr deren Voraussetzung, denn „jedes Folgern findet im Kontext einer traditionellen Weise des Denkens statt, indem es durch Kritik und Erfindung die Grenzen dessen überschreitet, was bisher in dieser Tradition gefolgert worden ist" (MacIntyre 1987: 296, s.a. MacIntyre 1988: 353). Die Aufklärung sei sogar an der gängigen Verkennung moralischer Traditionen als 'irrational' Schuld, denn sie habe uns „blind" gemacht für „conception of rational enquiry as embodied in a tradition" (MacIntyre 1988: 7). *Jede* Tradition besitze Maßstäbe, um *ihren eigenen* Fortschritt rational zu überprüfen. Freilich gelte, daß „such measures necessarily are framed in terms of and presuppose the truth of those central theses to which the tradition gives its allegiance" (ebd.: 167). In *Whose Justice? Which Rationality?* legt MacIntyre dar, daß rationaler Fortschritt auch in der *Konfrontation rivalisierender Traditionen* erreichbar ist. Hier erst wird im übrigen Thomas von Aquin zu seinem philosophiegeschichtlichen Helden, der in dem Konflikt zwischen Aristotelismus und Augustinismus eine eindrucksvolle Synthese zu vollbringen vermochte. Eine rationale Überwindung des Konfliktes zwischen rivalisierenden moralischen Traditionen setzt nach MacIntyres Auffassung ganz außerordentliche intellektuelle Fähigkeiten (man könnte auch sagen: Tugenden) voraus (ebd.).

Damit ist im übrigen angedeutet, wie ein mit dem Standpunkt MacIntyres vereinbarer *moralischer Universalismus* aussehen könnte:

— Er bestünde einerseits in einer kontinuierlichen Weiterentwicklung des eigenen traditionellen Verständnis des Guten. „Lebendige" Traditionen seien voller Konflikte um das angemessene Verständnis des Guten, weshalb niemand darauf festgelegt werden könne, neben der Tradition einer Gemeinschaft auch deren „moralische Beschränkungen" zu akzeptieren; das in dieser Gemeinschaft tradierte Verständnis vom Guten sei eben auch nur Teil einer „Suche nach dem Guten, nach dem Universellen" (ebd.: 295).

— Moralischer Universalismus könnte andererseits in Form einer Perspektivenübernahme anderer bzw. verschiedener Traditionen voranschreiten, die untersucht, ob die Probleme der einen Tradition innerhalb des Bezugsrahmens der anderen Tradition besser angegangen werden können.

Diese Multiperspektivität wäre freilich nur wenigen intellektuell herausragenden Männern und Frauen zugänglich.

– Ein drittes universalistisches Motiv kann darin gesehen werden, daß es,
wie bereits erwähnt, nach wie vor möglich ist, bestimmte *Kardinal*tugenden anzugeben, die für die Suche nach dem Guten immer unerläßlich sein
werden, aber auch *minimale institutionelle Rahmenbedingungen* für diese
Suche zu identifizieren. So hält MacIntyre Patriotismus für eine „irratio-
nale Haltung", wenn er sich auf Gemeinschaften bezieht, deren Bindungen auf historischen Lügen oder einem inauthentischen Integrationsfundament (Gewalt, individuelle Nutzenmaximierung) beruhen (MacIntyre
1993: 99). Dem Gedanken eines minimalen Naturrechts gegenüber zeigt
sich MacIntyre durchaus offen, wenn er „das Vernichten unschuldigen
Lebens, Diebstahl, Meineid und Betrug" als Handlungsweisen erwähnt,
die generell „untragbar" seien, weil sie das Vorhaben konterkarieren, „ein
gemeinsames Projekt durchzuführen, [...] etwas Gutes zu erreichen, das
von allen, die sich bei diesem Projekt beteiligen, als von ihnen geteiltes
Gut anerkannt wird" (MacIntyre 1987: 203).

Die aufgezeigten konzeptionellen Darlegungen MacIntyres dienen nicht nur
einer auf metaphysische Voraussetzungen verzichtenden Reformulierung aristotelischer Annahmen, sondern gleichermaßen der Schärfung einer kritischen Perspektive auf moderne Gesellschaften: Mit dem Konzept der Praxis
ist die Behauptung verbunden, daß in modernen Gesellschaften Praktiken
nicht mehr adäquat von Institutionen reguliert und von Tugenden getragen
werden, so daß externe Güter (Geld, Macht usw.) über inhärente dominieren.
Mit dem Konzept der narrativen Einheit eines menschlichen Lebens verbindet sich die kritische Spitze, daß das die moderne Gesellschaft bevölkernde
emotivistische Selbst sein eigenes Leben nicht mehr als kohärente Erzählung
darstellen und somit keine moralisch gehaltvolle Lebensweise erreichen könne. Hinsichtlich moralischer Traditionen schließlich gilt, daß keine allgemein
akzeptierte und zugleich ihre Aufgabe erfüllende 'Metaerzählung' (Lyotard)
existiere, die in den tragischen Konflikten zwischen verschiedenen Gütern
und Tugenden eine aus der Perspektive der Einheit eines menschlichen Lebens gespeiste praktische Orientierung ermöglichen würde. Für den internen
Vergleich kommunitaristischer Positionen ist diese dreifach akzentuierte güterethische Fassung der MacIntyreschen Liberalismuskritik von großer Bedeutung. Darauf wird zurückzukommen sein.

2.3 MacIntyres selbsterrichtete Sackgasse: Apolitischer Aristotelismus

Auch wenn MacIntyre zugebilligt werden kann, wichtige Anregungen für eine kritische Gesellschaftstheorie unter aristotelischen Vorzeichen geliefert zu haben, so muß doch auf einige schwerwiegende Defizite hingewiesen werden. Diese betreffen zum einen seine krude Ablehnung der modernen Gesellschaft und Sozialphilosophie, zum anderen seine Positionierung aristotelischer Perspektiven in dieser Gesellschaft. Es zeigt sich zum einen, daß MacIntyre ein Zerrbild moderner Praktiken zeichnet. Zum anderen gibt er zwar in bezug auf das Objektivitätsproblem einige bedenkenswerte Hinweise, wird dem Komplexitäts- und dem Gleichheitsproblem hingegen nicht gerecht.

Fragwürdig ist zunächst, daß MacIntyre in *After Virtue* nur die *Marginalisierung* von Praktiken, ihre Abdrängung in Subkulturen und den Ausschluß der Bevölkerungsmehrheit von wirklicher Praxis in der modernen Gesellschaft im Blick hat (MacIntyre 1987: 302ff.). Die Institutionen der liberalen Gesellschaft dienten grundsätzlich nicht dem Schutz von Praktiken, sondern inkorporierten in Form eines 'bürokratischen Individualismus' eigentlich unvereinbare Moralprinzipien wie individuelle Rechte und Nützlichkeit (ebd.: 100). Was MacIntyre völlig ausblendet ist die Tatsache, daß gerade die *Erweiterung von Praxisarten* und größere individuelle Freiheiten und Chancen zur *Teilhabe an Praktiken* als Signum liberal-demokratischer Gesellschaften verstanden werden können – bei aller Ambivalenz angesichts einer um sich greifenden Marktlogik (vgl. Miller 1994: 252f.). Individuelle Freiheiten wie die Kompensation ökonomischer Ungleichheiten haben nicht zuletzt den Sinn, den Ausschluß breiter Schichten von sozialen Praktiken zu unterbinden. Auch die Vermehrung eines zugleich diversifizierten Angebots von Gütern kann als Bestandteil eines Strebens nach Erweiterung und allgemeiner Zugänglichkeit sozialer Praktiken verstanden werden. Daß MacIntyre völlig ausblendet, welche gesellschaftlichen Arrangements welchen Personen in welchem Ausmaß die Teilnahme an sozialen Praktiken ermöglichen oder verwehren, zeigt jedoch, wie stark die *Gleichheits*problematik vernachlässigt wird. Dies wird auch sichtbar an seinem Kommentar zu der Vorstellung von Menschenrechten, die er als „Fiktion" abtut, da der Glaube an Menschenrechte jenem an „Hexen und Einhörner" gleiche (MacIntyre 1987: 98f.). Systematisch ist hier von Bedeutung, daß MacIntyre sich der Möglichkeit begibt, den Menschenrechtsdiskurs aristotelisch als Inbegriff einer allgemeinen Teilhabegarantie an sozialer Praxis einzuholen – und das, obwohl er sich der Gefahr von Exklusion im Namen moralischer Tradition durchaus bewußt ist.

Freilich kann als sinnvolle kritische Perspektive festgehalten werden, daß eine einseitige Orientierung der Regulierung von Praktiken an Kriterien wie Effizienz und Gleichheit auf Kosten der internen Güter gehen *kann*, und zwar sobald nicht mehr die Perspektive der Ermöglichung von Teilhabe an sozialer Praxis, sondern die Umformung einer Praxis als Serviceleistung für individuelle Präferenzen im Vordergrund steht. Wenn liberale Institutionen es nicht vermögen, die Perspektive der an einer Praxis Beteiligten und deren 'Traditionen' im Sinne MacIntyres wahrzunehmen und zu respektieren, dann droht in der Tat die Marginalisierung von Praktiken.

In gewisser Weise hat MacIntyre selbst zugestanden, daß es nicht sinnvoll ist, die moderne Gesellschaft per se als praxisfeindlich anzuprangern. So schreibt er in *Whose Justice? Which Rationality?*, daß in einer liberalen Gesellschaft „the recognition of a range of goods is accompanied by a recognition of a range of compartementalized spheres within each of which some good is pursued: political, economic, familial, artistic, athletic, scientific" (MacIntyre 1988: 337, unter Verweis auf Rawls). Daß MacIntyre hier den Begriff der 'Sphäre' verwendet, ist höchst aufschlußreich im Hinblick auf den Vergleich kommunitaristischer Theorievarianten. Denn für Michael Walzer ist gerade die interpretative Erschließung unterschiedlicher sozialer Sphären mit je eigenen Gütern gleichsam der Zugangscode zur normativen Grammatik moderner Gesellschaften (s.u. III.3). Für MacIntyre hat diese Anerkennung einer Vielzahl von Gütern jedoch nichts mit einer praxisbasierten Kultur zu tun. Für ihn stellt sich Güterpluralismus im Liberalismus bloß als *Abtrennung* und *Zusammenhangslosigkeit* dar. Die übergreifende Bedeutung dieser unterschiedlichen Sphären bleibe systematisch unklar, da es einheitsstiftender Traditionen bedarf, um im Falle von Güterkonflikten begründbare Entscheidungen treffen zu können. Es fehle ja grundsätzlich an der Möglichkeit, ein „overall ordering of goods" vorzunehmen, so daß „the claims of any one sphere to attention or to resources are once again to be determined by the summing of individual preferences and by bargaining" (ebd.). Auch hier ist Skepsis angebracht: Nimmt MacIntyre nicht das theoretische Modell der ökonomischen Demokratietheorie oder des Pluralismus unzulässigerweise als Realitätsbeschreibung? – Vernachlässigt werden dabei all jene Diskurse, bei denen es nicht nur darum geht, daß irgendjemand dies oder jenes will oder ablehnt (vgl. MacIntyre 1988: 340), sondern bei denen wir Argumente hinsichtlich der Bedeutung oder Integrität einer Sphäre und deren interne

Güter gegenüber der Bürgerschaft als ganzer begründen. Hier ist wiederum auf die Perspektive Walzers, aber auch Taylors zu verweisen (s.u. III.3, IV.5).

Für eine konstruktive Perspektive auf die moderne Gesellschaft eröffnet sich MacIntyre hingegen keinerlei Zugang. Gerade weil er der modernen Gesellschaft wie der Tradition des Liberalismus nichts abgewinnen kann, so lautet der ironische Befund, ist auch sein Programm einer Rückkehr zu Aristoteles zum Scheitern verurteilt. Denn bei näherem Hinsehen zeigt sich, daß der Aristotelismus MacIntyrescher Prägung keinerlei *Anschlußfähigkeit* an die Moderne aufweist, zugleich jedoch unfähig ist, ein überzeugendes *Gegenprogramm* zur Moderne zu entwickeln. Zuletzt vermitteln MacIntyres Ausführungen den Eindruck einer fundamentalen Tragik: Einerseits ist der Aristotelismus unverzichtbar, andererseits unanwendbar. Aus diesem Grund kann MacIntyre letztlich nicht mit einem politischen, sondern nur mit einem *a*politischen Aristotelismus aufwarten.

MacIntyres allseitig auf Distanz gehende Haltung mag – gerade in der entfremdeten Moderne! – einen gewissen Charme entfalten. Für eine dem aristotelischen Modell analoge Praxis der Bürger in der politischen Gemeinschaft und entsprechende Gerechtigkeitserwägungen fänden sich in der modernen Gesellschaft keine Anhaltspunkte: „Moderne systematische Politik, ob liberal, konservativ, radikal oder sozialistisch, muß von einem Standpunkt aus, der der Tradition echte Treue schuldet, einfach verworfen werden; denn die moderne Politik selbst drückt in ihren institutionellen Formen eine systematische Ablehnung dieser Tradition aus" (MacIntyre 1987: 339). Wie eine 'nicht-moderne' Politik der Tradition im Rahmen der gegenwärtigen Gesellschaft aussehen könnte, vermag MacIntyre jedoch nicht darzulegen.

Hiermit hängt zusammen, daß MacIntyre sich selbst nicht als Kommunitarist begreift. Die Ebene der *nationalen* politischen Gemeinschaft sei nicht geeignet für die Verwirklichung einer Konzeption des guten Lebens – die kommunitaristische Position sei somit romantisch, nicht aristotelisch (MacIntyre 1994: 302). Die Liberalen hätten vollkommen Recht, wenn sie auf staatlicher Ebene für weltanschauliche Neutralität plädierten und die Suche nach dem guten Leben in den Assoziationen der Zivilgesellschaft lokalisierten. In *After Virtue* plädiert MacIntyre im Einklang damit für „die Schaffung lokaler Formen von Gemeinschaft, in denen die Zivilisation und das intellektuelle und moralische Leben über das neue finstere Zeitalter hinaus aufrechterhalten werden können" (MacIntyre 1987: 350). Diese aristotelisch

motivierte Politik des Rückzugs führt jedoch in verschiedener Hinsicht zu
Widersprüchen:

— Zunächst zeigt sich, daß auch in den Institutionen und Gemeinschaften,
  die MacIntyre als Zufluchtsorte vor der emotivistischen Welt der Großge-
  sellschaft ausmacht, *unterschiedliche* Traditionen miteinander konkurrieren. Deutlich wird dies etwa bei der Frage, welche Traditionen der wissenschaftlichen Praxis in einer Universität gepflegt werden sollten. Am
  Ende kommt auch MacIntyre in solchen Fällen angesichts der Fragwür-
  digkeit einer repressiven Homogenisierung des Pluralismus nur zu einem
  mehr oder weniger liberalen Toleranzmodell (MacIntyre 1990: 230ff.).
— Als nächstes kann eine aufschlußreiche argumentative Ungereimtheit
  darin gesehen werden, daß MacIntyre äußert, es sei eine „ungerechte" (!)
  Vorgehensweise, wenn Konzeptionen des Guten im nationalen Rahmen
  als verbindliche Lebensform zwangsweise auferlegt würden (MacIntyre
  1996: 675), zugleich jedoch davon überzeugt ist, daß es in modernen Gesellschaften keine Möglichkeit gebe, sich moralisch zu verständigen. Die
  Rede von 'ungerechtem' Zwang setzt ja die Existenz eines gemeinsamen
  Gerechtigkeitsmaßstabes voraus, und dabei handelt es sich offensichtlich
  um die Forderung, die Freiheit und Überzeugung der anderen zu respektieren – also um ein klassisches Postulat des Liberalismus.
— Vor diesem Hintergrund ist MacIntyres Konzeption auch in praktischer
  Hinsicht selbstwidersprüchlich. Sie läuft auf einen parochialistischen Pluralismus voneinander abgeschotteter Gemeinschaften hinaus, die durch
  ein rechtliches Rahmenwerk in einer Gesellschaft zusammengehalten
  werden (vgl. Cladis 1992: 170f.). Wenn jedoch Maßstäbe des gerechten
  Gebrauchs politischer Macht nicht in Form einer öffentlichen Moral verankert sind und kein Interesse für die Belange der Gesamtgesellschaft
  aufkommen kann, ist auch die Integrität der lokalen Gemeinschaften eine
  äußerst prekäre Angelegenheit.

Während MacIntyre suggeriert, daß wir es mit einem historischen *Verfalls*-
prozeß zu tun hätten, muß seine Vorstellung, eine Gesellschaft könne über
die zwanglose, rational motivierte Anerkennung einer gemeinsamen Vorstellung vom guten Leben integriert werden, doch als hochgradig *utopisch*
bezeichnet werden. Keine bislang existierende Gesellschaft als solche hat
nach unserem Kenntnisstand diese Anforderung erfüllt – wohl aber einzelne
Gemeinschaften in freiheitlichen Gesellschaften!

Entscheidend ist also auch für MacIntyre, daß sozialer Zusammenhalt in einer Weise erzeugt wird, die nicht dem Verdacht ungerechter Zwangsausübung oder politischer Manipulation unterliegt. Dies ist jedoch (nicht nur unter modernen Bedingungen, sondern allgemein) nur als *Vermittlungsverhältnis* unterschiedlicher Ebenen sozialer Integration zu denken. Bei der Behandlung der Frage, ob es heute noch des 'Patriotismus' bedürfe (MacIntyre 1993), zeigt sich, daß die verschiedenen Ebenen gemeinschaftlicher Bindungen (etwa nationale politische Gemeinschaft und lokale Gemeinschaften) von MacIntyre gerade nicht in eine Vermittlungsverhältnis gebracht werden, sondern beständig gegeneinander ausgespielt werden. Kann Patriotismus in modernen Gesellschaften jedoch anders als von den Freiräumen und Entfaltungsmöglichkeiten her motiviert werden, die von der umfassenden (politischen) Gemeinschaft gegenüber ihren Mitgliedern anerkannt und geschützt werden und auf deren Grundlage sich dann eine lebendige Vielfalt von Assoziationen ausbreiten kann? Auch hier erweist sich MacIntyres Argumentation als unterkomplex und wenig sensibel für die normativ gehaltvollen Verweisungszusammenhänge zwischen unterschiedlichen Bereichen.

Bereits die Argumentation in *After Virtue* durchzieht in eigentümlicher Weise die Vorstellung, daß es die *Philosophie* sei, welche für die Integration einer Gesellschaft die letzte Verantwortung trage (vgl. z.B. MacIntyre 1987: 57). Zu den widersprüchlichen normativen Forderungen unterschiedlicher Gruppen vermerkt MacIntyre an anderer Stelle entsprechend: „The only *rational* way in which these disagreements could be resolved would be by means of a philosophical enquiry aimed at deciding which out of the conflicting sets of premises, if any, is true" (MacIntyre 1988: 342f.). Die Universitäten müßten der Gesellschaft den rationalen Diskurs vormachen (MacIntyre 1990: 222). Das ist eine merkwürdige These angesichts des gleichermaßen zugestandenen unaufhebbaren Pluralismus im akademischen Bereich, der eindeutige bzw. unstrittige Antworten illusionär werden läßt. Die Überzeugung, solche Fragen *nicht* einer von Experten durchgeführten philosophischen Untersuchung überlassen zu können, dürfte im übrigen gerade eine der am festesten verankerten moralischen Grundsätze in modernen Gesellschaften darstellen.

3. Taylor: Artikulation der Moral der Moderne

Auch der kanadische Sozialphilosoph Charles Taylor (*1931), der hier für
die gemäßigt optimistische Lesart der Moderne und 'ihrer' Moralphilosophie
steht, verwendet mitunter starke Worte zur Kennzeichnung des kritischen
Zustands gegenwärtiger Moraldiskurse.[7] So spricht er von einer „Verhe-
xung" des moralischen Bewußtseins durch die moderne Soziologie, von einer „Blindheit" der modernen Moralphilosophie für die Bedeutung qualitati-
ver Wertunterscheidungen und vom „Scheitern" des Projekts der Aufklärung
im Hinblick auf die Konstruktion einer von Vorstellungen des guten Lebens
losgelösten Moral (Taylor 1996a: 151, 1986b: 130f.). Wie MacIntyre geht
Taylor davon aus, daß die Theorieangebote der zeitgenössischen Sozialphilosophie einen fragmentarischen Charakter haben. Im Unterschied zu diesem
behauptet er jedoch, daß sich in diesen Fragmenten wertvolle Spuren eines
guten Lebens in der Moderne verbergen. Fragmentarisch bleiben die modernen Ansätze nämlich insofern, als sie sich über die hinter ihnen stehende
Vorstellung des Guten ausschweigen, zum anderen, insofern diese jeweils
implizit in Anspruch genommene Vorstellung vom Guten nur einen *Aus-
schnitt* aus einer viel reichhaltigeren moralischen Welt moderner Gesellschaften darstellt. Die Moral der Moderne beruht nach seiner Auffassung auf
einer Weiterführung komplexer historischer Erfahrungen.

Die Freilegung dieser historischen Quellen führt Taylor im Gegensatz zu
MacIntyre nicht zu einer Verfallsgeschichte, sondern zu einer Konflikt- und
Lerngeschichte. Weder eine Verwerfung der Moderne, noch die Entscheidung für einen der Identitätsstränge auf Kosten der anderen, werde dieser
Geschichte gerecht. Gefragt ist vielmehr eine *Vermittlungs-* und *Versöh-
nungs*leistung. Im Gegensatz zu seinem Vorbild Hegel[8] beansprucht Taylor
nicht, diese Versöhnungsleistung vollständig geleistet zu haben, und hält sie
auch für ein prinzipiell unabschließbares Unterfangen. Für ihn wäre schon
viel gewonnen, wenn eine Aufklärung über die *Selbstmißverständnisse* der
Moderne gelänge. *'Aristotelismus'* bedeutet in diesem Zusammenhang, ein
güterethisches Vokabular für die Moraldiskurse der Moderne zu rehabilitie-
ren. Taylor behauptet die *hermeneutische Anwendbarkeit* der aristotelischen
Tradition auf die Moderne. Dies gilt zunächst für das Unterfangen einer 'Reformulierung' prozeduraler Theorien „in substantieller Form" (Taylor 1986b:

---

7   Zu Taylor vgl. grundlegend Rosa 1995, 1998a, 1999.
8   Vgl. seine monumentale Hegel-Analyse (Taylor 1983).

118), sodann für eine konstruktive Kritik der modernen Gesellschaft (Taylor 1995a).

Im folgenden soll zunächst dargelegt werden, woran Taylor die Artikulationsnotwendigkeit und -möglichkeit normativer Theorien festmacht. Dies wird vor dem Hintergrund seiner philosophischen Anthropologie dargelegt (3.1) und an seiner Kritik an rechts-, diskurs- und nutzenbasierter Ansätze in der politischen Theorie verdeutlicht (3.2). Sodann soll dargelegt werden, wie den Anliegen der modernen Verfahrensethiken aus der Sicht Taylors von aristotelischer Seite begegnet werden kann (3.3). Damit ist zugleich die Frage der Weiterführung der aristotelischen Tradition angesprochen, welche sich im Falle MacIntyres als nicht überzeugend erwiesen hatte. Abschließend wird Taylors Versuch erörtert, der Kritik der Moderne durch die Freilegung des moralischen Ideals der Authentizität einen aristotelischen Impetus zu geben (3.4).

3.1   Starke Wertungen, Sozialontologie und Parteinahme

Wie Hartmut Rosa (1999: 46-52) herausgearbeitet hat, verweisen Taylors zentrale Konzepte letztlich auf das Grundanliegen der Ausarbeitung einer *philosophischen Anthropologie*, die die Unhintergehbarkeit von Wert- und Kulturbezügen für das menschlichen Dasein offenlegt. Hier sind zunächst die zwei „Fundamentalkategorien" (ebd.: 47) der *'Selbstinterpretation'* als Wesensgrundzug menschlichen Daseins sowie die Rolle von *'starken Wertungen'* innerhalb solcher Selbstinterpretationen zu nennen. 'Selbstinterpretation' als anthropologische Grundbestimmung heißt, daß es für den Menschen wesentlich ist, seine Identität durch Deutungsprozesse seines Daseins in kreativer Weise selbst zu erschließen. Er ist wesentlich ein 'self-interpreting animal' (vgl. Taylor 1985a: 45-76), das heißt, was *für ihn* wesentlich ist, hängt davon ab, wie er *sich* in der Welt *versteht*. Dementsprechend geht es Taylors philosophischer Anthropologie um die Eigenarten und Ermöglichungsbedingungen solcher (Selbst-)Deutungsprozesse. Nach Taylor stellt nun die Bezugnahme auf 'starke Wertungen' ein universelles Merkmal solch deutender Orientierung dar. Es handelt sich dabei um qualitative Unterscheidungen wie 'höher/niedriger', 'tugendhaft/lasterhaft', 'tief/oberflächlich', 'edel/unwürdig' usw. (Taylor 1988a: 11), mit denen sowohl Charaktereigenschaften als auch Verhaltensweisen und Ziele belegt werden. Starke Wertungen ermöglichen es einer Person, Ordnung in je situativ auftretende Wünsche und Neigungen zu bringen. Taylor legt dar, daß solche starken Wertungen konstitutiv mit der *Identität* eines Menschen verknüpft sind, da ohne sie keine praktische Orientierung in der Welt und somit kein sinnvolles Handeln möglich ist (Taylor 1996a: 56ff.). Hier kommt schließlich das auch bei MacIntyre bedeutsame Moment der *Narrativität* ins Spiel. Daß wir nicht anders können, als uns nach einem Guten auszurichten, und daß wir diese Ausrichtung nicht anders erkennen als durch das Erzählen einer Geschichte von Herkunft, Standort und Ziel des Lebens, dies sind nach Taylor „unausweichliche strukturelle Erfordernisse des menschlichen Handelns" (ebd.: 104).

Aus dieser knappe Skizze von Taylors philosophischer Anthropologie lassen sich zwei erste Anhaltspunkte für eine in seinen Augen angemessene Form normativer Theorie gewinnen, die zugleich die Grundzüge seiner Kritik an prozeduralen Ethikkonzeptionen erschließen.

(1) Das Selbstverständnis der neuzeitlichen prozeduralen Moralphilosophie bleibt nach Taylor notwendig konfus, denn „alle Theorien, die der Frage nach dem Richtigen den Vorrang geben, (beruhen) in Wirklichkeit auf einer Idee des Guten, und zwar in zweierlei Hinsicht: a) daß es der Artikulation dieser Idee bedarf, um deren Motive zu verdeutlichen, und b) daß jeder Versuch, an einer Theorie des Richtigen ohne Untermauerung durch eine Theorie des Guten festzuhalten, zum Scheitern verurteilt ist" (Taylor 1986b: 119). Punkt (a) macht deutlich, daß jede Ethik (meist implizit) auf 'starke Wertungen' zurückgreift, wodurch erst die *Vorrangigkeit* bestimmter Moralprinzipien für einen Handelnden einsichtig wird. Motivational verstehen lassen sich die in starken Wertungen enthaltenen qualitativen Unterscheidungen jedoch nur, wenn man sie wiederum auf ein konstitutives Gut bezieht, welches ihnen erst ihre Autorität verleiht. Diese Überlegungen sind entscheidend für die Beantwortung der bereits erwähnten 'radikalen Warum-Frage' – also der Frage nach dem Grund des Moralischseins (Taylor 1986a: 46, s.a. 1986b: 118f.). Punkt (b) bezieht sich auf die Unentrinnbarkeit *'sozialontologischer'* *Hintergrundannahmen*. Mit dem Ausdruck der 'Sozialontologie' bezeichnet Taylor die Begrifflichkeiten, mit denen wir die grundlegenden Wesensmerkmale jedweden sozialen Zusammenlebens beschreiben (Taylor 1993a). Dabei spielt die Frage, welche Art von Gütern wir auf welche Weise verfolgen, eine entscheidende Rolle. Ein *'atomistisches'* Verständnis betrachtet Güter nur als individuell erfahrene und wertgeschätzte. Ein *'holistisches'* Verständnis hingegen stellt darauf ab, daß eine Reihe von Gütern – womöglich die wichtigsten – erst *in Gemeinschaft* erfahrbar werden (vgl. Taylor

1993a: 112ff.).[9] Jeder Ethik, so Taylors These, liege ein *Vorverständnis vom handlungsmotivierenden Wesen des Guten* zugrunde. Deshalb sei es nicht möglich, sich schlechthin 'neutral' gegenüber diesen Fragen zu verhalten oder sie bewußt 'auszuklammern'.

Faßt man beide Punkte zusammen, so wird deutlich, daß sich prozedurale Ansätze auf zwei Weisen kritisieren lassen: zum einen, indem eine Vorstellung vom Guten als hinter ihnen stehendes Motiv identifiziert wird; zum anderen, indem immer schon in Anspruch genommene Annahmen hinsichtlich des Wesens des Guten freigelegt – und als unhaltbar kritisiert – werden.

(2) Taylor insistiert darauf, daß die eben angesprochene Ebene der *'Sozialontologie'* von jener der *'Parteinahme'* unterschieden werden müsse, was gerade im Rahmen der Kommunitarismusdebatte nicht immer der Fall gewesen sei (Taylor 1993a). Auf der letzteren Diskussionsebene gehe es um die Unterstützung oder Ablehnung bestimmter politischer Ordnungsvorstellungen. Sozialontologisch steht dann etwa das *Wesen* individueller Freiheit als ein erstrebenswertes Gut in Frage, im Hinblick auf die Parteinahme hingegen der praktische *Rang* individueller Freiheit in einer sozialen Ordnung. Sozialontologisch könne man sich im Sinne der dargelegten Unterscheidung als *'Holist'* oder als *'Atomist'* verstehen, je nachdem, ob man Freiheit als ein gemeinsames oder bloß individuelles Gut verstehe. Hinsichtlich der Parteinahme hingegen ständen sich *'Individualisten'* (die Freiheit des Einzelnen ist das höchste Gut einer sozialen Ordnung) und *'Kollektivisten'* (ein bestimmter Zustand der Gesellschaft ist das höchste Gut) gegenüber. Das verdeutlicht, daß die häufig aufgemachte plakative Gegenüberstellung von 'Individuum' *oder* 'Gemeinschaft' oder ähnlichen Dualismen als Kern der Kommunitarismusdiskussion nicht trägt, zumindest nicht auf dem von Taylor erreichten argumentativen Niveau.[10]

---

9 Dabei muß wiederum hervorgehoben werden, daß der Begriff des Guten hier für das 'Um-Willen' eines Handelns steht, nicht einfach für zu erwartende kausale *Konsequenzen* aus einer Handlung. Handlungen können *in sich* die Orientierung an einem Gut zum Ausdruck bringen (z.B. Gottesfurcht, Heldenhaftigkeit, künstlerische Expressivität usw.).

10 Im Grunde wurde dieses Niveau freilich schon früher erreicht und muß nun unter größeren Anstrengungen wieder freigelegt werden. Die Vorstellung von einem *sozialen* „Ideal der Eigenverantwortung" bzw. der „Unabhängigkeit" (Taylor 1996: 80) hat bereits der französische Soziologe Emile Durkheim um die Wende zum 20. Jahrhundert in ähnlicher Weise formuliert. Wie diesem geht es Taylor um eine „kommunitarische Verteidigung des Liberalismus" (Cladis 1992). Als ein weiterer ideengeschichtlicher Gewährsmann kann (zumindest in einer bestimmten Deutungstradition) Hegel gelten, der den Blick auf die Bildungsprozesse und institutionellen Voraussetzungen einer gelungenen Praxis ('Sittlichkeit') der Freiheit richtete (vgl. Honneth 2001).

3.2   Kritik an der Verfahrensethik

Ausgehend von den dargelegten konzeptionellen Vorgaben soll nun ein
Blick auf Taylors Kritik an den zeitgenössischen Erben der Aufklärung ge-
worfen werden. Dabei möchte ich zunächst auf seinen inzwischen klassischen Aufsatz „Atomismus" aus dem Jahr 1979 rekurrieren, der nachträglich
zu einem zentralen Text der Kommunitarismusdebatte avancierte. Taylors
Einwände gegen die *radikal-libertäre Minimalstaatskonzeption* von Nozick
weisen eine charakteristische dreiteilige Argumentationsstruktur auf, die
auch in der Kritik an liberalen, diskurstheoretischen und utilitaristischen Positionen wiederzufinden ist, wie im Anschluß gezeigt werden wird.

Für Nozick stellen die Rechte des Individuums eine absolute Schranke für
jede Form von staatlichem Zwang dar. Da diese Rechte aus der Lockeschen
Vorstellung der Eigentümerschaft jeder Person an sich selbst abgeleitet werden ('Ich gehöre nur mir selbst, samt meinen Talenten und Fähigkeiten' – so
der Grundtenor), wird jedes soziale Arrangement auf seine Verträglichkeit
mit der souveränen Entscheidung über individuelle Ziele und die Früchte individueller Anstrengungen (Eigentum) überprüft. Soziale Umverteilung wird
auf diese Weise als eine Variante von Zwangsarbeit ausgewiesen. Taylors
erster Argumentationsschritt besteht nun in dem Nachweis, daß die von Nozick einforderte unbedingte Anerkennung individueller Rechte auf spezifischen 'starken Wertungen' gründet. Warum, so eine Variante der 'radikalen
Warum-Frage', schreiben wir Menschen *überhaupt* Rechte zu (Taylor
1995b: 78f.)? Jedes Zuschreiben von Rechten an irgendwelche Lebewesen,
so Taylor, könne sinnvollerweise nur dadurch motiviert sein, „daß diese Wesen eine Fähigkeit aufweisen, die Respekt gebietet" (ebd.: 80). Dann gelte
aber auch: Wenn Rechte auf Wertungen basieren, so wird mit dem *Recht* zugleich der *verpflichtende* Charakter der *Beförderung dieser Werte* deutlich.
Diese erste *Gleichursprünglichkeit von Rechten und Anforderungen* zeigt
Taylor am Beispiel der Religions- und Gewissensfreiheit auf:

> „Den Wert der menschlichen Fähigkeit zur Bildung moralischer und religiöser Über-
> zeugungen zu behaupten bedeutet weit mehr, als den Menschen das Recht auf eigene
> Überzeugungen zuzuschreiben. Es besagt auch, daß ich ein handelnder Mensch wer-
> den soll, der einer echten Überzeugung fähig ist, daß ich meinen Überzeugungen treu
> sein und aus Furcht oder um des Vorteils willen kein Leben der Lüge oder der
> Selbsttäuschung führen soll, daß ich unter bestimmten Umständen diese Fähigkeit
> bei anderen fördern soll, daß ich meine eigenen Kinder zur Entfaltung dieser Fähig-
> keit bringen soll, daß ich ihre Entfaltung bei anderen nicht behindern darf, indem ich

sie dazu bringe, eine oberflächliche und seichte Willfährigkeit an den Tag zu legen, und so weiter" (ebd.: 82).

In diesem Zitat scheint auch bereits deutlich der Fluchtpunkt der Taylorschen Freiheitsperspektive durch, nämlich das Ideal der *Authentizität*, verstanden als 'Treue zu sich selbst' (s.u. 3.4).

Der *zweite Argumentationsschritt* bringt die 'sozialontologische' Dimension ins Spiel: Jede Theorie, die wie Nozick einen „Primat der Rechte" (ebd.: 74) vertrete, müsse sich auf ein *atomistisches Personenverständnis* stützen. Wenn nämlich bestimmte Rechte als „fundamentales Prinzip" ausgewiesen würden, während die „Verpflichtung zur Zugehörigkeit" höchstens als davon abgeleitete Forderung Unterstützung finde (ebd.), dann werde stillschweigend vorausgesetzt, daß „handelnde Menschen die uneingeschränkte Fähigkeit zu wählen als etwas ihnen Gegebenes besitzen und nicht als ein Potential, das entwickelt werden muß" (ebd.: 86). Der *atomistischen* Tradition mit der Annahme einer solchen „Selbstgenügsamkeit des einzelnen Menschen" (ebd.: 76), setzt Taylor die *aristotelische* Tradition gegenüber. Nach letzterer sei der Mensch „ein soziales, ein politisches Tier sogar, weil er nicht nur für sich allein nicht selbstgenügsam ist, sondern in einem wichtigen Sinne auch außerhalb einer Polis nicht" (ebd. 76). Für die aristotelische Tradition spreche, daß genau solche Fähigkeiten unseren rechtskonstitutiven Respekt erheischen, die nur als Mitglied einer *spezifischen Form von Gesellschaft* entwickelt und praktiziert werden können. Der Mensch ist in dem, was wir als für ihn 'wesentlich' erkannt haben, nicht selbstgenügsam. Er ist wesentlich auf eine „Zivilisation der Freiheit" angewiesen, die die verschiedensten Elemente einer geistigen und materiellen Infrastruktur umfaßt, bestimmte Institutionen und Praktiken beherbergt und von autonomiekonstitutiven Verhältnissen wechselseitiger Anerkennung getragen werden muß (ebd.: 96-99). Aus dieser Hegelschen Perspektive eines für die Praxis der Freiheit konstitutiven weitverzweigten Arrangements von Institutionen und Gemeinschaften zieht Taylor die zweite Schlußfolgerung der *Gleichursprünglichkeit* von individueller Freiheit und verpflichtender Bindung an diesen autonomieermöglichenden Kontext, d.h. der Pflicht, „um die Gestalt dieser Gesellschaft besorgt (zu) sein" (ebd.: 100).[11] Auch wird sein Eintreten für ein 'positives'

---

11 Diese zweite Gleichursprünglichkeit (ich übernehme den Begriff von Jürgen Habermas) wird prägnant in folgender Formulierung deutlich: „Das freie Individuum, das sich als solches behauptet, *hat bereits* eine Verpflichtung, die Gesellschaft, in der diese Identität möglich ist, zu vervollkommnen oder wiederherzustellen oder zu erhalten" (ebd.: 104).

Verständnis individueller Freiheit deutlich, welches wesentlich auf einer 'Verwirklichungskonzeption' aufbaue (vgl. Taylor 1988b: 122).

Nach allem, was uns an historischen Erfahrungen zur Kenntnis steht, bedarf es zur Aufrechterhaltung dieser Freiheitszivilisation außerdem eines mit autoritativen Entscheidungsbefugnissen ausgestatteten *politischen Systems*. Wie muß die erforderliche politische Ordnung verfaßt sein, um dem Telos der Freiheitspraxis zu entsprechen? Mit dieser Frage ist der *dritte Argumentationsschritt* erreicht, der auch einem rein politischen Verständnis des 'Primats der Rechte' den Boden entziehen soll. So müsse die Ermöglichung individueller Freiheit selbst als eine Praxis der Freiheit verstanden werden, denn eine öffentliche und für alle offene Form der Beratschlagung würde „eine Freiheit verwirklichen, die nirgendwo sonst und auf keine andere Weise zu erlangen ist" (Taylor 1995b: 102). Wenn dies zutrifft, dann müsse jedoch wieder als eine dritte ursprüngliche *Verpflichtung* anerkannt werden, „eine politische Ordnung solcher Art hervorzubringen und aufrechtzuerhalten" (ebd.: 102).

Im Namen einer aus problematischen Prämissen abgeleiteten souveränen individuellen Freiheit wird bei Nozick der Ermöglichungs- und Erfahrungsraum individuellen Handelns ausgeblendet. Nun ist Nozicks Position gleichsam Atomismus in Reinform (vgl. Kersting 1994a: 315) und bietet dementsprechend günstige Angriffsflächen für Taylors neo-aristotelische Attacken. Das gilt für andere Positionen nicht in dieser Weise. Da sie aber eine Fundierung ihrer formalen Kriterien in einer reichhaltigen Idee des Guten ablehnen und von einer Theorie des Guten gänzlich abstrahieren zu können meinen, bleiben auch sie aus Taylors Sicht defizitär. Aus der Eigenperspektive sind sie „freistehende" Konzeptionen (Rawls 1998: 75), für Taylor hingegen hängen sie in der Luft.

Der *liberalen* Gerechtigkeitskonzeption von Rawls liegt eine bloß „schwache Theorie des Guten" zugrunde (Rawls 1975: 435). Das verweist auf die berühmten „Grundgüter", welche für die Verwirklichung individueller Lebenspläne nötig seien, „wie auch der Plan und seine Endziele im einzelnen aussehen mögen" (ebd.: 449). Über die Verteilung dieser Grundgüter soll in einem fiktiven 'Urzustand' entschieden werden, bei dem keiner weiß, welche gesellschaftliche Position er später einnehmen und welche Lebensziele er verfolgen wird (s.u. III.1). Taylor verweist demgegenüber auf Rawls' Aussage, daß die Ergebnisse der Beratungen im 'Urzustand' auf ihre Verträglichkeit mit unseren intuitiven Gerechtigkeitsüberzeugungen überprüft werden müssen (vgl. Rawls 1975: 433-437). „Würden wir artikulieren, was diesen intuitiven Vorstellungen zugrunde liegt", so Taylor, „so würden wir zunächst eine überaus 'füllige' Theorie des Guten darlegen" (Taylor 1996a: 171, unter Verweis auf Sandel). Ohne eine solche Darlegung bleibt das Rawlssche Konzept nach Taylors Auffassung schlicht unvollständig. Wir greifen dann nämlich argumentativ auf moralische Intuitionen zurück, über die wir uns alles andere als klar sind. Außerdem schließen wir andere Intuitionen (etwa den Aspekt individueller Verdienstlichkeit) aus. Abstrakte Designs wie Rawls 'Urzustand' wären aber zu einer Versöhnung unterschiedlicher artikulierter Intuitionen untauglich. Auf diese Kritik wird im Rahmen der gerechtigkeitstheoretischen Überlegungen zurückzukommen sein (s.u. Kap. 3).

Auch an der *Diskursethik* kritisiert Taylor deren verfahrensethische Grundlagen (Taylor 1986a: 45f.). Mag Habermas auch noch so scharfsichtig herausstellen, daß die rationale Struktur der Sprache auf das Ziel einer zwanglosen Verständigung ausgerichtet ist. Eine rücksichtslose Verfolgung der eigenen Interessen läuft dieser Logik dann tatsächlich zuwider. „Aber", so wiederum Taylor mit seiner 'radikalen Warum-Frage', „warum soll ich das nicht tun? Warum soll ich nicht ein erwünschtes Ziel zu erreichen versuchen um den Preis einer kleinen Inkonsequenz?" (Taylor 1986a: 46). Um eine Verbindung von *Sein* und *Sollen* herzustellen, müßte rationale Verständigung selbst als ein Gut ausgezeichnet und zugleich dessen höhere Dignität gegenüber anderen Gütern dargelegt werden. Wie anders sollte dies aber geleistet werden können als durch eine Beschreibung der Bedeutung einer verständigungsorientierten Haltung für ein *gutes* menschliches *Leben*? Diese Frage markiert nach Taylors Auffassung nicht nur ein philosophisches Begründungsproblem, sondern sie berührt auch den Kern der Habermasschen Zeitdiagnose. So gewinne die „Kolonialisierung der Lebenswelt" durch ökonomische und administrative Systemimperative (Habermas 1981) nur deshalb einen alarmierenden Charakter, „weil wir implizit einen Begriff des Menschen teilen, der dem Diskurs und der rationalen Verständigung eine zentrale Stellung verleiht" (Taylor 1986a: 46).[12] Damit will Taylor keines-

---

12 Die Strategie Habermas', Fragen der Moral und des Rechts begründungslogisch von solchen des guten Lebens zu trennen, setzt nach Taylors Auffassung die Plausibilität der Verfahrensethik einfach voraus (Taylor 1986a: 48). Diese Vorgehensweise wurde von Rainer Forst (1994) in seiner virtuosen Darstellung und vorgeblichen 'Aufhebung' der Liberalismus/Kommunitarismus-Debatte perfektioniert. Eine tugendethische Perspektive macht demgegenüber deutlich, daß rationale Verständigung als ein bedeutsames Lebensideal in Konkurrenz zu anderen Idealen stehe und innerhalb einer Konzeption des guten Lebens mit diesen anderen Idealen (und korrespondierenden Tugenden) verbunden werden muß (Taylor 1986a: 47f.).

wegs die Leitidee der Diskursethik, die herausgehobene Bedeutung inter-
subjektiver Verständigung, für hinfällig erklären, die sich „als besonders
reichhaltig und überzeugend" erweise, wenn wir „erst einmal den der Diskursethik zugrunde liegenden Begriff des Guten näher betrachten" (Taylor
1986b: 134). Auch hier kann ein impliziter Hinweis auf das *Authentizitäts*-
ideal gesehen werden, welches nach Talyor die Erfordernis einer *dialogisch*
konstituierten Identität impliziert (s.u. 3.4).

Den zeitgenössischen *Utilitarismus* schließlich begreift Taylor als Versuch, „alle qualitativen Unterscheidungen zu verwerfen und alle menschlichen Zwecksetzungen als gleichrangig zu deuten, so daß sie einer einheitlichen Quantifizierung und der Berechnung nach gemeinsamer 'Währung' zugänglich wären" (Taylor 1996a: 49). Auch wenn diese Vorstellung „durch
und durch konfus" sei, pocht Taylor doch darauf, daß sie ihrerseits „durch
moralische Gründe motiviert" sei, die „einen wesentlichen Bestandteil des
Bildes der Rahmen [bilden], nach denen sich die Leute heutzutage im Leben
richten" (ebd.: 49f.). Der Utilitarist sei deshalb „durchaus einer von uns",
weil er sich auf ein genuines moralisches Ideal der Moderne bezieht (ebd.:
63): auf die *'Bejahung des gewöhnlichen Lebens'*. Die utilitaristische Doktrin verabsolutiere die Aversion gegen außeralltägliche (z.B. monastische)
Konzeptionen des guten Lebens jedoch zu einer Wertneutralität schlechthin
und verkenne dabei, daß selbst für die frühen Utilitaristen niemals gegolten
habe, „daß akzeptabel ist, *was immer* wir tun mögen. Ausschlaggebend ist
vielmehr die Vorstellung, das Höhere sei nicht außerhalb des gewöhnlichen
Lebens zu finden, sondern *in einer Art und Weise, dieses Leben zu führen*"
(ebd.: 50f.). Im Fall der klassischen Vertreter des Utilitarismus sei die „Würde" des (guten) gewöhnlichen Lebens implizit durch die Hochschätzung der
(Zweck-)Rationalität des Daseins und die Ablehnung eines trägen und unvernünftigen Lebens zum Ausdruck gebracht geworden (ebd.: 51).

3.3   Die Weiterführung des Aristotelismus als Reaktion auf die Motive der Verfahrensethiken

Taylors Programm einer Aufdeckung der 'Motive' der Verfahrensethik beschränkt sich nicht auf die Aufdeckung stillschweigender Ideen des Guten.
Er will sie auch als Reaktion auf die Probleme der aristotelischen Tradition
verstanden wissen. Wie MacIntyre unternimmt er es, diesen Problemen

durch eine Weiterführung der aristotelischen Perspektive zu begegnen. Taylor erkennt mindestens drei so verstandene Motive der Vertreter einer Verfahrensethik (Taylor 1986b: 114-132): (1) Sie zielen auf die Formulierung einer prozeduralen Theorie ab, weil sie eine substantielle Theorie nur im Rahmen einer nicht mehr haltbaren Metaphysik (Aristoteles' Vorstellung eines natürlichen Zieles der menschlichen Gattung) für begründbar betrachteten (*Motiv der Rationalität*). (2) Sie propagieren ein Modell der regelgeleiteten und expliziten moralischen Urteilskraft, weil die aristotelische Vorstellung der praktischen Vernunft (*phronesis*) als einer kontextspezifischen und impliziten Urteilskraft zu einem unkontrollierbaren Eindringen von Vorurteilen führe (*Motiv der Transparenz*). (3) Sie streben nach der Identifikation eines übergeordneten Moralprinzips, das die kritische Revision sozialer Praktiken anleiten kann – statt einer bloßen Zusammenschau und gegebenenfalls Anordnung vorfindlicher Praktiken und Güter wie bei Aristoteles (*Motiv der kritischen Distanz*).

(1) Wenn Taylors philosophische Anthropologie eine zutreffende Beschreibung der „unumgänglichen Merkmale unserer Moralsprache" (Taylor 1996a: 133) liefert, dann gibt es zur Bezugnahme auf das Gute keine Alternative. Die eigentlichen Alternativen wären dann – auf moralphilosophischem, nicht auf praktischem Terrain – die bereits von MacIntyre ausgezeichneten: entweder eine überzeugende *Rekonstruktion des Guten* oder aber *nietzscheanischer Subjektivismus*. Eine Zurückweisung des subjektivistischen (in MacIntyres Worten: 'emotivistischen') Standpunktes bedarf nach Taylors Einschätzung der näheren Bestimmung adäquater Rationalitätsstandards. Es könnte ja sein, daß die 'Dekonstruktion' moralischer Prinzipien, wie sie die Postmodernisten in der Tradition Nietzsches betreiben, nur deswegen vielen Zeitgenossen (freilich eher den Gebildeten unter ihnen) so plausibel erscheint, weil man unerfüllbare, aber eben auch der Sprache der Moral ganz unangemessene Objektivitätskriterien in Anschlag bringt.

Taylors Vorschlag lautet, sich an einem *'Prinzip der besten Analyse'* zu orientieren (Taylor 1996a: 115f.). „Kennen wir", so seine rhetorische Frage, „wenn es um menschliche Angelegenheiten geht, einen geeigneteren Realitätsmaßstab als jene Begriffe, die bei kritischem Nachdenken und nach Korrektur der ermittelbaren Irrtümer unser Leben am besten begreiflich machen?" (ebd.: 112). Die Anforderungen des Objektivitätsideals haben sich an dem Prinzip der besten Analyse auszurichten und nicht umgekehrt die beste Analyse den vorab bestimmten (etwa von den 'exakten' Wissenschaften abgeleiteten) Objektivitätskriterien zu genügen. So hebt Taylor hervor, daß wir

aristotelische Tugendbegriffe wie 'Mut' oder 'Tapferkeit' als „reale Merkmale unserer Welt" betrachten müßten, falls wir feststellen, daß wir ohne sie
„außerstand (sind), nutzbringend nachzudenken oder das Handeln der Menschen erhellend zu begreifen und zu erklären" (ebd.: 134). Das selbe gilt für
die Güter: Wir müssen schlicht „nachschauen", welche Bedeutung diese jeweils für die beste Analyse unseres Lebens haben (ebd.: 138). Theorien, die
moralische Urteile als subjektive oder kulturelle Projektionen ausgeben
(Biologismus, Postmodernismus, Emotivismus), geraten nach Taylors Auffassung ebenso mit dem Prinzip der besten Analyse in Konflikt wie Theori-
en, die von einer ontologischen Kluft zwischen 'Sein' und 'Sollen' ausgehen
und moralische Forderungen als in sich verbindlich darstellen (Deontologis-
mus) (ebd.: 115). Damit ist nicht gesagt, daß es ein Leichtes sei, eine Analyse der moralischen Welt zu liefern. Vielmehr führt dieses Unterfangen in
„tiefe", also unsichere Gewässer (vgl. ebd.: 102).

(2) Das Prinzip der besten Analyse legt nach Taylors Auffassung eine
Sicht der moralischen Reflexion als ein Urteilen „in Übergängen" nahe, welches sich auf „vergleichende Aussage" stützt (ebd.: 140). Dabei geht es um
„Fehlerminderung", also um die klarere Einsicht in den Gehalt der Begriffe,
mit denen die Selbstauslegung vorgenommen wird, um die konstruktive
Entwirrung von Widersprüchen zwischen verschiedenen Bestandteilen dieser
Selbstauslegung, um die Korrektur von Vorurteilen usw. Aus Taylors Perspektive erscheint es unsinnig, wenn prozedurale Ethiken meinen, sie müßten auf eine Artikulation des Guten verzichten, um allgemein zustimmungsfähige und/oder objektiv gültige Begründungen liefern zu können. Wenn die
zugrundeliegenden Vorstellungen von einem guten Leben nicht *geteilt* werden, wird man auch den implizit auf ihnen aufbauenden Moral- oder Gerechtigkeitstheorien keine Relevanz im Sinne des Prinzips der besten Analyse zubilligen. Freilich gehört ein historischer *Lernprozeß*, in welchem sich
Fehlerminderung bereits in umfassender Weise ereignet hat, bereits zum
Hintergrundverständnis der ethischen Reflexion und muß entsprechend berücksichtigt werden. Vernünftigkeit realisiert sich so wesentlich in einem historischen Prozeß des Ausscheidens und Revidierens unzureichender Güterverständnisse.

Von herausragender konzeptioneller Bedeutung sind folglich die *gütertheoretischen* Implikationen der komparativen moralischen Urteilskraft. Damit derartige Übergänge vollzogen werden können, bedarf es einer übergeordneten Perspektive, die Taylor mit dem Begriff der *'Hypergüter'* anspricht.
Hypergüter können in gewisser Weise als Äquivalent zu MacIntyres Tradi-

tionen und 'übergeordneten Gütern' verstanden werden. Sie ermöglichen es, eine Entscheidung zwischen verschiedenen Gütern zu treffen. Hypergüter sind somit „Güter, die nicht nur unvergleichlich viel wichtiger sind als andere, sondern die auch den Standpunkt abgeben, von dem aus diese abgewägt, begutachtet und beurteilt werden müssen" (ebd.: 124). Damit Hypergüter diese Funktion erfüllen können, ist es jedoch erforderlich, daß sie bestimmte Praktiken *transzendieren*. Das heißt, wir können erkennen, daß sie Praktiken geltungslogisch vorausliegen und nicht an einzelne Praktiken gebunden bleiben. Darin kann ein entscheidender konzeptioneller Unterschied zu der Position MacIntyres gesehen werden (vgl. Taylor 1986b: 128f.). Doch auch inhaltlich weichen Taylors Ausführungen zu den Hypergütern darin von MacIntyres Standpunkt ab, daß Taylor die Existenz von spezifischen 'Hypergütern der Moderne' (Rosa 1995) annimmt.

Auf den ersten Blick könnte es so aussehen, als leiste Taylor nicht mehr als eine substantialistisch verbrämte Paraphrasierung der Verfahrensethik. Benennt er nicht einfach deren formale Prinzipien als 'Hypergüter' um, etwa den radikalen Freiheitsbegriff der Moderne (vgl. Taylor 1986b: 129, 1996a: 847) oder die Forderung nach 'gleicher Achtung' aller Personen (Taylor 1996a: 126f.)? Dann würden etwa die Vorstellung der praktischen Autonomie und der ihr korrespondierenden Würde moralischer Wesen im Sinne Kants schlicht als Güter deklariert. Doch was wäre damit gewonnen? Es spricht jedoch einiges dafür, daß eine güterethische Lesart moderner Ethiken neue Perspektiven erschließt: Zum ersten können Hypergüter nicht losgelöst werden von einem historischen Entwicklungsprozeß, in welchem die Erkenntnis des Hypergutes möglich wurde. Der moralische Anspruch, den das Hypergut stellt, kann nicht restlos 'prozeduralisiert' werden. Zum zweiten sind Hypergüter zwar übergeordnete Güter; das bedeutet allerdings nicht, daß ihnen bei einem Konflikt zwischen den Ansprüchen des Hypergutes und denen eines untergeordneten Gutes *stets* der Vorrang eingeräumt werden müßte, denn die Qualität des untergeordneten Gutes als einem Gut ist nicht *abgeleitet* vom Hypergut. Diese Divergenzen zwischen prozeduraler Ethik und Taylors Hypergut-Perspektive wird im folgenden noch deutlicher werden.

(3) Wie aus dem Dargelegten bereits ersichtlich wird, können sich *kritische Revisionen* bestehender Praktiken auf Hypergüter stützen (wobei Hypergüter auch selbst der Revision durch Kritik unzulänglicher und Präsentation besserer Artikulationsversuche unterliegen). Taylor ist bereit, moralische Dilemmata in Kauf zu nehmen, um zwei „extreme Strategien" zu vermeiden:

die „*revisionistische*" (auf Platon zurückgehende) Strategie einerseits, welche „allen Gütern, die das Hypergut stören, alles Positive rundweg abspricht", und die „*umfassende*" (auf Aristoteles zurückgehende) Strategie andererseits, welche „alle Güter bejaht" und das gute Leben so versteht, daß es „alle angestrebten Güter in möglichst hohem Maße miteinander verbindet" (Taylor 1996a: 128f., s.a. 1986b: 127ff.). Beide Strategien haben nach Taylor Stärken und Schwächen: Die umfassende Strategie gebe zu Recht zu bedenken, daß das für den Menschen Gute doch nur unter Verweis auf das innerhalb einer bestimmten Lebensweise als gut Erkannte bzw. Erkennbare bestimmbar sei. Die revisionistische Perspektive kann sich jedoch auf unsere Erfahrung mit der Kontingenz kultureller Praktiken und der mit ihnen verbunden Vorstellungen des Guten stützen: Die Geschichte ist voller Beispiele für Kulturen, deren Praktiken wir – aus guten Gründen, wie Taylor ausdrücklich hervorhebt (Taylor 1996a: 130) – als verfehlt erkannt haben. Damit verweist Taylor u.a. auf die vermeintlich 'natürlichen' Ungleichheiten zwischen Männern und Frauen, Freien und Sklaven etc., die in den griechischen Stadtstaaten als selbstverständlich betrachtet wurden und darüber Eingang in Aristoteles' politische Ethik fanden – womit der Bogen zum *Gleichheitsproblem* gespannt ist.

Die umfassende Strategie läßt sich nach Taylor somit weder nach innen noch nach außen durchhalten, da Hypergüter allgemeingültige Ansprüche erheben. Die Hypergutperspektive versperre die Flucht in den *Kulturrelativismus*:

> „[Die moralische Einstellung] erzeugt [...] eine erbarmungslose Kritik aller Überzeugungen und Praktiken innerhalb unserer Gesellschaft, die nicht dem Maßstab der universellen Achtung entsprechen. [...] Es ist kaum einzusehen, warum dieser kritische Radikalismus plötzlich seine Wirkung einbüßen soll, sobald wir an die – ohnehin schwer zu ziehenden – Grenzen unserer Gesellschaft gelangen, so daß die oft sehr viel schlimmeren Verfehlungen entschuldigt werden, auf die wir z.B. in vorneuzeitlichen Zivilisationen stoßen" (ebd.: 132).

Eine kulturrelativistische Sichtweise der Hypergüter widerspricht also laut Taylor selbst dem Prinzip der besten Analyse. Umgekehrt kann der beobachtbare Hang zu einer kulturrelativistischen Haltung in der westlichen Gesellschaft selbst als Ausdruck der Anerkennung des Hypergutes der 'gleichen Achtung' aller Menschen erklärt werden (ebd.).

Sowohl der den Kommunitaristen gemachte Vorwurf des Eintretens für einen *moralischen Relativismus* als auch jener der Annahme *kulturell abgeschotteter Gemeinschaften* läßt sich damit, zumindest für Taylor, klar zurückweisen. Universalistische Ansprüche sind *Teil unseres moralischen Selbstverständnisses*. Da die Erkenntnis von Hypergütern jedoch von historischen Lernprozessen abhängt, stehen sie bestimmten Kulturen auch nicht einfach 'neutral' gegenüber. Auch die radikale Freiheitsethik der Moderne ist darauf angewiesen, daß sie in einen kulturellen Kontext gestellt wird, der verständlich werden läßt, inwiefern sie im Rahmen einer gelingenden Lebensweise realisiert werden und von Handelnden als wertvoll erfahren werden kann. Es mit dem moralischen Universalismus ernst zu meinen, bedeutet deshalb für Taylor, die Frage nach Übersetzungsmöglichkeiten und nach der Zugänglichkeit von Kulturen für einen äquivalenten Lernprozeß zu stellen (vgl. Taylor 1996b).[13] Zugleich wird deutlich, warum Hypergüter nach Taylor nicht nur ein *Ordnungsfaktor* (indem sie die Bewertung verschiedener Güter gestatten), sondern vor allem auch eine *„Quelle des Konflikts"* sind (Taylor 1996a: 126). Nicht nur trägt ihr universeller Anspruch den Keim interkultureller Konflikte in sich. Sie sorgen auch innerhalb ihrer 'Heimatkulturen' für Konfliktstoff, weil sie in einem historischen Verdrängungsprozeß einen Primat über alle anderen Güter beanspruchen (ebd.: 127ff.). Nach Taylor sollten diese Konflikte weder kategorisch zugunsten des Hypergutes vorentschieden werden, noch dessen Ansprüche zurückgeschraubt werden. Wenn etwa die Durchsetzung der modernen Freiheitsvorstellung zu einer flächendeckenden Zerstörung kultureller Praktiken führt, dann legt dies aus der güterethischen Sicht nahe, unterschiedliche Güteransprüche einer Abwägung zu unterziehen, statt in rigoroser Weise auf dem Vorrang des Hypergutes zu bestehen. Eine bessere Lösung wäre jedoch gefunden, wenn eine Perspektive der *Versöhnung* konfligierender Ansprüche gefunden würde.

Eine Konfliktquelle sind Hypergüter jedoch drittens auch deswegen, weil sie untereinander eine konfligierende Vielfalt von argumentativen Bezugspunkten bilden und sich somit stets ein kultureller Streit um ihre angemessene Interpretation abspielt bzw. Zweifel an ihrem objektiven Gehalt laut werden (ebd.: 136ff., 876ff.). Auch innerhalb jener Kultur, in welcher die Hypergüter ganz unzweifelhaft Bezugspunkte der moralischen Identität sind, gilt, daß sie immer wieder neu erschlossen und vermittelt sowie ausgelegt werden müssen. Dabei müssen Hypergüter nach Taylor wiederum auf eine dritte Ebene von Gütern bezogen werden, die der *'konstitutiven Güter'*. Die-

---

13 Aktuell wird diese Frage zum Beispiel dahingehend formuliert, ob es ein islamisches Verständnis von Menschenrechten geben könne, oder ob das Problem des zeitgenössischen Islam nicht sei, daß er ungleich des westlichen Christentums keine Aufklärung erlebt habe.

se verleihen ihnen erst ihren Status als etwas, das unsere „Achtung" und „Liebe" erheischt, und werden aufgrund dessen zur eigentlichen „Quelle der Moral" (ebd.: 175-204). Hypergüter wie 'Leidensminierung' oder 'gleiche Achtung' gegenüber allen Menschen verweisen demnach auf konstitutive Güter wie die 'Bejahung des gewöhnlichen Lebens', 'allgemeines Wohlwollen' oder 'vernünftiges Handeln', aber auch die von der religiösen Tradition überkommenen Güter.[14] Die Stellung der Hypergüter für unser Leben zu erklären, ist letztlich nicht möglich ohne eine *Artikulation* der konstitutiven Güter. Damit gerät die Kulturgeschichte in ihrer ganzen Komplexität ins Blickfeld.

Es kann von daher nicht verwundern, daß sich auch im Fall der Rekonstruktion konstitutiver Güter als Quellen der Moral fürs erste kein harmonisches Bild, sondern bloß ein besseres Verständnis der „moralischen Konflikte der modernen Kultur" (ebd.: 204) ergibt. Die Artikulation der Quellen der Moral ist laut Taylor die *Voraussetzung* für das Hegelsche Projekt eines „versöhnliche[n] Ausgleich[s]", kann dessen Gelingen aber keinesfalls *garantieren*; es bleibt ein „Risiko" der Unversöhnlichkeit und einer Verschärfung der Konflikte (ebd.). Unter der Oberfläche allgemein akzeptierter Moralforderungen wie Freiheit, Gerechtigkeit und Solidarität zeige sich, daß religiöse, aufklärerische und romantische Quellen als konstitutive Güter ihre kulturellen Spuren hinterlassen haben (ebd.: 855-860). Im Gegensatz zu Hegel muß Taylor die Versöhnung der widerstreitenden Identitätsstränge gleichsam ohne geschichtsphilosophisches Sicherheitsnetz in Angriff nehmen. Nichts garantiert, daß eine Einheit in der Differenz möglich ist. Der hochgesteckte Anspruch, die Synthese zumindest zu versuchen, ist gleichwohl vorhanden. Und eine Parallele zu Hegel mag auch darin gesehen werden, daß Taylor sich diese gewaltige Aufgabe als einzelner zu stemmen zutraut.

Den Unterschied zwischen einer güterethischen Perspektive, die die moralischen Überzeugungen der Moderne als Hypergüter der Moderne zu integrieren beabsichtigt, und den üblichen Selbstbeschreibungen der neuzeitlichen Moralphilosophie bringt Taylor in Form einer Kritik an dem vereinheitlichenden Zug der modernen Moralphilosophien zum Ausdruck. Letztere

---

14 Leider ist Taylors Darstellung der verschiedenen Güterarten alles andere als terminologisch konsistent (vgl. Rosa 1998a: 119). Ich verstehe hier 'Hypergüter' in der Weise, daß sich in ihnen kulturell prägende 'starke Wertungen' ausdrücken, während 'konstitutive Güter' für Zielvorstellungen eines gelungenen menschlichen Lebens stehen, denen eine innere Würde zugesprochen werden kann.

seien durch eine „Tendenz zu atemberaubender Systematisierung" gekennzeichnet, indem sie „alles in eine Ordnung [bringen], in deren Mittelpunkt ein einziger Basisgrund steht" (Taylor 1996a: 147). Den „Drang zur Vereinheitlichung" kritisiert er entsprechend als eine „seltsame Verkrampfung", bei der „die enorme Vielfalt der moralischen Erwägungen in ein Prokrustesbrett" gezwängt werde, um dann um so ingrimmiger gegen skeptizistische Einwände verteidigt zu werden (ebd.: 173). Das alternative Theorieprogramm, welches Taylor in den Blick nimmt, müßte sich dadurch auszeichnen, daß es die „Mannigfaltigkeit der Güter, auf die ein gültiger Anspruch erhoben werden kann", würdigt (ebd.: 867).

Am Ende bekennt Taylor offen, daß nach seiner Auffassung nur durch den Einbezug der am stärksten auf Transzendenz hin ausgerichteten Quelle, dem „jüdisch-christlichen Theismus" (ebd.: 899), eine umfassende Sichtweise entwickelt werden könnte, die die Gesamtheit der Güter zur bestmöglichen Versöhnung führen könnte. Dies wäre jedoch eine spirituelle Perspektive, welche die kritische Kraft von Aufklärung und Romantik bereits in sich aufgenommen hätte. Taylors heroischer Kraftakt der Freilegung der neuzeitlichen Identität kann hier nicht im Detail nachvollzogen werden, und die Versöhnungsperspektive des jüdisch-christlichen Theismus führt zu stark weg von den Kernfragen der politischen Theorie.[15] Glücklicherweise gibt es aber eine weit kompaktere, eingängigere und politiknähere Darstellung des Versöhnungsvorhabens durch Taylor, auf das ich im folgenden eingehen will.

3.4   Das moderne Ideal der Authentizität

Eine hermeneutische Erschließung der neuzeitlichen Identität, so wird deutlich, darf die zutiefst prägenden Erfahrungen persönlicher Freiheit nicht *aus*schließen, sondern muß sie neu und besser *er*schließen. Doch nicht nur diese Überlegung bringt Taylor in Distanz zu MacIntyre. Er ist auch der Auffassung, daß dessen Emotivismus-These im Grunde das Unmögliche für möglich erklärt. Gerade wenn man davon ausgeht, daß die moralische Existenz des Menschen nur durch eine aristotelische Begrifflichkeit vollständig beschreibbar ist, gewinnt eine Gesellschaft, die nicht durch diese Begrifflich

---

15 Zu dieser von Taylor für möglich gehaltenen Versöhnungsleistung theistischer Perspektiven für die Moderne vgl. etwa Taylor 1999.

keit erfaßbar ist, regelrecht monströse Züge. Die Auffassung, es sei möglich
gewesen, sich den aristotelischen Kategorien zu entziehen, ist dann gleich-
bedeutend mit der Annahme, daß eine bestimmte Entwicklungsstufe der
Menschheit tatsächlich den Sprung aus der moralischen Welt vollzogen habe. Diese Konsequenz hält Taylor für abwegig. Er findet statt dessen die
These plausibler, daß „wir weitaus mehr ‚Aristoteliker' sind, als wir es uns
zugestehen wollen, und daß unsere Praxis in signifikanter Weise weniger auf
bloßer radikaler Freiheit und Atomisierung beruht, als wir es wahrhaben
wollen" (Taylor 1986b: 112). In der vorschnellen Leugnung einer güterethischen Grundlage der Moderne treffen sich, wie Taylor erkennt, moderne-
freundliche Verfahrensethiker, postmoderne Dekonstruktivisten und moder-
nekritische Kommunitaristen wie Bellah und MacIntyre (Taylor 1996a: 883).
Nach Taylors Auffassung gibt es jedoch eine solche güterethische Grundlage, und es kommt darauf an, diese zu *artikulieren*. „Artikuliertes Verhalten"
habe in doppelter Hinsicht „einen moralischen Sinn": zum einen „durch die
Korrektur womöglich verfehlter Anschauungen", zum anderen „dadurch, daß
die Überzeugungskraft eines Ideals, nach dem sich die Menschen in ihrem
Leben schon richten, ihnen noch anschaulicher und lebendiger vor Augen
gestellt wird, sowie dadurch, daß man ihnen durch diese lebendigere Darstellung die Kraft verleiht, dem Ideal rückhaltloser und vollkommener gerecht zu werden" (Taylor 1995a: 31f.).

Damit ist bereits das konzeptionelle Fundament der Betrachtungen zum
Ideal der Authentizität in Taylors gut lesbarem Buch *Das Unbehagen an der
Moderne* umrissen.[16] Das identitätstheoretische Vorhaben der Versöhnung
der Moderne mit sich selbst wird hier mit einer zeitdiagnostischen Analyse
und Kritik moderner Gesellschaften verknüpft. Wie ein roter Faden zieht sich
die Vorstellung eines ‚Dritten Weges' zwischen Apologie und Verwerfung
der Moderne durch Taylors Argumentation. Dieser ‚Dritte Weg' darf freilich
nicht als Mittelweg verstanden werden. Taylor geht es nicht um Kompromiß
und Abwägung, sondern um einen eigenständigen, aristotelisch-modernen
Standpunkt:

> „Das Bild, das ich vorlege, ist [...] das eines Ideals, das zwar entartet, aber dennoch
> als solches überaus wertvoll ist und nach meinem Dafürhalten von uns Heutigen gar
> nicht verworfen werden kann. Was wir brauchen, ist also weder eine Verurteilung in
> Bausch und Bogen noch unkritisches Lob, noch behutsam abgewogene Ausgleichs-

---

16 Es handelte sich ursprünglich um die Vorlage für eine Hörfunksendung. Im englischen Original
    trägt das Buch bezeichnenderweise den Titel *The Ethics of Authenticity* (1991).

maßnahmen. Was uns not tut, ist ein tätiges Wiedergewinnen, durch das uns dieses Ideal helfen kann, unsere Praxis wiederherzustellen" (ebd.: 32).

Diese Beschreibung läßt die Unterschiede zwischen Taylors Ansatz des artikulierten Verhaltens in der Moderne und anderen Vorstellungen eines 'Dritten Weges' des Kommunitarismus deutlich werden, v.a. der reformkommunitaristischen Orientierung an einem 'Gleichgewicht' zwischen sozialer Ordnung und individueller Autonomie (Etzioni 1999, s.u. II.2).

Im einzelnen diskutiert Taylor drei verbreitete Krisendiagnosen, in denen sich zudem leicht das Emotivismus-Szenario MacIntyres wiedererkennen läßt: Die Diagnose a) einer „Konzentration auf das Selbst" (Taylor 1995a: 10), b) eines „Vorrang[s] der instrumentellen Vernunft" (ebd.: 11) und c) eines Verlustes an effektiver Kontrolle über die Grundbestimmungen des sozialen Zusammenlebens wie der individuellen Lebensführung (ebd.: 17). Nach Taylor läßt sich nicht abstreiten, daß mit diesen drei kulturkritischen Topoi reale Phänomene angesprochen werden. Diese seien aber weder ein legitimer Ausdruck der moralischen Grundlagen der Moderne, noch deren unentrinnbare Folge. Allerdings setzt gezielte Veränderung voraus, sich über die Defizite moderner Gesellschaften und die prinzipiellen Möglichkeiten ihrer Selbsttransformation *verständigen* zu können. Vor dem Hintergrund des oben Dargelegten verwundert es nicht, daß Taylor für ein solches Verständigungsunterfangen die *Artikulation* einer gemeinsamen Perspektive des Guten für unerläßlich hält. Dabei wendet sich Taylor vorrangig dem ersten Krisenphänomen zu, denn dieses ist selbst mit der Leugnung einer Verständigungsmöglichkeit in moralischen Fragen verknüpft. Taylor unterscheidet verschiedene Facetten der angesprochenen 'Konzentration auf das Selbst': einen *„milden Relativismus"*, welcher die richtige Lebensführung zu einer von außen nicht kritisierbaren Privatentscheidung werden läßt, eine *narzißtische Überhöhung* des Selbst, welche alle von außen kommenden Ansprüche als freiheitsverletzend verwirft, einen *sozialen Instrumentalismus*, welcher soziale Beziehungen auf die Frage der Nützlichkeit für die eigene Selbstverwirklichung reduziert.

Alle diese Haltungen müssen nach seiner Auffassung zugleich als *Ausdruck* des spezifisch modernen Ideals der Authentizität wie auch als dessen *verzerrte* Realisierung rekonstruiert werden. Dies werde deutlich, wenn man dieses Ideal *artikuliere*, also sichtbar mache und auf seine Implikationen hin analysiere. Authentizität heißt, auf die kürzest mögliche Formel gebracht, „Treue zu sich selbst" (ebd.: 22). Hinter dieser unscheinbaren Definition steht die Überzeugung, daß die individuelle Lebensführung nur dann als gelingend begriffen werden kann, wenn alle meine Überzeugungen und Lebensvollzüge auch als Ausdruck meiner unverwechselbaren Persönlichkeit verstanden werden können. Als ein moralisches Ideal beruht Authentizität auf einer 'starken Wertung', also dem „Bild einer eventuell besseren oder höheren Lebensweise, wobei 'besser' und 'höher' nicht im Sinne unserer zufälligen Wünsche oder Bedürfnisse definiert sind, sondern einen Maßstab dessen bieten, was wir wünschen sollten" (ebd.: 23). Treue zu sich selbst ist demnach in der Kultur der Moderne nicht einfach eine im Belieben des Individuums stehende Orientierung, die man genauso aufgeben könnte; sie ist vielmehr eine Anforderung, der ich mich um den Preis persönlicher Deformationen gar nicht entziehen kann: „Wenn ich mir nicht treu bleibe, verfehle ich den Sinn meines Lebens: mir entgeht, was das Menschsein für *mich* bedeutet" (ebd.: 38). Im Ideal der Authentizität zeigt sich schließlich auch der grundlegende Zug der Moderne, daß in der Ausschöpfung des Bedeutungshorizontes stets „eine persönliche Sichtweise" mit-artikuliert wird, da die Bezugnahme nicht mehr vor einem feststehenden Hintergrund von Selbstverständlichkeiten hinsichtlich Glaube und Moral erfolgen kann (Taylor 1996a: 852, s.a. 884ff.). Das gute Leben als Praxis der Selbstentfaltung verweist damit auf den reflexiven Prozeß der Herausbildung einer individuellen *Identität* durch eine *eigenständige Suche*. MacIntyres Bestimmung der Tugenden als befähigende Eigenschaften zur vernünftigen und beständigen 'Suche' nach dem Guten kehrt also in der Betrachtung des Authentizitätsideals wieder. Das Verständnis dieser Suche wird bei Taylor jedoch vor dem Hintergrund der Geschichte der Entdeckung individueller Originalität in der Neuzeit entfaltet.

Dieser Prozeß verlangt als Erfolgsbedingungen expressive Originalität, Selbstbezüglichkeit und Freiheit bei der Identitätssuche. Relativistische, narzißtische und instrumentalistische Haltungen verweisen auf diese Implikationen des Ideals der Authentizität. Sie werden diesem aus Taylors Sicht jedoch deswegen nicht gerecht, weil sie es *atomistisch* verstehen: als Treue zu einem Selbst, das autark ist und nicht von Grund auf angewiesen auf ihm voraus liegende Werthorizonte, kulturelle Traditionen und soziale Beziehungen. In dieser atomistischen Perspektive (im Sinne der Taylorschen Sozialontologie) geht es dann nur noch darum, alles, was an 'äußeren' Einflüssen oder Ansprüchen auf den Handelnden hereinzubrechen droht, abzuwehren bzw. seinem souveränen Beziehungsmanagement unterzuordnen. Taylors Gegenstrategie verfolgt somit das Ziel, die *holistische* Auffassung vom Authentizitätsideal als überlegen nachzuweisen. Ein holistisches Verständnis des Authentizitätsideal kann zunächst auf den „durch und durch dialogischen Charakter" des menschlichen Lebens verweisen (Taylor 1995a: 41). Dies betreffe sowohl den Erwerb einer „Ausdruckssprache", wodurch man erst zu einem menschlichen Akteur werde, der die Frage nach der eigenen Identität auch nur stellen kann, als auch den Versuch, eine Antwort darauf zu finden. Eine angemessene sozialontologische Hintergrundtheorie muß zudem die Erfahrung berücksichtigen, daß es Güter gebe, die erst in sozialen Beziehungen mit 'signifikanten Anderen' (Mead) erfahrbar werden, und daß diese Güter wiederum als *Bereicherung* der eigenen Identität erfahren werden (ebd.: 43f.). Es wäre von daher fatal, den Prozeß der Selbstbestimmung gleichsam vorzeitig abzuschließen und nur noch jene Beziehungen als mit der eigenen Freiheit verträglich zu betrachten, die den einmal identifizierten Bedürfnissen und Zielen entgegenkommen.

Als nächstes rehabilitiert die holistische Rekonstruktion des Authentizitätsideals die *'starken Wertungen'*. „Daß ich mich selbst definiere", so Taylor, „heißt soviel wie: daß ich herausfinde, was an meinem Unterschied gegenüber anderen bedeutungsvoll ist" (ebd.: 45). Dazu bedürfe es der Bezugnahme auf einen „Horizont" (ebd.: 47), vor dessen Hintergrund eine Erklärung geliefert werden kann, was an einer Handlung oder einer Eigenschaft bedeutungsvoll ist. Diese Erklärung sei dann jedoch „kritisierbar" (ebd.: 46). Taylor macht also auf die mit der Wahl der Lebensweise einhergehenden Geltungsansprüche aufmerksam und wendet sich so gegen eine Überstrapazierung der Rawlsschen 'Bürden der Vernunft', die Konzeptionen des guten Lebens letztlich als Funktion der individuellen Biographie ausgibt. Daraus ergibt sich auch, daß das „Ideal der Selbstwahl" nicht selbstgenügsam ist – es muß noch *weitere* Ideale geben (ebd.: 50). Die Konsequenz daraus lautet: „Authentizität ist keine Widersacherin der Forderungen aus dem Bereich jenseits des eigenen Selbst, sondern sie setzt solche Forderungen voraus" (ebd.: 51).

Das holistisch verstandene Ideal der Authentizität verweist auf weitere *Bedingungen seiner gelingenden Verwirklichung*, die keineswegs im Belieben des Individuums liegen. Denn Identitätsfindung ist aufgrund der dialogischen Fundierung personaler Identität unauflösbar verknüpft mit *sozialer Anerkennung*. Das Erlangen von sozialer Anerkennung ist unter modernen Bedingungen ein komplexer und vor allem riskanter Prozeß, der grundsätzlich auch zum Scheitern führen kann (ebd.: 58). Scheitern kann das Streben nach Anerkennung zunächst im Bereich *zwischenmenschlicher Beziehungen*, wo Liebe und Zuneigung nicht erzwungen, sondern nur frei geschenkt – und von daher auch: verweigert – werden können. Ähnliches gilt jedoch für das *gesellschaftliche Leben*. Spätestens hier deckt Taylor das Gleichheitsproblem in seiner ganzen Tragweite aus aristotelischer Perspektive auf, und zwar in Form einer Rekonstruktion der Veränderung der Semantik wechselseitiger Anerkennung, konkret in der Verdrängung der auf Ungleichheit beruhenden Vorstellungen von 'Ehre' durch den auf Gleichheit beruhenden Begriff der 'Würde'. Der Begriff der Würde sei als einziger „mit einer demokratisch verfaßten Gesellschaft in Einklang zu bringen", und die Demokratie habe entsprechend eine „Politik der gleichen Anerkennung" ins Leben gerufen (ebd.: 55f.). Taylors These ist nun, daß auch die Politik der gleichen Anerkennung ein grundsätzlich *gemeinschaftlich-dialogisches* Unterfangen sei, welches nur unter Bezugnahme auf gemeinsame Vorstellungen vom Guten gelingen könne. Anerkennung kann heute weder von standesspezifischen Ehrvorstellungen abgeleitet werden noch (wie dies in liberalen Entwürfen anklingt) rechtlich dekretiert und garantiert werden. Denn Anerkennung ist letztlich eben nur von Wert, wenn sie unter Freien frei (wenn auch nicht kampflos!) gewährt wird; und sie ist nur dann befriedigend, wenn sie ein „Zugeständnis des gleichen Wertes" (ebd.: 62) bedeutet. Dieses freie Zugeständnis des *gleichen Wertes* bei *unterschiedlicher Identität* kann sich nach Taylor nur dann ereignen, wenn es gemeinsame Wertmaßstäbe gibt sowie soziale Praktiken, in denen die Erfüllung dieser Maßstäbe demonstriert werden kann. Die Dominanz einer liberalen Doktrin der Neutralität erweist sich aus dieser Sicht als fatal, weil sie dazu beitrage, „daß Erörterungen des guten Lebens an den Rand der politischen Auseinandersetzungen verbannt werden" (ebd.: 25). Auch die im expressivistischen Individualismus der Dekonstruktivisten eingelassene radikale Freiheitsvorstellung erhebt das Individuum zum Souverän, entzieht diesem jedoch den Resonanzboden für ein über sich hinaus verweisendes, reichhaltiges Verständnis des Guten – und damit den Boden der Identität. Am Ende steht der Souverän ohne Kleider da. Demgegenüber lautet eine wichtige Folgerung Taylors für die politische Theorie: „Der Ausbau und die Hege unserer Wertungsgemeinsamkeiten [gewinnen] an Wichtigkeit; und eines der maßgeblichen Verfahren, um das zu erreichen, wäre ein politisches Leben der Beteiligung" (ebd.: 63).

Taylor versteht Authentizität offensichtlich als ein *konstitutives Gut*, von dem aus *Hypergüter* wie 'gleiche Achtung' oder 'persönliche Freiheit' erst begreiflich werden. Sie sollte nach Taylor letztlich aristotelisch verstanden werden, das heißt, sie steht für ein *telos*, ein dem Menschen eigentümliches und wesentliches Verwirklichungsziel. Dies werde allerdings nur deutlich, wenn man sich dieses Ideal im Lichte seiner überzeugendsten Artikulationen vor Augen führt. Dann zeige sich, daß die abendländische Kultur damit „eine der wichtigen Entwicklungsmöglichkeiten des menschlichen Lebens herausgestellt" habe; sie hat das getan, indem sie eine „Lebensform mit mehr Selbstverantwortung" und „ein erfüllteres und differenzierteres Leben", das „wir [...] in höherem Maße wirklich unser eigen nennen können", in den Horizont des Möglichen gerückt hat (ebd.: 85).

3.5 Aristotelismus und die politische Theorie der Moderne

In der Auseinandersetzung mit der Moderne-Diagnose und Moraltheorie MacIntyres wurde herausgestellt, daß MacIntyres Konzept ein zutiefst tragischer Zug eigen ist: Die Moderne bedürfte dringend der Kurierung durch eine Tugendethik in der Tradition des Aristotelismus; die Anwendbarkeit tugendethischer Konzeptionen auf die moderne Gesellschaft scheint jedoch grundsätzlich nicht gegeben zu sein. Kommt Taylor hier weiter? Zwei Dimensionen dieser Frage lassen sich unterscheiden: (1) Inwiefern kann 'die Moderne' (als ein spezifischer Modus des Zusammenlebens, ein normatives Projekt oder ein kulturelles Ethos) nur dann umfassend *verstanden* werden, wenn sie in *substantialistischen Kategorien beschrieben* wird? (2) Inwiefern ist die These einer unhintergehbaren Bezugnahme auf einen Horizont starker Wertungen von Bedeutung für die *politische Theorie* der Moderne im engeren Sinne als einer auf die Legitimität autoritativ verbindlicher Entscheidungen gerichtete Reflexion?

(1) Für Taylors These einer hermeneutischen Anwendbarkeit des Aristotelismus auf die Moderne und gegen MacIntyres Sichtweise spricht paradoxerweise zunächst, daß Taylor MacIntyres Erfolg als kulturkritischer Autor zu erklären vermag, während MacIntyre selbst davon ausgeht, daß ein Mißerfolg vorprogrammiert sei, falls er Recht habe. Die Tatsache, daß seine Überlegungen dennoch eine so erstaunliche Resonanz gefunden haben, deutet darauf hin, daß das Streben nach *Authentizität* wirklich als eigentlich moralisches *movens* der Moderne betrachtet werden kann. MacIntyres Katastrophenszenario wäre dann deshalb verständlich (und verstörend), weil es dem Empfinden Ausdruck verleiht, daß moderne Gesellschaften diesem Ideal nicht gerecht werden. Sowohl bei der Analyse als auch der Entwicklung ei-

nes theoretischen Alternativprogrammes erweist sich Taylors Theorie als entwicklungsfähiger.

(2) Wie Taylor selbst zugesteht, ist es durchaus nicht abwegig, „sich nachdrücklich für eine moralische Anschauung einzusetzen, die auf einer Vorstellung vom Guten basiert, dabei jedoch einer prozeduralen Formulierung zuzuneigen, sobald es um die Grundsätze der Politik geht" (Taylor 1996a: 167, Fußn. 60). Denn „Güter wie z.B. Freiheit und Achtung vor der Würde aller Beteiligten" könnten gerade durch eine prozedurale Zielbestimmung politischer Institutionen den besten Schutz finden (ebd.). Damit gibt Taylor zu bedenken, daß prozedurale Legitimationsformeln zwar letztlich auf einer Vorstellung vom Guten aufruhen (bzw. nur durch deren Einbezug kohärent formulierbar sind), daß aber Verfahrenserwägungen in praktischer Hinsicht durchaus eine überragende Rolle spielen können. Die Grundlagen der liberalen Demokratie erschöpfen sich nach seiner Auffassung jedoch nicht in der Garantie gleicher Freiheiten und der Gewährleistung von Chancengleichheit und Wohlstand, und zwar aus zwei Gründen:

– Wenn politische Institutionen selbst freiheitlich verfaßt sein müssen, um als Rahmen einer freien Gesellschaft fungieren zu können, dann bedürfe es einer „starke[n] Identifikation" der Bürger mit ihren Institutionen (ebd.: 872), einhergehend mit der Bereitschaft, auch Opfer und Nachteile für den Erhalt oder die Vitalität dieser Institutionen auf sich zu nehmen (s.a. Taylor 1993a, 2002a). Auf dieses 'republikanische' Argument wird im Rahmen der demokratietheoretischen Analyse der Kommunitarismusdebatte zurückzukommen sein (s.u. Kap. IV).

– Ein rein prozeduralistisch verstandener Liberalismus begebe sich grundlegender *Entwicklungsperspektiven*. Er verstehe Pluralismus und Individualismus nur als Grenze staatlicher Intervention, nicht als Bestandteil eines guten Lebens und Gestaltungsraum demokratischer Politik. Ausgehend von seiner Authentizitätskonzeption formuliert Taylor (2002b: 43) eine „etwas komplexere und reichhaltigere Version des Liberalismus". Dieser Liberalismus stände unter teleologischen Vorzeichen: Das Zusammenleben voneinander verschiedener Individuen und ihrer Gemeinschaften würde nicht bloß als eine notgedrungene Konsequenz aus dem 'Faktum des Pluralismus' (Rawls) aufgefaßt, sondern als „Bereicherung" (ebd.: 42). Stehen bei Taylor romantische Intuitionen der wechselseitigen Ergänzung verschiedener Kulturen im Hintergrund, so wurde eine ähnliche Gemeinschafts- und Demokratieperspektive auch innerhalb der amerikanischen Tradition des Pragmatismus formuliert, insbesondere bei John Dewey (s.u. II.1.2, IV.2). Die dahinter stehende Vorstellung des guten Lebens lautet nach Taylor: „Wir sind dazu bestimmt, einander zu verstehen, und dieses gegenseitige Verstehen ist Wachstum und Erfüllung" (ebd.: 44). Für die politische Praxis eröffne sich so die Perspektive für „Lösungen, die auf Verhandlung und Kompromiß zwischen konkurrierenden Forderungen beruhen" (ebd.: 41)

In diesem Sinn hat Taylor auch von einem 'nicht-prozeduralen Liberalismus' gesprochen (Taylor 1993b: 55f.). Hier zeigt sich deutlich, daß die von ihm vorgenommenen gütertheoretischen Weichenstellungen in einem engen Begründungszusammenhang mit seinen Positionen in politischen Fragen steht. In bestimmten Situationen kann in Erwägung gezogen werden, dem Hypergut gleicher Freiheiten nicht den höchsten und alle anderen Erwägungen ausstechenden Rang einzuräumen.

Zwar geht es Taylor zunächst um soziale „Überzeugungsarbeit" („a work of persuasion") und kulturelle „Wiedergewinnungsarbeit" („a work of retrieval") (Taylor 1995a: 83). Doch das erklärte Ziel lautet durchaus, „höhere und umfassendere Formen der Authentizität *gegen den Widerstand* der flacheren und seichteren Form zu *verwirklichen*" (ebd.: 105, Hervorhebung und Übersetzung M.H.). „Politische Veränderungen" gehören neben gesellschaftlichen Initiativen und Bewußtseinsveränderungen durchaus zum Repertoire eines Kampfes für die 'höheren' Formen der Authentizität (ebd.: 89), wobei Taylor durch die Abschnitt-Überschrift *La Lotta Continua* eine ironische Distanz zum allzu wörtlichen Verständnis des Kämpfens herstellt. Das ist nur zu berechtigt, denn die Natur der Aufgabe versperrt sich einfachen Lösungen: „An age of responsibilization" – „eine Zeit der Verantwortlichung", wie der an dieser Stelle nicht zu beneidende Übersetzer erläutert – werde durch das Ideal der Authentizität heraufgerufen (ebd.: 88). In diesem Zeitalter der Selbstverantwortung ist es *Teil des guten Lebens*, der von den niederen Formen der Selbstentfaltung ausgehenden Versuchungen *aus eigener Kraft* zu widerstehen – ansonsten könnte nicht davon gesprochen werden, daß es wirklich *meine* Identität ist, die mit der Ausrichtung auf die höheren Formen zum Ausdruck gebracht wird. Es gibt also keine *politische Garantie* des authentischen Lebens. Auch die Vorstellung, eine Ordnung des Guten könne auf Kosten des Ausschlusses anderer verbindlich festgeschrieben werden, ist in einer Kultur, in welcher das Gute sich im Modus der artikulierten persönlichen Resonanz Geltung verschaffen muß, von Grund auf abwegig (ebd.:

99). Aber eine *unterstützende* Funktion kann Politik durchaus ausüben. Zu denken ist an

— prohibitive Maßnahmen gegenüber *verfehlten Praktiken*, wie etwa der Pornographie (vgl. ebd.: 89),
— die Unterstützung der *expressiven Ressourcen*, mittels derer das Gute ausgedrückt und kommuniziert werden kann, wie etwa einer gemeinsamen Sprache (vgl. Taylor 1993b),[17]
— die Gestaltung des *ökonomischen und politischen Rahmens*, welcher die Entfaltung der nichtprozeduralen Bedingungen demokratischer Gemeinwesen ermöglichen sollte, also die Herausbildung von Identifikation, Partizipationsbereitschaft und wechselseitigem Respekt (vgl. Taylor 2002a).

4. Walzer: Pragmatischer Umgang mit der Moderne

Der US-amerikanische Politiktheoretiker und Gesellschaftskritiker Michael Walzer (*1935) führt eine eigentümlich Doppelexistenz: Er gilt zugleich als der bekannteste unter den Kommunitaristen wie auch als der am wenigsten 'kommunitaristische'.[18] Walzer steht hier für die dritte Haltung, welche eine kommunitaristische Position mit Blick auf die moderne Gesellschaft in moraltheoretischer Hinsicht einnehmen kann: Seine Kritik an der Hauptströmung der zeitgenössischen politischen Philosophie greift ähnliche Motive auf wie MacIntyre und Taylor. Mit Taylor geht er davon aus, daß die Moderne für die Moral nicht verloren ist und normative Diskurse nach wie vor sinnvoll geführt werden können. Dabei vertritt er ebenfalls im Einklang mit Taylor die Auffassung, daß gute Moralphilosophie und politische Theorie letztlich daran gemessen werden müssen, ob sie zu einem besseren (Selbst-) Verständnis der Mitglieder einer politischen Gemeinschaft beitragen und die daraus folgenden Verpflichtungen aufzeigen. Nur so können sie auch herrschendes Unrecht zur Sprache und ins öffentliche Bewußtsein bringen. Anders als Taylor nimmt Walzer jedoch an, daß zur interpretativen Freilegung

---

17 Anders als etwa Rosa (1999: 63f.) bin ich nicht der Auffassung, daß es sich bei Taylors Eintreten für eine offensive Sprachpolitik in der kanadischen Provinz Quebec um eine politische Parteinahme handelt, die von den Grundzügen seiner Moraltheorie nicht gedeckt wird (s.u. II.4, V.5.5, s.a. Reese-Schäfer 1997: 306-308).
18 Zu Walzer vgl. grundlegend Malowitz/Krause 1998, Haus 2000.

dieses Selbstverständnisses weder eine umfängliche philosophische Anthropologie noch eine tiefgehende Analyse der neuzeitlichen Identität benötigt wird. Zumindest gilt das nach seiner Auffassung nicht für die politische Theorie. Politische Theorie bzw. – und daran ist Walzer letztlich interessiert – gute Gesellschaftskritik kann, salopp formuliert, ohne größeres theoretisches Vorgeplänkel an ihre Arbeit gehen. Freilich kann eine umfassende kulturelle Bildung dabei nur hilfreich sein. Walzer steht für die Variante eines *pragmatischen Aristotelismus*.

Auch bei Walzer ist die Aufgabenbestimmung der politischen Theorie verknüpft mit einer Diagnose moderner Gesellschaften, die deren Widersprüche ebenso unterstreicht wie die Unzulänglichkeit prozeduraler Ethiken. Gegen eine 'Moderne-Kritik' schlechthin hegt er jedoch eine tiefe Abneigung, weil sie nur den Totengräber für eine effektive Gesellschaftskritik abgeben könne (Walzer 1991: 310). Es sind Themen wie Gerechtigkeit, sozialer und politischer Wandel und die Rolle aktiver Staatsbürgerschaft im Wohlfahrtsstaat, welche Walzer vorrangig interessieren. In all diesen Fragen kommen wir nach Walzer mit prozeduralistischen Konzeptionen nicht weiter, weil diese keine Identifikationsangebote für breites politisches Handeln entfalten. Daß Walzer die moderne Gesellschaft jedoch ganz und gar nicht für moralunfähig hält, zeigt bereits sein u.a. im Buch *Just and Unjust Wars* geäußerter Vorsatz, „angewandte Ethik" („practical morality") betreiben zu wollen (Walzer 1982: 14). In gewisser Weise gibt er MacIntyre jedoch zugleich recht, wenn er unter Anspielung auf die marxistische Terminologie von 'Über-' und 'Unterbau' erklärt, daß „der Unterbau der ethischen Welt Gegenstand einer tiefen und scheinbar nicht endenwollenden Kontroverse" sei (ebd.).

Kurzum: Obwohl es stimmen mag, daß wir uns über 'letzte' Fragen der Moral niemals einigen werden, hält es Walzer doch ohne weiteres für sinnvoll, möglichst gute Argumente für die 'vorletzten' Fragen zu suchen – wobei wir aufpassen müssen, nicht übers Ziel hinauszuschießen und wieder 'letzte' Antworten auf 'vorletzte' Fragen zu offerieren – was die konstruktivistischen Sozialphilosophien aus seiner Sicht versuchen (Walzer 1989). Was Walzer in seinem Buch über die Frage des 'gerechten Krieges' propagiert, kennzeichnet sein Vorgehen insgesamt: Einerseits wird die angewandte Ethik von Grundlagenfragen gelöst; andererseits soll über „die üblichen Urteile und Rechtfertigungen" hinausgegangen werden, indem die durch sie verkörperten Ansprüche und Prinzipien offengelegt werden (Walzer 1982: 15). Dadurch erst wird das Moralische als ein über bloß technische und stra-

tegische Argumentation hinausgehendes „Engagement" sichtbar (ebd.). Damit ist zugleich ausgesagt, daß Walzers pragmatische Herangehensweise
durch einen *inklusiven* Zugang zu unserer moralischen Sprache gekennzeichnet ist, was im übrigen den Anforderungen von Taylors 'Prinzip der besten Analyse' entspricht. Allgemeine Prinzipien wie 'Rechte', 'Freiheit' oder
'Gleichheit' können deshalb ohne weiteres Eingang in die Bestandsaufnah-
me der Moral finden, obwohl immer wieder so getan wurde, als ob die
Kommunitaristen *an deren Stelle* die in Gemeinschaften geteilten Überzeugungen setzen wollen (vgl. Kersting 1994b: 86f.). Da die Lebens- und Argumentationsweisen einer Gemeinschaft sich ohne solch allgemeine Prinzipien (Taylors 'Hypergüter') nicht verstehen lassen, und umgekehrt die Implikationen dieser Prinzipien nur verständlich werden in Verbindung mit ihrer je besonderen kulturellen Einbettung, ist beides aus Walzers Sicht aufein-
ander bezogen.

Statt sich einer intensiven Beschäftigung mit der Begründungsmöglich-
keit abstrakter Moral-, Gerechtigkeits- oder Demokratieprinzipien hinzuge-
ben oder umfängliche Rekonstruktionsversuche legitimer Normsetzungsver-
fahren in Angriff zu nehmen, täten die Vertreter der politischen Philosophie
nach Walzer besser daran, die unter den Mitgliedern ihrer politischen Gemeinschaft bereits 'geteilten Verständnisse' einer guten und gerechten Ordnung zu artikulieren und soziale Praktiken auf ihre Vereinbarkeit mit diesen
geteilten Verständnissen zu befragen. Diesen moraltheoretischen Ausgangspunkt verknüpfte Walzer in seinem Buch *Spheres of Justice* mit einer gütertheoretischen Perspektive, wonach es die 'soziale Bedeutung' von Gütern
sei, welche die Kriterien ihrer gerechten Verteilung festlege (Walzer 1992a,
s.u. III.3.1). Daß ausgerechnet ihm, dem engagierten Gesellschaftskritiker
par excellence, der in den 70er Jahren nicht nur als ein wortmächtiger Kritiker des Vietnamkrieges hervorgetreten war, sondern auch für die Legitimität
zivilen Ungehorsams plädiert (Walzer 1970) und sogar ein Handbuch für
Protestbewegungen verfaßt (Walzer 1971) hatte, nun der Vorwurf gemacht
wurde, sein moraltheoretischer Standpunkt liefere ihn einer unkritischen
Verhaftung am Status quo aus, hat ihn offensichtlich empfindlich getroffen.
Für Walzer ist die Orientierung an den geteilten Verständnissen, wie im folgenden gezeigt werden wird, eine Konsequenz aus dem Verlust von absoluten Gewißheiten; für die Kritiker Walzers hingegen stellt gerade die Berufung auf die eingelebten Überzeugungen einer Gemeinschaft einen irratio-
nalen Dogmatismus dar, während die Suche nach abstrakteren Begrün-

dungsmustern dem Umstand geschuldet sei, daß unsere gemeinsamen Überzeugungen „nicht mehr tragen" (Rawls 1998: 117).

Im folgenden soll zunächst Walzers Kritik am moralphilosophischen Mainstream im Rahmen der Kommunitarismusdebatte dargelegt werden. Anschließend wird sein Vorschlag einer interpretativ verfahrenden politischen Theorie und Gesellschaftskritik diskutiert, wobei insbesondere der Begriff der 'geteilten Verständnisse' geklärt werden soll.

4.1 Die Motive der immanenten Gesellschaftskritik

Im Kontext der Kommunitarismusdebatte hat Walzer folgerichtig den Ort intellektueller Diskurse im Rahmen der in einer Gemeinschaft immer schon etablierten Praktiken der kollektiven Verständigung über normative Fragen, ihre Praktiken des Bekräftigens und des Infragestellens, des Kritisierens und des Verteidigens, zu bestimmen versucht. Er nimmt in diesem Zusammenhang zwei Phänomene in kritischen Augenschein: die persönliche Entfremdung des Kritikers von den kulturellen Praktiken einer Gemeinschaft einerseits und die diskursive Absonderung der politischen Theorie von den Niederungen politischer Debatten andererseits.

In seinem Buch *Zweifel und Einmischung* (Walzer 1991), eine Darstellung der Gesellschaftskritik im 20. Jahrhundert, setzt sich Walzer vor allem mit dem ersten Phänomen auseinander. Er nimmt eine schwierige Grenzziehung zwischen Ausdifferenzierung und Verselbständigung in den Blick: Das Ergebnis einer gelungenen kulturellen Spezialisierung stelle die Figur des kritischen Intellektuellen dann dar, wenn sie alltägliche Klagen in einen Ausdruck der jeweiligen hochkulturellen Formen transponiert und ihr eine allgemeine Fassung verleiht. Der vom Leben einer Gemeinschaft, vor allem ihrer benachteiligten Schichten, selbst entfremdete Kritiker könne hingegen in überzeugender Weise weder deren eigene Entfremdungserfahrungen noch deren grundlegende Hoffnungen artikulieren. In einer unübersichtlichen Moderne mit unzuverlässigen 'revolutionären Subjekten' werde der „Umgang mit Niederlagen" zur großen Herausforderung der Gesellschaftskritik. Drei gängige Umgangsweisen bestünden darin, das kritische Geschäft aufzugeben (*Kapitulation*), die Kritik auf die 'Massengesellschaft' auszuweiten (*Großkritik*) oder sich der radikalen Lokalisierung kritischer Tätigkeit zu verschreiben (*Detailkritik*) (ebd.: 309f.).

Die bereits angesprochene Unterscheidung dreier 'Pfade' der Gesellschaftskritik in *Kritik und Gemeinsinn* (Walzer 1990a) systematisiert diese
Überlegung im Hinblick auf die Rolle moralphilosophischer Begründungs-
versuche. Der Begriff des 'Pfades' versinnbildlicht den Weg, welchen der
Kritiker zwischen den von ihm in Anspruch genommenen Erkenntnisquellen
und den Adressaten seiner Kritik zurücklegt. Wie ist Kritik möglich? Und
wie kann sie Autorität unter den Adressaten entwickeln? – Das sind die Leit-
fragen in Walzers Analyse. Die auf dem *'Pfad der Entdeckung'* und dem
'Pfad der Erfindung' voranschreitenden Kritiker rekurrieren nach Walzer auf
eine Quelle der Moral, deren Erkenntnis ihnen aufgrund einer privilegierten
epistemischen Position zugänglich ist. Entweder sie behaupten, erkannt zu
haben, um was es bei der Moral 'eigentlich' geht, abseits der Vielfalt an
'Meinungen' darüber (Entdeckung); oder der Anspruch geht dahin, die (zunächst ungewissen) Grundlagen der Moral rational konstruieren zu können,
da man sich im Besitz einer unfehlbaren wissenschaftlichen Methode wähnt
(Erfindung). Beiden Ansätzen ist gemeinsam, daß sie eine systematische
Ausschaltung aller bloß 'zufälliger' Perspektiven vornehmen, sei es durch
eine weitestgehende Steigerung der inneren Distanz gegenüber kulturellen
Praktiken, sei es durch eine entsprechende Konstruktion der Methode. So
behauptet auf der Seite der Entdecker etwa der Utilitarismus, nur die Vermehrung von Freude (*pleasure*) und die Vermeidung von Leid (*pain*) könne
als vernünftiger Gegenstand der Moral übrigbleiben, wenn man alle unge-
prüften Vorurteile ausschaltet. Die Erfinder hingegen beschreiben die Eigenschaften rationaler praktischer Diskurse, in denen erst ermittelt werden kann,
welche Normen zu Recht Geltung beanspruchen (Diskursethik); oder sie
entwerfen mit großer Sorgfalt ein virtuelles Entscheidungsverfahren, welches
uns in Form eines Gedankenexperimentes vor Augen führt, welche Gerechtigkeitsgrundsätze unter fairen Bedingungen vernünftigerweise gewählt würden (kantischer Konstruktivismus à la Rawls).

Die Grundannahme des 'Pfades der Interpretation' hingegen lautet nach
Walzer, daß die Quelle der Moral weder entdeckt noch erfunden werden
muß. Seine Plausibilität stützt sich zunächst auf die Art und Weise, wie
Menschen im alltäglichen Leben über moralische Fragen reden:

> „Die Erfahrung moralischen Argumentierens kann am besten nach der Art der Inter-
> pretation verstanden werden. Was wir tun, wenn wir moralisch argumentieren, be-
> steht darin, eine Bestandsaufnahme der bereits existierenden Moral vorzunehmen.
> Und diese Moral verpflichtet uns kraft der Autorität ihres Vorhandenseins: d.h. kraft
> dessen, daß wir nur als die moralischen Wesen existieren, die wir nun einmal sind.

Alle unsere moralischen Kategorien, Beziehungen, Verpflichtungen und Hoffnungen sind bereits von dieser existierenden Moral geformt und werden in ihrem Vokabular formuliert. [...] Die Kritik des Bestehenden beginnt – oder kann doch beginnen – mit Grundsätzen, die dem Bestehenden bereits innewohnen" (ebd.: 31).

Diese Passage bringt wiederum die Ähnlichkeit mit der Auffassung Taylors zum Ausdruck: Eine niveauvolle moralische Argumentation spricht uns in unserer immer schon vorhandenen (da als Ermöglichungsbedingung von Handeln vorauszusetzenden) *moralischen Identität* an, indem sie eine bessere Darstellung davon liefert, was diese moralische Identität, die in sie eingelassenen 'starken Wertungen' (Taylor) erfordert. Walzers Schlußfolgerung aus dieser Annahme kann in zwei Thesen zusammengefaßt werden: Erstens, daß es sinnvoller ist, sich bewußt auf eine bereits vorgefundene Moralauffassung zu *stützen*; zweitens, daß es angemessener ist, diese Moralauffassung interpretatorisch zu *entfalten* und *anzuwenden*, statt sie einer prozeduralistischen *Überprüfung* zu unterziehen.

Es mag auf den ersten Blick merkwürdig, ja unverfroren, anmuten, daß so verschiedene Positionen unter jeweils einem gemeinsamen 'Pfad' zusammengefaßt werden. Man kann darin zum einen eine Reaktion Walzers auf die Kritik an seinem eigenen methodischen Standpunkt sehen: Wurde ihm selbst vorgeworfen, daß eine Theoriebildung, die sich auf die Interpretation der geteilten Verständnisse einer Gemeinschaft stützt, zu ganz unterschiedlichen und z.T. nicht gerade wünschenswerten Ergebnissen führen könne (Giusti 1994), so kontert er mithilfe seiner Pfad-Metapher, daß dies ebenso für die alternativen Perspektiven gilt. Dabei differenziert er im weiteren Verlauf seiner Darstellung durchaus zwischen verschiedenen Ansätzen. Beide Pfade können nämlich mehr oder weniger radikal die Erhebung über den „moralische[n] Sumpf" (Walzer 1990a: 30) erstreben. Walzers erste These ist, daß beide Pfade je weniger in die Irre führen, desto stärker sie in ihrer Argumentation faktisch auf bereits geteilte Überzeugungen und Intuitionen zurückgreifen. Während die 'entdeckerische' Position der Bolschewiken ein extremes Ausmaß an kultureller Entfremdung und politischer Repressionsbereitschaft repräsentiert, steht ein 'Erfinder' wie Rawls für eine hohe Verbundenheit mit der eigenen Kultur und eine weitestgehende Zurückhaltung gegenüber avantgardistischen Beglückungsszenarien. Wenn man die Rawlssche Position so versteht, daß sie keine Moral neu erfinden will, sondern nur rationale Ordnung im Bereich des Verständnisses 'unserer' Gerechtigkeitsüberzeugungen schaffen will, dann nähert sich der Konstruktivismus in dieser Lesart nahezu ununterscheidbar dem interpretativen Zugang an (ebd.: 26f.).[19]

Ein Rest von Fremdbestimmung gegenüber einer politischen Gemeinschaft eignet jedoch nach Walzer auch diesem Unterfangen, und damit verbindet sich ein nicht zu unterschätzendes 'Restrisiko' für die demokratische Praxis. So lautet Walzers zweite These, daß eine prozeduralistische Überprüfung der bestehenden Moral zu hohe Kosten im Hinblick auf die Reichhaltigkeit normativer Diskurse impliziert. In diesem Zusammenhang ist der Hinweis aufschlußreich, daß die Rawlssche Herangehensweise, auch in ihrer kontextualistischen Lesart, darauf aus sei, „ein Idealtypus oder ein Modell einer bestehenden Moral zu bilden" (ebd.: 26). Ein *Idealtypus* wird laut der klassischen Definition Max Webers gewonnen durch „einseitige *Steigerung eines* oder *einiger* Gesichtspunkte und durch Zusammenschluß einer Fülle von diffus und diskret, hier mehr, dort weniger, stellenweise gar nicht vorhandenen *Einzel*erscheinungen, die sich jenen einseitig herausgehobenen Gesichtspunkten fügen, zu einem in sich einheitlichen *Gedanken*bilde" (Weber 1988: 191).

Ausgehend davon kann Walzers Unbehagen selbst an der kontextualistischen Variante der moralischen Erfindung folgendermaßen verstanden werden: Auch in dieser Lesart ist Rawls' Gerechtigkeitstheorie eine auf begriffslogische Widerspruchsfreiheit abzielende systematisierende Darstellung einzelner Gerechtigkeits„intuitionen" der Mitglieder demokratischer Verfassungsstaaten (Rawls 1992a: 302), die nach Walzer innere Konsistenz letztlich nur durch die *Ausblendung nichtkongruenter Überzeugungen* erlangt. Sie greift einzelne Überzeugungen heraus, steigert sie zu *dem* Verfahren der Beurteilung normativer Fragen und gelangt schließlich als Ergebnis zu einem verblüffend kompakten Set von Gerechtigkeitsgrundsätzen, nach welchen die Grundstruktur einer Gesellschaft zu gestalten sei – „a single set of right answers, which state officials must in turn be taught", wie Walzer bereits mokant in der Einleitung zu *Radical Principles* vermerkte (Walzer 1980a: 16).

---

19 Mitunter wird explizit oder implizit davon ausgegangen, daß Walzers Kritik an Rawls ausschließlich auf dessen universalistische Ansprüche abziele – weshalb sie an einer wie auch immer kontextualisierten Lesart der Rawlsschen Theorie abpralle, während die Gewinne in Begriffen sauberer methodischer Herleitung etc. verblieben (vgl. L. Meyer 1996: 71-84). Doch abgesehen davon, daß hoch umstritten ist, inwiefern eine solche Kontextualisierung tatsächlich erkennbar ist (und erst recht, ob sie durchhaltbar wäre), hat Walzer bereits 1985 in seinen *Tanner Lectures* explizit verdeutlicht, daß er auch eine 'bescheidenere' Lesart des Rawlsschen Konzeptes für defizitär hält (vgl. Krause/Malowitz 1998: 107, s.a. Anm. 61 (die Autoren erwähnen als Zeitpunkt irrtümlicherweise 1984)).

Es ist von daher nicht verwunderlich, daß die erste Kritik an Rawls' Theorie durch Walzer demokratietheoretisch motiviert war, indem sie auf deren Instrumentalisierbarkeit durch Expertengremien, v.a. Gerichte abzielte (Walzer 1981). Dieser methodologische und zugleich politische Vorbehalt stand auch hinter Walzers Behauptung, die Rawlssche Gerechtigkeitstheorie sei ein herausragendes Beispiel für den philosophischen Drang nach Einheit („singularity") (Walzer 1992a: 41). Verfehlt ist aus dieser Sicht also nicht nur eine Argumentation mit vorgeblichem Ewigkeitswert („sub specie aeternitatis" (Rawls 1975: 637)), sondern auch die Suche nach einem „archimedischen Punkt" (ebd.: 293), von dem aus sich moralische Fragen mit einer am Vorbild der 'strengen' Wissenschaften gemessenen Exaktheit beantworten ließen. Der existierende 'moralische Sumpf', so könnte man sagen, wird hier zwar nicht gänzlich der Verachtung preisgegeben, doch das um den Preis einer weitgehenden Trockenlegung, bei der die in ihm verborgene Komplexität auf der Strecke bleibt. Der 'Pfad der Interpretation' verspricht, den Sumpf überall begehbar zu machen.

4.2 'Geteilte Verständnisse' und die Potentiale interner Gesellschaftskritik

Von *shared understandings*, *shared meanings* oder auch *social meanings* spricht Walzer zum ersten Mal in seinem Buch *Sphären der Gerechtigkeit* (Walzer 1992a, engl. 1983), auf das im Kapitel über die gerechtigkeitstheoretische Dimension der Kommunitarismusdebatte näher eingegangen wird (s.u. III.3). Ich werde für diese Ausdrücke im folgenden die Übersetzung 'geteilte Verständnisse' benutzen.[20] Die geteilten Verständnisse stehen für jene 'bereits existierende Moral', auf die eine interpretativ verfahrende politische Theorie und Gesellschaftskritik aufbauen soll. Walzer hat es jedoch leider nicht gerade darauf angelegt, die genaue Bedeutung dieses Ausdrucks systematisch darzulegen (vgl. Shklar 1998: 384f.). Um so schärfer war die Kritik, die er sich mit apodiktischen Äußerungen zuzog, wie etwa der, daß Gerechtigkeit dann praktiziert werde, wenn das soziale Leben den geteilten

---

20 Ich halte diese Übersetzung für angebrachter als z.B. 'geteilte Überzeugungen' (u.a. Krause/Malowitz 1998: 66 u. pass.), weil damit besser zum Ausdruck gebracht wird, daß nicht einfach moralische Überzeugungen gemeint sind, sondern ein welterschließendes und praxisermöglichendes kulturelles Wissen, welches in selbstreflexiven Prozessen immer wieder (re-)konstruiert und weitergebildet wird (vgl. Walzer 1993a).

Verständnissen der Gemeinschaftsmitglieder entspreche bzw. ihnen gegenüber „treu" („faithful") bleibe (Walzer 1992a: 441). Handelt es sich dabei um die Meinung der Mehrheit? Oder vielleicht ein unterschwellig vorhandenes Einverständnis aller Mitglieder, das nur ans Tageslicht gebracht werden muß?

Eine Formel, die im Verlauf der Kommunitarismusdebatte eine steile Karriere durchmachte, war die vom „simple communitarian dilemma", in welches nach der Auffassung von Joshua Cohen (1992, urspr. 1983) eine an den geteilten Verständnissen orientierte Argumentation notwendig geraten muß. Cohen behauptete, daß ein solcher Ansatz

— entweder moralische Standards von den Praktiken einer Gesellschaft her bestimmen muß; in diesem Fall degeneriere Sozialphilosophie jedoch zu einer unkritischen Affirmation der ohnehin bestehenden Verhältnisse; da diese Praktiken immer von bestehenden Machtungleichheiten bedingt werden (vgl. Fink-Eitel 1993), kann man hier eine Variante des oben (s.o. I.1) dargelegten *Gleichheitsproblems* entdecken;

— oder bestimmte Werte unter Absehen von faktisch bestehenden Praktiken als für eine Gemeinschaft bindend behaupten muß; in diesem Fall trüge die Argumentation einen willkürlichen Zug, zumal jede moderne Gesellschaft durch eine Vielzahl widerstreitender Wertauffassungen geprägt ist; diese Kritik setzt beim *Objektivitätsproblem* an.

Daß die Formel vom 'simple communitarian dilemma' im Kontext der Kommunitarismusdebatte eine solche Popularität entfaltete[21], ist erstaunlich. Schon auf den ersten Blick ist nicht ersichtlich, wieso es nur die Alternative zwischen einer kritiklähmenden Kongruenz von sozialen Praktiken und geteilten Verständnissen einerseits und einem willkürlichen Behaupten gemeinschaftlicher Werte andererseits geben soll. Geteilte Verständnisse *von* sozialen Praktiken müssen nicht mit deren Verwirklichung kongruieren und können sich doch in nicht willkürlicher Weise auf diese beziehen. Beispielsweise kann ich als Christ durchaus der Auffassung sein, daß die Realität der Institution 'Kirche' oder die religiösen Praktiken meiner Zeit deren eigentlichem Sinn nicht entsprechen und dies gerade mit dem Selbstverständnis und Anspruch dieser Gemeinschaft begründen. 'Interne' Kritik dieser Art hat Walzer im Sinn. Geteilte Verständnisse, so läßt sich in einer ersten Annäherung formulieren, bezeichnen *das gemeinsame Wissen um den Sinn und die*

---

21 Vgl. z.B. Giusti 1994: 773, Forst 1994: 229, Rawls 1998: 116, Fußn. 47.

Bedeutung der verschiedenen Praktiken, die die soziale Welt einer Gemeinschaft konstituieren. Es handelt sich in der Regel nicht um ein bewußtes, sondern ein latentes, stillschweigend in Anspruch genommenes, häufig aber in kulturell tradierten 'Texten' (im weitesten Sinne) manifestes Wissen. Doch auch diese Texte müssen *interpretiert* werden. Das heißt, der 'Pfad der Interpretation' darf keinesfalls mit einer positivistischen „Beschreibung moralischer Tatsachen, als ob sie unserem Verstehen unmittelbar zugänglich wären", verwechselt werden (Walzer 1990a: 40). *Dissens* und *Meinungspluralismus* sind dabei vorprogrammiert – denn es gibt immer unterschiedliche Möglichkeiten der Interpretation (vgl. Walzers Wiedergabe einer herrlichen rabbinischen Erzählung, ebd.: 41f.).

Damit komme ich auf das *Objektivitätsproblem* zurück. Walzers Variante von Taylors 'Prinzip der besten Analyse' lautet, daß die beste Interpretation dadurch besser als alle anderen sei, daß sie dem *Leser* einen Text auf „schlagendere und überzeugendere Weise" erhellt (ebd.: 40) – also, übertragen auf Gesellschaftskritik, den Mitgliedern einer Gemeinschaft ihr gemeinsames Leben verständlicher macht. Eine Interpretation kann also besser als eine andere ausfallen – es gibt nur kein 'unabhängiges' Verfahren, um diesen Anspruch zu überprüfen. Die philosophische Hermeneutik spricht hier von einem 'hermeneutischen Zirkel', in welchem sich eine Auslegung von Sinnstrukturen notwendig bewegt (vgl. Warnke 1989). Das durch eine Interpretation erlangte bessere Verständnis ist stets nur ein Vorverständnis für ein noch besseres Verstehen durch eine weitere Interpretation. Politische Ideologien spielen dabei immer mit hinein und haben welterschließende Bedeutung. Das setzt auch einer prozeduralen Bestimmung 'unverzerrter Kommunikation' (Habermas) als Königsweg zur Rationalisierung der Gesellschaftskritik Grenzen (Gadamer 1967).

Walzer zieht daraus den Schluß, daß es letztlich darauf ankommt, welche Autorität eine Interpretation in der öffentlichen Auseinandersetzung einer Gemeinschaft zu entfalten vermag. Während nach Walzer dieser allgemeine Grundsatz jeweils auf bestimmte kulturelle Praktiken von Gemeinschaften zu beziehen wäre, haben Demokratien ihn gleichsam zu ihrem Selbstverständnis erklärt. Hinter dieser Auffassung steht offensichtlich eine *normative Prämisse* – daß es nämlich besser sei, normative Debatten den kulturellen 'Konstruktions'prozessen von Gemeinschaften zu überlassen, weil dies der moralischen Identität ihrer Mitglieder am ehesten gerecht werde (vgl. Walzer 1992a: 442f.). Legt man diese Prämisse offen, so wird verständlich, warum Walzer zugleich *Grenzen* dieses Überlassens annimmt und in verschiedenen

Anläufen einen *moralischen Minimalismus* als universellen Standard formuliert hat (Walzer 1990b, 1996a, vgl. Haus 2000: 77-82). Wenn von gemeinsamer Interpretation nämlich gar nicht mehr, sondern nur noch von Versklavung, brutaler Grausamkeit und Verobjektivierung die Rede sein kann, dann ist die Rede von 'kultureller Selbstbestimmung' sinnlos (Walzer 1982: 141). Darauf soll hier nicht im einzelnen eingegangen werden. Es reicht, darauf hinzuweisen, daß sich hier eine erste *universalistische* Perspektive innerhalb Walzers politischer Philosophie eröffnet.

Walzer sieht in der mittelalterlichen Kritik an kirchlichen Praktiken wie Simonie (Ämterkauf) und Nepotismus (Ämter für Verwandte) ein treffliches Beispiel für eine Mobilisierung der geteilten Verständnisse gegen vorherrschende Mißstände (Walzer 1992a:). Steinvorth (1999: 194) wendet hier ein, daß es in den entsprechenden Gesellschaften durchaus eine gewisse faktische Akzeptanz nepotistischer und simonistischer Praktiken gegeben habe. Man kann sogar noch einen Schritt weitergehen: Es ist nicht auszuschließen, daß auch die Verfechter dieser Praktiken *Argumente* auffahren konnten, die sich auf die geteilten Verständnisse stützten. Das würde Walzer nun gar nicht bestreiten.[22] Gerade die Vorstellung, Widerspruch ließe sich ohne Gewalt, d.h. durch das eine endgültig überzeugende Argument zum Ersterben bringen, identifiziert Walzer als eine Erblast philosophischen Denkens und überzieht sie mit beißender Ironie (Walzer 1989). Faktisch wird es immer zu einem *Wettstreit* zwischen verschiedenen Interpretationen kommen, die nach der 'kulturellen Hegemonie' (Gramsci) in einer Gemeinschaft streben. Genauso würde Walzer wohl den Status seiner eigenen politischen Theorie einschätzen: Als Versuch, einer bestimmten Deutung zur kulturellen Hegemonie zu verhelfen (ein schwieriges Unterfangen im Falle der 'sozialdemokratischen' Vision Walzers) und die Überzeugungskraft konkurrierender Deutungen zu schwächen. Auch wenn man es nicht für möglich hält, die Diskussion zu einem rationalen Ende zu bringen, so kann man doch der Auffassung sein, eine anspruchsvollere, hellsichtigere und komplexere Deutung der geteilten Verständnisse zu liefern.

Mit der Zeit kann eine Deutung offensichtlich zu einer kulturellen Selbstverständlichkeit werden und zu einem Beurteilungsstandard, der als Referenz für weitere Auseinandersetzungen um die angemessene Auslegung der ge-

---

22 Vgl. seine lebendige Darstellung der Auseinandersetzung zwischen dem Propheten Amos und dem Priester Amzja (Walzer 1990a: 89f.), wo es in ähnlicher Weise um die Frage der Priorität von äußerem Kult oder innerer Einstellung ging.

teilten Verständnisse einer Gemeinschaft in Anspruch genommen wird. Dies ist deshalb der Fall, weil die durch die Orientierung an diesem Maßstab ermöglichte Praxis zu einer reicheren Entfaltung und damit einem besseren Verständnis der in die gemeinsame Kultur eingelassenen Wertpotentiale geführt hat und so eine konstitutive Rolle für die moralische Identität spielt. Der historische Rückblick erhellt, daß man auch ohne die Annahme zwingender Vernunftschlüsse auf der 'richtigen' oder aber der 'falschen' Seite einer kulturgeschichtlichen oder politischen Entwicklung stehen kann – und dies nicht bloß im Hinblick auf die nackte Faktizität von historischem Sieg oder Niederlage, sondern auch und vor allem im Hinblick auf die historische Realisierung einer Entwicklungsmöglichkeit, die ohne das Einstehen für die eigene Überzeugung nicht möglich gewesen wäre. Daß im Falle der Verwerfung simonistischer Praktiken wie so häufig eine Entwicklungsmöglichkeit nicht zuletzt dadurch artikuliert werden konnte, daß mächtigen Interessen widersprochen wurde, gibt einer weiteren Einschätzung Walzers Nahrung: Daß 'gute' Gesellschaftskritik meist durch eine *Distanz zu den Trägern sozialer Macht* innerhalb einer Gemeinschaft ermöglicht werde, nicht durch eine Distanz gegenüber deren geteilten Verständnissen (Walzer 1990a: 72f.). Es geht ihr nicht so sehr darum, die herrschenden Ideen als die 'Ideen der Herrschenden' zu enttarnen, sondern die Instrumentalisierung dieser Ideen als Herrschatsideologie aufzudecken und eine inklusivere Darstellung der selben Ideen zu liefern (Walzer 1992a: 34, Fußn.). Es gibt bei Walzer eine Richtigkeitsvermutung für die Kritiker der Macht.

Die historische Erfahrung legt auch nahe, daß bestimmte Auseinandersetzungen sich in verschiedenen Gemeinschaften und kulturellen Kontexten *wiederholen*. So ist der korrumpierende Einfluß von Geld und Macht immer wieder als Ursache der Verzerrung religiöser Sinngehalte wahrgenommen worden. Daran schließt eine zweite universalistische Perspektive Walzers an, nämlich die Idee eines *'reiterativen'* (auf 'Wiederholung' beruhenden) *Universalismus* (Walzer 1990b). Dieser 'empirische' Universalismus stellt darauf ab, daß verwandte Standards sich in verschiedenen kulturellen Kontexten immer wieder in besonderen Kämpfen um Deutungshoheit durchsetzen.

Faßt man Walzers Überlegungen zusammen, so lassen sich drei Modi interner Gesellschaftskritik unterscheiden: (1) Die Kontrastierung von Anspruch und Wirklichkeit (den 'Spiegel vorhalten', wie Walzer dies nennt), (2) die Neuinterpretation etablierter normativer Begriffe und (3) die Kritik an der Rechtfertigung von sozialer Exklusion (Haus 2000: 70). Da solche Formen der Kritik Teil einer umfassenden kulturellen Auseinandersetzung um

hegemoniale soziale Deutungsmuster sind, impliziert die von Walzer verfochtene Position nicht, daß 'gute' normative Begründungen oder 'gelungene' Gesellschaftskritik an deren unmittelbarem *Erfolg bei den Kritisierten*
abzulesen ist. Gerade den fähigen Gesellschaftskritikern widerfährt nicht
selten Repression und Ablehnung anstelle von Dank und Wohlwollen. Das
wird gerade an Walzers bevorzugten Spezialisten für Gesellschaftskritik in
historischer Perspektive, den israelitischen Propheten, deutlich (vgl. Shklar
1998: 378). Erst die langfristige Durchsetzungskraft ihrer kulturellen Interpretation macht deren Stellenwert deutlich. Eine 'gute' kritische Interpretation stößt bei den Mächtigen auf Widerstand und vehemente Ablehnung – das
gehört gewissermaßen zu ihrem Wesen.

Wie eine gehaltvolle und kritische politische Theorie im einzelnen aussehen könnte, die sich dem Programm einer interpretativen Auslegung des
normativen Gehaltes sozialer Praktiken im Licht vorgebrachter Rechtfertigungen verpflichtet weiß, soll unten anhand der Walzerschen Gerechtigkeitstheorie dargestellt werden (s.u. III.3.3). Der „aus Prinzip" unsystematische Walzer (vgl. Brumlik 1992a: 484) hat, so die dort vertretene These, unverhofft einen systematischen Beitrag zur Weiterführung der aristotelischen
Tradition vor dem Hintergrund des Objektivitäts-, des Komplexitäts- und der
Gleichheitsproblems geliefert.

II. Welche Gemeinschaft?

Die Kommunitarismusdebatte hat die Frage aufgeworfen, inwiefern der Begriff der 'Gemeinschaft' im politischen Diskurs moderner Gesellschaften als normativer Bezugspunkt trägt. Gerade das 'Gemeinschaftsdenken' hat eine heftige Polemik seitens der Kritiker kommunitaristischer Positionen hervorgerufen. Diente das Etikett des 'Neoaristotelismus' des öfteren zur Disqualifierung kommunitaristischer Positionen im Bereich der Moraltheorie als '*prä*modern' (s.o. Kap. 1), so war in der stärker soziologisch geprägten Debatte über die Bedeutung von 'Gemeinschaft' sogar der Eindruck weit verbreitet, daß die Kommunitaristen auf gefährliche Weise vom begrifflichen Reservoir der *Anti*-Moderne Gebrauch machten. Galt bereits der Neoaristotelismus als „Theorie vergangener, hochintegrierter Sozialwelten" (Kersting 1994a: 1), so schien der Gemeinschaftsbegriff erst recht als Chiffre einer verlorenen Welt dichter sozialer Beziehungen, blinden Einverständnisses und problemloser sozialer Integration zu dienen. „Politische Romantik" (S. Tönnies 1996: 15) warf man deshalb den Kommunitaristen vor und daß sie sich „rückwärtsgewandt in die Zukunft" (Philipp 1998) bewegen wollten.

Aber ist es tatsächlich so klar, wohin die Reise gehen soll? Dagegen spricht, daß auch eine diametral entgegengesetzten Auffassung vertreten wurde. So wurden zum Kreis der Kommunitaristen gezählte Denker vom Vorwurf eines prämodernen Gemeinschaftsdenkens freigesprochen, indem man auf die demokratie- und liberalismusfreundlichen semantischen Gehalte des Begriffs 'community' im angelsächsischen Sprachraum und vor allem der politischen Rhetorik der USA verwies (Joas 1993, 1995, Probst 1996). Nach dieser zweiten Lesart beruht die Kritik an der Verwendung des Gemeinschaftsbegriffs als zentraler normativer Leitvorstellung auf einem Mißverständnis, welches sich schlicht aus transkulturellen Übersetzungsschwierigkeiten speist. Axel Honneths Bemerkung zum Begriff der Gemeinschaft hat indes auch heute nichts an ihrer Gültigkeit verloren: „Überraschenderweise ist in der uns hier interessierenden Debatte [d.h. der Kommunitarismusdebatte] jener Begriff bislang noch sehr unklar geblieben, der doch eigentlich ihr kategoriales Zentrum ausmachen sollte" (Honneth 1993: 262). Dies gilt wohlgemerkt sowohl für die Kritiker jedweden Gemeinschaftsdenkens als auch für dessen Apologeten. Zwar kommt den Hinweisen auf die abweichende Semantik durchaus Berechtigung zu. Doch ist damit keineswegs hinreichend geklärt, inwiefern der Gemeinschaftsbegriff eine konstruktive Rolle in der modernen politischen Theorie spielen kann, und zwar aus zwei Gründen:

(1) Seine Verwendung stößt auch, wie noch gezeigt werden wird, unter Mitgliedern des *angelsächsischen* Sprach- und Kulturraums auf Vorbehalte, nicht nur in Deutschland mit seiner die Gemeinschaftsrhetorik belastenden Vergangenheit von nationalsozialistischer 'Volks'- und realsozialistischer 'Menschengemeinschaft'. So berechtigt deshalb der Hinweis auf divergierende kulturelle Hintergrundverständnisse ist, so wichtig ist es doch auch zu berücksichtigen, daß die systematische Diskussion im Bereich der politischen Theorie selbst Anleihen bei *verschiedenen* kulturellen Traditionen nimmt und zu einem gemeinsamen Diskurs verbindet. Die Schwierigkeiten mit dem Begriff der Gemeinschaft/community lassen sich somit nicht auf sprachliche Differenzen oder kulturelle Traditionen reduzieren. Bedeutsam erscheint in diesem Zusammenhang jedoch, daß sich sowohl im deutschen als auch im amerikanischen Diskussionszusammenhnag die Reserve gegenüber der Gemeinschaft/community aus einem dualistischen konzeptuellen Grundgefüge herleitet.

(2) Man sollte es mit dem Hinweis auf divergierende kulturelle Hintergrundverständnisse der Gemeinschaft/community auch deshalb nicht belassen, weil darin die Gefahr der Banalisierung des Gemeinschaftsbegriffs liegt. Versteht man ihn einfach als Synonym für Partizipation und demokratische Gleichheit, so geraten im kommunitaristischen Bezug auf den Gemeinschaftsbegriff auftretende *Spannungen* und *Brüche* aus dem Blick oder können nur noch als Inkonsistenzen vermerkt werden. Nimmt man jedoch diese Bruchstellen bewußt ins Blickfeld, so bieten sich gerade dadurch Ansatzpunkte für fruchtbare theoretische Einsichten. Das gilt etwa für das Spannungsverhältnis zwischen radikaldemokratischen Standpunkten einerseits und kulturalistischer Demokratieskepsis andererseits oder zwischen einem rein politischen Begriff der Nation einerseits und einem auch vorpolitischen Verständnis der Nation andererseits (s.u. II.4, II.5).

Im folgenden werde ich mich zunächst mit der Kritik am Gebrauch des Gemeinschaftsbegriffs in den beiden angesprochenen Versionen auseinandersetzen. Im Hinblick auf die Kategorie der Gemeinschaft fließen gesellschaftstheoretische und philosophische Diskussionsstränge zusammen. Sowohl innerhalb des stärker gesellschaftstheoretisch als auch innerhalb des stärker philosophisch ausgerichteten Diskussionsstranges werden immer

wieder zwei dualistische Entgegensetzungen von Gemeinschaft und Gesellschaft miteinander verknüpft, die meiner Meinung nach kommunitaristischem Denken nicht gerecht werden: zum einen die Alternative zwischen
zwei sich ausschließenden Weisen sozialer Integration (Gemeinschaft *oder*
Gesellschaft), zum anderen die historische Entwicklungsthese, wonach in der
Moderne die Gesellschaft die Gemeinschaft abgelöst habe (Gesellschaft
nach Gemeinschaft). In der Soziologie gehen sie auf Ferdinand Tönnies zurück, der bereits in den 80ger Jahren des 19. Jahrhunderts 'Gemeinschaft'
und 'Gesellschaft' als zwei gegensätzliche Assoziationsmodi darstellte. In
der Philosophie können sie als Ausdruck für die der Aufklärungstradition
charakteristische Gegenüberstellung von Tradition und Vernunft begriffen
werden.

Im Anschluß soll dargestellt werden, warum diese dualistischen Konzepte
nicht nur kommunitaristischem Denken nicht gerecht werden, sondern bereits in sich höchst fragwürdig sind. Sodann wird die Frage gestellt werden,
inwiefern sich ein reformulierter Begriff der Gemeinschaft als Träger *normativer* Gehalte eignen könnte. Der amerikanische Pragmatist John Dewey
kann in diesem Zusammenhang als Vorläufer einer normativen Soziologie
der Gemeinschaft verstanden werden. In philosophischer Hinsicht werde ich
hingegen auf das von Martin Seel dargestellte Konzept der *Lebensweise* zurückgreifen. Kommunitaristen soziologischer Provenienz wie Amitai Etzioni
oder Philip Selznick schließen v.a. an Deweys Vorstellung einer kommunikativen Wiederherstellung bzw. Neuerschaffung der Gemeinschaft *in* der
Gesellschaft an. Während sich vor allem ersterer auf allgemeine gesellschaftstheoretische Theoreme stützt, ist den eher philosophisch orientierten
Gemeinschaftstheoretikern wie Walzer, Sandel oder Taylor der Rückgriff auf
güterethische Vorstellungen einer gemeinsamen Lebensweise eigen.

1. Kritik am Gemeinschaftsbegriff im Zeichen des Dualismus von Gemeinschaft und Gesellschaft

1.1 Tönnies als vermeintlicher Stichwortgeber

Wenn in Deutschland das Lob der *community* regelmäßig auf die von Ferdinand Tönnies überkommene Dichotomie von *Gemeinschaft* und *Gesellschaft*
bezogen wurde, so geschah dies offensichtlich im Verlangen, sich das Frem-

de vertraut zu machen. Dabei wurde übereilt auf bekannte Theoriebestände der eigenen Wissenschaftstradition zurückgegriffen. Dies geschah selbst dort, wo um das anders strukturierte Bedeutungsfeld des *community*-Begriffs gewußt wurde. So gerät ausgerechnet Walter Reese-Schäfer, ausgerechnet einer der verständigsten (und wohlwollendsten) Interpreten kommunitarischer Ideen hierzulande, in einen bemerkenswerten Widerspruch, wenn er zunächst Tönnies' Buch *Gemeinschaft und Gesellschaft* als „Referenztext allen community-Denkens" bezeichnet (Reese-Schäfer 2000: 28), kurz darauf jedoch Etzionis Auffassung unterstützend erwähnt, daß die Tönnies-Tradition keinen fruchtbaren ideengeschichtlichen Rahmen liefere (ebd.: 29).

Es geht wohlgemerkt nicht bloß darum, sich gegenüber einer 'Vereinnahmung' Tönniesschen Gedankengutes durch die im Umfeld der Weimarer 'konservativen Revolution' angesiedelten Strömungen (Sontheimer 1978: 252) abzugrenzen. Dieser politischen Ideologisierung seiner Gemeinschaftstheorie hat sich Tönnies in der Tat stets widersetzt. Entscheidend ist, daß auch der Standpunkt Tönnies' selbst nicht als Referenzrahmen des kommunitaristischen Gemeinschaftsdenkens taugt – und auch faktisch nicht als solcher herhielt. Tönnies' Theorie des Übergangs von der Gemeinschaft zur Gesellschaft ist teutonische Großtheorie reinsten Wassers. Die komplexen theoretischen Implikationen dieser Theorie und ihre zähe Subsumtionslogik, welche sich um eine basale Dichotomie ranken (vgl. Rehberg 1993) erscheinen völlig disparat zum pragmatischen, auf Vermittlung von Gegensätzen ausgerichteten Denken der Kommunitaristen.

Ohne mich in die nicht sehr verheißungsvollen Tiefen der Tönnies-Exegese zu begeben oder nach der Bedeutung seiner Forschungen für die gegenwärtige Soziologie zu fragen (vgl. dazu Schlüter/Clausen 1990, Clausen/Schlüter 1991), möchte ich im folgenden kurz die hinter der Gemeinschafts-Gesellschafts-Dichotomie stehende Logik herausstellen. Dies dient zum einen dazu, die Reserviertheit gegenüber dem (falsch verstandenen) *community*-Denken der Kommunitaristen zu erklären. Zum anderen soll deutlich gemacht werden, daß der Zauber der Tönniesschen Dichotomie schnell verfliegt, wenn man sich bei Max Weber kundig macht.[1]

---

1   Vgl. zum folgenden auch die Darstellung zum Gemeinschaftsbegriff bei Philipp (1998: 81-92), die ähnlich ansetzt, jedoch zu völlig anderen Schlußfolgerungen führt. Dies liegt unter anderem daran, daß sich Philipp nach der Bezugnahme auf Tönnies und Weber mit weiteren Soziologen der deutschen Tradition befaßt und die amerikanische Soziologietradition (etwa Dewey) überhaupt nicht in Betracht zieht.

Tönnies bestimmte Gemeinschaft und Gesellschaft als die zwei Grundformen von „Verbindungen". Verbindungen beruhen auf einem Verhältnis gegenseitiger Bejahung durch ihre Mitglieder (F. Tönnies 1979: 3), weshalb diese in beiden Fällen „auf friedliche Art nebeneinander leben und wohnen" (ebd.: 34). Verschieden ist allerdings die Konstitutionslogik dieser Bejahung: Die Gemeinschaft steht für eine Verbindung als „reales und organisches Leben", die Gesellschaft hingegen für eine Verbindung als „ideelle und mechanische Bildung" (ebd.: 3). In der Gemeinschaft sei das Ganze wichtiger als die Teile, sie sei „apriori und notwendigerweise vorhandene Einheit", aus der Einzelhandlungen erst abgeleitet werden könnten. Die Verbindung der Gesellschaft hingegen ist ein aggregatives Produkt dieser Einzeltätigkeit: Kooperation leitet sich aus zweckrationalen Erwägungen der Individuen ab, die miteinander Verträge zum gegenseitigen Vorteil eingehen (ebd.: 34ff.). Damit verband sich eine Rhetorik der Ursprünglichkeit und Echtheit: „Gemeinschaft ist das dauernde und echte Zusammenleben, Gesellschaft nur ein vorübergehendes und scheinbares. [...] Gemeinschaft [soll] als ein lebendiger Organismus, Gesellschaft als ein mechanisches Aggregat und Artefakt verstanden werden" (ebd.: 4).

Die Heraufkunft der Marktgesellschaft steht für die Entwicklung hin zur Gesellschaft, aber auch rationalistische Formen der Staatsbegründung wie bei Hobbes. „Kapitalistenklasse" und „Arbeiterklasse" stellten folglich die „Konstituenten der Gesellschaft" dar (ebd.: 34-70), und der Staat wurde ebenfalls der Sphäre der Gesellschaft zugeschlagen (ebd.: 198ff.). Demgegenüber bildete die Familie die „allgemeine Wurzel gemeinschaftlicher Verhältnisse", das heißt der „vollkommenen Einheit menschlicher Willen als einen ursprünglichen oder natürlichen Zustand" (ebd.: 7). Die ebenso genialeinfache wie intellektuell verführerische Gegenüberstellung der zwei Grundbegriffe wurde durch eine ebenso griffige Entwicklungsthese abgerundet, die einen säkularen Verfallsprozeß von der Gemeinschaft zur Gesellschaft konstatierte und den Eintritt ins „Zeitalter der Gesellschaft" verkündete (ebd.: 215-218). Infolgedessen war Tönnies' Ansatz auch bestens für die Adaption im Rahmen von kulturkritischen Verfallstheorien geeignet.

Berücksichtigt man diesen angeblich für kommunitaristisches Denken konstitutiven Theoriehintergrund, so kann es nicht verwundern, daß den Kommunitaristen politische Romantik und Sehnsucht nach vergangener Gemeinschaftsidylle vorgeworfen wurde. Bei all den Rekursen auf Tönnies hätte nun als erstes stutzig machen müssen, daß damit zwar eine einprägsame Formel wiederbelebt, zugleich jedoch die seinen Standpunkt bereits früh entscheidend revidierende Theoriediskussion in der Soziologie ignoriert wurde. Ein Blick auf Max Webers Bestimmung der Kategorien 'Vergemeinschaftung' und 'Vergesellschaftung' in *Wirtschaft und Gesellschaft* (urspr. 1921) macht dies deutlich. Dabei wird dreierlei ersichtlich: (1) Gesellschaft und Gemeinschaft sind keine sich ausschließenden Gegensätze, (2) Konflikte stehen nicht in Widerspruch zur Gemeinschaft und (3) Gemeinschaften können Gegenstand einer intentionalen Förderung sein.

(1) Gesellschaft ist kein Gegensatz zur Gemeinschaft

Webers *idealtypische* Bestimmung von 'Vergemeinschaftung' und 'Vergesellschaftung' scheint von weit größerer Allgemeingültigkeit gekennzeichnet zu sein als Tönnies ontologisierende Darstellung.[2] Idealtypen sind nach Weber durch den Forscher konstruierte Grenzbegriffe, die das verstehende Nachvollziehen von Handlungen ermöglichen sollen, indem sie eine Motivationsstruktur in ihrer rationalen Logik herausstellen. Sie repräsentieren demnach nicht die Wirklichkeit, sondern sind heuristische Mittel der verstehenden Erklärung sozialer Phänomene. 'Vergesellschaftung' nun beruhe idealiter auf „rational [...] motiviertem Interessen*ausgleich* oder auf ebenso motivierter Interessen*verbindung*", 'Vergemeinschaftung' hingegen auf „subjektiv *gefühlter* (affektueller oder traditionaler) *Zusammengehörigkeit* der Beteiligten" (Weber 1980: 21). In der Realität kommen Vergemeinschaftungen und Vergesellschaftungen nur selten in reiner Form vor: „Die große Mehrzahl sozialer Beziehungen aber hat *teils* den Charakter der Vergemeinschaftung, *teils* den Charakter von Vergesellschaftung" (ebd.: 22). So kann sich auf der Grundlage der Vergesellschaft in einem Heeresverband, einer Schulklasse, ja sogar im „gleichen Kontor", ein über bloß zweckrationale Erwägungen hinausgehendes Gemeinschaftsgefühl *heranbilden* (ebd.) – während in einer Familie durchaus zweckrationale Orientierungen eine starke Bedeutung haben können. War die Kirche nach Tönnies dem Pol der Gemeinschaft zuzuordnen, so scheut sich Weber nicht, von ihr als einer „Anstalt" zu sprechen (ebd.: 30) und auf ihre „*rational* (planvoll) gesatzten Ordnungen" hinzuweisen (ebd.: 28). Das bedeutet natürlich nicht, daß für wirkliche Kirchen der Pol der 'Vergemeinschaftung' nicht von Bedeutung wäre. Und wenn

---

2   Rehberg (1993: 27) und Raulet (1993: 83) nennen auch Tönnies' Dichotomie 'idealtypisch'. Dazu steht jedoch der von ihnen erhobene Vorwurf in Widerspruch, daß Tönnies die Konzepte von Gemeinschaft und Gesellschaft substantialisiere (z.B. Rehberg: 27f., 34f.). Bei Philipp (1998: 84f.) findet sich eine ähnlich widersprüchliche Darstellung, die meines Erachtens auf Inkonsistenzen bei Tönnies selbst zurückzuführen ist.

man Tönnies (1979: 4) auch darin zustimmen kann, daß ein Begriff wie 'Aktien-Gemeinschaft' als unpassend empfunden werden muß (nicht unbedingt als „abscheulich", wie Tönnies schreibt), so sind uns Begriffe wie 'Interessengemeinschaft' oder 'Heiratsmarkt' durchaus geläufig. Die 'Arbeiterklasse' schließlich stellt einen vorzüglichen Nährboden der 'Vergemeinschaftung' im Sinne Webers dar.

Ganz im Einklang mit der Auffassung, daß reale soziale Einheiten in der Regel eine gemischte Konstitutionslogik aufweisen, haben die Kommunitaristen immer wieder betont, daß es ihnen *nicht* um eine Entscheidung zwischen Gemeinschaft oder Gesellschaft zu tun ist. In Abgrenzung zu Tönnies erklärt beispielsweise Amitai Etzioni (1995: 143f.), daß die gegenwärtige Gesellschaft der USA „weder *Gesellschaft* noch *Gemeinschaft*, vielmehr eine Mischung aus beiden" sei. Charles Taylor wendet sich ebenfalls gegen die Vorstellung einer „Wahl zwischen einer engen, familienähnlichen Gemeinschaft und einer modernen, unpersönlichen Gesellschaft", denn auch in einer Gesellschaft könne danach gefragt werden, inwiefern man sich auf den „Geist gesellschaftlicher Solidarität und den daraus entspringenden sozialen Sitten" verlassen sollte (Taylor 1993a: 106).

(2) Konflikte sind kein Widerspruch zur Gemeinschaft

Das kann wiederum am Beispiel der Familie verdeutlicht werden. Zunächst muß die schon bei Tönnies auftauchende und von verschiedenen Autoren replizierte Auffassung, daß sich das Verhältnis etwa zwischen Eltern und Kindern als eine *vollkommene Willenseinheit* darstelle (F. Tönnies 1979: 7), als der Alltagserfahrung von Eltern (und Kindern) höchst zuwiderlaufend bezeichnet werden. Von Interessenkonflikten innerhalb einer Familie zu sprechen, erscheint keineswegs abwegig. Konflikte können auch stärker ideologische Formen annehmen, und es können fundamentale Unvereinbarkeiten in den verfolgten Konzeptionen des guten Lebens auftreten. Man denke nur an den Fall, daß ein Kind der Familientradition entflieht, indem es die Konfession wechselt oder nicht bereit ist, den Beruf des Vaters in der fünften Generation weiterzuführen. Familien stehen dann vor der Alternative, Orthodoxie oder Tradition über emotionale Verbundenheit zu stellen oder eine Grenzziehung zwischen Familienbanden und Religion sowie persönlichem Lebensplan zu akzeptieren. Dies mag die Familie nach und nach 'pluralistischer' werden lassen – doch wird sie auch dadurch nicht weniger 'Gemeinschaft' und wird nicht zur 'Gesellschaft'. Das Gegenteil scheint zuzutreffen: *Weil* die Familie eine Gemeinschaft ist, ringt sie sich zur Tolerierung ihrer

abweichenden Mitglieder durch, *weil* sie eine Gemeinschaft ist, bleibt sie
trotz aller Konflikte auf der Grundlage 'subjektiv gefühlter Zusammengehörigkeit' (Weber) beisammen. Wenn dem so ist, dann zeichnet sich eine Gemeinschaft durch *Zusammenbleiben trotz Konflikt* aus, nicht durch die Abwesenheit von Konflikt. Erforderlich dafür ist freilich, daß es einen fortdau-
ernden Dialog innerhalb der Gemeinschaft gibt, in welchem Motive nachvollziehbar gemacht und auf gemeinsame Wertvorstellungen bezogen werden (z.B. der Konfessionswechsel an gemeinsame Standards der persönlichen Gewissensentscheidung).

Den konfliktiven Charakter einer aktiven Gesellschaft mit einer Vielzahl
moralischer Gemeinschaften und damit auch normativ-politischer Überzeugungen haben unter den Kommunitaristen sowohl Etzioni als auch Walzer in
ihrer Bejahung von zivilem Ungehorsam herausgestellt (Etzioni 1999: 317,
Walzer 1970: 141-145). Ziviler Ungehorsam hat dabei vorrangig die Funktion, Grenzen der Loyalität durch die Demonstration alternativer Loyalitätsbe-
züge zu demonstrieren und die Wiederaufnahme bzw. ernsthafte Praxis des
Dialogs durch die umfassende Gemeinschaft einzufordern. Auch Philip
Selznick, der wohl die umfassendsten Überlegungen zu einer normativen
Theorie der *community* angestellt hat, warnt vor der Verführung durch Tönnies' Ansatz, dessen Vorstellung einer „society warmed by intimacy and
united by brotherhood" eine fast unwiderstehliche Versuchung darstelle
(Selznick 1992: 366). Ganz im Einklang mit den hier präsentierten Thesen
macht Selznick darauf aufmerksam, daß „there is more to community than
intimacy and brotherhood, just as there is more to family life than love and
sharing" (ebd.).

(3) Intentionalität ist kein Widerspruch zur Gemeinschaft
Dieser Punkt betrifft die Frage nach dem *Ursprung* einer Gemeinschaft.
Selbst bei Zugrundelegung der Tönniesschen Gemeinschafts-Gesellschafts-
Dichotomie sollte klar sein, daß Gemeinschaften ihre Existenz dem bewußten Willensakt von Individuen verdanken können. Das beste Beispiel dafür
dürfte wiederum die *Familie* sein. Daß die Durchsetzung der freien Entscheidung der Partner als Prinzip des ehelichen Zusammenschlusses die Ehe
vom Gemeinschafts- zum Gesellschaftspol verschiebt, ist mehr als fraglich.
Auch die nicht-individuell eingewilligte Eheschließung früherer Zeiten war
stark an instrumentellen Erwägungen (Status-, Besitz- und Nachkommenssi-
cherung) orientiert. Was sich partiell und graduell verändert hat, ist der *Modus* der Vergemeinschaftung: von der unfreiwilligen zur freiwilligen Verbin-

dung. Damit wird die Gemeinschaft der Familie freilich nicht gänzlich zu einer freiwilligen Vereinigung (vor allem gilt dies nicht für die Kinder). Der Gedanke der Genese einer Gemeinschaft aus einer bewußt intendierten Gründung heraus ist bereits von Hegel vorgebracht worden. Dabei ist besonders aufschlußreich, daß Hegel dem *Recht* in diesem Prozeß eine konstruktive Rolle zuspricht. Wie er gegenüber der einseitigen Hervorhebung des kontraktualistischen Moments der ehelichen Gemeinschaft bei Kant herausgestellt hat, ist die Ehe „dies, vom Vertragsstandpunkte der in ihrer Einzelheit selbständigen Persönlichkeit auszugehen, *um ihn aufzuheben*" (*Philosophie des Rechts*, § 163). Die 'Aufhebung' des Vertrages kann dabei nur im Rahmen einer gemeinsamen Geschichte erreicht werden. Aber der Vertragsschluß ist Teil dieser Geschichte und ermöglicht sie mit.

Dieser Punkt ist insofern von besonderer Bedeutung, als die Kommunitaristen die *Stärkung vorhandener* und *Bildung neuer Formen von Gemeinschaft* in der modernen Gesellschaft im Sinne haben. So distanziert sich Etzioni ausdrücklich von der Vorstellung, zur traditionellen (homogenen, autoritären, beengenden) Form der Gemeinschaft zurückzukehren und redet der Gründung „neuer Gemeinschaften" das Wort, in welchen „die Menschen Wahlmöglichkeiten haben, die genug Raum für divergente *Sub*gemeinschaften bieten und doch gemeinsame Bande aufrechterhalten" (Etzioni 1995: 144). Wenn etwa Sybille Tönnies auf der Grundlage der Terminologie ihres Großvaters Ferdinand Tönnies feststellt: „Das, was der Kommunitarismus im Auge hat, ist ein Machen – weshalb die Ergebnisse nicht 'Gemeinschaft' sein können" (S. Tönnies 1995: 237), so zeigt dies nur, daß die Tönnies-Tradition eben nicht einschlägig für kommunitaristisches Denken ist.[3] Auch Selznick geht davon aus, daß Gemeinschaften bewußt gestaltet und sorgfältig gepflegt werden können („consciously designed and carefully nurtured") (Selznick 2002: 18). Und bei Walzer (1992b: 96) findet sich der Hinweis, daß gegenüber der neokonservativen Sehnsucht nach den alten, autoritären Formen 'dichter' Gemeinschaftlichkeit „dieselbe Dichte unter den neuen Bedingungen von Freiheit und Gleichheit wiederher[zu]stellen" sei, mit dem Ziel „eine *Gesellschaft* lebendiger, engagierter und einsatzbereiter Männer und Frauen" zu befördern. Walzer steht damit wie auch Selznick in der Tradition John Deweys und der amerikanischen pragmatistischen Sozialphiloso-

---

3   Wobei auch hier wiederum darauf hingewiesen werden muß, daß Ferdinand Tönnies selbst ein 'Machen' von Gemeinschaft im Sinne hatte, wenn er seine Hoffnungen auf die sozialistische Genossenschaftsidee setzte.

phie (vgl. Kallscheuer 1990: 130ff., 1995a, Schmalz-Bruns 1995: 64-75,
Selznick 1992: xii).

Der Verweis auf Dewey wendet den Blick in die richtige Richtung. Warum dem Gemeinschaftsbegriffs eine *normative* Bedeutung zukommen soll,
bleibt nämlich aus einer Weberianischen Perspektive allein unklar. Anders
als bei Tönnies, wo die Gemeinschaft als Verkörperung des 'eigentlichen',
'wesentlichen' und letztlich 'unabdingbaren' menschlichen Zusammenlebens
zumindest implizit mit einer höheren moralischen Dignität versehen wird,
bringt Webers Idealtypenbildung keine besondere normative Auszeichnung
von 'Vergemeinschaftung' mit sich. Außerdem weist gerade Weber – innerhalb seines Ansatzes ganz zu Recht! – auf die zwanghaften Momente faktischer Vergemeinschaftungsprozesse hin (vgl. Philipp 1998: 87f.). Eine soziologische Konzeption, welche der Gemeinschaft als normativer Kategorie
Konturen verleiht, ist nun bei John Dewey zu finden. Bei ihm werden die
Momente des Gemeinschaftsgefühls und -handelns mit dem demokratischen
Ideal freiwilliger Assoziation verknüpft.

1.2   Gemeinschaft bei Dewey

Für Dewey steht die *community* im Rahmen einer politischen Theorie der
modernen Demokratie für einen erstrebenswerten Zielzustand des sozialen
Lebens. Was er für seine Zeit, die zwanziger Jahre des letzten Jahrhunderts,
mit Wohlwollen feststellte, kann auch zur Kennzeichnung der kommunitaristischen Bewegung herangezogen werden: „'Gemeinschaft' und Gemein-
schaftstätigkeiten werden zu Wörtern von beschwörender Kraft" (Dewey
1996: 178). Durch zwei zentrale Gegenüberstellungen versucht Dewey der
Beschwörung der Gemeinschaft Richtung und Ziel zu weisen: erstens der
Gegenüberstellung 'Große Gesellschaft'/'Große Gemeinschaft' ('Great Society'/'Great Community') und zweitens der Gegenüberstellung 'Große Gemeinschaft'/'lokale Gemeinschaften' ('local communities'). Beide Begriffs-
paare sind für das Verständnis kommunitaristischen Gemeinschaftsdenkens
von allergrößter Bedeutung.

Die erste Gegenüberstellung könnte als Analogie zur Gemeinschafts-
Gesellschafts-Dichotomie bei Tönnies mißverstanden werden. Schaut man
sich jedoch Deweys Definition der Gemeinschaft wie auch die (wenigen)
von ihm präsentierten Beispiel für die empirische Verkörperung dieses Ge-

meinschaftsverständnisses an, dann ergeben sich mitunter geradezu *entgegengesetzte* Konnotationen im Vergleich zu Tönnies. Gesellschaft wird von ihm nämlich geradezu als ein *vor-gemeinschaftlicher* Zustand verstanden, und die grundlegende Aufgabe besteht nicht darin, Gesellschaft in einen Zustand der Gemeinschaft *zurück* zu versetzen, sondern ganz im Gegenteil immer mehr in Richtung der Herausbildung einer Gemeinschaft *weiter*zuführen. Dazu paßt, daß für Dewey gerade *community* für einen *bewußt intendierten* Zuschnitt sozialen Lebens steht, während dies für einen vorgemeinschaftlichen sozialen Zustand gerade *nicht* zutrifft. Triebe und Bedürfnisse bringen die Menschen je für sich zu allerhand Interaktionen zusammen, da „die Dinge einfach so beschaffen [sind]", wie Dewey lapidar feststellt (ebd.: 131). Die daraus resultierende „Summe vereinigten kollektiven Handelns" stelle jedoch für sich niemals bereits eine Gemeinschaft dar. Denn Gemeinschaft müsse folgendermaßen verstanden werden:

> „Wo immer es eine vereinte Tätigkeit gibt, deren Folgen von allen einzelnen an ihr teilnehmenden Personen für gut befunden werden, und wo die Verwirklichung des Guten von der Art ist, daß sie ein tatkräftiges Verlangen und Bemühen hervorruft, es zu erhalten, weil es ein von allen geteiltes Gut ist, da gibt es insofern eine Gemeinschaft" (ebd.: 129).

Weil das Gemeinschaftsleben „moralisch ist, das heißt emotional, intellektuell, bewußt aufrechterhalten wird" (ebd.: 130f.), ergibt es sich gerade *nicht* naturwüchsig. Erst wenn über die Metaebene der *Kommunikation* über diese Mannigfaltigkeit von Handlungszusammenhängen eine Identität, ein 'Wir' entstehe, ergebe sich eine Entwicklung hin zur Gemeinschaft. Diese Gemeinschaftsdefinition erfaßt meines Erachtens sehr gut, um was es allen Kommunitaristen bei der Rede von der 'community' geht.

Die 'Große Gesellschaft' steht für eine Ausdehnung einer gleichsam blinden Form des sozialen Zusammenlebens, wie sie sich in der modernen Industriegesellschaft realisiere (darin, immerhin, besteht Einigkeit mit Tönnies). Hier werden Interaktionen durch anonyme, von den Akteuren nicht bewußt wahrgenommene oder gar gestaltete Faktoren erzeugt, das heißt durch die Kräfte des Marktes und die Dynamik technologischer Neuerungen. In der 'Großen Gemeinschaft' hingegen werden diese wirkmächtigen Faktoren wie auch die ablaufenden Interaktionsmuster reflexiv eingeholt. Ihre Folgen werden öffentlich thematisiert, so daß es möglich wird, die unbewußt ablaufenden Geschehnisse nach und nach in bewußt unterstützte vereinte Tätigkeit zu überführen, indem ein „gemeinsame[s] Interesse" (ebd.:

134) entdeckt wird. Das heißt, die Große Gemeinschaft ist ein Idealzustand, dem sich die Große Gesellschaft mehr oder weniger annähern kann und nach Dewey immer stärker annähern sollte. Die Industriegesellschaft soll zur demokratischen Kommunikationsgemeinschaft werden. Sie hört dadurch nicht auf, Industriegesellschaft zu sein, weshalb es unsinnig wäre, von einer 'Alternative' zwischen Gemeinschaft und Gesellschaft zu sprechen.

Als zweites stellt Dewey, wie bereits erwähnt, die Große Gemeinschaft den *lokalen Gemeinschaften* gegenüber. Die lokalen Gemeinschaften erst können Gemeinschaft im vollen Sinne sein, denn: „In ihrem tiefsten und reichsten Sinn muß eine Gemeinschaft immer eine Sache des Verkehrs von Angesicht zu Angesicht bleiben" (ebd.: 175). Die Hervorhebung der Rolle dieser 'face-to-face communities' entspricht dem pragmatistischen Erkenntnisbegriff, der Lernprozesse an konkrete leib-seelische Erfahrungen zurückbindet. Als Beispiel lokaler Gemeinschaften nennt Dewey Familien, Kirchen und Nachbarschaften, doch ist diese Liste gewiß ausbaufähig.

Der Kern des Gemeinschaftsverständnisses in der Tradition Deweys kann darin gesehen werden, daß in Gemeinschaften nicht-instrumentelle Einstellungen durch kommunikative erzeugte Moralität generiert werden, daß eine innere Bejahung die gemeinsamen Praktiken trägt, daß eine alltagsweltliche Erfahrung der Kooperation und persönliche Bande geteilt wird und daß eine Vermittlung zwischen den unterschiedlichsten Handlungsbereichen wirkt, die als bereichernd empfunden wird. Nicht die Alternative 'Gemeinschaft *oder* Gesellschaft' und die Entwicklungsthese 'Gesellschaft *nach* Gemeinschaft' sind hier einschlägig; vielmehr geht es um 'Gemeinschaft *in* Gesellschaft'. Dies ist kennzeichnend für den Gemeinschaftsdiskurs in den Vereinigten Staaten insgesamt.[4] Gemeinschaften (einer bestimmten Form) stellen eine Voraussetzung dafür dar, in modernen Gesellschaften gemeinsam handlungsfähig zu werden, Bedürfnisse nach moralischer Anerkennung zu befriedigen und den lebensweltlichen Horizont dialogisch zu erschließen – mithin eine *authentische* Lebensweise zu finden.

---

4   Zur pragmatistischen Tradition in der Gesellschaftstheorie vgl. Joas 1992.

1.3 Philosophische Kritik am Gemeinschaftsdiskurs

Wie einleitend festgestellt, kann der Hinweis auf verschiedenartige kulturelle Hintergrundverständnisse allein den Streit um die Verwendbarkeit des *community*-Begriffes nicht als erledigt gelten lassen, weil die Gemeinschaftsrhetorik auch im amerikanischen Kontext nicht unkritisiert blieb. Bezeichnenderweise war auch in diesem Zusammenhang eine Dichotomisierung von *Gemeinschaft* und *Gesellschaft* charakteristisch. So stellt Rawls der doktrinär integrierten Gemeinschaft die bloß durch eine gemeinsame Gerechtigkeitsüberzeugung zusammengehaltene 'wohlgeordnete' Gesellschaft (*well-ordered society*) gegenüber. Rawls bestreitet dieser 'wohlgeordneten' Gesellschaft den Charakter einer Gemeinschaft, wenn „wir darunter eine Gesellschaft verstehen, die von einer gemeinsamen umfassenden religiösen, philosophischen oder moralische Lehre gelenkt wird" (Rawls 1998: 114). Denn, so führt er als zweite „allgemeine Tatsache der politischen Soziologie und der menschlichen Psychologie" an: „Wenn wir uns eine politische Gesellschaft als eine Gemeinschaft denken, deren Einheit auf der Zustimmung zu ein und derselben umfassenden Lehre beruht, dann ist der repressive Gebrauch der Staatsgewalt eine notwendige Bedingung für eine politische Gemeinschaft" (ebd.: 107, vgl. Rawls 1992b: 335). Grundlegend für Rawls' Dichotomisierung von Gemeinschaft und Gerechtigkeit ist also das Kriterium, ob eine soziale Vereinigung durch eine umfassende Lehre des Guten oder durch einen 'überlappenden Konsens' reguliert wird. Eine umfassende Lehre zeichnet sich dadurch aus, daß sie „Konzeptionen darüber, was im menschlichen Leben von Wert ist, und Ideale des persönlichen Charakters ebenso einschließt wie Ideale der Freundschaft und der familiären und gemeinschaftlichen Beziehungen sowie vieles andere mehr, das unser Handeln (im Grenzfall unser ganzes Leben) bestimmt" (Rawls 1998: 79). Rawls kommt dadurch ebenso wie Tönnies (wenn auch unter anderen normativen Vorzeichen) letztlich zu einem unvermittelten *Dualismus* zwischen Gemeinschaft und Gesellschaft.

Im ersten Kapitel wurde bereits darauf hingewiesen, daß sich in Bezug auf die Frage, inwiefern eine politische Gemeinschaft in der Moderne möglich sei, eine unverhoffte Nähe von Rawls zu einem der *prima vista* schärfsten Kritiker des Liberalismus, nämlich Alasdair MacIntyre zeigt (s.o. I.2). Tatsächlich teilen beide das selbe Verständnis von Gemeinschaft. Nach MacIntyres Vorstellung sind in Gemeinschaften „die Güter verschiedener Praktiken innerhalb einer Lebensweise arrangiert [...], die auf das Gute und das

Beste gerichtet ist" (MacIntyre 1996: 675). Infolgedessen weist auch Mac-
Intyre die Vorstellung einer *politischen* Gemeinschaft in der Moderne zurück, weil es in modernen Gesellschaften keine Übereinstimmung hinsichtlich des Guten und des Besten gibt. „Kein größerer Nationalstaat", so Mac-
Intyre (ebd.: 676), „kann die Charakteristika einer Gemeinschaft haben". Der
Dualismus von Gemeinschaft und Gesellschaft wird hier polemisch zugespitzt zu der Aussage, die Forderung, für den Nationalstaat zu sterben, entspreche jener, „für die Telephongesellschaft" sein Leben hingeben zu sollen
(MacIntyre 1994: 303).

Sowohl Rawls als auch MacIntyre vertreten außerdem die Entwicklungsthese (Gesellschaft *nach* Gemeinschaft). Ich habe bereits im ersten Kapitel auf eine aufschlußreiche Stelle in Rawls' Buch *Politischer Liberalismus*
verwiesen, an der Rawls Walzers Plädoyer für eine Begründung von Gerechtigkeitsstandards auf der Grundlage der 'geteilten Verständnisse' einer
politischen Gemeinschaft kritisiert. Es lohnt sich, diese Stelle nun etwas ausführlicher zu zitieren: „Wir wenden uns gerade dann der politischen Philosophie zu, wenn unsere gemeinsamen politischen Überzeugungen [...] nicht
mehr tragfähig sind, und ebenso, wenn wir mit uns selbst uneins sind"
(Rawls 1998: 116f.). Mit dieser komprimierten Aufgabenbestimmung der
politischen Philosophie suggeriert Rawls: 'Früher' gab es Einverständnis,
'heute' nicht mehr, 'früher' Harmonie unserer moralischen Verpflichtungen,
'heute' Konflikt. Auch die Diagnose der gegenwärtigen Situation fällt bei
Rawls und MacIntyre ähnlich pessimistisch aus, wenn auch im Grad verschieden: MacIntyre spricht, wie oben dargelegt, von einer „Katastrophe" der
gemeinsamen Moral (MacIntyre 1987: 13ff.), Rawls nur von einem „toten
Punkt" in der jüngsten politischen Geschichte (Rawls 1992c: 170). Der (fast)
einzige Unterschied: Rawls zeigt sich zuversichtlich, diesen 'toten Punkt'
mangelnden Einverständnisses durch seine 'freischwebende' Gerechtigkeitskonzeption überwinden zu können (oder doch dabei zu helfen).

Ich möchte dieser philosophisch inspirierten Kritik an der Annahme, daß
es eine politische Gemeinschaft geben könne, die mehr ist als eine (wie auch
immer wohlgeordnete) Gesellschaft, im folgenden ein Alternativkonzept gegenüberstellen, von dem ich glaube, daß es den kommunitaristischen Intuitionen besser gerecht wird. Konstitutiv für Gemeinschaften ist demnach weniger die eindeutige 'Konstitution des Selbst' durch eine klar umrissene
'Konzeption des guten Lebens' auf der Basis einer 'umfassenden Lehre' als
vielmehr eine *geteilte Identität* auf der Grundlage einer gemeinsamen *Lebensweise*.

1.4 Gemeinschaft und Lebensweise

Der Begriff der Lebensweise ist in der bisherigen Diskussion bemerkenswert unterbelichtet geblieben, obwohl auf kommunitaristischer Seite immer wieder vom *way of life, common life* und ähnlichem gesprochen wurde. Martin Seel hat hierzu wertvolle Überlegungen präsentiert, wobei er den Begriff der 'Lebensform' gebraucht (Seel 1993). Er rekurriert dabei u.a. auf Taylors Konzeption 'starker Wertungen' (s.o. I.2.3). Lebensformen stellen nach seiner Begriffsbestimmung nicht automatisch Gemeinschaften dar, jedoch bilden sie „Kulturen gemeinschaftlichen Handelns" (ebd.: 245). Sie stellen „Konventionen der kognitiven, affektiven und normativen Orientierung" dar und legen dadurch *Spielräume* für Handlungsweisen fest (ebd.: 246), während in Gemeinschaften darüber hinaus auch *Ziele* geteilt würden. Aus Seels Darstellung der Eigenschaften von Lebensformen möchte ich einige zusammenfassend herausgreifen:

— Lebensformen sind *nicht auf bestimmte Größenordnungen beschränkt*. Es gibt eine Lebensform 'des Westens', ländliche und urbane Lebensformen, nationale, lokale und regionale, nations-, stammes- oder familienbezogene usw. Dies impliziert auch, daß man mehrere Lebensformen schätzen kann, wenn auch nicht alle gleichermaßen, da sie potentiell widersprüchliche Forderungen stellen können und stets spezifische Optionen eröffnen, andere hingegen verschließen.

— Angehörige einer Lebensform teilen stets ein „Ethos im klassischen Sinn des Wortes", d.h. „ein[en] Habitus der Lebensführung" (ebd.: 246). Lebensformen sind von ihrem Selbstverständnis her auf ein *Telos* bezogen, das sie zu erfüllen helfen, „wenn sie ihren Teilnehmern *aussichtsreiche* Daseinsmöglichkeiten eröffnen" (ebd.).

— Spezifisch *moderne Lebensformen* sind dadurch gekennzeichnet, daß in ihnen „die Erfahrung der Nicht-Alternativlosigkeit ihrer eigenen Existenzform zur *alltäglichen* Erfahrung prinzipiell *aller* ihrer Mitglieder gehört", oder anders: Die Mitglieder moderner Lebensformen „haben ein positives Bewußtsein der Relativität ihrer Lebensform ausgebildet; sie beziehen einen wichtigen Teil ihrer Identität eben hieraus" (ebd.: 247).

— Aus der Sicht der Teilnehmer gibt es stets „*Zugehörige*" und „*Angehörige*": Zugehörige teilen Lebensformen, stehen ihnen jedoch ohne innere Anteilnahme gegenüber, Angehörige hingegen identifizieren sich mit der Lebensform (ebd.: 249). Moderne Lebensformen betrachten dann distanzierte Zugehörigkeit nicht als Übergangs- oder Randphänomen, sondern Bestandteil ihrer selbst.

Seels Ziel ist, zu zeigen, daß Lebensformen nicht notwendigerweise auf Gemeinschaftsbildung hinauslaufen müssen, daß ich mit anderen eine Lebensform teilen kann und dabei nicht an eine bestimmte Identität und Gemeinschaft gebunden sein muß. Mir geht es hier jedoch gerade umgekehrt darum, daß geteilte Lebensformen *ein konstitutives Element von Gemeinschaften* sind und daß dies auch die gängige Sicht kommunitaristischer Theoretiker darstellt. Zwei Punkte sind in diesem Zusammenhang wesentlich:

— Ohne eine geteilte Lebensweise, die (auch aus der Sicht Seels) die kulturelle Grundlage für gelingendes gemeinschaftliches Handeln darstellt, könnten gar nicht gemeinsame Ziele verfolgt werden. Im Rahmen einer geteilten Lebensform oder Lebensweise können hingegen auch gemeinsame Ziele ermittelt und verfolgt werden.

— Das 'Teilen' einer Lebensform nimmt in Gemeinschaften einen anderen Charakter an: Es wandelt sich von einer bloßen Übereinstimmung der Lebensweise hin zu einer wechselseitigen Ermöglichung der Realisierung der Lebensweise. Ein Kollektiv kann also dadurch zur Gemeinschaft werden, daß sie bewußt das *Ziel* der Verfolgung einer *gemeinsamen Lebensweise* verfolgt.

Die politische Gemeinschaft etwa der Vereinigten Staaten und der Bundesrepublik Deutschland werden dann nicht dadurch zur Gemeinschaft, daß sie klar voneinander abgrenzbare Lebensweisen teilen. Neben einem spezifischen *American Way of Life* und typischen Elementen einer deutschen Lebensweise gibt es offensichtlich wesentliche Elemente, die für beide Gemeinschaften gleichermaßen konstitutiv sind, etwa die individualistische Grundorientierung, Toleranzprinzipien und der Standard einer demokratischen Legitimation von Machtausübung. Auch muß nicht davon ausgegangen werden, daß es spezifisch 'amerikanische' oder 'deutsche' Ziele gibt, deren Verfolgung jeweils eine politische Gemeinschaft konstituieren würde. Die Ziele müssen nicht unbedingt durch den Rekurs auf die unverwechselbare Eigenheit einer Nation bestimmt werden, wenn dies auch nicht ausgeschlossen ist. Der Status einer Gemeinschaft hängt vielmehr daran, daß eine bestimmte Gruppe von Menschen das Ziel der Verwirklichung der jeweiligen Lebensweise *unter sich* teilt, mag diese selbst auch über die Grenzen der Gemeinschaft hinweg Verbreitung haben.

Im folgenden sollen verschiedene kommunitaristische Ansätze zu einer politischen Theorie der Gemeinschaft vorgestellt werden. Dabei wird, wie auch in den anderen Kapiteln, trotz der konzeptionellen Verschiedenheiten wiederum eine gewisse 'Familienähnlichkeit' sichtbar werden. Grob läßt sich diese dadurch bestimmen, daß immer wieder drei Dimensionen der Gemeinschaft eine Rolle spielen:

— *Gemeinschaften als Orte wechselseitiger moralischer Verpflichtung.* Zum einen sind Gemeinschaften Interaktionszusammenhänge, in denen eine vergleichsweise dichte Form der gegenseitigen Verpflichtung unter den Mitgliedern möglich ist. Gemeinschaften bieten dafür gemeinsame Praktiken, Symbole und Normen. Zum anderen stellen sie gleichsam das historische Ergebnis solcher Akte wechselseitiger Verpflichtung dar.

— *Gemeinschaften als Foren oder Arenen der Interpretation geteilter Verpflichtungen.* Moralische Verpflichtungen müssen artikuliert und dialogisch interpretiert werden. Zum einen können Gemeinschaften als handlungsfähige Organisationen moralische Überzeugungen wirkmächtig artikulieren, zum anderen lassen sich die moralischen Anforderungen meist nicht losgelöst von den gemeinschaftlichen Praktiken interpretieren, innerhalb der sie generiert worden sind. Aber auch wenn die moralischen Prinzipien der Gemeinschaft deren eigene Grenzen transzendieren (etwa im Hinblick auf die Universalität der Menschenwürde) sind Gemeinschaften die Foren, in denen universalistische Lernprozesse in Gang gesetzt werden, indem etwa Begegnungen mit anderen Gemeinschaften in eine kohärente Sprache der Moral übersetzt werden.

— *Gemeinschaften als Gegenstand demokratischer Politik.* Gemeinschaft wird als normatives Ziel der Politik verstanden, insofern Authentizitätserwartungen in sie gesetzt werden, d.h. Erwartungen einer Aussöhnung von Moral, Praxis und Bedürftigkeit.

Die *Familienähnlichkeit* kommunitaristischer Gemeinschaftskonzeptionen kann in der Bestimmung des Zieles von Gemeinschaften als Handlungsrahmen eines *authentischen Lebensvollzuges* gesehen werden. Nur Gemeinschaften, die zugleich sensibel für die persönliche Situation ihrer Mitglieder sind und Teilhabemöglichkeiten bieten, als auch moralische Orientierung zu stiften vermögen, können den Weg zu einer Gesellschaft bahnen, in der der Entfremdung durch Kommerzialisierung und Vermachtung sozialer Beziehungen etwas entgegengesetzt zu werden vermag. Durch Gemeinschaften als

Identifikationspol eröffnen sich die Mitglieder nicht nur wechselseitig das Verfolgen einer bestimmten Lebensweise und schaffen sich Räume verläßlicher sozialer Anerkennung. Sie werden auch gesamtgesellschaftlich handlungsfähig, weil Gemeinschaften selbst als kollektive Akteure die Anerkennung bestimmter Gruppen und sozialer Praktiken durch die umfassende Gesellschaft einfordern können. Vielleicht geht es zu weit, wenn man formuliert, daß für kommunitaristische Positionen Gemeinschaften und nicht Individuen die Subjekte des Gesellschaftsvertrages sind. Aber auf 'Individuen in Gemeinschaften' trifft dies wohl zu. Bei durchgängigem Bezug auf das Leitmotiv der Authentizität deckt das im folgenden dargestellte Spektrum an Gemeinschaftskonzeptionen sowohl soziologische als auch philosophische Herangehensweisen ab und bezieht damit die zwei Hauptdiskussionsstränge im Hinblick auf die Gemeinschaft ein.

2. Etzioni: Aktive Gesellschaft, Verantwortungsgemeinschaften und Ordnungsgleichgewicht

Amitai Etzioni (*1929) kann also Nestor der kommunitaristischen Reformbewegung in den USA begriffen werden.[5] Im folgenden möchte ich zunächst auf Etzionis soziologische Konzeption einer *aktiven Gesellschaft* eingehen, wie er sie in dem gleichnamigen Buch bereits 1969 (dt. Etzioni 1975) dargelegt hat. Anschließend sollen dann die kommunitaristischen Publikationen im Lichte dieses organisationssoziologischen Mammutwerkes interpretiert werden, insbesondere *Die Verantwortungsgesellschaft* (Etzioni 1999), das Buch mit dem höchsten Reflexionsniveau innerhalb dieser Gruppe von Etzioni-Schriften (2.1). Im Anschluß werde ich eine Kritik an der in meinen Augen pseudo-wissenschaftlichen Rhetorik eines 'Gleichgewichts' zwischen individueller Autonomie und sozialer Ordnung formulieren (2.2).

---

5   Zu Etzionis Leben und Werk vgl. Reese-Schäfer 2001.

2.1 Responsive Gemeinschaften, Authentizität und soziale Steuerung

Interessanterweise hat Etzioni bereits im Rahmen seines Frühwerkes geltend gemacht, daß seine Vorstellung aktiver Gruppen und Organisationen quer zu der Dichotomie von Gemeinschaft und Gesellschaft steht (Etzioni 1975: 28). Etzionis Abhandlung atmet zwar den Geist vergangener Zeiten. Doch handelt es sich dabei weniger um den traditionalistischen Geist der Gemeinschaftstümelei als jenen aufbruchsgeladenen der 60er Jahre. Der Glaube an die Machbarkeit sozialer Reformen bildet die Leitmelodie und beflügelt ihn bis heute noch. Auch in der Bestimmung des Grundanliegens einer aktiven Gesellschaft zeigt sich bereits ein kommunitaristisches Motiv. Dieses besteht nämlich in der *Überwindung sozialer Entfremdung*: „Aktiv sein bedeutet zur Überwindung von Entfremdung beitragen: Aktivität macht eine Gesellschaft sensibler gegenüber den Bedürfnissen ihrer Mitglieder" (ebd.: 625).

Im Hinweis auf die *Responsivität* von Gesellschaften gegenüber den Bedürfnissen ihrer Mitglieder zeigt sich eine wichtige Kontinuität zu den jüngeren Publikationen Etzionis und des *Communitarian Network*.[6] Der Kommunitarismus Etzionischer Prägung ist nicht einfach ein Programm zur moralischen Aufladung gesellschaftlicher Verhältnisse unter dem Vorzeichen einer Stärkung individueller Verantwortung gegenüber der Gemeinschaft. Er ist mindestens in gleichem Maße ein Gegenprogramm zur Entkopplung von sozialen Einheiten gegenüber ihrer Umwelt und den unter ihrem Einfluß stehenden Mitgliedern. Nur wenn beide Aspekte berücksichtigt werden, wird auch ersichtlich, warum Etzionis Sicht der aktiven Gesellschaft zugleich ein Beitrag zur *Steuerungstheorie* sein will.

Als „unverwechselbaren Kern" des Entfremdungsbegriffs nennt Etzioni „die 'Unsensibilität' der Welt gegenüber dem Handelnden, die ihn Zwängen unterwirft, die er weder verstehen noch steuern kann" (ebd.: 625). Mit der Bezichtigung von „Marktbeziehungen" und „administrativen Strukturen" (ebd.) benennt Etzioni bereits die auch in der jüngeren Diskussion immer wieder genannten Entfremdungsquellen. Das Konzept der aktiven Gesellschaft sucht folglich nach Steuerungspotentialen jenseits der Dichotomie von Markt und Staat. Diese sollen in aktiven und verantwortlichen Organisationen und Institutionen sowie einem kontextsensibel steuernden politischen System ihre Basis haben. Mit dieser Vorstellung eines *'Dritten Weges'* so-

---

6 Dementsprechend trägt die Zeitschrift der kommunitaristischen Bewegung in Amerika den Namen *The Responsive Community*.

zialer Steuerung hat Etzioni spätere Debatten um alternative Formen politischer Regulierung vorweggenommen (vgl. z.B. Willke 1996: 87-108, Martinsen 1992, s.a. Mayntz 1996).

In einer *authentischen* Gesellschaft macht Aktivität einen Unterschied. Die Gesellschaft „antwortet auf die Bemühungen des Handelnden", und das in einer nachvollziehbaren Weise (Etzioni 1975: 627). Grundlage der Bestimmung von Authentizität ist nach Etzioni wiederum die Befriedigung menschlicher *Bedürfnisse*, die er sich zumindest in vorläufiger Weise zu bestimmen zutraut (ebd.: 631-634). Es wäre nach Etzioni aber abwegig davon auszugehen, daß Handelnde als isolierte Einzelne in modernen Gesellschaften eine Einflußchance eingeräumt bekommen könnten. Vorausgesetzt wird vielmehr, daß es handlungsfähige *Gruppen, Organisationen und Institutionen* mit einer „aktiven Orientierung" gibt. Dazu ist erforderlich, daß Gruppen ein kollektives Selbstbewußtsein ausbilden, sich über Ziele klar werden und Zugang zu sozialen Machtpositionen haben (ebd.: 28f.). Sie müssen dazu in der Lage sein, *Konsens* zu mobilisieren, was auch die Sensibilität gegenüber den Bedürfnissen der Mitglieder verbürgt. Es verwundert von daher nicht, daß sich etwa Vertreter einer gesellschaftstransformierenden Expansion von Selbsthilfegruppen auf Etzionis Konzeption beriefen (Vilmar/Runge 1986: 7).

Der Systemtheoretiker Hellmut Willke würdigt Etzionis Entwurf als eine frühe Darstellung der Idee einer 'dezentralen Kontextsteuerung', also einer Vorstellung einer differenzfreundlichen Form der politischen Regulierung der Gesellschaft (Willke 1992: 119-144). Das ist insofern interessant, als die Systemtheorie üblicherweise dafür herhalten muß, den Kommunitarismus als Feind sozialer Differenzierung aufzubauen, um ihn dann der politischen Romantik zu bezichtigen. Willke hat als einer der wenigen erkannt, daß Etzionis Grundanliegen nicht in einer sozialen *Ent*differenzierung, sondern in der „Re-Integration" ausdifferenzierter Bereiche besteht, d.h. in der „Etablierung eines neuen Kontexts auf höherer Ebene" (Etzioni 1975: 663). Im einzelnen sind es vier innovative Aspekte, die Willke an Etzionis Entwurf positiv hervorvorhebt:

— Die Vorstellung *kollektiv handlungsfähiger korporativer Systeme*[7], wie z.B. Organisationen, Vereinigungen, Interessengruppen oder öffentliche

---

7 Im Original 'collectivity'. Die deutsche Übersetzung verwendet hier das nicht sehr aussagekräftige Wort 'Großgruppe'. Willkes Übersetzung ist freilich etwas tendenziös in Richtung einer systemtheoretischen Deutung.

Körperschaften. Die Handlungsfähigkeit korporativer Systeme ist demnach nicht auf jene von Individuen reduzibel. Wichtig ist der Hinweis, daß die Annahme einer autonomen Handlungsfähgkeit und Eigensinnigkeit korporativer Systeme zugleich deren *„Rechte und Pflichten"* (Willke 1992: 122) zum Gegenstand der Diskussion macht. Die von Etzioni später als Träger einer kommunitarischen Erneuerung der Gesellschaft vorgestellten Gemeinschaften, Organisationen und Institutionen (vgl. Etzioni 1995) können als solche korporativen Akteure begriffen werden.

- Das Konzept einer *systemischen Interaktion bzw. Kommunikation* zwischen diesen korporativen Akteuren. Dabei treten kommunizierende Individuen als *Repräsentanten* korporativer Systeme auf. Korporative Systeme können somit über repräsentationale Kommunikation auch als Träger jener Rechte und Pflichten adressiert werden.

- Das Zuschreiben einer *selbst-gesteuerten Transformationsfähigkeit* von korporativen Systemen. Dafür werden kommunikative Selbstreflexivität, also die Fähigkeit zur Selbstthematisierung und Selbstbeschreibung vorausgesetzt, in deren Gefolge korporative Systeme ihre Identität selbst verändern können und nicht bloß Anpassungsleistungen vornehmen, wie die ältere Systemtheorie (Parsons) dies meinte.

- Der Hinweis auf die Bedeutung der *eigenständigen Wissensbasis von Teilsystemen* als deren zentrale Ressource der Selbststeuerung und -transformation. Damit ergibt sich die „Gefahr eines Auseinanderdriftens von organisatorischen und sozietalen Wissens- und Bewußtseinsstrukturen" (Willke 1992: 132). Aus der Perspektive der aktiven Gesellschaft könne jedoch eine Bestimmung des „Gemeinwohls" nicht *gegen*, sondern nur *mit* den korporativen Systemen erfolgen (ebd.: 137).

Folgt man Willkes Interpretation von Etzionis Konzept einer aktiven Gesellschaft, dann erscheinen die Reformdiskurse der kommunitaristischen Bewegung um Etzioni in einem neuen Licht. So erklärt sich etwa die eigentümliche Mischung aus *Moralisierung* und *Dialogorientierung*, die für Etzionis jüngere Publikationen so charakteristisch ist. Staatlichem Zwang und einer direkten Durchsetzung kommunitaristischer Ziele wird mit erheblicher Skepsis begegnet. Die verschiedenen Bereiche der Gesellschaft sollen moralisch artikulationsfähig gemacht werden mit dem Ziel, die jeweils anderen Bereiche auf die Kosten ihrer Gemeinwohlblindheit aufmerksam zu machen und Lernprozesse in Gang zu setzen. Sozialen *Eliten* mit repräsentativer Handlungs- und Kommunikationsfähigkeit kommt bei dieser „Remoralisierung des politischen und gesellschaftlichen Lebens" eine entscheidende Rolle zu (Joas 1995: 31, 37).

Kommunitaristische Gesellschaftspolitik ist dann in der Tat 'dezentrale Kontextsteuerung' (Willke) par excellence, wobei der öffentliche Wertediskurs als deren Medium dienen soll. Gesetze spielen dabei eine begleitende Rolle, aber „es [handelt] sich bei ihnen nicht um die entscheidenden Faktoren" (Etzioni 1999: 189). Diese Einstellung führt Etzioni ausdrücklich auf „sozialwissenschaftliche Erkenntnisse" zurück, wonach „ein öffentlicher Diskurs über die Werte der Gesellschaftsmitglieder und über den Grad ihrer Verpflichtung gegenüber den von ihnen bejahten Werte der beste Weg ist, um die Richtung der gesellschaftlichen Entwicklung zu ändern" (ebd.). Zwar setzen die Kommunitaristen um Etzioni mitunter auch auf autoritäre Maßnahmen oder deuten dies zumindest an (so wenn davon die Rede ist, Scheidungen zu erschweren (Etzioni 1995: 287)), doch liegt der eigentliche Schwerpunkt im Versuch einer Stimulierung von *Selbsttransformation durch moralischen Dialog* und durch die Bereitstellung eines *anreizstiftenden Kontextes.*

In der *Aktiven Gesellschaft* nennt Etzioni *Zwang, Nutzen* und *Moral* (Normen und Werte) als Grundlage jeder sozialen Beziehung (1975: 118). Er betrachtet im Anschluß an Durkheim das Vorliegen normativer Bindungen als notwendiges Element einer kollektiven Handlungseinheit sowohl auf der Makroebene unterschiedlicher Systeme und Organisationen als auch auf der Mikroebene überschaubarer Gemeinschaften (ebd.: 121). Bloß nutzenbasierte oder zwangsbewährte Bindungen seien demgegenüber notwendig instabil, weil jeder Situationswandel das Integrationsfundament sofort in Frage stellen würde. Damit ist ein konzeptioneller Schlüssel für die kommunitaristischen Anliegen Etzionis gewonnen. Der durch die kommunitaristische Bewegung in Gang zu bringende moralische Dialog bezieht sich nämlich auf den Modus des internen Zusammenhalts sozialer Einheiten. So schreibt Etzioni in der *Verantwortungsgesellschaft* unter Bezugnahme auf die *Aktive Gesellschaft*: „Die Ordnung guter kommunitaristischer Gesellschaften stützt sich [...] maßgeblich auf normative Mittel (Erziehung, Führungskraft, Konsens, Gruppendruck, Verweis auf Rollenmodelle, Ermahnung und vor allem die moralische Stimme der Gemeinschaften" – und in möglichst geringem Maße auf die Ausübung von Zwang oder simpler ökonomischer Anreize (Etzioni 1999: 37). In diesem Sinne sei „die soziale Ordnung guter Gesellschaften eine moralische Ordnung" (ebd.).

Etzioni spricht entsprechend bewußt von *mehr* oder *weniger* „kommunitären Gesellschaften". Je stärker eine Gesellschaft im Zusammenspiel mit den von ihr umfaßten Subeinheiten auf den Steuerungsmodus der *Moral* setzt, je weniger sie auf Zwang oder Nutzenkalküle zurückgreift, desto stärker trägt sie die Züge einer Gemeinschaft (vgl. ebd.: 190). Die Ausübung von 'Gruppendruck' erscheint freilich nicht immer sonderlich zwanglos, und man vermißt bei Etzioni eine Thematisierung der Grenzen der Logik der öffentlichen Anprangerung wie auch eine Sensibilität für die Gefahren kollektiver Selbstgerechtigkeit. Dennoch: Ein Unterschied zu 'nackter Gewalt' kann darin gesehen werden, daß moralischer Druck die Autonomie des Handelns nicht zum Verschwinden bringt und somit den Grundgedanken von Authentizität als Handlungsfähigkeit aufrechterhält. Der Gruppendruck erwächst letztlich aus dem Bedürfnis des Anerkenntwerdens seitens einer Gemeinschaft, deren Werte man teilt. Gemeinschaften werden in diesem Zusammenhang über zwei Eigenschaften bestimmt: „erstens, ein Netz affektgeladener Beziehungen zwischen den Individuen einer Gruppe, Beziehungen, die sich oftmals überschneiden und gegenseitig verstärken (und nicht lediglich Zweierbeziehungen oder aneinandergereihte individuelle Beziehungen); zweitens, ein Gefühl der Verpflichtung gegenüber gemeinsamen Werten, Normen und Bedeutungen, gegenüber einer gemeinsamen Geschichte und Identität – kurz, gegenüber einer bestimmten Kultur" (ebd.: 174).

Mit dieser Darstellung des Gemeinschaftsverständnisses in der kommunitaristischen Konzeption Etzionis wird keinesfalls der Anspruch erhoben, die Reformüberlegungen im Umkreis des kommunitaristischen Netzwerkes auch nur annähernd einer umfassende Analyse unterzogen zu haben (vgl. dafür Joas 1995). Der systematische Nutzen liegt vielmehr darin, aus einer allzu konkretistischen Diskussion von dessen Anliegen – die in der Regel die Alternativen tugendsamer Nachahmung, entrüsteter Verdammung oder ironisierender Indifferenz nicht transzendiert – herauszutreten und eine theoretische Lesart dieser sozialen Bewegung und insbesondere der Schriften Etzionis vorzuschlagen. Eine Beobachtung, die Etzionis Anliegen Plausibilität verleihen kann, scheint mir zu sein, daß Gesellschaften tatsächlich in unterschiedlichem Maße durch erzwungene bzw. erkaufte oder aber freiwillige Regelbefolgung geprägt sein können. Etzioni hat auch Recht, wenn er die Effektivität sozialer Steuerung, ja die Höhe der Lebensqualität konzeptionell an die Verbreitung normativer Bindungen koppelt.[8] Schließlich erscheint auch der von Willke herausgestellte Stellenwert von korporativen Akteuren bzw. deren Repräsentanten für moralische Diskurse bedenkenswert.

2.2   Die Beschwörung des Gleichgewichts

Hoch problematisch erscheint mir indes ein anderes Charakteristikum von Etzionis kommunitaristischer Rhetorik: Immer wieder wird die Vorstellung eines *'Gleichgewichts'* zwischen individueller *Autonomie* und sozialer *Ordnung* bzw. zwischen individuellen *Rechten* und *Verantwortlichkeiten* bemüht. Zum einen will sich Etzioni damit von den stärker normativistisch ansetzenden Kommunitaristen wie Walzer und Taylor abgrenzen. Grundlage für seine Argumentation sei die Einsicht in „die Notwendigkeit eines Gleichgewichts zwischen Persönlichkeitsrechten und individueller Autonomie einerseits und den Erfordernissen einer sozialen Ordnung andererseits als Grundvoraussetzung eines guten, funktionierenden Gemeinwesens" (ebd.: 9f.). Er betont, daß sein „Paradigma einer guten Gesellschaft" sich „durch seinen ausgeprägt soziologischen und daher stark empirischen Charakter" auszeichne und „in nur geringerem Umfang normative [...] Aspekte" berücksichtige (ebd.: 27). Schon immer wurde freilich der funktionalistischen Soziologie, in deren Tradition Etzioni steht, vorgeworfen, daß ihre vermeintlich wertneutralen Konzeptionen gesellschaftlicher Gleichgewichte stillschweigend auf normative Prämissen zurückgreifen.

Mit dem zur Schau gestellten Anti-Normativismus verbindet sich eine weitere Abgrenzung gegenüber den Kommunitaristen aus dem Bereich der politischen Philosophie in Form einer *universalistischen Rhetorik*, die deren angeblichen „Kulturrelativismus" verdammt. So hofft Etzioni mittels seines Verantwortungsfunktionalismus eine allgemeingültige „Soziologie der Tugend" entwickeln zu können, welche auch für nicht-westliche Gesellschaften Gültigkeit habe (ebd.: 19f.). Vor diesem Hintergrund gibt Etzioni uns dann auch ein neues universalistisches Gebot: „Achte und wahre die moralische Ordnung der Gesellschaft in gleichem Maße, wie du wünscht, daß die Gesellschaft deine Autonomie achtet und wahrt" (ebd.: 19) – so lautet die „neue goldene Regel", auf der die „gute Gesellschaft" allerorten aufbauen kann. Da

---

8   Dies sind wichtige Einsichten der Sozialkapitalforschung (s.u. IV.6).

die 'neue' gegenüber der 'alten' goldenen Regel[9] „stärker auf der makroso-
zialen Ebene" (ebd.) angesiedelt ist, kommt alles darauf an, sich erst einmal
klar zu machen, wieviel Ordnung eine Gesellschaft denn wohl brauche und
wieviel Autonomie sie denn wohl verkrafte. Was könnte eine solche Urteilsbildung anleiten? Vor dem Hintergrund dieser Frage erscheinen beide Ab-
grenzungen Etzionis gegenüber der politischen Philosophie des Kommunitarismus fragwürdig, wie im folgenden gezeigt werden soll.

(1) Zunächst weist Etzionis Argumentation selbst durchaus stark *norma-
tivistische* Züge auf. So vertritt er eine keineswegs von normativen Prämissen freie Auffassung der *Rechtfertigung* jener Werte, welche die Grundlage
einer 'guten Gesellschaft' ausmachen. Etzioni schlägt fünf Kriterien vor
(ebd.: 273ff.): a) den Wertekonsens innerhalb einer Gemeinschaft, b) die
Verträglichkeit mit gesamtgesellschaftlichen Moral- und Legitimitätsvorstellungen, c) das Hervorgehen aus gesamtgesellschaftlichen moralischen
Dialogen bzw. d) einer globalen Konsensbildung und e) den Rekurs auf
selbstevidente moralische Vorstellungen. Auch wenn man dies für eine eher
eklektizistische Rechtfertigungstheorie halten mag, die sich nach allen Seiten
hin abzusichern bemüht zeigt, so kann doch nicht bestritten werden, daß
weitgehende Legitimitätsannahmen im Hintergrund stehen.

(2) Auch Etzionis Abfertigung des moralischen Partikularismus ist nicht
überzeugend. Schaut man sich die in der *Aktiven Gesellschaft* zugrundege-
legten 'Bedürfnisse' näher an, so zeigt sich, daß sie aufgrund ihres überwie-
gend immateriellen Charakters (es geht um 'Zuwendung', 'Anerkennung'
usw., Etzioni 1975: 632f.) in ihrer konkreten Ausgestaltung stark von kulturellen Vorverständnissen abhängen. Mit der Vorstellung eines objektiv er-
kennbaren Gleichgewichts von Ordnung und Autonomie werden die wirklich
schwierigen Fälle ohne größeren Aufhebens einfach beiseite geschoben. So
gesteht Etzioni zwar zu, daß hierarchisch geprägte Gesellschaften wie China
nicht einfach auf Zwang, sondern auch auf geteilten Werten beruhen. Er
weicht jedoch den entscheidenden Konflikten aus, wenn er erklärt, daß „das
Streben nach größerer Ordnung oder erweiterter Autonomie [...] nur unver-
einbar oder gegensätzlich zu sein [scheint], solange man nicht gewahr wird,
daß es sich um zwei Wege zu ein und demselben Zustand des Gleichgewichts handelt; wenn auch von zwei gegensätzlichen Richtungen her" (ebd.:
20). Alles bewegt sich so auf eine harmonische Mitte zu.

---

9 Die populärste Formulierung der goldenen Regel lautet wohl: 'Was du nicht willst, daß man dir
   tu, das füg auch keinem anderen zu.'

Aus der Reklamation dieser Mitte-Position schöpft Etzionis Buch (und mutmaßlich die gesamte kommunitaristische Bewegung) weitgehend die motivationale Kraft: Sie positioniert den Kommunitarismus politisch zwischen die gleichermaßen verabscheuungswürdigen Extreme von religiösem Fundamentalismus einerseits und Anhängern eines zügellosen Individualismus andererseits. Oder auch innerhalb des gemäßigten Spektrums zwischen den gegensätzlichen Positionen von Individualisten einerseits und Sozialkonservativen andererseits (ebd.: 25ff.). In der Konsequenz gibt es nur *eine* gute Gesellschaft, auf die sich individualistische und autoritäre Gesellschaften von zwei unterschiedlichen Seiten her anzunähern haben. Doch ist die Vorstellung eines Gleichgewichts wirklich so evident, wie dies Etzioni suggeriert? Und wo genau liegt die Mitte zwischen den Extremen zügelloser Freiheit und autoritärer Ordnung?

Auch daß die von Etzioni als 'selbstevident' angeführten Moralvorstellungen tatsächlich diesen Status haben, mag man bezweifeln. Ist es z.B. mit solcher Selbstevidenz erkennbar, daß die Vorschrift des islamischen Gesetzes, Dieben die Hand abzuhacken, einen Verstoß gegen die Moral schlechthin darstellt (vgl. ebd.: 291)? Einem beträchtlichen Teil der Menschheit scheint diese Selbstevidenz nicht zugänglich zu sein. Dafür bietet Etzioni nur die ziemlich paternalistische Erklärung an, „daß diese Menschen Objekte einer intensiven und irreführenden Propaganda, einer systematisch-fehlgeleiteten Erziehung sowie verschiedener Zwangsmaßnahmen sind" (ebd.: 305). Man muß nicht bestreiten, daß es solche das moralische Urteil verzerrenden Faktoren *gibt*, um die Frage zu stellen: Sind die rigiden Moralvorstellungen einer vom Islam durchdrungenen Gesellschaft damit einfach gleichzusetzen?

Vor diesem Hintergrund fragt sich, ob der von Etzioni anvisierte globale Dialog nicht zu einem Plauderstündchen zwischen westlichen Intellektuellen zu werden droht. Denn aufgrund Etzionis Kriterienliste wäre es erforderlich, daß Werte zunächst demokratische Dialoge durchlaufen. Was Walzer mit Blick auf die prozeduralistischen Ansätzen in der gegenwärtigen politischen Philosophie feststellt, trifft auch auf Etzioni zu: Man entledigt sich der schwierigen Begründungsprobleme, indem man Verfahrensgrundsätze als universal auszeichnet, die bereits garantieren, daß es zu den gewünschten Ergebnissen kommen wird (Walzer 1989). Lebten alle Menschen in demokratisch-kommunitären Gesellschaften, so würden sie die 'selbstevidente' moralische Vorstellung der Notwendigkeit kommunitaristischer Tugenden schon einsehen. Eine Gegenposition würde die Anerkennung von *Kulturen* als dem globalen Dialog vorrangig auszeichnen: Die Dialogpartner müßten sich als gleich wahrheitsfähig anerkennen, auch wenn die Bedingungen der Generierung ihrer Standpunkte sich grundlegend unterscheiden mögen. Damit würde in den Augen Etzionis jedoch wohl endgültig alles aus dem 'Gleichgewicht' geraten.

3. Selznick: Authentizität als normative Logik der Gemeinschaft

In seinen Büchern *The Moral Commonwealth* (1992) und dem unlängst erschienen *The Communitarian Persuasion* (2002) unternimmt der amerikanische Soziologe Philip Selznick[10] eine normativ gehaltvolle Bestimmung des kommunitaristischen Gemeinschaftsverständnisses in der Tradition Deweys. Im folgenden werde ich mich vorrangig auf Selznicks Argumentation in dem zuletzt genannten Werk stützen.

Selznick grenzt zunächst Gemeinschaften von Organisationen ab, die auf einen bestimmten Zweck ausgerichtet sind. Er führt in diesem Zusammenhang den Begriff des 'gemeinsamen Lebens' ein, welcher im kommunitaristischen Jargon insgesamt fest verankert ist und auf Seels 'Lebensformen' verweist: „Communities are frameworks within which people pursue may different purposes. In communities people share a common life. They are governed, but they are not managed or commanded" (Selznick 2002: 16). Zweckrationale Organisationen wie z.B. Militäreinheiten oder Wirtschaftsbetriebe können gemeinschaftliche Züge annehmen, wenn sie sich von der ausschließlichen Bezogenheit auf die möglichst effiziente Erfüllung des jeweiligen Zwecks wegbewegen und sich dem *Prinzip der Gemeinschaft* zuwenden (vgl. Webers Hinweis in Bezug auf die 'Heeresverbände'!, s.o.). Dieses Prinzip bringt Selznick auf die Formel einer „union of solidarity and respect" (ebd.: 17). In Gemeinschaften gibt es „moralische Bande" („moral bonds"), der sich die Mitglieder gegenseitig und die Regierenden, Leitenden und Repräsentierenden gegenüber den Mitgliedern verpflichtet wissen. Anders als in rein zweckrationalen Organisationen werden Menschen in Gemeinschaften niemals bloß als 'Ressourcen' oder 'Mittel' betrachtet. Sie anerkennen sich einerseits als Träger von Solidaritätsansprüchen und Respektbekundungen und andererseits wechselseitig als Adressaten moralischer Forderungen – und nicht bloß als Funktionsträger und Konsumenten. Daß büro-

---

10 Zu Selznicks facettenreichem Werk vgl. Kagan et al. 2002.

kratische Organisationen zu moralischen Gemeinschaften werden *sollten*, ist in der Tat Selznicks Überzeugung (vgl. ausführlich Selznick 1992: 231ff.). *Institutionen* im weitesten Sinne stellen für die Transformation der Organisation in eine Gemeinschaft eine entscheidende Bedingung dar, insofern sie nämlich Praktiken regelhaft gestalten und dadurch zum Träger sozialer Wertschätzung werden (ebd.: 233). Auf diese institutionentheoretischen Überlegungen kann hier nicht näher eingegangen werden. Es langt der Hinweis darauf, daß das Potential kommunitaristischen Denkens in diesem Bereich noch keineswegs erkannt oder gar ausgeschöpft worden ist.

Die moralischen Bande einer Gemeinschaft kontrastiert Selznick mit jenen einer *Freundschaft* oder einer *Familie* (Selznick 2002: 17f.). In beiden Fällen werden Respekt und Solidarität trotz Uneinigkeit aufrechterhalten. Im Unterschied zu Freundschaft und Familie gelte allerdings, daß moralischen Gemeinschaften eine nach außen gerichtete moralische Dynamik innewohne: Auch wenn sie auf besonderen Bindungen und Intuitionen beruhe, liege es in ihrer Logik, nach Gemeinsamkeit und Handlungsfähigkeit über ihre Grenzen hinweg zu suchen bzw. neue Grenzen zu etablieren. Gemeinschaften liegt somit eine Anerkennungslogik zugrunde, die sich von den gewissermaßen zufälligen und subjektiven Grundlagen familialer und freundschaftlicher Bindungen absetzt. Diese Anerkennungslogik beruht auf einer spezifischen *„Erfahrung von Gemeinschaft"* (ebd.: 18ff.). Eine Analyse dieser Erfahrung bietet nach Selznick auch den Schlüssel zu einer bewußten Beförderung von Gemeinschaften in der modernen Gesellschaft. Folgende Elemente der Gemeinschaftserfahrung werden von Selznick dargestellt:

— *Erinnerungsgemeinschaft*, d.h. die Erinnerung an eine gemeinsame Geschichte, mit der sich geteilte Überzeugungen, Denkweisen und Verhaltensregeln verbinden. Die darauf gründende Lebensweise sei in vierlerlei Hinsicht offen für Interpretationen. Es ist von daher nicht verwunderlich, daß sich Gemeinschaften durch die Existenz „lebhafter Kontroversen" auszeichnen (ebd.: 19).

— *Geteilte alltägliche Erfahrung*: Über den Sinn für eine gemeinsame Lebensweise hinaus brauche es für die Herausbildung einer Gemeinschaft die Erfahrung gegenseitiger Abhängigkeit und der Vorteilhaftigkeit von Partizipation und Engagement. Es sei falsch, gemeinschaftliche Verbundenheit und Eigeninteresse gegeneinander auszuspielen. Gemeinschaften verknüpfen beides über das Prinzip der *Reziprozität* (Wechselseitigkeit).

– *Befriedigung vielfältiger Interessen*: Gemeinschaften beziehen sich auf
eine Vielfalt von Lebensbereichen und Interessen und verknüpfen diese.
Sie versuchen unterschiedlichste Interessen ihrer Mitglieder zu befriedigen, z.B. wenn eine religiöse Gemeinschaft auch Entlastung für Familien
und Möglichkeiten der Weiterbildung bietet. Gemeinschaften beruhen
deshalb auf der Anerkennung eines im gemeinsamen Leben eingelassen
Güterpluralismus (Selznick 1992: 386f.) Eine Fragmentierung von Tätig-
keitsbereichen sei hingegen das Gegenteil von Gemeinschaft.

Vor diesem Hintergrund ist die kategorische Gegenüberstellung von Gemeinschaft und Gesellschaft sinnlos, ebenso wie die von Gemeinschaft und
Individuum. Folgerichtig schlägt Selznick folgende *gradualistische* Definition von Gemeinschaft vor: „A group is a community *insofar as* it embraces a
wide range of interests and activities; *insofar as* it takes account of whole
persons, not just specialized contributions or roles; and *insofar as* bonds of
commitment and culture are shared" (Selznick 1992: 20). Diese Definition ist
zugleich offen für unterschiedlichste soziale Kontexte und Organisationsformen mit jeweils spezifischen Ausformungen von Gemeinschaftlichkeit.

Mit diesen Bestimmungen wird zugleich die wichtigste '*Tugend*' festgelegt, die die Mitglieder von Gemeinschaften erfüllen müssen, nämlich „an
ethos of open-ended obligation" (Selznick 2002: 24). Damit meint Selznick,
daß die Verpflichtungen von Gemeinschaftsmitgliedern eine Beständigkeit in
Zeiten des Wandels aufweisen und ihre Träger flexibel auf die Zeichen der
Zeit reagieren können müssen. Offene Verpflichtungen werden in eine ungewisse Zukunft hinein eingegangen, ohne daß klar wäre, ob der subjektive
Nutzen aus einer Beziehung oder Zugehörigkeit der gleiche sein wird. Dies
ist evident im Falle von Lebensgemeinschaften, läßt sich aber wiederum als
allgemein anwendbare und gradualistische Bestimmung von Gemeinschaftlichkeit verstehen. Wo wechselseitig auf offene Verpflichtungen zurückgegriffen werden kann, wird auch *soziales Vertrauen* gestärkt (ebd.: 25f.). Dieses kann wiederum als eine unerläßliche Ressource für gemeinsames Handeln betrachtet werden (ebd.: 61-64 unter Verweis auf die Sozialkapitalforschung, s.u. IV.6). Wenn Selznick (ebd.: 54) die vorherrschende „Kultur be-
grenzter Verbindlichkeit" („culture of limited commitment") kritisiert, dann
korrespondiert dies mit Taylors Diagnose der Destruktivität des modernen
Atomismus, welcher Freiheit mit instrumentellem Beziehungsmanagement
verwechselt (Taylor 1995a: 40-51).

Die Gemeinschaft als normativen Begriff zu etablieren, heißt für Selznick wie für Etzioni v.a. eine *Ethik der Verantwortung* („ethic of responsibility") zu begründen, die dann durch verschiedene Gemeinschaftssphären hindurch entfaltet wird (Selznick 2002: 28-38). Von Interesse ist hier Selznicks begriffliche Bestimmung von 'Verantwortung' im Sinne von 'responsibility', womit mehr gemeint sei als 'Verantwortlichkeit' im Sinne von 'accountability'. Letzeres besagt nur, daß ich mich an bestimmte Regeln zu halten und für die Folgen meiner Handlungen einstehen muß. Eine Haltung der Verantwortung richtet sich demgegenüber bewußt an Idealen und Werten aus und schließt die aktive Sorge um andere und die Gemeinschaft mit ein. Verantwortung in diesem Sinne kann nicht in eindeutige *Regeln* gefaßt werden, weil sie Unterschiedliches zu unterschiedlichen Zeiten erfordert. Sie ruht also auf den oben beschriebenen offenen Verpflichtungen auf. Eine solchermaßen verstandene Verantwortung bezeichnet Selznick als das „psychische Gewebe einer Gemeinschaft" („the psychic tissue of community") (ebd.: 30). Zugleich muß jedoch auch von den Gemeinschaften und Institutionen selbst erwartet werden, daß sie 'responsiv' sind, also offen gegenüber den Erwartungen der von ihren Aktivitäten und Regelungen Betroffenen (Selznick 1992: 336ff.).

Eine Ethik der Verantwortung sei eine *Ethik der Freiheit*, weil sie Akteuren Raum für verantwortungsbewußtes Entscheiden lasse, ohne sie von der Verantwortlichkeit zu entbinden. Verantwortung wurzele in Identitäten, vor deren Hintergrund das Wohlbefinden anderer zu einer konstitutiven Bedingung meines eigenen Wohlbefindens werde. Insofern die Erhaltung dieser Identität in meinem ureigensten Interesse liegt, werde der Widerspruch zwischen Egoismus und Altruismus aufgehoben, oder besser: 'enges' Selbst-Interesse wird in 'weites' Selbst-Interesse transformiert (Selznick 2002: 33). Eine Ethik der Verantwortung ist jedoch auch eine '*Verantwortungsethik*' im Sinne Max Webers, d.h. eine Ethik, die es sich mit der Orientierung an abstrakten Moralprinzipien nicht zu einfach macht (ebd.: 34-38). Sie bezieht eine Vielfalt von Verantwortungsbeziehungen gegenüber Personen, Idealen und Gemeinschaften in die Urteilsbildung ein, bedenkt mögliche Dilemmata und moralische Konflikte und erkennt die Notwendigkeit, in konkreten Entscheidungssituationen Kompromisse einzugehen.[11]

---

11 Dieser verantwortungsethische Zug zeigt sich auch bei anderen kommunitaristischen Denkern, so bei Walzers Behandlung schwieriger Entscheidungen in der Kriegsführung, wo die Handelnden mitunter nicht vermeiden können, sich 'die Hände schmutzig' zu machen (Walzer 1982: 445ff., s.a. Walzer 1973, vgl. Haus 2000: 137-142).

Die funktionale Besonderheit von Gemeinschaften liegt also darin, daß sie moralische Bande *verallgemeinern* und dadurch die Individuen *stärken.*[12] Das gilt, wie dargelegt, im Hinblick auf temporale wie substantielle Aspekte, aber auch im Hinblick auf die Anerkennung von Individuen als 'ganze' Personen und deren Entscheidungsfreiheiten. Individuen können innerhalb einer Gemeinschaft als sozial eingebettete Personen mit einer je eigenen Biographie eingegangener Verantwortung Anerkennung finden, nicht bloß als Anwendungsfall einer 'individualistischen' Auffassung menschlicher Akteure schlechthin (ebd.: 41-43). Dabei wird zugleich ihr eigener geistiger Horizont geweitet, denn wer Gemeinschaften angehört, müsse mit einem „komplexen Set von Interessen und Werten" umzugehen lernen (ebd.: 26). Gemeinschaftslose Individuen seien hingegen ein gefundenes Fressen für die Manipulation durch Demagogen – ein seit Tocqueville immer wieder vorgebrachtes Argument. Solche dissoziierten Wesen haben es auch schwerer, einen kohärenten Lebensplan für sich selbst zu definieren, weil Orientierungspunkte fehlen. Prinzipienlose Akteure werden zudem kaum an der Festlegung normativer Prinzipien im öffentlichen Bereich interessiert sein.

Auch Etzionis Vorstellung eines 'Gleichgewichts' zwischen Rechten/Freiheiten einerseits und Pflichten/Verantwortung andererseits taucht wieder auf. Dieses sei nur gegeben, wenn neben der Garantie individueller Freiheitsrechte ein lebendiges Netz von Assoziationen (intakte Familien, Berufsvereinigungen und kommunitär orientierte Betriebe, Religionsgemeinschaften, Sportvereine usw.) vorhanden ist (ebd.: 43-47). Entscheidend aber ist, daß Institutionen und Gemeinschaften um der Individuen willen da sind und nicht umgekehrt (Selznick 1992: 243). Normativer Fluchtpunkt einer Theorie der Gemeinschaft ist auch bei Selznick das Ideal personaler *Authentizität* (ebd.: 63-90). Durch den Rückgriff auf personen- und gesellschaftstheoretische Diskussionsstränge wie auch durch die Berufung auf die hermeneutische Tradition stellt sich Selznick jedoch sehr viel offenherziger (und damit auch differenzierter) als *normativistischer* Sozialtheoretiker dar.

Entgegen der Auffassung Rawls' (s.o. 1.3) erklärt Selznick, daß man auch im *öffentlichen Bereich* nicht ohne 'umfassende Lehren' auskomme (Selznick 2002: 14). Er will diese jedoch ausdrücklich nicht als unvermittelt umzusetzende *Ideologien* verstanden wissen, sondern als Bemühung um eine 'öffentliche Philosophie' ('public philosophy') – ein Begriff, der im ameri-

---

12 Dafür steht der inzwischen eingedeutschte Begriff des *Empowerment,* der allerdings auch für die 'Aktivierung' von Gemeinschaften durch gezielte Fördermaßnahmen verwendet wird.

kanischen intellektuellen Diskurs eine gewisse Tradition hat und auf den sich
etwa auch Sandel stützt (s.u. IV.3). Wie eine Ideologie bezieht sich auch eine
öffentliche Philosophie auf ein soziales Problem. Eine Ideologie liefert mit
dem Problem jedoch gleich auch die Lösung; eine öffentliche Philosophie
hingegen soll dabei helfen, sich des Problems überhaupt erst zu vergewissern, um dann in einem offenen Prozeß nach möglichen Lösungen zu suchen
(ebd.: 14f.). Sie bemüht sich um eine kohärente Perspektive des gemeinschaftlichen Zusammenlebens und dient als moralischer Kompaß für politische Urteilsbildung, doch zugleich ist sie offen für Kritik und Diskussion.
Der Unterschied zwischen öffentlicher Philosophie und Ideologie ließe sich
m.E. gut am Unterschied zwischen pragmatistischem und marxistischem
Umgang mit Entfremdungserfahrungen veranschaulichen. Marxistische
Analysen knüpfen die Kritik an sozialer Entfremdung an Aussagen über die
eigentliche 'Basis' der Gesellschaft (die Ökonomie). Entfremdung aufzuheben heißt deshalb für sie, ökonomische Widersprüche aufzuheben. Eine
pragmatistische Perspektive wird auf solche umfassenden Erklärungs-/Lö-
sungsmodelle verzichten und nach kulturell möglichen Weisen experimen-
teller Problemlösung Ausschau halten.

'Umfassend' ist die öffentliche Philosophie freilich in dem Sinne, daß sie
zu zeigen versucht, wie unterschiedliche Lebensbereiche – Arbeitsleben, politisches Engagement, Religion, persönliche Netzwerke und Familie – so in
einen kohärenten Zusammenhang gebracht werden können, daß eine Vision
ihrer gelingenden Verknüpfung und gegenseitigen Befruchtung aufscheint.
Selznicks Auseinandersetzung mit Fragen der Religion macht die Konsequenzen der konzeptionellen Differenz zu Rawls deutlich. So weist er die
buddhistische Auffassung des Selbst (d.h. die Auffassung, die Existenz eines
Selbst sei bloße Illusion) als inkompatibel mit der Kultur westlicher Demokratien aus (Selznick 1992: 223-227). Eine gemeinsame Praxis, die auf das
Ziel eines „responsible self" (ebd.: 207ff.) verweist, wäre mit ihm zusammen
nicht möglich. Eine 'öffentliche Philosophie' würde also zum Buddhismus
auf kritische Distanz gehen und andere religiöse Lehren positiv auszeichnen
– sofern diese buddhismuskritische Lesart im öffentlichen Diskurs Überzeugungskraft erlangte. Oder besser: Die 'öffentliche Philosophie' ist letztlich
nichts anderes als die öffentliche Auseinandersetzung über die Kohärenz be-
reichsspezifischer Konzeptionen des Guten. Für Rawls hat sich eine politische Konzeption der Gerechtigkeit hingegen der Kritik an kontroversen, aber
nicht unvernünftigen umfassenden Lehren zu enthalten, denn jede solche

Kritik wäre wieder Ausdruck einer (kontroversen) umfassenden Lehre (vgl. Hinsch 1997: 15).

Bedeutet eine solche *kritische Distanz* zugleich einen Ausschluß jener inkompatiblen religiösen Lehren? Dazu ist zunächst zu sagen, daß auch Selznick nicht behaupten würde, daß die Trägerschaft subjektiver Rechte (einschließlich der Religionsfreiheit) oder der Genuß der Güter sozialer Kooperation davon abhängig gemacht werden sollten, ob jemand dem Buddhismus anhängt oder nicht. Insofern besteht ein Unterschied zwischen der Sphäre einer 'öffentlichen Philosophie' und der verbindlichen Kodifizierung und Durchsetzung individueller Rechte und Chancen. Es kann dann nicht darum gehen, daß eine bestimmte umfassende Lehre als vorgängiger Bezugspunkt einer Gerechtigkeitskonzeption begriffen wird, sondern umgekehrt werden Überzeugungen und Praktiken in Beziehung zu einer möglichen gemeinsamen, aus unterschiedlichen Quellen gespeisten Freiheitskonzeption gesetzt. Der umfassende Zug der öffentlichen Philosophie beruht dabei auf einer Konzeption des Guten (der Authentizität), die nicht grundsätzlich an bestimmte religiöse oder moralische Lehren gebunden bleibt. *Jede* umfassende Lehre muß sich dann die Frage der Verträglichkeit mit einer gemeinsamen Lebensweise als verantwortliche Bürger gefallen lassen (z.B. auch stark traditionalistische Konzeptionen im Bereich des Christentums oder Judentums). Fatal wäre es jedoch, den Kern individueller Freiheitsrechte davon abhängig zu machen, ob eine solche Verträglichkeit vorzuliegen scheint. Zum einen handelt es sich immer noch um jene zu respektierenden Überzeugungen, denen die Individuen sich verbunden fühlen; zum anderen setzt ein offener Diskurs gewisse Entfaltungschancen für alle Lehren voraus. Es sind Bereiche wie finanzielle Förderung, institutionelle Einbindung und Berücksichtigung in Bildungszielen, in denen die öffentliche Philosophie ihren Niederschlag finden sollte.

Mit derlei Reflexionen wird Etzionis funktionalistischer Rahmen des 'Gleichgewichts' zwischen Rechten und Verantwortlichkeiten oder ähnlichem endgültig gesprengt. Es geht bereits um die Frage des 'guten Lebens' in einer Vielfalt gemeinschaftlicher Bezüge. Bei dieser Frage setzen auch die im folgenden diskutierten Positionen Taylors und Walzers an. Stärker als Etzioni und auch Selznick versehen sie den Gemeinschaftsbegriff mit *kulturalistischen* Implikationen. Es geht dann nicht mehr darum, allgemeine Aussagen über den Stellenwert etwa der Religion für die moralische Integration von Gesellschaften (Selznick 2002: 141-160) zu formulieren, sondern die Theorie der Gemeinschaft als Theorie einer je spezifischen kulturellen Konstruktion moralischer Welten und der Anerkennung dieser Welten zu formulieren. Dennoch kann das von Selznick dargelegte Verständnis der Gemeinschaft als soziologische Hintergrundtheorie auch für die Überlegungen Taylors und Walzers betrachtet werden.

4. Taylor: Politische Gemeinschaft, Nation und 'Würde' in der Moderne

Um Überschneidungen zu anderen Teilen zu vermeiden, werde ich mich im folgenden auf die Frage konzentrieren, welches Verständnis der *politischen Gemeinschaft* bei Taylor und Walzer als konzeptioneller Bezugspunkt fungiert. Damit soll der philosophische Strang der Kritik an der Verwendung des Begriffs der politischen Gemeinschaft adressiert werden. Die Frage nach dem angemessenen Verständnis der politischen Gemeinschaft war einer der wesentlichen Punkte in Sandels umfangreicher Kritik am Liberalismus Rawlsscher Prägung: Eine Auffassung der Gerechtigkeit, die die *Solidarität* der Theorieadressaten in Anspruch nimmt, müsse auf einem stärkeren Verständnis von Gemeinschaft beruhen, als dies bei liberalen Theorien der Fall ist (Sandel 1982: 147-154). Nur eine *konstitutive* Sicht der Gemeinschaft („constitutive conception of the community") könne diesem Anliegen entsprechen. Zugehörigkeit sei in diesem Verständnis ein konstitutives Moment der *Identität* der Gerechtigkeitssubjekte, und diese Identität des Subjektes „is constituted in the light of ends already before it" (ebd.: 152f.). Demnach darf das zugrundegelegte Konzept der Gemeinschaft nicht von als 'fertig' vorgestellten Subjekten her bestimmt werden. Nur wenn die Gemeinschaft als Zweck in sich und meine Fähigkeiten als 'intersubjektiv' erworbene begriffen werden können, so Sandel, verstößt auch die Inanspruchnahme persönlicher Fähigkeiten durch die Gemeinschaft nicht gegen den Selbstzweckstatus der Subjekte (Sandel 1982: 143ff.). Nimmt man diesen Hinweis nicht nur als rhetorischen Kniff zur Bloßstellung der Absurdität liberaler Freiheitsdiskurse, dann ist die Vorstellung individueller *Würde* (als Inbegriff des Selbstzweckcharakters des Subjektes) die begriffliche Latte, an der sich auch ein kommunitaristischer Begriff der politischen Gemeinschaft messen lassen müßte. Die politische Gemeinschaft müßte dann etwa als *individuierend* und *freiheitsermöglichend* konzipiert werden, um von sich wesentlich als frei begreifenden Mitgliedern als konstitutiv für ihre Identität betrachtet werden zu können. Benötigt wird „a conception in which the subject is empowered to participate in the constitution of its identity" (ebd.: 152). Ein solches Ermöglichungskonzept skizziert Sandel (ebd.: 154-161) im Anschluß an Taylors Handlungstheorie. Dieser Ausgangspunkt hat weitgehende Konsequenzen nicht nur für die Gerechtigkeitstheorie, sondern auch für die Demokratietheorie.

Für das angemessene Verständnis des Begriffs einer 'konstitutiven Gemeinschaft' ist nun Taylors Hinweis wegweisend, daß die Konstitution der Identität durch Gemeinschaften als *dialogischer* Prozeß zu verstehen ist: „The community is [...] constitutive of the individual in the sense that the self-interpretations which define him are drawn from the interchange which the community carries on" (Taylor 1985a: 8, vgl. Rosa 1999: 52). Dabei gelte, daß gemeinsame Bedeutungen die Grundlage von Gemeinschaft seien („common meanings are the basis of community"), da sie als unerläßlicher gemeinsamer Bezugspunkt („common reference") für bedeutungsvolles gemeinsames Handeln fungieren (Taylor 1985b: 39). Entscheidend ist hier der Hinweis auf den 'Austausch', welcher in der Gemeinschaft stattfindet und aus welchem individuelle Identität 'gezogen' werden kann, ebenso jedoch auf die gemeinsamen, der individuellen Selbst-Interpretation vorausliegenden (jedoch dem dialogischen Prozeß nicht prinzipiell entzogenen) Bewertungsstandards im Sinne eines Horizonts dessen, was im sozialen Zusammenleben wesentliche Bedeutung hat. Damit ist klar, daß es Taylor (wie auch Sandel) nicht um eine 'Determinierung' individueller Identität durch gemeinschaftliche Vorgaben geht, sondern um die Ermöglichung der Entfaltung individueller Identität vor dem Hintergrund geteilter kultureller Standards. Gelingende Identität muß dabei nach Taylor von vornherein in den Kontext *sozialer Anerkennung* gestellt werden werden (s.o. I.3.4). Mit einer *politischen* Gemeinschaft kann ich mich dann insofern identifizieren, als diese mir den Horizont meiner dialogischen Suche nach dem Guten und des Strebens nach Anerkennung garantiert. Dieser normative Ausgangspunkt ist wegweisend für zwei Richtungen, in die Taylors Überlegungen zum Verhältnis von Gemeinschaft und Politik laufen, wobei die erste Richtung meist wohlwollend aufgenommen wird, während die zweite auch seinen Anhängern erhebliche Bauchschmerzen bereitet: (1) Die Steigerung der gemeinschaftlichen Qualität moderner Gesellschaften durch eine *Politik der Beteiligung* und (2) die Unterstützung eines *liberalen Nationalismus*.

(1) Eine Gesellschaft kann nach Taylors Auffassung nur dann Züge einer politischen Gemeinschaft aufweisen, wenn Politik als gemeinsames *Projekt*

empfunden wird und eine *Identifikation* mit den politischen Institutionen verankert ist (Taylor 2002a: 21-23). Die politische Gemeinschaft tritt hier nicht als Gegenstück zur Gesellschaft schlechthin, sondern zur „fragmentierte[n] Gesellschaft" auf, gegenüber der die Identifikation immer schwerer falle (Taylor 1995a: 131). Taylor macht die Frage der Identifikationsmöglichkeit daran fest, ob eine rein instrumentalistische Einstellung gegenüber den politischen und sozialen Institutionen vorherrscht, das heißt, ob sie nur als äußerliches Mittel zur Erreichung individueller oder gruppenspezifischer Zwecke verstanden werden und nicht zugleich als ein Praxiszusammenhang, in dem sich eine gemeinsame Vorstellung des Guten verwirklichen läßt. Identifikation bedeutet zum einen eine *Hineinnahme* öffentlicher Anliegen in die Selbstentfaltung des Individuums, derart, daß das Öffentliche als konstitutiver Bestandteil meines guten Lebens gewürdigt wird. Sie beruht zum anderen auf einem *Heraustreten* des einzelnen in die Sphäre der Öffentlichkeit dergestalt, daß er/sie die Fähigkeit demonstriert, „zumindest zeitweise an der Formierung eines herrschenden Konsenses beteiligt zu sein, mit dem man sich zusammen mit anderen identifizieren kann" (Taylor 1993a: 127). Dies steht der liberalen Perspektive einer Vorrangigkeit der Gerechtigkeit dann nicht mehr grundsätzlich ablehnend gegenüber, insofern nämlich gerade die Beförderung einer „Herrschaft der Gerechtigkeit" als „ein äußerst wichtiges geteiltes Gut" betrachtet werden könnte (ebd.: 119). Zugleich jedoch muß dieses Gut der politisch beförderten Gerechtigkeit nach Taylor stets abgewogen werden mit jenem der Reproduktion gemeinschaftlich erzeugter *Solidarität*. Vor dem Hintergrund des oben rekonstruierten *Authentizitäts*ideals wird ersichtlich, warum gerade die politische Gemeinschaft eine wesentliche Bedeutung für die dialogische Identitätsfindung hat. So betrachtet Taylor gemeinsames politisches Handeln als alternativlosen Modus der bewußten Gestaltung des eigenen Schicksals. Angesichts sich verselbständigender wissenschaftlich-technischer, ökonomischer und administrativ-bürokratischer Dynamiken in der Moderne bietet nur Politik die Chance, aus einer Haltung des passiven Erleidens in jene des aktiven Tuns überzugehen (vgl. Taylor 1995a). An dieser Stelle kommt dann auch der zweite Strang von Taylors Thematisierung der politischen Gemeinschaft ins Spiel.

(2) In seiner Beschäftigung mit der Bedeutung der *Nation* als politischer Gemeinschaft und dem Phänomen des *Nationalismus* stellt Taylor heraus, daß es hier um eine spezifisch *moderne* Form des Strebens nach Anerkennung von Identitäten handelt. Taylors Sicht des Nationalismus läßt sich gut in seinem Aufsatz „Nationalismus und Moderne" nachlesen (Taylor 2002c:

140-165). Die Nation wird hier als komplementärer politischer Bezugspunkt zum modernen Prinzip demokratischer Selbstregierung verstanden. Mit dem Nationalismustheoretiker Bendedict Anderson versteht Taylor Nationen als „imaginierte politische Gemeinschaften" (vgl. Anderson 1991: 5ff.), die auf einer besonderen Vorstellung von Zugehörigkeit beruhen. Diese ist zum einen durch den Gedanken der *unmittelbaren Mitgliedschaft* bestimmt, zum anderen durch die Situierung der Gemeinschaft in einer rein *profan* (nicht heilsgeschichtlich) *verstandenen Zeit*. Die Herausbildung übergreifender Öffentlichkeiten, marktwirtschaftlicher Tauschverhältnisse und der modernen Staatsbürgerschaft bildeten hierfür einen wichtigen Hintergrund.

Wie Anderson verweist Taylor auf den engen kulturgeschichtlichen Zusammenhang zwischen der Vorstellung von horizontalen Gesellschaften mit unmittelbarer Zugehörigkeit und dem Prinzip der Volkssouveräntität, welches wiederum „fast das einzige Fundament" für dauerhafte Regierungsformen in der Moderne darstelle (Taylor 2002c: 149f.). Daraus resultierten spezifische „funktionale Erfordernisse" für die Organisationsweise dieser Regierungen, wobei Taylor sich auf freiheitlich verfaßte Gemeinwesen beschränkt. Hier müßten die Mitglieder „den Bürgerstatus als einen wichtigen Bestandteil ihrer Identität betrachten", der im Konfliktfall den Vorrang beansprucht (ebd.: 150). Die Frage ist nun, ob die Identifikation mit dem Gemeinwesen in der Form eines reinen „Patriotismus" erfolgen kann, wonach „die vorpolitische Identität keine Rolle [spielt]" und alle Loyalität sich auf die freiheitlichen Institutionen bezieht (ebd.: 151).[13] Nationalismus steht demgegenüber gerade dafür, daß „die übliche politische Loyalität unabhängig vom Staatswesen ethnisch, sprachlich, kulturell oder religiös begründet ist" (ebd.). Als historische Beobachtung hält Taylor zunächst fest, daß sich der Nationalismus regelmäßig „in den Dienst des Patriotismus" gestellt habe, weil letzterer zumindest in der Konstitutionsphase von Staaten offensichtlich nicht genügend Bindungskräfte entfaltet habe (ebd.: 152). Ob dies darauf schließen läßt, daß der Rekurs auf eine vorpolitische kulturelle Gemeinschaft grundsätzlich funktional erforderlich ist, ist eine andere Frage, die nach Taylor nur unter Berücksichtigung des jeweiligen kulturellen Kontextes beantwortet werden kann (vgl. Taylor 1993a: 128ff.).

---

13 In der deutschen Diskussion hat sich dafür inzwischen der Begriff des 'Verfassungspatriotismus' eingebürgert, für dessen 'post-nationale' Prägung maßgeblich Jürgen Habermas verantwortlich ist (vgl. Habermas 1991).

Aus theoretischer Perspektive interessiert hier, daß Taylor diese Mobilisierung vorpolitischer Identitäten in einen *anerkennungstheoretischen* Argumentationszusammenhang stellt. Er deutet den Nationalismus als eine Dynamik der kulturell-politischen „*Abgrenzung*" gegenüber einer expansiven Dynamik der Moderne, die sich aus Erfahrungen kultureller Demütigung herleitet (Taylor 2002c: 154ff.). Es handelt sich dabei um einen Akt der kollektiven Selbstbehauptung gegenüber der unkontrollierten Verbreitung zivilisatorischer Innovationen der Moderne wie marktwirtschaftliche Industrialisierung, bürokratische Herrschaft oder politischer Konstitutionalismus. Mit ihrer Verbreitung erweise sich die Moderne als „eine mächtige Flutwelle, die eine traditionelle Kultur nach der anderen verschlingt" (ebd.: 155). Insofern Kulturen sich in dieser Weise als *Objekt* einer grenzüberschreitenden Dynamik erfahren, wird es möglich, an die eigene „Würde" zu appellieren und auf eine effektive Abgrenzung gegenüber der dominanten Kultur zu drängen. Es handelt sich also um einen Aufstand der autonomen Handlungsfähigkeit, der von in ihrer Ehre verletzten kulturellen Eliten ausgeht und dann zu einer Massenbewegung werden kann, falls sich eine ideologische Verknüpfung mit deren Erfahrungen herstellen läßt. Da die genannten Komponenten der modernen Zivilisation zugleich *unaufhaltsam* sind, weil der Verzicht auf ihre Übernahme die Unterlegenheit in der Interaktion mit anderen Kulturen bedeuten würde, kommt für eine gelungene Anerkennung innerhalb einer Kultur, aber auch im Verhältnis zu anderen Kulturen alles darauf an, daß eine „erfolgreiche Synthese" aus modernen Formen und kulturellem Innenleben zustande gebracht wird (ebd.: 155). So sei es zu „eine[r] japanische[n], eine[r] indische[n] sowie mannigfache[n] Modulationen einer islamischen Moderne" gekommen, zusätzlich zu einer „Schar der westlichen Kulturen, die ihrerseits keineswegs völlig gleichförmig sind" (ebd.).

Stehen kulturelle Abgrenzung und Synthese für das moderne Bedürfnis nach Anerkennung unter Gleichen (ebd.: 158), so bildet der Nationalismus entsprechend das Paradigma für die Anerkennungskämpfe des *Multikulturalismus*, bei dem Gemeinschaften um eine Anerkennung ihrer Identitäten in einer politischen Gemeinschaft kämpfen (ebd., vgl. Taylor 1993b). Diese Anerkennungsdynamik ist zunächst einfach als genuines Phänomen der Moderne zu würdigen. Die normative Beurteilung kann sich an der erstrebten Form von Abgrenzung und Anerkennung ausrichten. Ein 'liberaler Nationalismus' unterscheidet sich qualitativ von einem antiliberalen in der Bejahung eines inklusiven Staatsbürgerverständnisses. Befreiung wird mit politischer Freiheit verknüpft. Der antiliberale Nationalismus räumt dem liberalen Patriotismus keinen Platz ein oder definiert sich sogar in Absetzung zu diesem. Dennoch hält Taylor fest, daß der liberale Nationalismus stets Spannungen ausgesetzt bleibe, weil „der Staat seine *raison d'être* in einer Kulturnation [hat], der nicht alle angehören. Hier gilt es zu vermitteln [...]" (Taylor 2002c: 164). Das heißt, der Staat ist auf die Eigenschaft der Kulturnation bezogen (Sprache, Gebräuche, Religion) und andererseits auf das Ziel der Gleichheit aller Bürger verpflichtet.

Genau darum geht es bei der Sprachenpolitik in Québec, welche Taylors nachdrückliche Unterstützung findet (Taylor 1993b: 43-56, vgl. Taylor 1994a). Französisch zu sprechen stellt, bei allem Respekt gegenüber dieser schönen Sprache, mit Sicherheit auch für Taylor kein letztes Ziel oder ein umfassendes weltanschauliches Programm dar. In Frage steht vielmehr die Erhaltung einer von ihren Mitgliedern als identitätskonstitutiv erachteten *Kultur*, die in diesem Falle vorrangig durch die gemeinsame Sprache definiert ist. Insofern geht es nicht um die Überlegenheit einer bestimmten inhaltlichen Vorstellung des 'guten Lebens' als solcher, sondern um die gleichsam formale Bestimmung, daß ein gutes Leben darin besteht, sich nicht gleichgültig gegenüber der eigenen Kultur zu verhalten. Gleichgültigkeit zu demonstrieren gegenüber dem Untergang der Gemeinschaft(en), die man als konstitutiv für die eigene Identität erkannt hat, wäre ein Zeichen mangelnder *Selbstachtung*. Es wäre eine Verfehlung gegen das moderne Ideal der *Authentizität*, welches 'Treue zu sich selbst' einfordert (s.o. I.3.4) – also zu allem, was die eigene Identität ausmacht. Eine solche Gleichgültigkeit gäbe demnach zugleich berechtigten Anlaß zur *Ver*achtung durch andere und damit zu einem Entzug von Anerkennung.

Auch in einer frankophonen Gesellschaft in Québec konkurrieren verschiedenste Konzeptionen des guten Lebens nicht weniger miteinander als in irgendeiner anderen westlichen Gesellschaft. Die 'nationale' Identität Québecs innerhalb der kanadischen Föderation hängt jedoch entscheidend am Überleben der französischen Sprache in einer dominanten anglophonen Umwelt. Man kann fragen, inwiefern Sprache im allgemeinen ein herausgehobener Stellenwert im Hinblick auf die Konstitution nationaler bzw. kultureller Identität zukommt. In seinem Aufsatz „Why Do Nations have to Become States?" hat Taylor (1994b) den Aspekt der Sprache im engeren Sinne als Identitätskonstitutivum in besonderer Weise herausgestellt. Hier besteht in der Tat die Gefahr einer Substantialisierung der Gemeinschaft. In einem weiteren Sinne umfaßt 'Sprache' bei Taylor jedoch alle Ausdrucksmöglichkeiten, die der gemeinschaftliche Horizont den Mitgliedern einer Gemein-

schaft bietet (vgl. Rosa 1998a: 126-144). Politische Gemeinschaft in der
Moderne würde dann – neben der Identifikation mit einem gemeinsamen
Projekt der Selbstregierung – bezogen sein auf eine politische Weise der
kulturellen Selbstbehauptung in einer Moderne, in der der prekäre Prozeß
der Identitätsfindung – also, in moralischer Hinsicht: *alles* – davon abhängt,
nicht *Objekt*, sondern *Subjekt* des gemeinsamen Schicksals zu sein. Dazu bedarf es dann keiner eindeutigen Bestimmung des kulturellen Inhalts mehr. Im
Grenzfall langt das Bewußtsein einer historischen Schicksalsgemeinschaft,
die das Erbe gemeinsamer Erinnerungen der anonymen Dynamik von Mo-
dernisierungsprozessen entgegenstellt.

Taylor gibt zu bedenken, daß Phänomene wie der islamische Fundamentalismus ebenfalls entlang dieser Logik erklärbar sein könnten (Taylor
2002c: 161f.). Das stellt keinesfalls eine allgemeine Legitimation solcher
Bewegungen dar, ebenso wenig wie der ethnisch aufgeladene illiberale Nationalismus von Taylor gerechtfertigt wird. Derartige Bewegungen im Rahmen einer Anerkennungslogik zu 'verstehen', bedeutet nämlich zugleich,
spezifische Defizite und Blindstellen aufzudecken. So kann religiösem Fundamentalismus wie illiberalem Nationalismus (neben zahllosen Einzelverge-
hen) entgegengehalten werden, daß sie im Streben nach Anerkennung und
Identitätsvergewisserung gewissermaßen auf halber Strecke stehenbleiben,
indem ihr Handeln (in kultureller Hinsicht) bloß „defensiv" ausgerichtet ist
(ebd.: 164). *Nationale* Identität mit *liberaler* Prägung und *dialogischer* Kultur hält hingegen die Perspektive einer Aussöhnung von Besonderheit und
Allgemeinheit, von Individualität und Gemeinschaft, von interkultureller Interaktion und kultureller Selbstbehauptung aufrecht. Die Versöhnungsarbeit
wäre dann freilich jeweils *in* der jeweiligen Kultur von politischen Eliten,
Intellektuellen, kulturellen Gemeinschaften usw. zu leisten. Sie bleibt eine
partikulare Aufgabe, für die es kein extern zu verabreichendes Patentrezept
gibt.

5. Walzer: Politische Gemeinschaften und die 'Politik der Differenz'

Im ersten Kapitel wurde bereits auf Michael Walzers moraltheoretische
Überlegungen eingegangen, wonach eine kritische politische Theorie sich
auf eine Interpretation der in einer politischen Gemeinschaft geteilten Moralverständnisse stützen sollte (s.o. I.4). Im folgenden soll dargelegt werden,

welche gemeinschaftstheoretischen Implikationen diese Sicht hat. In diesem Zusammenhang kann zunächst auf Robert Thigpens Charakterisierung von Walzers Denken als 'politische Theorie des gemeinsamen Lebens' ('political theory of the common life') verwiesen werden (Thigpen 1984: 136).[14] Diese politische Theorie des gemeinsamen Lebens ist insgesamt stark normativ geprägt und baut auf Alltagsintuitionen, Appellen an den gesunden Menschenverstand und historischen Beispielen auf, nicht auf einer systematischen Konzeption von Gemeinschaft. Das darin zum Tragen kommende Grundverständnis kann jedoch folgendermaßen charakterisiert werden: Gemeinschaften können als Handlungszusammenhänge begriffen werden, durch die sich die Mitglieder wechselseitig die Aufrechterhaltung und Entfaltung einer Lebensweise ermöglichen. Im Rahmen dieser gemeinsamen Lebensweise können sie ein personales Selbstverständnis ausbilden, bestimmte soziale Güter erzeugen und verteilen und v.a. über sich selbst und die gemeinsame soziale Welt in einen reichhaltigen Kommunikationsprozeß eintreten, der für Außenstehende nicht unbedingt zugänglich ist. Gemeinschaften sind mithin Orte moralischer Kreativität. Dies ist es, was ihnen einen Status verleiht, welcher den Außenstehenden Respekt abverlangt. Walzer Darstellung der normativen Implikationen dieser Sicht der Gemeinschaft findet in der von ihm immer wieder propagierten Perspektive einer *„Politik der Differenz"* (etwa Walzer 1996a: 10) ihre Ausformulierung. In dieser 'Politik der Differenz' kann man eine kasuistische Anwendung und systematische Ausweitung von Taylors Vorstellung kultureller Abgrenzungsversuche als Ausdruck des Strebens nach kultureller Authentizität und Diversifizierung erblicken – ebenso wie Taylors Hoffnung auf eine letztliche Versöhnung in der Abgrenzung aufscheint.

5.1 Moralische Kreativität und 'gemeinsames Leben'

Auch wenn Walzer 'politische Romantik' unterstellt wurde (vgl. Luban 1980), wendet er sich gleichermaßen gegen eine schwärmerische Rede von der Weltgemeinschaft, die niemanden ausschließt, wie auch gegen ein mystifizierendes Verständnis der nationalen Gemeinschaft, das diese als Wesensursprung des sozialen Lebens erklärt und so überhöht. Die Menschheit habe

---

14 Für die folgende Darstellung des Gemeinschaftsbegriffs bei Walzer vgl. Haus 2002a.

im Gegensatz zu einzelnen Gesellschaften „keine Erinnerung, und folglich auch keine Geschichte, keine Kultur, keine überlieferten Bräuche, keine vertrauten Lebensweisen, keine Feste, kein gemeinsames Verständnis sozialer Güter" (Walzer 1996a: 22). *Gesellschaften* bilden also für Walzer die umfassendste Form von '*Gemeinschaft*' und stellen damit auch die angemessene Bezugsgröße für *politische* Gemeinschaften dar. Innerhalb einer Gesellschaft kann das gemeinsame Leben nicht auf bloßen *Gefühlen* der solidarischen Verbundenheit beruhen, sondern es bedarf einer *gemeinsamen Praxis*, in deren Rahmen moralische Akteure Verpflichtungen generieren und einlösen (Walzer 1970: 98, 1998b: 50). Erst so wird das von Weber genannte 'Zusammengehörigkeitsgefühl' mit einem *normativen* Gehalt versehen. Dennoch sind auch Zusammengehörigkeitsgefühle nicht gänzlich irrelevant. So können sie ausschlaggebend dafür sein, daß überhaupt erst der kollektive Wille zu kultureller Selbstbestimmung in politischen Formen aufkommt; auch hier ist aber letztlich entscheidend, daß dieser Wille auch durch *gemeinsames Handeln* artikuliert und somit dokumentiert wird (vgl. Walzer 1996a: 104). Da politische Freiheit im Gegensatz zu totalitärer Herrschaft solche Artikulationsmöglichkeiten bietet, muß damit gerechnet werden, daß sich Selbstbestimmungsforderungen gerade nach deren Zusammenbruch vermehrt zu Wort melden (ebd.: 86ff.).

Anders als Thigpen (1984) und weitere Autoren bin ich nicht der Auffassung, daß sich das gemeinsame Leben einer politischen Gemeinschaft im Sinne Walzers ausschließlich auf das normative Ideal einer partizipatorisch angelegten und egalitären *demokratischen Gemeinschaft* bezieht. Bei näherem Hinsehen zeigt sich, analog zum dargelegten Standpunkt Taylors, ein interessantes Spannungsverhältnis zwischen Verbundenheit mit *demokratischen Idealen* einerseits und der Unterstützung *kultureller Selbstbestimmung* als Wert an sich andererseits. Deutlich zum Ausdruck kommt dieses Spannungsverhältnis in Walzers Buch *Lokale Kritik – globale Standards*, das unter dem Eindruck der Unabhängigkeitsbewegungen und ethnischen Konflikte nach dem Zusammenbruch des Sozialismus geschrieben wurde (Walzer 1996). Walzer legt dort dar, daß er auch dann eine „Politik der Differenz" zu unterstützen gewillt ist, wenn diese zu einer Vielfalt unterschiedlicher Demokratiemodelle führt oder gar „zu Lasten der Demokratie" geht (ebd.: 10). Zugleich macht Walzer nicht nur deutlich, daß er selbst ein überzeugter Anhänger von Demokratie und Liberalismus ist, sondern daß die Wirklichkeit einer *politischen Gemeinschaft* in westlichen Demokratien (in seinem Fall: den USA) daran zu bemessen ist, ob es einen verbreiteten „Geist" und eine gemeinsame „Praxis" demokratischer Selbstregierung gibt oder nicht (ebd.: 76ff.).

Wie in Taylors Darlegungen zur Nation, so bilden auch bei Walzer *Abgrenzung* und *Inklusion* die Leitbegriffe einer politischen Theorie der Gemeinschaft, finden jedoch eine breitere Anwendung. Der Gedanke der *Grenzziehung* ist ein immer wiederkehrendes Motiv in Walzers Denken, das seine Ausführungen sowohl zur internationalen Politik (Walzer 1982, 1992d, 1996a: 86-110) und kulturellen Toleranz (Walzer 1998a) als auch zu seinem Bürgerschafts-, Institutionen- und Gerechtigkeitsverständnis (Walzer 1970, 1992a, 1992c) durchzieht und in einem pluralistische Konzept des Selbst seinen Abschluß findet (Walzer 1996a: 111-135). Der Grundgedanke ist stets: Effektive Grenzziehung ermöglicht kulturelle Differenz, indem sie Handlungsarenen absteckt und kulturelle Praktiken schützt. In diesem Rahmen kann Differenz dann als die persönliche Identität bereichernd und befreiend empfunden werden. Inklusion hingegen steht für die prozedurale Erfordernis der Berücksichtigung der Interessen aller Betroffenen und deren Beteiligung an Akten der Grenzziehung, das heißt, Abgrenzung darf nicht einfach als egoistischer Rückzug auf sich selbst verstanden werden.

Wie bei Taylor steht bei Walzer ein *anerkennungstheoretisches* Motiv hinter seinen Überlegungen zu einer Politik der Differenz: daß wir nämlich die anderen nicht als *moralische Akteure* anerkennen können, wenn wir nicht zugleich den gemeinschaftlichen Kontext anerkennen bzw. respektieren, welchem sie sich konstitutiv verbunden wissen und in denen sie als „kulturproduzierende Wesen [...] bedeutungsvolle Welten" erschaffen (Walzer 1992a: 442). Dabei müssen allerdings zwei Dinge auseinandergehalten werden: Zum einen der Respekt vor Gemeinschaften als *Arenen*, in denen kulturelle Prozesse der moralischen Verpflichtung und der Interpretation moralischer Standards ablaufen; zum anderen die Anerkennung der *Ergebnisse* solcher Prozesse als in irgendeiner Weise wertvoll. Ergebnisse können nicht nur intern immer kritisiert werden, sie können auch nicht von vornherein einen externen Anspruch auf Sakrosanktheit erheben, wie es etwa der Fall ist, wenn 'asiatische Werte' als einer kritischen Betrachtung unzugänglich hingestellt werden. Eine Politik der Differenz bejaht die Existenz autonomer Arenen, ohne die Wertschätzung der Ergebnisse einzufordern. Ihre normative Prämisse liegt in der Anerkennung der moralischen Kreativität von *Menschen in Gemeinschaften*.

Diese normative Prämisse bleibt nicht ohne Konsequenzen. Zum ersten fordert sie die Akzeptanz kultureller Unterschiede. Gibt es unterschiedliche

Regime der Toleranz, die jeweils bestimmten kulturellen und politischen Rahmenbedingungen entsprechen (Walzer 1998a: 23-48), so ist *irgendeine* Form von Toleranz *immer* geboten (ebd.: 14). Welchen kommunitären Kontexten sich Menschen verbunden wissen, können wir nur von diesen selbst erfahren. Letztlich entscheidend ist für Walzer, ob Menschen ihre Verbundenheit mit diesen Gemeinschaften als Arenen in irgendeiner Weise zum Ausdruck bringen oder nicht. Es gibt nach Walzer *Grenzen* der Relevanz solcher Zustimmungsakte, die aus der dargestellten normativen Prämisse der Achtung moralischer Kreativität selbst folgen. An dieser Stelle wird die zweite Implikation dieser normativen Prämisse deutlich. Diese Grenzen werden erreicht, wenn Gemeinschaften selbst bestimmten Gruppen den Status als moralische Akteure *absprechen*. Das ist offensichtlich im Fall der Sklaverei, spielt aber auch z.B. eine Rolle bei der Beurteilung der Behandlung von Frauen (vgl. Walzer 1993a: 174). Diese Überlegungen zeigen, daß die Perspektive einer normativen Theorie der Gemeinschaft, eben weil sie ein bestimmtes Verständnis von Gemeinschaft zugrunde legt und auf bestimmten normativen Prämissen aufbaut, selbst *universalistische* Züge hat. Insofern Walzer diese universalistische Perspektive zwar in Anspruch nimmt, sie aber nur unzureichend entfaltet, bleibt seine Argumentation freilich defizitär. Auch er müßte sich mit der Frage der externen bzw. reflexiven Begründung normativer Standards auseinandersetzen, die er implizit bei seiner kategorischen Forderung nach wechselseitigem Respekt beständig in Anspruch nimmt. Klar ist: Nach außen tolerante und rücksichtsvolle und nach innen konsensorientierte Gemeinschaften sind in Walzers Augen die *besseren* Gemeinschaften – diejenigen Gemeinschaften, um die sich eine kommunitaristische Perspektive zu sorgen hat. *Wieso* dies so ist, bleibt jedoch solange im Dunkeln, wie Walzer nicht bereit ist, eine universalistische Begründung dafür zu liefern.

5.2   Perspektiven einer 'Politik der Differenz'

Wenn Walzer, wie er in der Einleitung zu seinem Buch *On Toleration* schreibt, kultureller Differenz „Hochachtung" entgegenzubringen gewillt ist und dies, wie gezeigt, durchaus als universalistische Überzeugung zu qualifizieren ist, so gilt es doch, dem Nebeneinander und Miteinander kultureller Gemeinschaften ein „politisch stabile[s] und moralisch legitime[s] Arrangement" zu verleihen, welches ebenfalls „ein Objekt der Wertschätzung" sei (Walzer 1998a: 8). In der Tat ist das Verhältnis von *politischer Macht* und *kulturellem Pluralismus* der Schlüssel zu seiner Analyse verschiedener historischer und gegenwärtiger Formen der Tolerierung von Unterschieden. Dieses Verhältnis kann zudem als Ausgangspunkt für eine Bestimmung der Anwendungsbereiche einer Politik der Differenz dienen.

In den vergangenen Regimen der Toleranz, den *Vielvölkerimperien* (etwa dem Osmanischen Reich), wurden kulturelle Gruppen vom imperialen Zentrum toleriert und mit Rechten versehen, nicht Individuen. Die Erfolgsbedingung für dieses Arrangement bestand gerade darin, daß politische Macht ausschließlich bei den Bürokraten in der Hauptstadt lag, während die verschiedenen Volksgruppen sich als „gleichermaßen machtlos" auffassen konnten (ebd.: 67). In einer solchen Konstellation kommt es freilich kaum zu positiven Formen der Wertschätzung, sondern v.a. zu einer notgedrungenen Tolerierung anderer Gruppen. Die *Konföderation* (siehe etwa die Schweiz, Belgien oder den Libanon) löst dieses klare Machtungleichgewicht auf und versucht, eine Machtbalance zwischen den Volksgruppen zu etablieren, was nur selten gelingt. Hier werden Individuen als Träger einer gemeinsamen Staatsbürgerschaft toleriert, und zugleich wird politische Macht unter den Volksgruppen verteilt. In *Nationalstaaten* und *Einwanderungsgesellschaften* teilen die Staatsbürger Macht unter ihresgleichen und tolerieren sich wechselseitig als Individuen. Erst hier kann von einer politischen *Gemeinschaft* gesprochen werden. Die Politik der Differenz *innerhalb* einer politischen Gemeinschaft beruht auf dieser Praxis des Teilens politischer Macht, denn diese ermöglicht neue Formen der Grenzziehung, von der wiederum unterschiedlichste Subgemeinschaften profitieren. Nationalstaat und Einwanderungsgesellschaft sind laut Walzer heute die eigentlichen Alternativen einer Politik der Differenz.

Das *internationale System* begreift Walzer als fünftes Toleranzregime, wenn auch als eines, welches aus der Rolle fällt, weil es kein territorial verfaßtes politisches System, sondern ein System politisch abgegrenzter Territorien darstellt. Toleranz in diesem Bereich geht denkbar weit, kann aber ebenso mit Begeisterung an der Lebensweise jenseits der Grenze wie mit gänzlich feindseligen Mentalitäten vereinbar sein (ebd.: 29). Dennoch gibt es auch hier Grenzen der Toleranz, wie die Berechtigung zu humanitären Interventionen sichtbar macht (ebd.: 30f.). In systematischer Hinsicht ist jedoch die interessantere Frage, *was* genau in der Politik der Differenz als politischer Abgrenzung von Territorien *toleriert wird*. Nach der von Walzers bereits in seinem Buch *Just and Unjust Wars* (Walzer 1982, Orig. 1977) dargelegten Auffassung ist die normative Logik der militärischen Nichteinmischung letztlich auf das Recht einer politischen Gemeinschaft bezogen, eine *gemeinsame Lebensweise* in politischer Form aufrechtzuerhalten. Das Verbrechen des Krieges bestehe darin, daß jeder Angreifer zunächst davon ausgehen müsse, daß die Angegriffenen sich als wechselseitig zur Verteidigung der eigenen politischen Gemeinschaft verpflichtet betrachten (vgl. Walzer 1982: 89ff., 1980b). Verbundenheit drückt sich hier also in *Verteidigungsbereitschaft* aus. Wiederum muß hervorgehoben werden, daß es nicht unbedingt die Inhalte einer verteidigten Lebensweise sind, die beim Respekt vor territorialen Grenzen wertgeschätzt werden. Auch dann, wenn wir nur bestimmte (etwa demokratiefreundliche) Resultate für legitim halten, hat die Anerkennung staatlicher Souveränität immer noch den Sinn, eine „Arena" abzugrenzen, innerhalb derer der politische Kampf für die Freiheit stattfinden kann (Walzer 1982: 140). *Kollektive Selbstbestimmung* und *politische Freiheit* sind nicht miteinander identisch (vgl. ebd.: 137ff.).

Doch worin besteht der Wert dieser gemeinsamen Lebensweise einer politischen Gemeinschaft? Eine aufschlußreiche Passage findet sich in Walzer Buch *Spheres of Justice*, wo er darlegt, warum die politische Gemeinschaft der angemessene Argumentationsrahmen für eine Theorie der distributiven Gerechtigkeit sei:

> „Es [dürfte] die politische Gemeinschaft sein, mit der wir einer Welt der gemeinsamen Bedeutung am nächsten kommen. Sprache, Geschichte und Kultur verbinden sich in ihr – so eng wie nirgendwo sonst –, um ein kollektives Bewußtsein zu erzeugen. Und wenn der Nationalcharakter als fester und dauerhafter Rahmen auch offensichtlich ein Mythos ist, so sind die gemeinsamen Sensibilitäten und Intuitionen der Mitglieder einer historischen Gemeinschaft doch zweifelsfrei eine Lebenstatsache" (Walzer 1992a: 61).

Die politische Gemeinschaft wird von Walzer hier in einen *güterethischen* Zusammenhang gestellt. Sie bestehe aus „eine[r] Gruppe von Menschen, die gewillt und bestrebt sind, soziale Güter zu verteilen, auszutauschen und miteinander gemein zu haben, und dies vor allem und in erster Linie im eigenen Kreis", und stelle insofern eine „festumgrenzte Welt" dar (ebd.: 65). Das ist eine weittragende Aussage angesichts der Tatsache, daß die menschliche Gesellschaft insgesamt wesentlich als eine „Verteilungsgemeinschaft" zu verstehen sei (ebd.: 26). Die gemeinsame Lebensweise der politischen Gemeinschaft muß also letztlich als eine Art große Gütergemeinschaft verstanden werden. Politische Macht ist selbst eines dieser Güter. Sie mit anderen teilen zu wollen, setzt ein Mindestmaß an *Vertrauen* voraus (vgl. Offe 2001).

Wie Taylor geht Walzer davon aus, daß die *politischen* und die *vorpolitischen* Gehalte dieser gemeinsamen Lebensweise nicht klar zu trennen sind. In einem internationalen System, in welchem sich politische Macht jeweils als „lokales Monopol" darstellt, erzeuge Politik „ihre eigenen Bande der Gemeinsamkeit" in den Auseinandersetzungen um die verbindliche Gestaltung des gemeinsamen „Schicksals" (Walzer 1992a: 62, Übers. M.H.). Dies gilt selbst in einer Einwanderungsgesellschaft wie den USA. In diesem Zusammenhang ist Walzers Kennzeichnung politischer Gemeinschaften als *„Gemeinschaften des Charakters"* von besonderem Interesse, die er als „historisch stabile, andauernde Vereinigungen von Männern und Frauen mit einer besonderen gegenseitigen Verbundenheit und einem besonderen Sinn für ihr gemeinsames Leben" definiert (ebd.: 106, Übers. M.H., s.a. 1996a: 92). Der Begriff ist vom Austromarxisten Otto Bauer entlehnt, wo er auch ganz ähnliche Implikationen wie bei Walzer hat. Bauer definierte die Nation als eine „aus Schicksalsgemeinschaft erwachsene Charaktergemeinschaft" (Bauer 1961: 143). Der „Nationalcharakter" werde deutlich, wenn man es unternimmt, „das Geistesleben der verschiedenen Nationen, ihre Wissenschaft und ihre Philosophie, ihre Poesie, Musik und bildende Kunst, ihr staatliches und gesellschaftliches Leben, ihren Lebensstil und ihre Lebensgewohnheiten [zu] vergleichen"; er sei aber nicht als Wesenseigenschaft, sondern als Ergebnis einer spezifischen *Geschichte* zu verstehen (ebd.: 149).[15]

Die Welt 'fest umgrenzter' politischer Gemeinschaften mag einen reichlich statischen Eindruck machen. Walzers 'Politik der Differenz' hat jedoch auch eine dynamische Seite. In seinem Buch zur Frage des 'gerechten Krieges' kommt diese Dynamik bereits in der Behandlung von Sezessionsbewegungen zum Tragen (vgl. Walzer 1982: 143-149) und setzt sich in seiner Auseinandersetzung mit dem 'neuen Stammeswesen' fort (Walzer 1992h, 1996a: 86-110). In ungemein facettenreichen und historisch informierten Darstellungen hat Walzer die Möglichkeit eines Universalismus gemeinschaftlicher Selbstbestimmung ausgelotet, bei dem der Anspruch auf politi-

---

15 Auch an Ernest Renans berühmte Bestimmung der Nation als ein „geistiges Prinzip" mit zwei komplementären Seiten kann erinnert werden: „Zwei Dinge, die in Wahrheit nur eins sind, machen diese Seele, dieses geistige Prinzip aus. (...) Das eine ist der gemeinsame Besitz eines reichen Erbes an Erinnerungen, das andere ist das gegenwärtige Einvernehmen, der Wunsch, zusammenzuleben" (zit. Nach Schulze 1999: 110).

sche Selbstbestimmung nicht in erneute Unterdrückung kultureller Minderheiten umschlägt und in allgemein verträglicher Weise erfolgt (vgl. Haus 2000: 97-101). Zugleich soll dieser Selbstbestimmungsuniversalismus die Perspektive einer prozessualen Überwindung der Fixierung auf eine gefährdete nationale Identität als einziger Perspektive einer Politik der Differenz eröffnen. Walzer hat einen in drei Stufen verlaufenden dialektischen Prozeß vor Augen: In den Stufen *Artikulation* und *Verhandlung* geht es zunächst darum, daß unerfüllte Ansprüche auf kulturelle Selbstbestimmung zum Ausdruck gebracht und dann im Interesse aller betroffenen Gemeinschaften geregelt werden. Die einmal gezogenen Grenzen könnten auf einer dritten Stufe der *Inkorporierung* jedoch in „gepunktete Linien" verwandelt werden. Als Endpunkte der Aufnahme von kultureller Differenz in eine übergreifende politische Struktur könnten dann (international) eine „Vereinigung von Staaten" (wie die angestrebte Europäische Union) und (binnengesellschaftlich) eine „politische Nation kultureller Nationalitäten" (wie die USA) stehen (Walzer 1992d: 235ff.). Auf den ersten beiden Stufen geht es um expressive (Identitätsartikulation) und verhandlungsorientierte Prozesse, die wahrscheinlich von kulturellen bzw. politischen Eliten bestimmt werden, während im Stadium der Inkorporierung die Herausbildung einer gemeinsamen, komplexeren Öffentlichkeit möglich erscheint, bei der beispielsweise auch zivilgesellschaftliche Akteure eine wichtige Rolle spielen könnten.

Identitäten werden also zunächst effektiv abgegrenzt, um wechselseitiges Mißtrauen zu überwinden, und dann gleichsam verflüssigt. An die Stelle einer alles in den Schatten stellenden, bedrohten nationalen Identität tritt gleichsam der Blick nach innen auf die innerhalb einer Nation geteilten Praktiken und Identitäten. An die Konsolidierung politischer Selbstbestimmung kann dann die zweite grundlegende Ausrichtung einer Politik der Differenz durch Grenzziehung anschließen, bei der politische Macht dazu benutzt wird, kulturell bedeutsame Handlungssphären *nach innen* abzugrenzen. Walzer hat diese Vorstellung vor allem in dem Aufsatz „Liberalismus und die Kunst der Trennung" dargelegt (Walzer 1992c), wobei er die im Rahmen seiner Gerechtigkeitstheorie angestellten Überlegungen weiterführte.[16] Hier wird im übrigen deutlich, daß das dargestellte Verständnis eines 'gemeinsamen Lebens' einen weiten Gemeinschaftsbegriff nahelegt, der ähnlich wie Selznicks gradualistische Gemeinschaftsdefinition auf vielfältige Organisationen und Institutionen anwendbar ist. Diese Institutionen sind in Walzers

---

16 Zu Walzers Sphärentheorie der Gerechtigkeit s.u. III.3.

Darstellung bestimmten kulturellen Sphären zugehörig, etwa Universitäten der Sphäre der Wissenschaft, Kirchen der Sphäre der Religion und Parteien der Sphäre der Politik. Die 'Kunst der Trennung' als interne Ausrichtung einer Politik der Differenz richtet sich auf einen wirksamen Schutz dieser institutionellen Sphären gegenüber Dominanzversuchen durch jeweils andere Sphären und deren Akteure. Sie funktioniert, ähnlich wie bei der externen Politik der Differenz, zunächst in Form der Artikulation von Autonomiebegehren, in diesem Fall durch jene Gemeinschaften, die Träger einer bestimmten kulturellen Praxis sind. Das Aufbrechen etwa der Dominanz des Staates gegenüber der Religion und umgekehrt oder der Dominanz beider gegenüber der Wissenschaft stellt nach Walzer die große Leistung in der Geschichte des Liberalismus dar. Damit sei es jedoch nicht getan. Heute komme es entscheidend darauf an, die Dominanz des Marktes durch neue Formen der Grenzziehung zu unterbinden. Das Teilen politischer Macht im Modus der gemeinsamen Staatsbürgerschaft ist dafür eine konstitutive Voraussetzung.

Damit korrespondieren nun spezifische *Inklusions*anforderungen an demokratische politische Gemeinschaften. Zum einen muß es effektive Beteiligungsmöglichkeiten geben. Wo diese fehlen, läuft die Politik der Differenz eher auf eine begrenzte Loyalitätspflicht einzelner Gemeinschaften gegenüber den Ansprüchen des Staates hinaus. Das ist ein Leitgedanke bei Walzers früher Rechtfertigung von Zivilem Ungehorsam in *Obligations* (Walzer 1970: 141ff.), von Judith Shklar zu Recht als eine „radically group-centered vision" bezeichnet (Shklar 1998: 380). Auf der anderen Seite muß demokratische Politik *demokratische* und *egalitäre* Gemeinschaften in besonderer Weise fördern (Walzer 1980a: 13, 1993b: 172f.). Daraus folgt nicht, daß den traditionellen Gemeinschaften kein Respekt entgegengebracht werden sollte. Nur sind nicht alle diese Gemeinschaften dazu geeignet, in eine *Politik der Gemeinschaft* eingeschlossen zu werden. Eine Politik der Gemeinschaft gibt die Neutralität im Sinne der unterschiedslosen Gleichbehandlung aller Gruppen bewußt auf, indem sie bestimmte Gemeinschaften fördert und anderen das Leben eher schwer macht. Diese Überlegungen werden im Teil über die demokratietheoretischen Implikationen der Kommunitarismusdebatte weitergeführt werden (s.u. Kap. IV).

6. Schluß: Gemeinschaft und normative Integration

Nach der Analyse verschiedener kommunitaristischer Konzepte von Gemeinschaft läßt sich im Anschluß an die Überlegungen von Helmut Dubiel
(1994) entgegen der dargelegten liberalen Gemeinschaftsskepsis fragen, ob

a) Rawls' 'wohlgeordnete Gesellschaft' nicht in einem viel weitergehenden
   Maße moralisch integriert ist als die 'politische Gemeinschaft', wie sie
   sich Selznick, Taylor oder Walzer vorstellen, und

b) dieses Maß an angestrebtem moralischen Konsens nicht unverträglich mit
   dem von Grund auf konfliktiven Charakter moderner Gesellschaften ist.

Auch diese in den Worten Dubiels 'gemäßigten Kommunitaristen' gehen ja,
wie gezeigt, nicht davon aus, daß eine politische Gemeinschaft durch eine
umfassende Lehre religiöser, philosophischer oder moralischer Art beherrscht wird. 'Umfassend' sollten politische Theorien aus ihrer Sicht nur insofern sein, als sie die Verträglichkeit oder besser noch wechselseitige För-
derlichkeit unterschiedlichster Handlungssphären innerhalb eines gemeinsamen politischen Ethos, einer gemeinsamen Lebensweise aufzeigen. Dabei
wird aber nicht angenommen, daß der theoretische Entwurf gleichsam die
Blaupause zu einem gesellschaftlichen Konsens darstellen könnte. Demgegenüber teilen bei Rawls alle Mitglieder der wohlgeordneten Gesellschaft *die
selbe Gerechtigkeitskonzeption*. Bereits in der ursprünglichen Fassung seiner
Gerechtigkeitstheorie hat Rawls die wohlgeordnete Gesellschaft als „social
union of social union" beschrieben, wobei den Übersetzern auch hier nichts
anderes übrigblieb, als im deutschen Text den Begriff der 'Gemeinschaft' zu
verwenden (Rawls 1975: 572). Aus der von Rawls vorgenommenen Charakterisierung dieser 'sozialen Gemeinschaft sozialer Gemeinschaften' sei
die erste Bestimmung herausgegriffen: „Die Mitglieder einer wohlgeordneten Gesellschaft (haben) das gemeinsame Ziel, zur Verwirklichung ihrer eigenen und der Natur der anderen so zusammenzuarbeiten, wie es die Gerechtigkeitsgrundsätze gestatten. [...] Jeder Bürger möchte, daß jeder (auch
er selbst) nach Grundsätzen handelt, denen alle in einer anfänglichen Situation der Gleichheit zustimmen würden" (ebd.).
     Eine Gesellschaft, in der alle Bürger „derselben politischen Gerechtig-
keitskonzeption zu[stimmen]" (Rawls 1992d: 388), hat es meines Wissens
noch nie gegeben – wieso wird dann von liberaler Seite so getan, als vertreten gerade sie völlig unproblematische Konsenserwartunen? Nicht die

Kommunitaristen könnten sich bei näherem Hinsehen als 'politische Roman-
tiker' erweisen, die die Konflikte moderner Gesellschaft in einem 'höherem
Dritten' aufgehen lassen wollen. Vielmehr strebt Rawls selbst danach, in einem Bereich chronischer Konfliktivität und Uneinigkeit zum harmonischen
Konsens zu gelangen (vgl. Bittner 1997). Einigen liberalen Theoretikern
(etwa Charles Larmore und Bruce Ackerman) war denn Rawls' Konsenslatte
auch zu hoch angelegt. Sie wollten liberalen Gesellschaft bloß einen *modus
vivendi* als normativen Kern zugrundelegen, also „den Bürgern moderner
Staaten nur noch die Anerkennung jener Rechte und Verfahrensregeln ab-
verlangen, die die friedliche Koexistenz und die Verfolgung privater Interessen sicherstellen" (Dubiel 1994: 108). Damit werden aber prinzipiell gegebene Entwicklungschancen moderner Gesellschaften verschenkt, indem der
Bereich der Politik gänzlich für die Erfahrung genuin gemeinsamer Güter
versperrt wird – eine Perspektive, die Rawls zumindest nicht grundsätzlich
verschließt (Taylor 1993c).

Normative Konzepte gesellschaftlicher Integration

| | | theoretische Position | |
		liberal	kommunitarisch
	schwach	I radikaler Liberalismus *modus vivendi* Larmore, Ackerman	II gemäßigter Komm- unitarismus *way of life* Walzer, Taylor
normative Integration	stark	III gemäßigter Libera- lismus *overlapping consensus* Rawls	IV radikaler Komm- unitarismus *good life* MacIntyre

Weiterführung von Dubiel 1994

Rawls hält demgegenüber an der Erfordernis eines *übergreifenden Konsenses* fest, bei dem „die politische Konzeption [der Gerechtigkeit] als eine moralische Konzeption bejaht wird und [...] die Bürger bereit sind, ihr aus moralischen Gründen zu folgen" (Rawls 1998: 261), wobei diese moralische
Konzeption einer philosophischen Darstellung zugänglich ist und die Definition gemeinsamer Ziele (zuvördest jenes der gemeinsamen Beförderung der
Gerechtigkeitskonzeption) erlaubt (Rawls 1992d: 388). Problematisch erscheint hier jedoch die Simulation von Konsens im Modus „philosophischer

Konstruktion" (Dubiel 1994: 117), wobei der „radikale" Kommunitarist Mac-
Intyre dem „gemäßigten" Liberalen Rawls in der Überbewertung philosophischer Diskurse nicht nachsteht. Die „gemäßigten" Kommunitaristen verknüpfen hingegen „Phänomene normativer Integration mit institutionalisierten Chancen demokratischer Partizipation"; zugleich rekonstruieren sie ein
Bezugsfeld möglichen normativen Konsenses durch die Auslegung „real historisch situiert[er] und [...] erfolgreich gehegte[r] Konflikte" (ebd.). Darin –
nicht in einer Verklärung der Vergangenheit – liegt die Pointe der politischen
'Erinnerungsgemeinschaft'. Diese hält gleichsam einen Horizont von Kon-
fliktaustragung, von akzeptablen, weiterführenden oder katastrophalen und
unbefriedigenden Ausgängen politischer Kämpfe im kollektiven Gedächtnis.
Aus dem Wachhalten dieser Erinnerung rührt die Bereitschaft, in der Gegenwart und Zukunft für die gemeinsamen Institutionen einzustehen. Aus der
Präsenz der gemeinsamen Geschichte heraus lassen sich politische Interpretationen vorbringen. Mit der Erinnerungsgemeinschaft treten die vorpolitischen Identitäten der Nation allerdings im Verbund auf und sorgen so für
moralische Konflikte, deren Versöhnung nicht durch eine reine Prozedurali-
sierung der politischen Gemeinschaft erreicht werden kann. Diese Einsicht
wie auch das Anliegen normativer Integration durch demokratische Partizipation kann dann auch als Schlüssel für das Verständnis kommunitaristischer
Gerechtigkeits- und Demokratietheorien betrachtet werden, die in den nächsten beiden Teilen behandelt werden.

III. Wessen Gerechtigkeit?

Der in den 80er und 90er Jahre intensiv geführten Diskussion um das Wesen und die Bedeutung sozialer Gerechtigkeit kommt im Hinblick auf die Kommunitarismusdebatte ein besonderer Stellenwert zu. So war es Michael Sandels Kritik an der Gerechtigkeitstheorie John Rawls' in seinem Buch *Liberalism and the Limits of Justice*, die gemeinhin als 'Auftakt' für die kommunitaristische Kritik am Liberalismus betrachtet wird (Sandel 1982). Sandel widmete der Rawlsschen Theorie ein ganzes Buch und präsentierte somit eine Fundamentalkritik ausgerechnet am unbestrittenen Flaggschiff des zeitgenössischen politischen Liberalismus, welche die Gemeinschaft als 'Grenze' der Gerechtigkeit vorstellte. Erst so konnte eine (wenn auch oft übertrieben dargestellte) Frontenbildung zwischen einem liberalen und einem kommunitaristischen Theorielager entstehen. Mit seiner Stellungnahme hat Sandel im übrigen auch die weiteren zentralen Stichworte der Kommunitarismusdebatte geliefert, indem er auf die geltungslogische Priorität einer substantiellen Vorstellung des *Guten* verwies (s. Kap. 1), die identitätskonstituierende Rolle moralischer *Gemeinschaften* ins Blickfeld rückte (s. Kap. 2) und die Revitalisierung eines republikanischen *Demokratieverständnisses* einforderte (s. Kap. IV.).

Ironischerweise hat die kommunitaristische Kritik eine Einsicht noch einmal bestärkt: An Rawls' Theorie der Gerechtigkeit führt offensichtlich kein Weg vorbei. Sie ist, wie immer man die Stichhaltigkeit von Sandels und anderer Kritik einschätzen mag, als alternativloses Referenzwerk des zeitgenössischen Gerechtigkeitsdiskurses gerade durch diese weitere Welle der Kritik erneut bestätigt worden (vgl. Gutman 1989). Wirft man einen Blick auf die letzte „Reformulierung" („restatement") seiner Konzeption der 'Gerechtigkeit als Fairneß' (Rawls 2001), so zeigt sich im übrigen, daß Rawls es offensichtlich nicht nötig hatte, durch spektakuläre Neuerungen auf sich aufmerksam zu machen. Freilich ist umstritten, inwiefern die nicht sehr zahlreichen Veränderungen, welche Rawls vorgenommen hat, doch eine grundlegende Transformation der konzeptionellen Grundlagen seiner Theorie bedeuten könnten.

Es ist deshalb unabdingbar, die Darstellung der Kontroverse um Gehalt und Reichweite des Gerechtigkeitsbegriffs mit einer Skizzierung der Maß-

stäbe setzenden Theorie John Rawls' zu beginnen. Im Anschluß daran sollen
Sandels Kritik und Rawls' Reaktion darauf thematisiert werden. Entspricht
dies dem üblichen Vorgehen einer auf Rawls' Theorie fixierten Darstellung
der Kommunitarismusdebatte (vgl. Mulhall/Swift 1992), so soll im Anschluß
das Schema Rawls I – Kommunitarismus – Rawls II verlassen werden, indem
zwei kommunitaristisch orientierte Gegenentwürfe aus der Feder von William Galston und Michael Walzer Darstellung finden. Die 'Familienähnlichkeit' kommunitaristischer Perspektiven kann darin gesehen werden, daß

— ein Prinzipienpluralismus verfochten wird, bei dem Kriterien wie Bedürftigkeit, freier Tausch und Verdienstlichkeit als genuine Verteilungsprinzipien verstanden werden,
— die jeweilige Geltung dieser Prinzipien durch eine Analyse unterschiedlicher Güterbereiche mit je eigener institutioneller Logik zu leisten beabsichtigt wird,
— dieser Verteilungspluralismus auf eine grundlegende Gleichheit der Mitgliedschaft in der politischen Gemeinschaft zurückbezogen wird, wobei
   Staatsbürgerschaft als Ausübung bestimmter Tugenden begriffen wird.

In der Kritik an der Rawlsschen Position, die den drei Prinzipien höchstens
eine abgeleitete Bedeutung beimessen will, von konkreten sozialen Praktiken
und Institutionen weitgehend abstrahiert und in den Augen der kommunitaristischen Theoretiker ein unzulängliches Verständnis von Staatsbürgerschaft
verficht, werden ebenfalls Gemeinsamkeiten deutlich.

1. Die Gerechtigkeitstheorie Rawls' und die Kritik Sandels

1.1   Rawls: 'Gerechtigkeit als Fairneß'

Rawls' Gerechtigkeitstheorie stellt sich bewußt in die Tradition der Theorien
des *Gesellschaftsvertrages*, wie sie von John Locke, Jean-Jacques Rousseau
und Immanuel Kant begründet wurde. Diese komme „unseren wohlüberlegten Gerechtigkeitsurteilen am nächsten und gibt die beste moralische
Grundlage für eine demokratische Gesellschaft ab" (Rawls 1975: 12). Rawls
hat damit einer theoretischen Innovation der Neuzeit zu neuem Ansehen verholfen, die nach allgemeiner Auffassung kein sonderliches begriffliches Potential mehr zu bieten schien (Kersting 1994a: 259-263). Die charakteristi-

sche Argumentationsfigur des Kontraktualismus, das freiwillige Heraustreten aus einem herrschaftslosen, aber allseitig unbefriedigenden Naturzustand durch die vertragliche Begründung eines politischen Gemeinwesens, faßt Rawls freilich abstrakter (wie auch schon Kant) und erweitert zugleich ihren Anwendungsbereich (damit über Kant hinausgehend), um den traditionell gehegten Einwänden zu begegnen. Diese Einwände kreisen in der Regel um den mangelnden Realitätsgehalt kontraktualistischer Annahmen sowie deren 'besitzindividualistische' Implikationen (vgl. Macpherson 1967), d.h. die ideologische Verwobenheit mit dem Interesse des aufsteigenden Bürgertums an der Rechtfertigung unantastbarer Eigentumsrechte.

Rawls löst die normative Kernvorstellung aller Gesellschaftsvertragskonzeptionen, nämlich die Legitimität einer unter allseitiger Zustimmung getroffenen Vereinbarung über die Grundlagen des sozialen Zusammenlebens, von der anthropologisch und soziologisch fragwürdigen Beschreibung eines vorstaatlichen Lebens im Naturzustand ab. Er etabliert statt dessen einen *Urzustand* (*original position*), dessen einzige Funktion es ist, faire Entscheidungsbedingungen für die Regelung gesellschaftlicher Kooperation zu garantieren. Der Urzustand ist im Unterschied zum Naturzustand in keiner Weise eine Beschreibung der Lebenssituation vor der Gründung eines Staates; er ist gänzlich Beschreibung einer *Beratungs-* und *Entscheidungssituation*. Mit seiner Hilfe wird die fiktive Gründung einer 'wohlgeordneten' Gesellschaft dargestellt, oder anders gesagt, die Weise, wie wir entscheiden würden, wenn wir uns als *Freie und Gleiche* zu einer Gesellschaft zusammenfinden würden. Insofern ist unbestritten, daß der Urzustand nicht moralisch neutral ist, sondern Gerechtigkeitsintuitionen, die wir bereits besitzen, in die Struktur des Entscheidungsverfahrens einfließen läßt (vgl. Kersting 1994a: 352-354). Ziel dieses Verfahrens ist die Herbeiführung eines 'reflexiven Gleichgewichts' (Rawls) zwischen vorgängigen Intuitionen und fiktivem Beratungsergebnis. Die Intuitionen selbst werden hingegen nicht eigens begründet.

Der Urzustand ist durch folgende grundlegende Eigenschaften charakterisiert:

a) Der sog. *'Schleier des Nichtwissens'* (*veil of ignorance*) garantiert die faire, d.h. unparteiliche Einschätzung von Gerechtigkeitsfragen. Die Parteien im Urzustand wissen nicht, ob sie von der Natur mit zahlreichen Vorzügen versehen sein werden, wie ihre familiäre Herkunft sein wird, welche spezifischen Ziele sie im Leben verfolgen werden usw. Der Schleier

des Nichtwissens „schließt die Kenntnis solcher Umstände aus, die Unterschiede zwischen den Menschen bilden und diese ihren Vorurteilen
ausliefern" (Rawls 1975: 36).

b) Gegenstand der Beschlußfassung im Urzustand sind die *Grundgüter*
    (*primary goods*) einer Gesellschaft. Grundgüter sind dadurch gekenn-
    zeichnet, daß sie allgemein nützliche Mittel darstellen, somit auch den
    Gegenstand allgemeinen Begehrens bilden. Es handelt sich mithin um
    „Dinge, von denen man annimmt, daß sie ein vernünftiger Mensch haben
    möchte, was auch immer er sonst noch haben möchte" (ebd.: 112). Als
    die wichtigsten Arten gesellschaftlicher Grundgüter nennt Rawls „Rech-
    te, Freiheiten und Chancen sowie Einkommen und Vermögen" (ebd).

c) Die beratenden *Parteien*, gleichsam unser aller Repräsentanten im Urzu-
    stand, zeichnen sich durch eine eigentümliche Mischung aus *selbstbezo-
    gener Rationalität* und *Normbefolgung* aus. Einerseits „versuchen sie, für
    sich das größtmögliche Maß gesellschaftlicher Grundgüter zu gewinnen",
    weil ihnen das die Verwirklichung ihrer (noch unbekannten) Lebensziele
    ermöglichen wird; sie „versuchen nicht, einander Gutes oder Schlechtes
    anzutun", oder „einander auszustechen" und „sie sind nicht neidisch"
    (ebd.: 168). Andererseits haben die Parteien einen „Gerechtigkeitssinn",
    d.h. sie sind fähig und willens, sich an die einmal beschlossenen Grund-
    sätze zu halten (ebd.). Selbstbezogenheit und Gerechtigkeitssinn sind in-
    sofern keine sich gegenseitig ausschließenden Bestimmungen, als beide
    auf die systematische Nichtberücksichtigung *relationaler* Lebenskonzep-
    tionen zurückgeführt werden können, seien diese *altruistischer*, *egoisti-
    scher* oder *kompetitiver* Natur (vgl. Nullmeier 2000: 372ff.).

Damit ist auch schon angedeutet, inwiefern Rawls eine gegenständliche Erweiterung der traditionellen Theorien vom Gesellschaftsvertrag vornimmt:
Das Entscheidungsverfahren beschränkt sich bei ihm nicht auf die Etablierung legitimer politischer Herrschaft oder deren Grenzen, sondern dient als
Maßstab für die Verteilung *aller* wichtigen gesellschaftlichen Güter, wobei
die Bedeutsamkeit eben darin besteht, daß die Verfolgung eines beliebigen
Lebensplans ermöglicht wird. Dadurch wird eine Verzerrung der Zustim-
mungslogik durch die Bevorzugung von Eigentümerinteressen (Locke) ebenso vermieden wie eine potentiell totalitäre Souveränität der politischen Gemeinschaft (Rousseau). Das Kriterium der allgemeinen Zustimmungsfähigkeit, welches über das Gedankenexperiment des Urzustandes operationali-
siert wird, beansprucht für alle die *Grundstruktur* (*basic structure of society*)

einer Gesellschaft betreffenden Verteilungsfragen Geltung. Damit ist „die Art, wie die wichtigsten gesellschaftlichen Institutionen Grundrechte und -pflichten und die Früchte der gesellschaftlichen Zusammenarbeit verteilen" gemeint (Rawls 1975: 23). Zu solchen Basisinstitutionen gehören die Verfassung und die wichtigsten wirtschaftlichen und sozialen Verhältnisse. Durch die Gewährung von Freiheiten und Anrechten, durch die Regelung der Ökonomie oder auch die Strukturierung familiarer Beziehungen werden nicht nur, worauf die klassische liberale Theorie achtete, Handlungsfreiheiten garantiert, sondern auch „Lebenschancen" von Menschen strukturiert, das heißt, „was sie werden können und wie gut es ihnen gehen wird" (ebd.: 23).

Als Ergebnis präsentiert Rawls seine zwei berühmten *Gerechtigkeitsgrundsätze*: „1. Jedermann hat gleiches Recht auf das umfangreichste System gleicher Grundfreiheiten, das für alle möglich ist" (ebd.: 336). „2. Soziale und wirtschaftliche Ungleichheiten sind so zu regeln, daß sie sowohl (a) den am wenigsten Begünstigten die bestmöglichen Aussichten bringen als auch (b) mit Ämtern und Positionen verbunden sind, die allen gemäß der fairen Chancengleichheit offen stehen" (ebd.: 104). Der erste Grundsatz soll in Konfliktfällen mit einem striktem Vorrang ausgezeichnet sein.

Rawls hat damit eine elegante Herleitung und kohärente Verknüpfung der zwei klassischen Komponenten des 'liberalen Pakets' (vgl. Mulhall/Swift 1992: xii ff.) präsentiert: der Verpflichtung auf individuelle Freiheiten und soziale Chancengleichheit einerseits, der Forderung nach einem umverteilenden Wohlfahrtsstaat andererseits. Es ist diese Position, welche im amerikanischen Raum für 'liberalism' steht. Die von Nozick (1974) und anderen vertretene Ablehnung der zweiten Komponente (Wohlfahrtsstaatlichkeit) bei Festhalten an der absoluten Vorrangigkeit individueller Freiheiten wird mit dem Begriff des Libertarianismus ('libertarianism') belegt. Dieser verursachte die erste große Welle der Kritik an Rawls. Nach Mulhall/Swift (1992: xxvii) kritisiert der Kommunitarismus als zweite Welle demgegenüber die Priorität individueller Freiheit, verteidigt jedoch wohlfahrtsstaatliche Umverteilung. Rawls' Theorie erscheint dann als vorweggenommene Synthese aus Libertarianismus und Kommunitarismus. Dazu muß freilich angemerkt werden, daß

(1) Rawls und die Libertarianer nicht von *den selben Freiheiten* ausgehen; denn für Nozick nimmt das Recht auf Eigentum eine zentrale Stellung ein, während dies für Rawls eine Frage politischer Erwägungen und Traditionen ist;

(2) die Kommunitaristen nicht in der gleichen Weise die *Garantie individueller Freiheiten* attackieren wie Nozick den Wohlfahrtsstaat; ihnen geht
es in erster Linie um die *Begründung* individueller Freiheiten und um deren angemessenes Verständnis;

(3) auch die Kommunitaristen Kritik am *liberalen Verständnis von Umverteilung* üben, weil dieses in einen Gegensatz zur Berücksichtigung individueller Verantwortung und Verdienstlichkeit führe.

1.2   Sandels Kritik: Die Gemeinschaft als Grenze der Gerechtigkeit

Bereits an der abstrakt-moralischen Fassung des kontraktualistischen Argu-
ments wird ersichtlich, daß Rawls am deutlichsten an die Kantische Position
anschließt (s.a. Rawls 1992e). Von dem metaphysischem Ballast der Vorstellung einer 'reinen praktischen Vernunft' will er sich freilich lösen. Sandel
moniert nun jedoch, daß diese pragmatische Wendung des Kantischen Ver-
tragsdenkens Perspektiven zusammenführt, die nicht zusammen gehören.
Das 'liberale Paket' aus individueller Freiheit, Chancengleichheit und sozialstaatlicher Umverteilung wäre dann eine Mogelpackung.

Der *theoretisch-konzeptionelle* Teil von Sandels Kritik in *Liberalism and
the Limits of Justice* stützt sich vor allem auf drei Thesen:

(1) Das Rawlssche Urzustandskonzept setze eine bestimmte Sicht der
Adressaten der Gerechtigkeitstheorie voraus, nämlich die Vorstellung eines
'ungebundenen Selbstes' ('unencumbered self'), welches alle gemeinschaftlichen Bindungen als zufällig, die moralische Verpflichtung auf abstrakte
Gerechtigkeitsprinzipien hingegen als unbedingt verpflichtend erlebt. Eine
Begründung des Vorrangs der Gerechtigkeit im Sinne der Achtung individueller Rechte, die unabhängig von jeder bestimmten Vorstellung des inhaltlich
Guten erfolgt, sei jedoch nicht haltbar – es sei denn, man halte eine metaphysische Fundierung der praktischen Vernunft à la Kant aufrecht.

(2) Diese Sicht des menschlichen Selbstes vertrage sich zudem theorie-
intern nicht mit dem von Rawls verfochtenen 'Differenzprinzip', also dem
Gerechtigkeitsgrundsatz 2 (a). Dieses setze moralisch-praktisch ein einge-
bundenes, sich gegenüber einer Gemeinschaft und ihren Zielen vorgängig
verpflichtet wissendes Selbst voraus, welches bereit ist, die erforderliche
Umverteilung von Ressourcen als angemessenen Ausdruck sozialer *Solidarität* zu betrachten. In der Tat war Kants Vorstellung vom Gesellschaftsver-

trag als regulativer 'Idee der praktischen Vernunft' jeder sozioökonomischen Umverteilungsforderung abhold (vgl. Kant 1793: 147). Die mit der Annahme einer vorgängigen Solidarität in Anspruch genommene moralische Gegenseitigkeit der Mitglieder einer politischen Gemeinschaft hat nach Sandel dann jedoch auch Folgen für die inhaltliche Bestimmung von Verteilungsgerechtigkeit. So lasse sich individuelles *Verdienst*, verstanden als persönlicher Beitrag zum Gedeihen der politischen Gemeinschaft und zum Erreichen ihrer Ziele, nicht mehr als gerechtigkeitsirrelevant abtun, wie dies bei Rawls der Fall ist (Sandel 1982: 137-143). Verdienst im Rahmen einer politischen Gerechtigkeitstheorie bedeutet dann mehr als faire Chancengleichheit innerhalb der auf das Differenzprinzip ausgerichteten Institutionen, nämlich die für sich stehende Anerkennung eines individuellen Beitrages zur Entfaltung der Lebensweise einer politischen Gemeinschaft. Alle kommunitaristischen Gerechtigkeitskonzeptionen greifen diesen Gedanken Sandels auf und reetablieren Vorstellungen von Verdienst als Verteilungskriterium sozialer Güter.

(3) Eine Gemeinschaft, in der Solidarität nicht als willkürlicher Zwang oder kontingente Manipulation, sondern als mit individueller Autonomie und authentischer Zustimmung in Einklang stehend gelten kann, muß eine 'konstitutive' Gemeinschaft sein, d.h. eine Gemeinschaft, deren Ziele das Selbst bereits von Grund auf prägen und die nicht erst als Konsequenz einer freiwilligen Wahl des Individuums begriffen werden (s.o. II.4). Auch mit diesem Hinweis spielt Sandel Kant gegen Rawls aus, indem er auf die 'Selbstzweck'-Formel des Kategorischen Imperatives verweist. Raffinierterweise greift er dabei ein Argument von Nozick wieder auf. Nozick hatte geltend gemacht, daß jeder Mensch *sich selbst* gehört, samt allen seinen Talenten, Fähigkeiten und Neigungen (Nozick 1974). Damit kann nur ich selbst darüber entscheiden, wie ich meine Arbeitskraft einsetze, und jede politische Umverteilung ist schlicht Zwangsarbeit. Das ist keinesfalls die Auffassung Sandels, doch macht er geltend, daß in Nozicks Einwand eine wichtige Wahrheit steckt: Die Auffassung individueller Talente als Gemeingut setzt voraus, daß das Individuum sich selbst als konstitutiv angewiesen auf die Gemeinschaft verstehen kann.

Letztlich zeigt sich, daß Sandels Kommentar ein Spezialfall der von Taylor in allgemeinerer Weise formulierten Infragestellung von *Verfahrensethiken* und Empfehlung *substantieller Ethiken* in der Tradition von Aristoteles darstellt (s.o. I.3):

(1) Der Einwand Sandels gegen die aus seiner Sicht zu hohen Solidaritätserwartungen, welche das Differenzprinzip mit sich bringt, kann auf die von Taylor thematisierten 'Quellen der Moral' bezogen werden, die von der gegenwärtigen Moral- und Sozialphilosophie mehr verdeckt als angezapft werden: „Hohe Maßstäbe", so Taylor (1996a: 891), „brauchen starke Quellen." Genau auf jene hier von Taylor u.a. angesprochene Haltung des Wohlwollens gegenüber anderen müßte sich nach Sandel das Differenzprinzip, ja vielleicht die ganze Gerechtigkeitsvorstellung von Rawls, motivational stützen. Wenn eine authentische Form der Gerechtigkeitsorientierung (einschließlich des politischen Eintretens für eine gerechte Gesellschaft) dadurch zustande kommt, daß man „durch das starke Gefühl angespornt [wird], die Menschen seien es in hohem Maße *wert*, daß man ihnen hilft oder sie gerecht behandelt, also durch das Gefühl ihrer Würde oder ihres Wertes", dann erreiche man den „Punkt, an dem wir mit den Moralquellen in Berührung kommen, die diesen Maßstäben überhaupt erst eine Grundlage verschaffen" (ebd.: 890f.).

(2) Sandels Kritik an Rawls' Argumentation angeblich zugrundeliegenden Personenvorstellung vom 'ungebundenen Selbst' korrespondiert der Taylorschen These, daß hinter der Behauptung eines Primats individueller Rechte vor Erwägungen des Guten eine 'atomistische' Auffassung vom Menschen als anthropologische Hintergrundtheorie stehen müsse (Taylor 1995b) – wobei sich Atomismus an der Auffassung festmacht, daß das Individuum in der Wahl des für ihn Guten selbstgenügsam sei und die Gemeinschaft insofern nur eine instrumentelle Funktion für die Verwirklichung des individuell Guten erfülle (s.o. I.3.2). Freilich hat Taylor selbst zu bedenken gegeben, daß Rawls womöglich die falsche Adresse für diesen Atomismus-Vorwurf darstellt. Denn der politische Liberalismus kann darauf entgegnen, daß entgegen wirklich atomistischer Doktrinen in seinem Rahmen durchaus ein gemeinsames Gutes vorgestellt wird, nämlich die Verfolgung der Gerechtigkeit selbst (Taylor 1993a: 122f.). Unbestritten ist auch, daß die Beschreibung der Parteien im Urzustand (ihr wechselseitiges Desinteresse) keine Darstellung der Eigenschaften *realer Personen* liefern soll.[1] Der entscheidende Punkt liegt nicht in dem Vorwurf, daß der politische Liberalismus Kantischer Provenienz und Rawlsscher Prägung egoistische Nutzenmaximie-

---

1   Dies wurde Sandel immer wieder entgegengehalten, trifft aber nicht den Kern seines Einwandes, nämlich die Unverzichtbarkeit einer elaborierten Darstellung der politischen Gemeinschaft als konstitutiver Gemeinschaft, die dann als ein Gut in sich zu begreifen wäre.

rer als Subjekte der Gerechtigkeitstheorie vorstelle. Wie auch Sandel sieht, stellt diese Spielart des Liberalismus ja gerade ungemein hohe *moralische Forderungen* an das Individuum, vom dem erwartet wird, stets im Einklang mit den allgemeinen Gerechtigkeitsprinzipien zu handeln. Diese moralischen Forderungen werden im Gegenteil als *zu weitgehend*, da *nicht mit einer spezifischen moralischen Identität verbunden* betrachtet. Der 'Atomismus' der Kantischen Tradition ist gewissermaßen ein 'moralistischer' Atomismus.

Worin liegt also der entscheidende Punkt? – Meines Erachtens in der *Begründung* dieses Gutes der Gerechtigkeit. Im Hinblick darauf sah Sandel nicht ohne Grund zumindest in der urspünglichen Fassung der Rawlsschen Gerechtigkeitstheorie ein *explizit* atomistisches Personenverständnis zugrundegelegt, welches die individuelle Wahlfreiheit mit einem normativ-ontologischen Vorrang gegenüber allen sozialen Bindungen auszeichnete. Er kann dabei auf einige in diese Richtung weisende Passagen beim 'frühen' Rawls verweisen: „Nicht unsere Ziele drücken in erster Linie unsere Natur aus, sondern die Grundsätze, die wir als maßgebend für die Rahmenbedingungen anerkennen würden, unter denen sich diese Ziele bilden und verfolgt werden sollen. Denn die Person ist vor ihren Zielen da; auch ein übergeordnetes Ziel muß aus vielen Möglichkeiten ausgewählt werden." „Der Wunsch, seine Natur als freies und gleiches Vernunftwesen auszudrücken, läßt sich nur erfüllen, wenn man gemäß den mit höchstem Vorrang versehenen Grundsätzen des Rechten und der Gerechtigkeit handelt" (Rawls 1975: 607/623, vgl. Sandel 1995: 16f.). Man kann diese Sätze durchaus dahingehend lesen, daß Rawls hier eine Aussage über das dem Menschen 'Wesentliche' oder 'von Natur aus Gute' macht: Das dem Menschen Gute besteht darin, seiner eigentlichen 'Natur' als 'Vernunftwesen' zu entsprechen – also nicht etwa in fundamentalistischen Fanatismus zu verfallen. In gewisser Weise ist Rawls' Darstellung der Gerechtigkeit aus kommunitaristischer Sicht erst mit diesem Hinweis vollständig, insofern sie eine substantielle Begründung für den Vorrang der Gerechtigkeit liefert. Zugleich bleibt sie jedoch insofern *un*vollständig, als die Fähigkeit zu wählen nicht noch einmal als Hervorbringung einer gemeinsamen Lebensweise begriffen wird. Die Behauptung der freien Wahl als Wesensnatur des Menschen steht recht unvermittelt im Raum und kann begrüßt oder verworfen werden. Sie als für *unsere Identität* konstitutiv aufzuweisen, zöge erheblichen Begründungsaufwand nach sich. Weil dies auch in unsichere Wasser führen würde und Uneinigkeit vorprogrammiert wäre, hat Rawls den expliziten (moralistischen) Atomismus als substantielle Begründung von Gerechtigkeit als Fairneß fallen gelassen und auf eine 'Ausklammerung' aller Wesensbestimmungen des Menschen gesetzt. Nach Sandels Auffassung ändert dies nichts daran, daß atomistische Annahmen in Rawls' Gerechtigkeitskonzeption *implizit* nachwirken.

1.3   Die Antwort des politischen Liberalismus und das bleibende Unbehagen Sandels

Reese-Schäfer gibt einer weit verbreiteten Auffassung Ausdruck, wenn er schreibt, daß Sandels Kritikpunkte „auf den gegenwärtigen Stand von Rawls' Theorieentwicklung, der sich seit den frühen achtziger Jahren abzuzeichnen beginnt, nicht mehr zu[treffen]" (Reese-Schäfer 1997: 236). Interessanterweise impliziert diese Einschätzung jedoch (oder läßt zumindest offen), daß Sandels Kritik auf den *früheren* Stand der Rawlsschen Theorie tatsächlich *zutraf.* Die Frage wäre dann, was Rawls an seiner Theorie verändert hat, um den Bedenken Sandels Rechnung zu tragen. Möglich wären jedoch zwei weitere Auffassungen: Sandels Kritik hat von Anfang sein Ziel verfehlt, da sie sich auf eine irregeleitete Lesart bereits der ursprünglichen Fassung von Rawls' Theorie stützte. Oder aber: Weder die ursprüngliche noch die modifizierte Fassung der Rawlsschen Gerechtigkeitstheorie vermag die Einwände Sandels zu entkräften.

Die Einschätzung, daß Sandels Kritik von Anfang fehlgeleitet war, findet bei den Sympathisanten Rawls' breite Unterstützung. Sie machen geltend, daß *A Theory of Justice* bereits alle wesentlichen Elemente enthielt, mit denen sich Rawls später gegen seine kommunitaristischen Widersacher verteidigte (vgl. Hinsch 1992). Wenn, dann lasse sich höchstens eine Akzentverschiebung in der Rawlsschen Theoriearchitektonik ausmachen. Hier kann freilich entgegnet werden, daß Rawls durchaus anerkannt hat, daß der bereits angesprochene Personenbegriff der ursprünglichen Fassung seiner Gerechtigkeitstheorie fragwürdige Implikationen trug. So gestand er selbstkritisch ein, daß er dort eine Variante von Liberalismus vertreten hat, die er nun als „umfassende philosophische Lehre" bewertet – und nunmehr, wie alle 'umfassenden Lehren' verwirft (Rawls 1998: 12).[2] Umfassende *philosophische* Lehren stehen in modernen, pluralistischen Gesellschaften, so gibt Rawls im Anschluß an die rückblickende Bewertung zu bedenken, genauso unter dem

---

2   Zum Begriff der 'umfassenden Lehre' s.o. Textmarke 105.

Verdikt des „Pluralismus zwar einander ausschließender, aber gleichwohl vernünftiger umfassender Lehren" wie religiöse oder moralische umfassende Lehren (ebd.). Rawls zieht daraus die Schlußfolgerung, sein Konzept müsse „von Anfang an" als eine *politische* Konzeption der Gerechtigkeit formuliert werden, d.h. als eine Konzeption, die auf metaphysische Annahmen über die 'wahre' Natur des Menschen konsequent verzichtet (ebd.: 13). Dafür steht das neue Etikett des *'politischen Liberalismus'*. „Überraschend" erscheint mir nun weniger, wie Rawls meint, daß eine solche Reformulierung „viele andere" Veränderungen bzw. „weitgehende Revisionen" nach sich zieht und „ein ganzes Bündel vorher nicht benötigter Ideen voraus[setzt]" (ebd.), sondern vielmehr, daß gleichwohl die *Substanz* seiner Theorie praktisch ohne Abstriche erhalten bleiben soll. Auf den ersten Blick mutet es merkwürdig an, daß die Bürger einer wohlgeordneten Gesellschaft nicht mehr die gemeinsame Gerechtigkeitskonzeption als eine umfassende Lehre betrachten (das heißt v.a.: Fairneß nicht mehr als eines ihrer allgemeinen Lebensideale begreifen und die Möglichkeit zu wählen nicht mehr als Ausdruck der dem Menschen wesentlichen Natur), sich an den normativen Anforderungen an sie (den zwei Gerechtigkeitsgrundsätzen) jedoch überhaupt nichts ändern soll.

Zudem bestreitet Rawls (1998: 14, Fußn. 6), daß die von ihm vorgenommenen Modifikationen eine Antwort auf seine kommunitaristischen Kritiker darstellen, obwohl etwa Richard Rorty dies in einem interessanten Aufsatz so gedeutet und begrüßt hat (Rorty 1988). Wichtig erscheint mir an dieser Stelle zu sein, daß Rawls die Notwendigkeit einer konzeptuellen Revision der Ursprungstheorie vornehmlich am Problem der *Stabilität* der Gerechtigkeitstheorie festmacht. Offensichtlich hält er dies für ein rein theorieimmanentes Problem. Doch seine nachdrückliche Herausstellung der Bedeutung, die mögliche Stabilität einer Gerechtigkeitskonzeption aufzuzeigen, hat gewichtige Konsequenzen für die Einschätzung der kommunitaristischen Konzeption. Denn bei Rawls' Thematisierung der Stabilität einer Gerechtigkeitskonzeption geht es im Grunde um die Frage, was reale Akteure dazu bewegen kann, die normativen Aussagen politischer Theorie als verbindliche Richtschnur ihres Handelns zu betrachten. In den Worten Rawls: „Wie können einander zutiefst entgegengesetzte, aber vernünftige umfassende Lehren zusammen bestehen und alle dieselbe politische Konzeption einer konstitutionellen Ordnung bejahen?" (Rawls 1998: 14). Die Art der Fragestellung verweist bereits auf die Lösung: Auf der einen Seite werden zulässige umfassende Lehren auf 'vernünftige' unter ihnen eingeschränkt; auf der anderen

Seite wird eine Grenze zwischen dem 'nicht-öffentlichen' Bereich umfassender Lehren und dem 'öffentlichen' Bereich eines übergreifenden Gerech-
tigkeitskonsensus gezogen (ebd.: 15f.).

Läßt sich somit zumindest in diesen begründungstheoretischen Fragen eine signifikante Akzentverschiebung in Rawls' Argumentation feststellen, so
vermag die These, allein damit sei die kommunitaristische Kritik bereits hinfällig geworden, kaum zu überzeugen. So substituiert Rawls aus Sandels
Sicht auf diese Weise nur eine mißliche (weil mit den restlichen Implikationen der Rawlsschen Theorie, vor allem den Solidaritätsaspekten des Diffe-
renzprinzips nicht verträgliche) Auffassung der menschlichen Person durch
eine insgesamt lückenhafte Argumentation. Die Debatte um die 'Konstitution
des Selbst' darf nicht als eine abstrakte Erörterung subjekttheoretischer Fragestellungen mißverstanden werden. Letztlich geht es um den Verpflich-
tungscharakter von Gerechtigkeitskonzeptionen in liberalen Gesellschaften
und damit um die angemessenste Art und Weise, wie eine öffentliche Verständigung über Gerechtigkeitsfragen zu erreichen ist. Dies läuft nicht zuletzt
auf die Frage hinaus, welche Bedeutung Vorstellungen von Gerechtigkeit
überhaupt noch haben können. Für Rawls stellt Gerechtigkeit, richtig verstanden, weder einen Bestandteil einer besonderen Konzeption des guten Lebens (oder einer 'umfassenden Lehre') dar, noch ist sie eine bloß zufällige,
aufgrund günstiger Umstände herstellbare, Übereinkunft, mit der 'alle leben
können'. Ein solcher *modus vivendi* wäre Rawls zu wenig (vgl. etwa Rawls
1998: 236), eben weil der Hinweis auf ihn nicht erklären kann, wieso es
richtig sein soll, auch dann die Forderungen der Gerechtigkeit zu erfüllen,
wenn dies als nicht im eigenen Interesse liegend erscheint.

Auch die von Rawls angeführte Auffassung einer 'moralischen Person'
als akteurstheoretischer Grundlage von 'Gerechtigkeit als Fairneß' vermag
diesen Einwand nicht hinfällig zu machen (vgl. erstmals Rawls 1992e: 87-
90): Die zwei konstitutiven Fähigkeiten moralischer Personen, nämlich die
Verfolgung einer Konzeption des guten Lebens und die Herausbildung eines
Gerechtigkeitssinnes, können einerseits so verstanden werden, daß sie nur
Auskunft darüber geben, welche *Fähigkeiten* vorausgesetzt werden. Damit
würden aber keine diesen Personen 'wesentlichen' Wertungen über die Vorrangigkeit bestimmter Handlungsvermögen einhergehen. Sie können andererseits als Beschreibung von Personen begriffen werden, die ihre Konzeptionen des guten Lebens *immer schon* unter die einschränkenden Bedingungen einer in Begriffen von Fairneß konzipierten Gerechtigkeit stellen – damit
wäre man jedoch wieder bei der Vorstellung von der freien Wahl der Ziele

als dem Menschen 'wesentliche' Eigenschaft. Es ist also fragwürdig, wenn der politische Liberalismus behauptet, daß es schlicht nicht 'seine Aufgabe' (vgl. Rawls 1998: 15) sei, sich mit der Angemessenheit von Personenkonzeptionen auseinanderzusetzten und daß er sich allein auf das 'Faktum des Pluralismus' berufen könne. Denn daß die Frage nach dem angemessenen Personenverständnis ausgeklammert wird, heißt noch nicht, daß Rawls' Theorie keine Wahlverwandtschaft mit einem bestimmten Selbstverständnis habe. Was müssen wir für Menschen sein, um Gerechtigkeit an die erste Stelle zu setzen? Kann uns eine Theorie wie die Rawlssche deutlich machen, warum wir solche Menschen sein sollten? – Diese Fragen Sandels stehen immer noch im Raum. Er gibt darauf mögliche Antworten:

(1) Wir müssen einerseits Menschen sein, die zum Verzicht auf die Erörterung und Entscheidung bestimmter Fragestellungen bereit sind. Die Frage: 'Wie müssen wir die Formen wirtschaftlicher Kooperation gestalten, um das gute Leben als Staatsbürger in einer sich selbst regierenden Republik zu ermöglichen?' etwa ist nicht mehr stellbar (Sandel 1995: 55-99, s.u. IV.3.2). Wir müssen des weiteren Menschen sein, die auf Vorstellungen persönlicher Verantwortlichkeit verzichten. Die Vorstellung eines individuellen Verdienstes darf keine verteilungsrelevante Bedeutung erlangen. Kurzum: Die Frage nach der Kultur des Zusammenlebens, der gemeinsamen Lebensweise muß außen vor bleiben, da dies immer auch Wertungen über das guten Leben impliziert.

(2) Wir müssen andererseits *politische* Personen sein, das heißt, wir müssen bereit sein, der politisch definierten Konzeption der Gerechtigkeit Vorrang gegenüber all unseren anderen Identitäten und Überzeugungen einzuräumen. Daran schließt sich Sandels Variation von Taylors 'radikaler Warum-Frage' an: „Warum sollten wir uns den Standpunkt des politischen Personenbegriffs überhaupt zu eigen machen?" (ebd.: 24).

Sandels Kritik läuft auf die Behauptung der Alternative 'Gerechtigkeit *oder* Gemeinschaft' hinaus. Die Konstitutionslogik einer politischen Gemeinschaft, mit der wir uns als freie Personen identifizieren können, weil sie uns die Freiheit ermöglicht hat und durch ihre Praktiken immer wieder ermöglicht, stellt nach seinem Dafürhalten die Grenze von Gerechtigkeitsüberlegungen dar. Er hat konsequenterweise der Rawlschen Konzeption keine eigene Vorstellung der Gerechtigkeit entgegengesetzt, sondern die republikanische Tradition staatsbürgerlicher Tugend und Teilhabe als alternativen Ausgangspunkt dargestellt. Im Rahmen der Darstellung kommunitaristischer

Demokratietheorie werde ich deutlich machen, warum diese Perspektive unter einer inhaltlichen Leere leidet, weil sie nicht zu verdeutlichen vermag, für welche Ziele eine 'gute' Politik eintreten sollte (s.u. IV.3.2). Die im folgenden diskutierten Gerechtigkeitstheorien von Galston und Walzer sind dieser Gegenüberstellung denn auch nicht gefolgt, sondern haben *gerechtigkeitstheoretische* Alternativen zur Theorie von Rawls entworfen.

2. Galstons Gerechtigkeitstheorie: Liberaler Aristotelismus

William Galston ist weniger bekannt als Theoretiker wie Taylor, MacIntyre und Walzer oder auch Rawls und Habermas. Gleichwohl hat er in zwei interessanten Büchern, *Justice and the Human Good* (1980) und *Liberal Purposes* (1991), die Möglichkeiten einer alternativen Begründung des Liberalismus ausgelotet und für die Gerechtigkeitstheorie fruchtbar gemacht. Galston bekennt sich sowohl in inhaltlicher als auch in methodischer und in begründungslogischer Hinsicht zu einem *aristotelischen* Ansatz. Inhaltlich sieht er die Pointe des Aristotelismus in einer echten Versöhnung von Individualität und Gemeinschaft. Auf der Seite der Methode korrespondiere dem eine dialektische Verfahrensweise, bei der die konträren Ansichten gegenübergestellt und ihre partiellen Wahrheitsgehalte herausgearbeitet werden. Als gute Begründung gelte dann eine „umfassende strukturelle Beschreibung", die möglichst viele Dimensionen einschließt und so dem „reduktionistischen Impuls" der Verfahrensethiken widersteht (Galston 1980: x).[3]

Obwohl das Bekenntnis zur aristotelischen Tradition der Sozialphilosophie als der gemeinsame Nenner kommunitaristischer Moraltheorie begriffen werden kann (s.o. Kap. 1), wird Galston häufig zum liberalen 'Lager' gezählt. Das ist auch insofern erstaunlich, als Galston ohne Frage als eine wichtige intellektuelle Figur des praktisch-reformerischen Kommunitarismus[4] verstanden werden kann und zu den Unterzeichnern der 'Communitarian Platform' gehört. Ausschlaggebend für diese Zuordnung dürfte indes sein, daß Galston sich als starker Universalist darzustellen bestrebt ist und den Partikularismus Walzers abwechselnd heftig kritisiert oder als Selbstmißverständnis zu entlarven getrachtet hat (Galston 1989a, 1991: 43). So gesehen,

---

3   Zu Galstons Anti-Reduktionismus s. jetzt auch Galston 2002.
4   Zur Unterscheidung von praktisch-reformerischen und theoretisch-philosophischem Kommunitarismus s. die Einleitung, Abschn. 1.

will Galston sich die Rolle eines Grenzgängers zwischen substantialistischer Ethik und moralischem Universalismus auf den Leib schreiben: Entgegen der liberalen Auffassung hält er es für erforderlich, auf eine reichhaltigere Auffassung des Guten zu rekurrieren; entgegen der liberalen *und* der kommunitaristischen Position glaubt er, daß diese Konzeption des Guten nicht an einen bestimmten kulturellen Hintergrund gebunden ist. Ich werde in der Diskussion von Walzers Theorie die Auffassung vertreten, daß dieser in der Tat weniger radikal-partikularistisch zu verorten ist, als seine Rhetorik mitunter vermuten läßt. Auf der anderen Seite scheint das universalistische Bekenntnis Galstons allzu naiv vorgebracht zu werden: Was er als Synthese verschiedenster Standpunkte ausgibt, stellt in Wirklichkeit bloß eine (gewiß interessante) Quersumme *westlich-liberaler* Positionen dar. Ob und wie die von ihm verfochtene 'liberale Theorie des Guten' wirklich *verallgemeinerbar* ist, das bleibt hingegen ungeklärt.[5]

2.1 Zwischen Liberalismus und Kommunitarismus

Gut aristotelisch sucht Galston das gerechtigkeitstheoretische Heil in der Mitte zwischen zwei Extremen, d.h. zwischen einem *Hyperorganizismus* einerseits, bei dem die Ziele der Gemeinschaft denen des Individuums übergeordnet werden, und einem *Hyperindividualismus* (wie etwa Nozicks Libertarianismus) andererseits, bei dem die umgekehrte Rangfolge gilt. An dem begehrten Platz in der Mitte tummeln sich zwar schon diverse politische Theoretiker, doch deren Vermittlungsversuche hält Galston nicht für befriedigend. Der Kommunitarismus Taylorscher oder Walzerscher Prägung wurde zum Zeitpunkt des Erscheinens von *Justice and the Human Good* noch nicht als eigenständige Theorieposition wahrgenommen. So wendet sich Galston vorrangig dem Rawlsschen Ansatz als aussichtsreichstem Lösungsversuch zu. Dieser sei mit den typischen Problemen aller Vertragstheorien behaftet,

---

5 Diese Kritik scheint mir auch auf eine weitere aristotelische Grenzgängerin zuzutreffen, nämlich Martha Nussbaum. In ihrer vom 'aristotelischen Essentialismus' inspirierten „Skizze der wichtigsten Funktionen oder Tätigkeitsweisen des Menschen, mit denen sich menschliches Leben in der Geschichte definieren läßt" (Nussbaum 1993: 332) findet sich etwa die Fähigkeit, „unnötigen und unnützen Schmerz zu vermeiden und lustvolle Erlebnisse zu haben", oder auch „zu lachen, zu spielen und erholsame Tätigkeiten auszuüben" (ebd.: 339f.). Die Entwicklung dieser Fähigkeiten gelte es demnach überall auf der Welt zu fördern. Doch warum liegen jene Auffassungen, die Lust, Lachen oder Spiel *nicht* als den Menschen definierende Fähigkeiten erachten (sondern z.B. als Ablenkung von Gottesfurcht, Rationalität oder Weltentsagung), falsch?

nämlich einem „mangelhaften Verständnis der Beziehung zwischen dem Individuum und der politischen Gemeinschaft" (ebd.: 4). Er werde nämlich der
aristotelischen Einsicht nicht gerecht, daß wir als Menschen wesentlich auf
eine politische Gemeinschaft angewiesen sind und daß der Beitrag zum gemeinsamen Leben dieser Gemeinschaft folglich bereits ein Ausdruck natürli-
cher Pflichten (*natural duties*) und nicht erst selbstauferlegter Verbindlich-
keiten (*obligations*) sei. Sowohl konzeptionell als auch inhaltlich ist Galstons
Abgrenzung von Rawls klar und eindeutig: Die der Urzustandskonstruktion
zugrundeliegende Annahme eines quasi natürlichen Rechts aller auf *gleiche*
Berücksichtigung („natural right of all men and women to equality of concern and respect" (Dworkin 1974: 51)) hält er so für nicht akzeptabel; die
Rawlssche Theorie der Grundgüter sei defizitär, weil sie nicht auf *Bedürftig-*
keit rekurriere; und sie liege falsch, wenn sie die moralische Relevanz von
Verdienstlichkeit negiere (Galston 1980: 9ff.).

Rawls' Fortführung seiner Gerechtigkeitstheorie als Konzeption eines
'politischen Liberalismus' löst nach Galstons Auffassung die Probleme nicht,
weil sie einen fragwürdigen Begriff der moralischen Person ins Zentrum
rückt. Galston bezieht sich dabei auf Rawls' Darlegung der „kantisch-
konstruktivistische[n] Sicht" (Rawls 1992e: 126ff.). Der kantische Konstruktivismus „nimmt einen bestimmten Begriff der Person als Element eines
vernünftigen Konstruktionsverfahrens, dessen Ergebnis den Inhalt der obersten Gerechtigkeitsgrundsätze festlegt" (ebd.: 81f.). Nach Galston gerät
Rawls damit als Konstruktivist in ein Dilemma, denn die Bestimmung 'moralischer Personen' als Ausgangspunkt des Konstruktionsverfahrens kann
selbst nur entweder intuitionistisch begründet werden oder muß als willkür-
lich betrachtet werden (Galston 1991: 135f.).

Wie bei Sandel so weist auch die Position Galstons in moraltheoretischer
Hinsicht insofern Ähnlichkeit mit dem Standpunkt Taylors auf, als sie eine
Fundierung der Gerechtigkeitstheorie auf einer Vorstellung vom 'Rechten'
ohne Rückgriff auf eine entfaltete Vorstellung vom 'Guten' für inkonsistent
hält. Mit seiner Sicht der konstitutiven Angewiesenheit des Menschen auf
die politische Gemeinschaft schließt er außerdem an Taylors Atomismus-
Kritik an (s.o. I.3.2). Auch in der Feststellung, daß unsere „herrschenden
Ideen" zwar keineswegs aristotelisch seien, wohl aber viele unserer „Erfahrungen und Intuitionen" (ebd.: xi), zeigt sich eine Nähe zu Taylors Auffassung der Moderne. Im Unterschied zu Taylor bindet Galston seine substantielle Ethik jedoch nicht an die hermeneutische Erschließung des moralischen
Horizontes einer kulturellen Gemeinschaft als Methode der Bestimmung in-

haltlicher Vorstellungen vom Guten zurück. Er will nicht auf das moralische Selbstverständnis, die Identität moralischer Personen als letzten Bezugspunkt normativer Argumentation rekurrieren, wie das bei Taylor der Fall ist. Statt dessen ist es seine Absicht, eine Theorie des Guten darzulegen, die *unabhängig* von einem solchen kulturell imprägnierten Selbstverständnis Überzeugungskraft zu entfalten vermag. Da sich die 'dialektische' Verfahrensweise Galston freilich genau auf diesen geteilten Horizont der westlichen Kultur bezieht, fragt sich, ob auch er letztlich nichts anderes als den Versuch einer 'besten Analyse' (Taylor 1996a: 115f.) zu liefern imstande ist (s.o. I.3.3).

Es ist eine Kombination aus zwei aristotelischen Elementen, die Galston zu konkreten Aussagen über die Anforderungen sozialer Gerechtigkeit in der modernen Gesellschaft führt, nämlich zum einen eine *Theorie des individuell für den Menschen Guten* und zum anderen das Verständnis von distributiver Gerechtigkeit als *Proportionalität*.

2.2 *Gerechtigkeit als Proportionalität und liberale Güter*

Gerechtigkeit als Proportionalität im Sinne Aristoteles' deutet Galston als eine Besitzbeziehung: Gerechtigkeit könne als „rechtmäßiger Besitz" („rightful possession") verstanden werden, d.h. im Sinne einer Übereinstimmung von Besitz und gültigem Anspruch seitens der Empfänger (ebd.: 5). Verteilung im Einklang mit Ansprüchen bedeute Verteilung im qualitativen und quantitativen *Verhältnis* der Ansprüche untereinander (ebd.: 6). Als genuine Anspruchstypen kommen nach Galston nur *Bedürfnis* (*need*) und *Verdienst* (*desert*) in Frage. Später hat er noch *Wahl* (*choice*) im Sinne der freien Disposition über Ressourcen, gegenüber denen legitime Besitzansprüche bestehen, als drittes Prinzip mit einem besonderen Status hinzugesellt (Galston 1991: 183ff.). Individuellen *Rechte* dienten hingegen allenfalls als eine Art „Stenographie" für andere moralische oder Klugheitserwägungen (ebd.: 5).

Nach Galstons Auffassung ist Gleichheit ausschließlich im Lichte der Auffassung vom Guten wie auch der zwei Typen von legitimen Ansprüchen zu verstehen, d.h. als Gleichbehandlung gemäß diesen Kriterien. Mit Aristoteles spricht Galston von *'proportionaler Gleichheit'* als der für Gerechtigkeit als Proportionalität charakteristischen Gleichheitsvorstellung. Proportionale Gleichheit kann verstanden werden als gleiche Berücksichtigung von persönlichen *Eigenschaften*, die in einem inneren Zusammenhang zu den zu verteilenden *Gütern* stehen. Formal nimmt dies auf die für alle Gerechtigkeitstheorien, auch die von Rawls, grundlegende Bestimmung bezug, wonach gleiche Fälle gleich und ungleiche Fälle ungleich zu behandeln sind (ebd.: 143). Spezifisch aristotelisch ist jedoch die Auffassung davon, *welche materialen Hinsichten* es sind, in denen Gleichheit und Ungleichheit verteilungsrelevant werden sollen.[6]

Galstons *Theorie des Guten* nennt als die vier „liberalen Güter" im Sinne von zu fördernden Zielvorstellungen *Leben*, die *normale Entwicklung von Fähigkeiten*, *individuelles Glück* und *vernünftiges Handeln* und schlägt eine differenzierte Rangordnung zwischen diesen Gütern vor (vgl. Galston 1980: 56-91). Eine etwas längere Liste findet sich dann in *Liberal Purposes*, wo Galston noch *Freiheit* und *Geselligkeit* hinzufügt und individuelles Glück in *Erfüllung von Interessen und Zielen* sowie *subjektive Zufriedenheit* ausdifferenziert (Galston 1991: 173-177). Alle Güter müssen vorhanden sein, um im liberalen Sinne von einem guten Leben sprechen zu können, aber im Zweifelsfall ist Glück weniger bedeutsam als etwa Vernünftigkeit. Diese laut Galston in jeder Erwägung des für den Menschen Guten stets präsenten Zwecke können für sich allein allerdings noch nicht als Zielvorgabe der Gerechtigkeit fungieren. Sie müssen in Beziehung gesetzt werden zu den verschiedenen Güterarten, welche im sozialen Leben eine konstitutive Rolle spielen. Von diesen Güterarten her bestimmt sich schließlich auch die jeweilige Anwendung des Bedürfnis- und des Verdienstkriteriums. Proportionale Gerechtigkeit ruht somit auf einer Theorie des individuell Guten auf; und sie hängt in ihrer Anwendung von der Art und der Verfügbarkeit des jeweils in Frage stehenden Gutes ab.

Im Falle des *Bedürfnis*kriteriums ist es die subjektive Bedürftigkeit aller Mitglieder der Gemeinschaft, welche gleichermaßen zu berücksichtigen ist („equality of consideration" (Galston 1980: 158f.)). Diese Bedürftigkeit werde auf ein Gutes als *Ziel*, nicht als Mittel, hin bestimmt, das heißt, es ergeben sich Ansprüche auf stark variierende Ressourcenbestände für verschiedene Individuen. Behinderte und Frühgeborene etwa können mehr an Ressourcen beanspruchen (ebd.: 184). Galston reflektiert hier eine schon früher an Rawls geäußerte Kritik, daß die Verteilung sozioökonomischer Güter gemäß dem

---

6   Vgl. Günther 1994. So sind es im aristotelischen Denken die persönlichen Qualitäten, deren Gleichheit/Ungleichheit in ein Verhältnis der 'Proportion' zu bestimmten Praktiken (Künsten, Wissenschaften, Techniken) gesetzt werden. Für ein Beispiel s.u. S. 179.

Differenzprinzip keine ausreichende Güterausstattung für Menschen mit besonderer Bedürftigkeit (z.B. Behinderte) liefere.

Relevant im Sinne des *Verdienst*kriteriums seien hingegen *Fähigkeiten* (*skills*), verstanden als „demonstrated ability to act successfully in various spheres" (ebd.: 57). Hier muß Gleichheit als *Chancengleichheit* verstanden werden (ebd.: 176-191). Galston hat später klargestellt, daß es nicht einfach um moralische Tugendhaftigkeit geht, sondern um den individuellen Beitrag zum gemeinsamen Ziel, Chancen für die Ausübung des guten Lebens zu schaffen; und dieser Beitrag sei im Sinne der *liberalen* Ziele zu verstehen, nicht der speziellen Ziele kleinerer Gemeinschaften (Galston 1991: 185). Spezifische Tugenden seien dann insofern gerechtigkeitsrelevant, als sie zu den entsprechenden Tätigkeiten motivieren.

Schließlich greift Galston mit der Ergänzung der Anspruchstypen um die individuelle Wahl (*choice*) den Einwand von Nozick auf, daß *historisch begründete Anrechte* auf bestimmte Güter, die in Eigentumsrechten ihren Ausdruck finden, nicht beliebig zur Disposition von angeblich wünschenswerten Verteilungs*resultaten* gestellt werden dürfen (Nozick 1974: 153-155). In der Annehmbarkeit bestimmter Ungleichheiten aufgrund des unterschiedlichen Gebrauchs legitimer Besitztümer drückt sich für Galston die partielle 'Pfadabhängigkeit' der liberalen Gerechtigkeitsauffassung aus (vgl. Galston 1991: 188). Auch diese Rehabilitierung von 'historischen' Verteilungsprinzipien gegenüber 'ergebnisorientierten' findet sich gleichfalls bei Walzer. Die kommunitaristischen Gerechtigkeitstheorien nehmen also die libertarianische Kritik an Rawls in sich auf, ohne Eigentümerschaft und Tausch zu alles beherrschenden Prinzipien werden zu lassen.

Die Rawlssche Konzeption der 'Grundgüter' hält Galston für defizitär, da sie nicht in Rechnung stelle, daß jede Entscheidung über Verteilungsprinzipien zugleich Überlegungen hinsichtlich der übergreifenden Lebensweise (*way of life*) der politischen Gemeinschaft impliziere und daß vor diesem Hintergrund unterschiedliche Güter unterschiedliche Verteilungsprinzipien erforderten (Galston 1980: 115). Damit wird der Bogen zu den oben dargelegten Überlegungen zum kommunitaristischen Verständnis der Gemeinschaft als Projekt der Realisierung einer gemeinsamen Lebensweise geschlagen. Galston macht den auch für Walzers Gerechtigkeitstheorie grundlegenden Vorschlag, den Blick auf die *innere Logik der zu verteilenden Güter* zu richten. Er nennt in diesem Zusammenhang vier Güterkategorien: *ökonomische Güter*, *Entwicklungsmöglichkeiten*, *politische Güter* und *Anerkennungsgüter*.

Hinsichtlich der Verteilung von *Entwicklungsmöglichkeiten* diskutiert Galston u.a. die Frage, wie mit dem Problem der Knappheit von Fördermöglichkeiten umzugehen sei. Daß alle Individuen prima facie einen Anspruch auf Förderung gemäß der von Galston dargelegten Theorie des Guten haben, ist klar, da ihre Entwicklung gemäß den je vorhandenen Fähigkeiten gleiche Ansprüche auf Entwicklungschancen generiert („equality of development" (ebd.: 159-162)). Was aber, wenn es zu entscheiden gilt, ob etwa der selbe Ressourcenaufwand dafür genutzt wird, um einer stark zurückgebliebenen Person ein rudimentäres Sprach- und Bewegungsvermögen zu ermöglichen, oder aber dafür, einer besonders talentierten Person die Entwicklung hin zum hervorragenden Mathematiker zu eröffnen? Galston glaubt, daß es hier keinen guten Grund gibt, der einen oder anderen Variante prinzipiell einen Vorrang einzuräumen. Der Bedürftigkeit der einen Person steht die Verdienstlichkeit der anderen gegenüber. Als Lösung biete sich ein Mittelweg zwischen dem Prinzip der *Perfektion* (Entwicklung von Exzellenz) und dem *Differenzprinzip* (beste Aussichten für die am wenigsten Begünstigten) an: Unter Knappheitsbedingungen gebe es gewöhnlich gute Gründe, den Ansprüchen der Talentierteren größeres Gewicht zu geben, letztlich jedoch um deren Fähigkeiten zum Wohl der anderen zu nutzen (ebd.: 262f.).

Die wichtigste Unterscheidung hinsichtlich verschiedener Güterarten und deren Beziehung zueinander sei nun die zwischen *ökonomischen* und *politischen* Gütern. Dies macht sich für Galston an der Herausforderung fest, im Bereich politischer Güter die Knappheitsbedingungen zu überwinden, welche für die ökonomische Sphäre kennzeichnend sind (ebd.: 120). Demokratische Staatsbürgerschaft (*citizenship*) begreift Galston ähnlich wie Walzer als „eine Sphäre der Gleichheit" (ebd.: 265). Als eine solche egalitäre Sphäre impliziert sie die Fähigkeit, Politik zu 'beurteilen', nicht unbedingt jene, Politik zu 'machen' (ebd.: 271). Im Gegensatz zu den partizipationseuphorischen Kommunitaristen wie etwa Barber (s.u. IV.4), bei denen die Frage der Ausgestaltung demokratischer Verfahren unter dem Gesichtspunkt vermehrter Teilhabechancen eindeutig dominiert, hebt Galston jedoch hervor, daß bestimmte Institutionen und Verfahren nur dann als gerecht einzustufen sind, wenn sie die Vermutung für sich haben, auch zu gerechten *Ergebnissen* zu führen (ebd.: 276).

Eine interessante Thematik, welche von Galston thematisiert und dann von Walzer übernommen wird, ist die der Verteilung öffentlicher Ehrungen. In diesem Bereich der *Anerkennungsgüter* seien individuelle Vortrefflichkeit und vollbrachte Handlungen, die der Gemeinschaft in bedeutendem Maße nutzen, als einzig gültige Ansprüche zu betrachten (ebd.: 274). Daran knüpft sich die Empfehlung, daß Gemeinschaften so weit wie möglich materielle Anreize durch Ehrbezeigungen ersetzen sollten, weil dies nicht nur die Bedeutung von finanziellem Einkommen als Ausdruck individueller Verdienstlichkeit zurückdrängen würde, sondern auch eine Beförderung jener Tugenden darstellen würde, deren Entwicklung eines der wesentlichen Zwecke von Gemeinschaften sei.

2.3 Liberalismus und Perfektionismus

Galstons Position wurde als 'ethischer Liberalismus' gekennzeichnet (vgl. Forst 1994: 108-110), wobei 'ethisch' für die Fundierung liberaler Ordnungsprinzipien (Freiheit, Chancengleichheit) und verteilungspolitischer Maximen (soziale Teilhaberechte) in einer Vorstellung des guten menschlichen Lebens steht. Seine Sicht des ethisch-liberalen Staates hat Galston in dem Buch *Liberal Purposes* näher erläutert. Demnach besteht die Substanz des liberalen Staates in der Verfolgung einer Reihe öffentlicher Ziele, die grundlegend sind für liberale Politik und liberale Gerechtigkeit, und die spezifische liberale Tugenden und eine entgegenkommende politische Kultur erfordern.

Folglich bekennt sich Galston zum sog. *'Perfektionismus'* ('perfectionism'), d.h. zu der Auffassung, daß die Rechtfertigung einer politischen Ordnung aufzeigen muß,

– inwiefern diese Ordnung eine bestimmte Lebensweise und die mit ihr verbundenen Tugenden und Güter befördert, und
– daß dieser Lebensweise als solcher ein höherer Wert gegenüber alternativen Lebensweisen zukommt.

Den liberalen Perfektionismus stellt er dem 'politischen Liberalismus' von Rawls, Dworkin, Ackerman u.a. gegenüber, welche die liberale Doktrin als Ausdruck der ethischen Neutralität gegenüber allen möglichen Lebensweisen und Konzeptionen des guten Lebens darzustellen und den liberalen Staat auf eine solche Neutralität zu verpflichten trachten (ebd.: 79-97). Freilich räume ein recht verstandener Liberalismus durchaus die partielle Reichweite öffentlicher Belange ein, akzeptiere die Abgrenzung eines privaten Raumes und beherberge Differenz in einem vergleichsweise stärksten Maß (Galston

1991: 3f.). Anders wäre die Selbstbeschreibung als Variante des Liberalismus auch kaum berechtigt. Doch jenseits dessen fordert eine perfektionistisch-liberale Konzeption den Individuen spezifische *Tugenden* ab, die sie befähigen die liberale Konzeption des Guten zu realisieren.

Ein Blick auf Galstons Darstellung der in liberalen Gesellschaften abgeforderten Tugenden wird helfen, den Unterschied zwischen perfektionistischen und prozeduralistischen Liberalismuskonzeptionen besser herauszustellen und die Anforderungen an eine perfektionistische Konzeption zu verdeutlichen. Galston bestimmt diese Tugenden auf zweierlei Weise: (1) von den Erfordernissen der Aufrechterhaltung eines liberalen Gemeinwesens und der Beförderung der oben genannten liberalen Güter her, und (2) als konstitutive Eigenschaften eines individuellen guten Lebens.

(1) Galston erkennt, daß der Geltungsbereich einiger der Tugenden, die er im Rahmen einer liberalen Konzeption des guten Lebens bestimmt, keineswegs auf liberale Gesellschaften beschränkt ist (so die Kritik von Reese-Schäfer 1997: 331). Dies gilt etwa für die Tugenden der Tapferkeit, der Gesetzeskonformität und der Loyalität gegenüber den Kernprinzipien des gemeinschaftlichen Lebens. Es handelt sich gleichsam um politische Kardinaltugenden, auf deren minimales Vorhandensein letztlich keine Gesellschaft verzichten kann. Freilich muß hinzugefügt werden, daß allen diesen Tugenden in modernen, liberalen Gesellschaften eine größere Bedeutung zukommen könnte als in traditionalen, personalistischen Gesellschaften, denn sie sind sehr viel stärker auf die Befolgung abstrakter Gesetze und die Verpflichtung auf abstrakte Prinzipien angewiesen (Galston 1991: 221). Und die Frage, ob liberale Theorien diesen allgemeinen Tugendanforderungen im Rahmen ihrer verfahrensethischen Begrifflichkeiten angemessen zu formulieren vermögen, ist durchaus nicht abwegig (vgl. Taylor 1993a).

Bei den spezifisch *liberalen* Tugenden unterscheidet Galston zwischen allgemeinen Tugendanforderungen liberaler Gesellschaften und solchen, die aus den spezifischen Anforderungen der Ökonomie und der Politik hervorgehen. Die charakteristischen Eigenschaften liberaler *Gesellschaften*, nämlich Individualismus und Vielfalt, erfordern nach Galston die Tugend der Unabhängigkeit bzw. Eigenverantwortung, die Galston weitgehend mit der Tugend familialer Solidarität gleichsetzt, und die Tugend der Toleranz, die aus der Einsicht gespeist werde, daß die Verfolgung wertvoller Konzeptionen des guten Lebens aus Bildungs- und Überzeugungsprozessen, nicht aus Zwangsausübung, resultieren sollte (Galston 1991: 222). Die liberale *Ökonomie* umfaßt erstens rollenspezifische Tugenden von Unternehmern (Phantasie, Initiative, Elan und Entschlußkraft) und von Angestellten (Pünktlichkeit, Verläßlichkeit, Höflichkeit und Einpassungsfähigkeit), wobei diese Tugenden im Rahmen einer Organisation in komplexe Vermittlungsverhältnisse gesetzt werden können. Zweitens nennt Galston drei allgemeine Tugendanforderungen im Rahmen einer liberalen Marktwirtschaft, nämlich die Verinnerlichung einer leistungsorientierten Arbeitsethik, die Fähigkeit, Bedürfnisse zurückzustellen und Ressourcen zu sparen sowie Flexibilität.

In ähnlicher Weise unterscheidet Galston im Bereich liberaler *Politik* zwischen Tugenden der Bürgerschaft (*citizenship*) und der Führung (*leadership*) sowie allgemeine politische Tugenden. Hier wird in besonderer Weise deutlich, daß Galston in der Tat eine liberale Konzeption verficht, denn er lehnt es ausdrücklich ab, aktive Partizipation an der Politik unter die bürgerschaftlichen Tugenden zu zählen. Aktivbürgerschaft zählt für ihn also nicht zu den *Ermöglichungsbedingungen* sozialer Gerechtigkeit. Der liberale Bürger müsse aber sehr wohl die Tugenden des Respekts vor den Rechten anderer, der angemessenen Beurteilung politischer Repräsentanten und der Orientierung an langfristigen, wohlüberlegten Interessen besitzen. Er müsse auch bereit sein, unangenehme Maßnahmen zu akzeptieren, wenn diese notwendig seien. Unter die Tugenden politischer Führer fallen Geduld, die Fähigkeit, gemeinsame Ziele überzeugend darzustellen, Resistenz gegenüber der Versuchung, Popularität durch die Befriedigung überzogener Ansprüche zu erreichen sowie die Fähigkeit, die öffentliche Meinung im Sinne einer angemessenen Einschätzung der Dinge zu beeinflussen. Die zwei allgemeinen politischen Tugenden umfassen erstens die Bereitschaft und Fähigkeit zum öffentlichen Diskurs und zweitens die Bereitschaft, die Kluft zwischen Prinzipien und tatsächlichen Praktiken.

Stellt Galstons Tugendkatalog, wie behauptet wurde, eine Re-Sakralisierung sozialer Hierarchien dar? Läuft sie auf eine überflüssige Moralisierung liberaler Gesellschaften hinaus (vgl. Reese-Schäfer 1997: 333)? – Gewiß kann man sich im allgemeinen des Eindrucks einer gewissen Hilflosigkeit von Tugendappellen nicht erwehren. Andererseits muß gefragt werden, ob eine Gesellschaft, in der notwendige Qualifikationen nicht mehr als moralische Topoi angesprochen werden können, ohne sich dem Verdacht der Lächerlichkeit auszusetzen, nicht unfreiwillig kommunitaristische Krisenszenarien bestätigt. Eine systematische Verteidigung von Galstons Tugendkatalog könnte mit der These operieren, daß man mit Verfahren und Sanktionen allein nicht auskommt, es vielmehr gewisser *Leitbilder* bedarf, die öffentlichen Diskursen ein Ziel vorgeben. Das gilt etwa für die Forderung, so-

ziale Kosten nicht auf zukünftige Generationen abzuwälzen. Will man vermeiden, daß solche anspruchsvollen und komplexen Gerechtigkeitsgebote
nicht der Interventionsmacht von Experten (etwa Verfassungsgerichten)
überlassen bleiben, dann erscheint eine Verbreitung entsprechender Vorstellungen unter den Bürgern unverzichtbar. Daraus erklärt sich Galstons
starkes Interesse für die Frage der staatsbürgerlichen Erziehung bzw. Bildung (vgl. Galston 1989b). Die Theorie des individuell Guten verleiht diesen
Bildungsprozessen eine normative Grundlage.

Eine andere Frage ist freilich, inwiefern die Diskussion liberaler Tugenden wirklich zu neuen Erkenntnissen führt oder einfach nur zu liberalen Institutionen und Politiken die 'passenden' Charaktereigenschaften nennt. So
berechtigt dann der Hinweis auf die Verbundenheit von individuellem Charakter und sozialen Institutionen sein mag (Galston 1991: 227) – ein bloßes
Ableitungsdenken erscheint nicht sonderlich innovativ. Es ist eigentlich klar,
daß die Leistungsfähigkeit von Institutionen von je spezifischen Qualitäten
der in ihrem Rahmen handelnden Akteure abhängt. Nach Aristoteles beziehen sich Tugenden jedoch auf bestimmte *Güter*, mit denen sie in einem inneren Zusammenhang stehen. Auf welches Gut stützt sich dann beispielsweise
Galstons 'Tugend' der Toleranz? Hier ist der zweite Zugang Galstons zur
Tugendthematik zu berücksichtigen.

(2) Als zweite Erschließungsmöglichkeit liberaler Tugenden präsentiert
Galston die liberale Vorstellung von einem guten menschlichen Leben selbst.
Er nimmt dabei auf Theoretiker der liberalen Tradition wie Locke, Kant und
Mill bezug. Aus dieser Perspektive sind die Tugenden nicht als *Mittel* im
Hinblick auf das Funktionieren liberaler Institutionen zu verstehen, sondern
als *Ziel*, oder anders formuliert: als Form eines guten liberalen Lebens. Das
provokante Moment dieser zweiten Tugendbestimmung liegt in der Behauptung, daß sie mit der ersten Herangehensweise nicht unbedingt kohärent
sei. Denn einige der tiefgehendsten Verwerfungen in liberalen Gemeinwesen
ließen sich interpretieren als „a clash between means and ends – that is, between requirements of liberal citizenship and aspirations toward liberal excellence" (ebd.: 232). Die in der liberalen Tradition entfalteten Vorstellungen
einer rationalen Lebensführung (Locke), einer unbedingten moralischen
Pflichterfüllung (Kant) oder einer individualistischen Selbstverwirklichung
(Mill) paßten in mancher Hinsicht nicht zu den Erfordernissen, die mit der
liberalen Staatsbürgerschaft einhergehen. Sie laufen, so läßt sich Galstons
Argument zusammenfassen, immer auf eine unzuträgliche Form des Rückzugs auf sich selbst hinaus – sei es in der zweckrationalistischen Form, bei

der Opferbereitschaft und Sorge um das Gemeinwohl keinen Platz finden, sei es in der moralistischen Form, bei der ein Rückzug in die Innerlichkeit eines absolut gesetzten subjektiven Gewissens droht, oder schließlich in der romantischen Form, wo die Selbstverwirklichungsmöglichkeiten im Bereich des Privaten dem stets unbefriedigenden öffentlichen Handeln vorgezogen werden.

Diese Einschätzung eines Widerstreits des Liberalismus mit sich selbst träfe freilich nur zu, falls wir wirklich auch im Hinblick auf unsere persönlichen Lebenskonzeptionen 'Vollblut-Liberale' wären. Man kann dies mit Galston zunächst als *empirische* Frage verstehen, um dann eine optimistische, neutrale oder auch pessimistische Antwort zu geben (ebd.: 232-237). Man könnte allerdings auch den *konzeptionellen* Schluß ziehen, daß entgegen Galstons Auffassung gerade keine *liberale* Theorie des Guten als Grundlage, gleichsam als offizielle Doktrin einer liberalen Gesellschaft dienen sollte, zumindest nicht in Form einer Lehre, wie ein erfülltes individuelles Leben zu führen sei. Wir sollten dann, um mit Walzer zu sprechen, niemals bloß Liberale sein, sondern nur „something else in a liberal way" (Walzer 1996b: 22). Das gibt Galston in gewisser Weise zu, wenn er erklärt, daß die liberale Auffassung des Guten „a kind of minimal perfectionism" ist, „that both defines a range of normal, decent human functioning and falls short of defining a full way of life" (Galston 1991: 177).

Auch Galstons Perfektionismus ist deshalb nur ein 'gemäßigter', um auf einen Ausdruck von Joseph Raz zurückzugreifen (vgl. Raz 1986, s. die Diskussion bei Forst 1994: 101-108, s.a. Walzer 1993b: 173, Fußn. 13). Ob dieser gemäßigte Perfektionismus wirklich im Widerspruch zu den Forderungen des politischen Liberalismus steht oder nicht, kann als bislang nicht hinreichend geklärt gelten. Rainer Forst ist der Auffassung, daß etwa Raz' Ablehnung eines 'neutralen' liberalen Staates auf der irrigen Auffassung beruht, daß „staatliche Maßnahmen die Chancen aller existierenden Konzeptionen des Guten, sich in der Gesellschaft realisieren zu lassen, gleichermaßen zu sichern hätten" (Forst 1994: 102). Galston erkennt jedoch ganz richtig, daß Neutralität von den nicht-perfektionistischen Konzeptionen nicht als eine gleichartige *Auswirkung* staatlicher Politiken auf alle Orientierungen verstanden wird, sondern als auf die *offiziellen Ziele, Begründungen* und *Verfahren* solcher Politiken bezogene Forderung. Verfahrensneutralität heißt, daß in politischen Entscheidungen keine Gründe zum Tragen kommen dürfen, die die moralische Überlegenheit einer bestimmten Konzeption des guten Lebens geltend machen. Neutralität der Ziele bedeutet, daß keine bewußte Förderung oder Benachteiligung bestimmter Lebensweisen mit öffentlichen Politiken einhergehen darf. Diese Sicht liberaler Neutralität kann sich z.B. auf Rawls stützen, der in seinem Buch *Politischer Liberalismus* u.a. folgende Bedeutung von Neutralität als Konsequenz seiner Gerechtigkeitstheorie festhält: „daß der Staat nichts unternehmen darf, um eine bestimmte umfassende Lehre stärker zu fördern oder zu unterstützen als eine andere oder denjenigen größere Unterstützung zu gewähren, die ihr anhängen" (Rawls 1998: 289).[7] Der entscheidende Punkt bei Rawls ist also, daß liberale Neutralität mit der *bewußten* Förderung bestimmter Konzeptionen des Guten unverträglich ist (wie in den Worten 'fördern' und 'unterstützen' zum Ausdruck kommt). Genau das wird aber offensichtlich von Autoren wie Galston, Raz und Walzer befürwortet. Insofern ist der Unterschied zwischen neutralen und perfektionistischen Liberalismusversionen nicht hinfällig, trotz der Tatsache, daß der Liberalismus Rawlsscher Prägung nicht als 'moralisch' neutral und der Perfektionismus Galstons nicht als 'ethisch' maximal zu verstehen ist.

Dieser Unterschied gewinnt an Relevanz, wenn man die Frage stellt, wie wir von unseren vollentwickelten, aber nicht allgemein geteilten Vorstellungen des Guten zur Unterstützung einer liberalen Vorstellung von Gerechtigkeit für die politische Ordnung gelangen können, ob diese nun selbst wieder als eine 'minimale' Auffassung des Guten oder als eine 'freischwebende' Konzeption zu verstehen ist. Dieses Standardproblem der Vermittlung von persönlichen Überzeugungen und öffentlicher Ordnung läßt sich weder für Liberale noch für Kommunitaristen umgehen. Auch Galston entkommt ihm nicht, will sich ihm aber nicht offen stellen. Seine liberale Auffassung des Guten erweist sich letztlich als genauso 'frei schwebend' wie Rawls' Gerechtigkeitskonzeption, wobei dieser immerhin noch die Perspektive der Selbststabilisierung einer auf den Bereich des Politischen beschränkten Gerechtigkeitskonzeption im Modus des 'öffentlichen Vernunftgebrauchs' bietet (Rawls 1997). Hier liegt eine konzeptionelle Grenze von Galstons Denken. Die verschiedenen Ebenen des Guten werden nicht überzeugend miteinander vermittelt. Um das in einer nicht den Rawlsschen Weg der Abstraktion gehenden Weise zu tun, müßte das die liberale Doktrin befeuernde Ideal

---

7   In seinem jüngsten Buch schwächt Rawls diese Aussage mit dem Hinweis: „at least as concerns
     constitutional essentials" (Rawls 2001: 153) ab. Die konstitutionellen Grundsätzen dienen je-
     doch gerade zur juridischen Revision materialen Politiken. Es wäre aus liberaler Sicht kaum ak-
     zeptabel, wenn der Staat eine zielneutrale Verfassung hätte, aber die Steuerpolitik bestimmte
     Lebensweisen auf der Grundlage ethischer Wertungen auf Kosten anderer fördern würde.

selbst sehr viel *gemeinschaftsbezogener, dialogischer* und *politischer* gefaßt werden. Das würde in die Sphäre des von Taylor rekonstruierten Ideals der Authentizität führen (s.o. I.3.4). Anders als Taylor gelingt es Galston nicht, die Perspektive einer konzeptionellen 'Aufhebung' des Widerspruchs zwischen moralischem Individualismus und demokratischem Liberalismus sichtbar werden zu lassen.

Wie bereits erwähnt, ist Galston einer der akademisch prominentesten Aktivisten innerhalb des *Communitarian Network*, also der praktisch-reformerischen Bewegung des Kommunitarismus unter der Ägide von Amitai Etzioni (s.o. Einleitung, Abschn. 1 sowie II.2). Will man Galstons Gerechtigkeitskonzeption abschließend charakterisieren, so wäre es wohl angebracht, sie als eine mögliche Hintergrundtheorie für diese Bewegung zu bezeichnen. Sie ergänzt gewissermaßen Etzionis eher soziologisch inspirierte Überlegungen zur aktivierenden und bedürfnisbefriedigenden Rolle moralischer Gemeinschaften in der modernen Gesellschaft. Galston liefert zu Etzionis Vorstellung von 'verantwortlichen' Gemeinschaften, Institutionen und Individuen die passenden Tugendbestimmungen. Gerechtigkeitstheoretisches Unterfutter für die kommunitaristischen Aktivisten bietet auch Galstons Herausstellung des Verdienstkriteriums, welches von marktliberalen Konnotationen befreit und in den Zusammenhang eines liberal-kommunitären Leistungs- und Anerkennungsethos gestellt wird. Hinzuweisen ist schließlich auf die Herausstellung der Eigenverantwortung aller Mitglieder einer liberalen Gesellschaft, die gut kommunitaristisch weniger als Einzelkämpfertum, als vielmehr im Sinne einer Befähigung zu verläßlicher Kooperation in überschaubaren Solidargemeinschaften gedeutet wird. Galston mangelt es jedoch – im Gegensatz zu Walzer – an einem Verständnis für die dialogische und assoziative Dimension der Gerechtigkeit in demokratischen Gesellschaften. Seine 'unabhängig' definierte liberale Vorstellung des individuell guten Lebens hängt ebenso in der Luft wie Etzionis magische Formel vom sozialen 'Gleichgewicht' (s.o. II.2.2).

3. Walzer: Gerechtigkeitssphären und komplexe Gleichheit

Michael Walzer hat sein 1983 erschienenes Buch *Spheres of Justice*[8] als ein „Plädoyer für Pluralismus und Gleichheit" (so der Untertitel) bezeichnet. Die Rawlssche Theorie wie überhaupt der herkömmliche Gerechtigkeitsdiskurs der politischen Philosophie schienen ihm weder hinreichend pluralistisch zu sein noch eine attraktive Vision sozialer Gleichheit zu liefern. In wesentlichen Punkten kann Walzers Theorie als eine Weiterführung der Überlegungen Galstons begriffen werden, die er folgerichtig als eine wichtige Inspirationsquelle angibt und positiv der Rawlsschen Theorie gegenüberstellt (Walzer 1992a: 24). Gleichwohl distanziert sich Walzer auch in wesentlichen Punkten von Galston, vor allem hinsichtlich der ethischen Grundlegung der Gerechtigkeitstheorie in einer vorgeblich universell gültigen Theorie des individuell Guten.

Ein wichtiger Fortschritt ist darin zu sehen, daß Walzer den für Galston charakteristischen Schwachpunkt einer mangelnden Vermittlung von *Gerechtigkeits*- und *Demokratie*theorie in den Blick nimmt und Vorschläge zu seiner Überwindung unterbreitet. Walzer radikalisiert den Gedanken der Bestimmung von Verteilungskriterien gemäß der *sozialen Bedeutung* von Gütern, indem er ihn an die Praxis der kritischen Selbstverständigung von Bürgern demokratischer Gemeinwesen zurückbindet. Der *kulturalistische* bzw. *partikularistische* Grundzug seiner Argumentation ist ebenso Folge wie Grund dieser Vermittlung von Gerechtigkeitsdiskurs und demokratischer Praxis (vgl. Buchstein/Schmalz-Bruns 1992): Einerseits erfordert die Begründung von normativen Urteilen im Modus der *Interpretation* (s.o. I.4.2) in einer Gesellschaft ohne autoritative Interpretationsinstanzen, daß die Gemeinschaft der Bürger selbst dieses Geschäft besorgt (Walzer 1992a: Kap. 12); andererseits wird gerade diese denkbar offene Weise der Auseinandersetzung um die überzeugendsten Interpretationen für Ergebnisse stark partikularen Zuschnitts sorgen. Sie entzieht sich dem Zugriff philosophischer Konstruktionen (Walzer 1989). Freilich wird deutlich gemacht werden, daß Walzer diesen partikularistischen Zug durchaus rhetorisch überzeichnet.

Zugleich kann festgehalten werden, daß sich einige konzeptionelle Unklarheiten in Walzers Darstellung durch den Rückgriff auf Galstons Theorie

---

[8]   Für eine Diskussion verschiedener Aspekte dieses Hauptwerkes von Walzer vgl. die Beiträge in Walzer/Miller 1995 sowie das Symposium zu *Sphären der Gerechtigkeit*, dokumentiert in der *Deutsche Zeitschrift für Philosophie*, Jg. 41, Heft 6. S.a. Haus 2000: 227-332.

klären lassen, vor allem im Hinblick auf die Rolle des Verdienstprinzips im pluralistischen Gerechtigkeitsverständnis. Dies eröffnet die Perspektive einer umfassenden kommunitaristischen Theorie der Gerechtigkeit, die soziale Güter, demokratische Praxis, Tugenden und eine Auffassung des für das menschliche Selbst Guten in komplexer Weise integriert, ohne fragwürdige metaphysische Annahmen zu machen. Eine solche (post-)aristotelische Konzeption scheint mir bei Walzer in ihren Grundzügen angelegt zu sein, auch wenn er ironischerweise von allen Kommunitaristen vielleicht am deutlichsten auf Distanz zur aristotelischen Tradition geht (s. 3.3).

3.1 Gütersphären und Verteilungskriterien

Bei genauerem Hinsehen zeigt sich, daß Walzer zwei Anläufe zur Darstellung des seiner Argumentation zugrundeliegenden, als pluralistisch und egalitaristisch ausgegebenen Konzepts unternimmt:

– Zum einen präsentiert er eine pluralistisch-partikularistische *Theorie der Güter* und, daran anschließend, eine Reformulierung des Zusammenhangs von *Gerechtigkeit* und *Gleichheit* (Walzer 1992a: 30-50). Diese Theorie soll seine Auffassung stützen, daß es die geeignetere Herangehensweise sei, die soziale Bedeutung der jeweils zu verteilenden Güter als Ausgangspunkt für die Bestimmung gerechter Verteilungsprinzipien zu nehmen, statt auf Kriterien zurückzugreifen, die übergreifende Geltung beanspruchen. Sie soll deutlich machen, daß Gleichheit dann eine überzeugende Vision darstellt, wenn sie nicht auf Gleichmacherei, sondern einem komplexen Zusammenspiel verschiedener Gerechtigkeits*'sphären'* mit je spezifischen *Ungleich*verteilungen beruht.

– Zum anderen thematisiert Walzer *drei grundlegende Verteilungskriterien* (ebd.: 51-58), die alle versprechen, auf eine bestimmte Weise die soziale Bedeutung von Gütern in Rücksicht zu stellen. Von Galston übernimmt Walzer augenscheinlich die beiden Verteilungskriterien *Bedürfnis (need)* und *Verdienst (desert)* und ergänzt *Tausch (free exchange)*, was Galstons nachträglicher Erweiterung der Kriterienliste um *choice* entspricht. In dem Beharren auf der eigenständigen normativen Gültigkeit *jedes* dieser Prinzipien liegt das zweite pluralistische Moment in Walzers Konzept. Das Prinzip der *Gleichheit (equality)* wird dann im Zusammenhang mit

der Diskussion von gleicher Mitgliedschaft in der politischen Gemeinschaft (*citizenship*) zusätzlich eingeführt und entfaltet weitreichende Konsequenzen, die auf den ersten Blick leicht zu übersehen sind. Systematisch steht es für die grundlegend gleich verteilte Chance, sich an der Interpretation sozialer Güter und der autoritativen Festschreibung von Verteilungskriterien zu beteiligen. Insofern handelt es sich um eine Art Meta-
Prinzip demokratischer Gerechtigkeit als Sphärenpluralismus.

Das Problem dieses doppelten konzeptionellen Anlaufs liegt nun darin, daß
der *Zusammenhang* zwischen den beiden Formen von Pluralismus systematisch unklar bleibt und von Walzer nie ganz geklärt worden ist. Korrespondiert den drei abstrakten Verteilungsprinzipien wie der staatsbürgerlicher
Gleichheit jeweils eine eigene Gerechtigkeitssphäre? Wodurch bestimmen
sich dann die anderen sieben Sphären, welche Walzer präsentiert? Diese
Fragen werden von Walzer nicht zufriedenstellend beantwortet. Ich werde im
folgenden den Zusammenhang sichtbar zu machen versuchen, indem ich zunächst den Sinn der pluralistischen *Güter*theorie erläutere (1), um anschließend die pluralistische *Prinzipien*theorie dazu in einen Zusammenhang zu
stellen (2).

(1) Walzers Theorie der Güter kommt konzeptionell die Funktion zu, einen möglichst weiten Rahmen der Gerechtigkeitstheorie abzustecken und
zugleich den 'Pfad der Interpretation' (Walzer 1990a, s.o. I.4.2) als angemessene Vorgehensweise zu etablieren. Mit der Erweiterung des gerechtigkeitstheoretischen Fokus will sich Walzer von Rawls' Vorschlag abgrenzen,
einen Set von 'Grundgütern' als universelle *Mittel* (bei Abstraktion von konkreten Zwecken) zu etablieren. Rawls' Vorgehen bleibt nach Walzers Auffassung einem Streben nach *Vereinheitlichung* verhaftet und wird damit der
Unterschiedlichkeit der zu verteilenden Güter und ihrer Einbettung in soziale
Handlungszusammenhänge nicht gerecht (ebd.: 41). Eine umfassende Perspektive läßt sich für Walzer nur einnehmen, wenn man die Gerechtigkeitstheorie von vornherein pluralistisch konzipiert, das heißt, wenn man in
Rechnung stellt, daß es eine Vielzahl von Verteilungsformen, -kriterien und
-akteuren gibt (ebd.: 4). Auch Galstons aristotelische Konzeption löst sich
nach Walzer nicht ganz vom Einheitsdenken, insofern sie bei der Betrachtung der unterschiedlichen Güterbereiche noch immer auf einen einheitlichen
Subtext (die 'Theorie des individuell Guten') rekurriert. Es gibt jedoch stich-
haltige Hinweise, daß auch Walzer ohne einen solchen Subtext nicht auskommt, wenn er die übergreifende Bedeutung des Status als Bürger in einer

demokratischen politischen Gemeinschaft hervorhebt. Freilich verweist Walzer damit auf eine *gemeinsame Praxis* der Bürger, nicht auf eine unabhängige, essentialistische Vorstellung des Guten, oder zumindest nicht auf eine, deren Nachvollziehbarkeit grundsätzlich fragwürdig erscheinen muß. Darauf wird noch zurückzukommen sein.

Walzer leitet seine Gütertheorie mit einer scheinbar gänzlich unspektakulären Gegenüberstellung zweier Annahmen ein (ebd.: 6). Die erste lautet: „Menschen verteilen Güter an (andere) Menschen" – Dies sei die übliche Sicht der sozialen Prozesse, um der es einer Theorie der Gerechtigkeit geht. Was dabei völlig ausgeblendet werde, seien die Praktiken, durch welche Güter erst hervorgebracht werden, wie auch die Tatsache, daß diese Praktiken wiederum durch Verteilungsvorgänge ermöglicht werden. Die Einsicht in die soziale Konstitution von Gütern bringt die zweite Annahme zum Ausdruck, welche Walzer seiner Gütertheorie zugrundelegt: „Menschen erdenken und schöpfen Güter, die sie sodann unter sich selbst verteilen." Die Bemerkung, daß Güter „nicht einfach in den Händen von Verteilungsagenten erscheinen, die mit ihnen machen, was sie wollen, oder die sie im Einklang mit einem allgemeinen Prinzip ausgeben" (ebd.: 6f.), greift die von Nozick an Rawls gerichtete Kritik auf, wonach dieser vernachlässige, wie es überhaupt zur *Produktion* der zu verteilenden Güter kommt (ebd.: 323, Anm. 2, vgl. Nozick 1974: 149f). Walzer zieht freilich nicht Nozicks *individualistische* Schlußfolgerungen, weil auf diese Weise gerade verkannt wird, daß Güter in der Regel eine *soziale* Entstehungsgeschichte aufweisen. Viele der uns bekannten und von uns geschätzten Güter wären im Rahmen von Nozicks Szenario der Eigentümergesellschaft gar nicht vorhanden. Es gibt also keinen 'Anfang' der Güterproduktion, sondern wir stehen immer schon in einem Kontext von Produktion *und* Verteilung. Auch Möglichkeiten der Güterproduktion beruhen nämlich auf Verteilungsentscheidungen.

Die soziale Konstitution der Güter darf jedoch nicht auf eine zeitliche Dimension verkürzt werden derart, daß Güter *erst* produziert und *dann* verteilt werden. Es geht vor allem um den Hinweis, daß die Hervorbringung von Gütern von komplexen sozialen Aktivitäten abhängt, die nur durch die Bezugnahme auf deren *Bedeutung* möglich werden. So erklärt Walzer z.B. mit Blick auf die Verteilung politischer Macht, daß die entscheidende Frage sei, „was wir mit der Schaffung der politischen Gemeinschaft gewollt und intendiert haben" (Walzer 1992a: 53), wobei das englische Original den wichtigen Zusatz anhängt: „and [...] what we still think about what we did." Ohne die öffentliche Auseinandersetzung über Sinn und Zweck der politischen Ge-

meinschaft und ihrer Institutionen, ohne die sich im Zusammenhang mit dieser Auseinandersetzung bildenden Aktivitäten, gäbe es sie gar nicht und
folglich auch keine zu verteilenden politischen Güter (politische Ämter, Beteiligungsmöglichkeiten, Ehrungen). An diese beigelegte Bedeutung knüpft
dann die von Walzer zur Aufgabe erklärte Auslegung der 'geteilten Verständnisse' bzw. der 'sozialen Bedeutung' von Gütern an. Institutionen weisen immer eine normative Logik auf, die interpretativ freigelegt werden und
als kritische Folie im Hinblick auf die tatsächliche Funktionsweise dienen
kann. Besteht die Logik demokratischer Institutionen in der Generierung von
Zustimmung, so können kritisch jene Bereiche beleuchtet werden, wo gar
nicht nach dem Konsens der Beherrschten gefragt wird; verweist die Logik
einer Marktwirtschaft auf den freien Tausch von Waren, so läßt sich in kritischer Absicht auf die faktische Herrschaft organisationeller Hierarchien in
Wirtschaftsbetrieben und den faktischen Zwang aufgrund existentieller Not-
lagen verweisen.

Der zentrale Begriff der *'Sphäre'* bezieht sich nun auf diese sozialen Bedeutungen der zu verteilenden Güter: „Das je einzelne Gut oder Set von Gütern konstituiert gewissermaßen seine eigene Distributionssphäre, innerhalb
deren sich nur ganz bestimmte Kriterien und Arrangements als angemessen
und dienlich erweisen" (ebd.: 36). Der Begriff der 'Sphäre' ist bewußt meta-
phorisch und unscharf gehalten. Er erfüllt jedoch seine Funktion, deutlich zu
machen, daß verschiedene Güter im Hinblick auf ihre sozialen Bedeutungen
so weit zusammengefaßt werden können, daß abgrenzbare Verteilungskriterien für sie postuliert werden können und daß Machtkonstellationen kritisiert
werden können, die diese intrinsischen Kriterien verletzen. Eine Gesellschaft, in der die Güter gemäß den Kriterien ihrer je eigenen Sphäre verteilt
werden, praktiziert die *'autonome Distribution'* von Gütern und damit Verteilungsgerechtigkeit. 'Autonome Distribution' wird von Walzer folgendermaßen definiert: „*Kein soziales Gut X sollte an Männer und Frauen verteilt
werden, die irgendein anderes Gut Y besitzen, bloß aufgrund der Tatsache,
daß sie Y besitzen und ohne Rücksicht auf die Bedeutung von X*" (Walzer
1992a: 50, Übers. M.H.). Anstelle eines einheitlichen Standards zur Beurteilung aller Verteilungen weise das Prinzip der autonomen Distribution den
Weg zu einer *Vielzahl* von Standards „für das je einzelne soziale Gut und die
je einzelne Distributionssphäre in der je einzelnen Gesellschaft" (ebd.: 36).

Dem Konzept der Gerechtigkeitssphären schreibt Walzer im Sinne seiner
oben dargelegten Vorstellung einer 'internen Gesellschaftskritik' (s.o. I.4.1)
eine große *kritische Kraft* zu. Es bietet zum einen mit dem Prinzip der relati-

ven Autonomie der Sphären ein „radikales Prinzip" (ebd.) und schließt zum anderen an die handlungsmotivierende interpretative Form des moralischen Argumentierens an. Es liefert vor allem aber auch eine konzeptionelle Grundlage für das Verständnis zweier unterschiedlicher Strukturmerkmale von Gesellschaften, die für egalitäre Positionen jeweils eine spezifische Anknüpfungsmöglichkeit bieten, nämlich des Gütermonopols zum einen und der Güterdominanz zum andern (ebd.: 36-41). Das *Monopol* steht für die Konzentration des Besitzes eines Gutes auf wenige Personen, die *Dominanz* für die beherrschende Stellung eines Gutes im Gesamtzusammenhang von Güterverteilungen. Der gesamte Argumentationszusammenhang von *Spheres of Justice* lebt wesentlich von dieser gütertheoretisch begründeten Unterscheidung. Nach Walzers Auffassung konzentrieren sich egalitaristische Gerechtigkeitstheorien traditionell zu stark auf die Bekämpfung von Monopolen. Darin liegt die Tendenz zur Forderung einer 'einfachen Gleichheit' ('simple equality') – was dann bekanntlich gern als 'Gleichmacherei' kritisiert wird, weil es unvermeidlich in staatliche Überregulierung zu münden droht (ebd.: 41-45).

Walzers Alternativvorschlag lautet, bei Dominanzstrukturen anzusetzen. Monopole verlören dann viel an ihrer tyrannischen Wirkung – denn sie seien nur dann gefährlich, wenn ein *dominantes* Gut monopolisiert wird, mit dem sich die Besitzer überall Vorteile verschaffen könnten. Diese Vorgehensweise eröffne die Perspektive einer *'komplexen Gleichheit'*, bei der Gleichheit nicht als ein Zustand der Gleichverteilung bestimmter Güter, sondern als eine übergreifende Eigenschaft des gesellschaftlichen Zusammenlebens begriffen wird (ebd.: 46-50). Den Fokus auf die Dominanz von Gütern zu richten, bedeutet jedoch eine nicht zu unterschätzende konzeptionelle Herausforderung. Denn dies erfordert die Analyse erstens von *institutionell vermittelten Güterlogiken* und zweitens von *gütervermittelten sozialen Beziehungen*. Eine solche Analyse ist mit einer Rawlsschen Methodologie nicht durchführbar, weil sie gerade von sozialen Praktiken zu abstrahieren trachtet. Was Walzer durch den Verzicht auf abstrakt-systematische Überlegungen an Begründungsaufwand spart, handelt er sich als Beschreibungsaufwand wieder ein: Er steht vor nichts geringerem als der Aufgabe, „die gesamte soziale Welt gleichsam kartographisch aufzunehmen und abzubilden" (ebd.: 58) – ähnlich wie sich Taylor eine umfassende Darstellung der Kulturgeschichte des Westens zu liefern genötigt sah, um die neuzeitliche Identität zu rekonstruieren (Taylor 1996a). Diese Verschiebung des Arbeitsaufwandes folgt aus der

Anwendung der interpretativen Methode. Ich werde unten auf die Frage zurückkommen, wie eine solche Bürde zu satteln ist.

Walzer identifiziert, so viel sei hier festgehalten, eine ganze Reihe von
Dominanzstrukturen. Dabei ist eine weitere Unterscheidung von systematischer Bedeutung, nämlich die zwischen *positiver* (ein Gut führt zum Besitz
weiterer Güter) und *negativer* (ein Gut verhindert den Besitz weiterer Güter)
Dominanz: Tyrannische *Übergriffe* können in der Vermarktung der Gesundheitsversorgung, der Politik und vieler anderer Bereiche, der Verbindung von
attraktiven beruflichen Positionen mit hohem finanziellem Einkommen wie
auch sozialem Status und der formalen Bildung als Zugangsvoraussetzung zu
sozialem Erfolg insgesamt gesehen werden. Dominante *Ausschluß*wirkung
entfalten häufig der Status als Ausländer, die Stigmatisierung durch harte
und schmutzige Arbeit, die Zugehörigkeit zum weiblichen Geschlecht und
Erwerbslosigkeit. Tyrannische Übergriffe sind dann in der Regel durch
'blockierte Tauschgeschäfte' zu unterbinden, Stigmatisierungen durch eine
Stärkung gemeinschaftlicher Solidarität.

(2) Ein wichtiger Unterschied zu Galston kann darin gesehen werden, daß
dieser sich auf die Frage der *Rangordnung* zwischen und *Gewichtung* von
Güterarten konzentriert, während Walzer illegitime *Konversionsprozesse*
zwischen ihnen zum Gegenstand macht. Walzers Standpunkt läuft auf die
Behauptung hinaus, daß die wichtigste Gerechtigkeitsfrage nicht die nach
den für die Aufrechterhaltung einer Handlungssphäre notwendigen *Tugenden* sei, sondern die nach dem *Einfluß von externen Gütern*. Oder anders
formuliert: Die *zentrale* Tugend besteht darin, der Dominanz externer Güter
zu widerstehen. Dennoch kann Walzers Position so verstanden werden, daß
sich auch bei ihm die gerechte Verteilung sozialer Güter kriteriologisch auf
ein Verhältnis zwischen *Gütern* und *persönlichen Qualitäten* stützt. Wenn
der Einfluß dominanter Güter minimiert wird, so die Annahme Walzers,
dann können sich in den jeweiligen Handlungssphären die jeweils konstitutiven Tugenden wie von selbst Bahn brechen. Wir kommen dann zu einer Gesellschaft, in der „we pay equal attention to the 'different qualities', and to
the 'individuality' of every man and woman, that we find ways of sharing our
resources that match the variety of their needs, interests, and capacities"
(Walzer 1980c: 245) – so Walzer in einer ursprünglich bereits 1973 veröf-
fentlichten Darlegung seines Gleichheitsverständnisses. Auch bei Walzer
wird also die aristotelische Vorstellung von distributiver Gerechtigkeit, verstanden als 'proportionale Gleichheit' im Verhältnis von sozialen Gütern und
den Qualitäten von Personen, reaktualisiert (vgl. Günther 1994: 135-159,

173f.). Ein Zitat aus Aristoteles' *Politik* (1282b, 35ff.) vermag zu verdeutlichen, daß dieser sich der Ungerechtigkeit dominanter Güter und der sie stützenden Ideologien in erstaunlicher Weise bewußt war: „Falls [...] jemand in der Flötenkunst hervorragen sollte, doch bei weitem an edler Geburt und Schönheit nachsteht, so müßte man doch [...] diesem die ausgezeichnetsten Flöten übergeben. Es müßte nämlich das Übermaß an Reichtum und edler Geburt zum Werk beitragen, doch das tut es nicht."[9] Was hier in recht harmloser Weise für die liebliche Kunst des Flötenspiels dargelegt wird, gilt nach Aristoteles für die gesamte Breite sozialer Güter, vor allem für die politischer Güter, die im Rahmen einer Verfassung verteilt werden (vgl. Keyt 1991: 238ff.). Das Prinzip der autonomen Distribution schärft den Blick für den Unterschied zwischen zwei Weisen, auf die Verdienstlichkeit belohnt werden kann: durch *interne* oder durch *externe* Güter (MacIntyre, s.o. I.2.2). Das Prinzip der autonomen Distribution verlangt, daß Verdienstlichkeit gemäß *internen* Erwägungen belohnt werden soll. Am Beispiel von Walzers Diskussion wirtschaftlicher Führungspositionen wird deutlich, daß er hingegen für eine weitestgehende Ausblendung *externer* Belohnungen plädiert. Das Innehaben einer verantwortlichen Führungsposition selbst, verbunden mit dem Reiz, gestalten zu können und einem hohen Maß an sozialer Anerkennung, sei Belohnung genug. Es sei deshalb nicht nötig, Managern auch noch Spitzengehälter zu zahlen. Im Gegenteil: Der unangemessene Anreiz durch ein externes Gut (hier: Geld) bringt tendenziell die falschen Personen in die jeweilige Position (vgl. Walzer 1992a: 178-182, 1980c: 353).

Der Vorschlag, die Verteilung sozialer Güter mit dem Vorhandensein persönlicher Einstellungen und Qualitäten zu korrelieren, darf nicht mit einem Plädoyer für die Einführung einer *Meritokratie* ('Herrschaft der Verdienstvollen') verwechselt werden. Bei dieser wäre die Gesellschaft insgesamt so organisiert, daß die gemäß objektiv nachprüfbaren Kriterien Qualifiziertesten gesellschaftliche Einflußpositionen erlangen und in den bevorzugten Genuß begehrter Güter kommen. Verdienst durch die politische Gemeinschaft direkt belohnen zu lassen und dabei an den Nachweis überprüfbarer Leistungen zu koppeln, würde in eine Tyrannei derjenigen münden, die über Verdienstlichkeit entscheiden und stände in krassem Gegensatz zu einer ausdifferenzierten Gesellschaft. Verdienst wird in Walzers Modell dadurch belohnt, daß die politische Gemeinschaft die Autonomie der Verteilungssphären schützt. Nach Walzers Auffassung weisen die liberalen Vorstellun-

---

9 Zit. nach der Übersetzung von Franz F. Schwarz (Reclam-Ausgabe).

gen zu beruflicher Chancengleichheit mit ihrem Insistieren auf strikter individueller Gleichbehandlung hingegen einen meritokratischen Zug auf (ebd.:
199). Sie vernachlässigten dabei die Tatsache, daß in unterschiedlichen Bereichen der Arbeitswelt unterschiedliche Logiken zum Tragen kommen.
Nicht immer liegt es in dieser Logik, auf vorzeigbare Qualifikationen zu setzen; mitunter spielen kulturelle Identitäten eine wichtige Rolle für die Ausübung von Solidarität (so bei Einwanderern und Genossenschaften); mitunter
kommt es auf ideologische Loyalität an (ebd.: 240f.). Und genauso wichtig
wie die Betonung der individuellen Nichtdiskriminierung in jenen Bereichen
der Arbeitswelt, die nicht von diesen partikularistischen Logiken bestimmt
werden, ist für Walzer die Auseinandersetzung mit der *übermäßigen Bedeutung*, die beruflichen Positionen überhaupt in der Gegenwartsgesellschaft
zukommt. Die Verknüpfung von (formaler) Bildung, beruflichem Erfolg,
Einkommen und sozialem Prestige stellt für ihn eine Kopplung sozialer Güter dar, die in sich bereits gegen das Prinzip der autonomen Distribution verstößt und noch dazu dominante Wirkung gegenüber anderen sozialen Gütern
entfaltet (ebd.: 203).

Daraus ergeben sich bereits wichtige Hinweise, wie die drei Verteilungsprinzipien – Verdienst, Bedürfnis, freier Tausch – in ein konzeptionelles
Verhältnis zum Kriterium der autonomen Distribution gesetzt werden können. Was für das Verdienstkriterium gezeigt wurde, gilt auch für die anderen
beiden offenen Verteilungsprinzipien. Auch sie können nicht die Gesamtheit
der Güterverteilungen bestimmen, wenn zugleich das Kriterium der autonomen Distribution Geltung haben soll, Güter also nur gemäß ihrer sozialen
Bedeutung verteilt werden sollen. Walzer schreibt dazu, daß jedes der drei
Prinzipien diese Funktion der Ermöglichung autonomer Distribution „innerhalb seiner eigenen Sphäre und nirgendwo sonst erfüllt" (ebd.: 57). Damit
wendet er sich gegen ideologische Verabsolutierungen von Bedürftigkeit
(Kommunismus), Tausch (Wirtschaftsliberalismus) und Verdienst (Meritokratie). Die zitierte Formulierung ist indes insofern mißverständlich, als Walzer suggeriert, die Gültigkeit von Verdienst, Bedürfnis und freier Tausch be-
schränke sich auf genau eine Sphäre und innerhalb dieser Sphären kämen
keine anderen Gesichtspunkte zum Tragen. Tatsächlich verhält es sich jedoch so, daß meist eine Verknüpfung der Prinzipien als angemessen ausgewiesen wird. Das wird etwa in der Bildungssphäre deutlich, für die Walzer
ein Mindestmaß an schulischer Bildung als ein allgemeines Grundbedürfnis
ausweist (ebd.: 295ff.), die Verteilung weiterführender Bildung jedoch an
Interesse und Fähigkeit der zu Bildenden knüpft (also an eine Form von Ver-

dienstlichkeit). Es ist folglich nicht Bildung an sich und ihre soziale Bedeutung, die Bedürftigkeit *oder* Interesse/Fähigkeit als Verteilungskriterien begründet. Das hängt damit zusammen, daß Güter durchaus in Beziehung zu verschiedenen Sphären stehen können (vgl. ebd.: 36, Walzer 1995: 285). Als Mitglieder der politischen Gemeinschaft bedürfen wir einer grundlegenden Schulbildung, um unsere Rolle als Bürger ausüben zu können. Für das Erreichen beruflicher Positionen ist hingegen weiterführende Bildung essentiell.

Alle drei offenen Verteilungskriterien liegen offensichtlich *quer* zu den unterschiedlichen Gütersphären, wenn Walzer auch jeweils eine Sphäre ausweist, für die sie eine konstitutive Bedeutung haben. So ist Bedürftigkeit das Hauptkriterium für die Sphäre von Sicherheit und Wohlfahrt, aber auch relevant bei der Verteilung von bestimmten Formen von Bildung und von freier Zeit. Verdienst gilt Walzer als Hauptkriterium für die Vergabe sozialer Anerkennung, aber auch freie Zeit 'verdient' man sich in gewisser Weise durch Arbeit, und im Sinne von Chancengleichheit steuert Verdienst auch Verteilungen in den Sphären von beruflichen Positionen und von Ausbildung. Freier Tausch schließlich wird nicht nur als Hauptkriterium bei 'Geld und Waren', sondern auch in den Sphären 'freie Zeit' und 'harte Arbeit' berücksichtigt.

Worin läßt sich der systematische Zusammenhang dieser jeweils unterschiedlichen Gewichtung von Bedürfnissen, Verdienst und freiem Tausch erblicken? Ich möchte folgende Lesart vorschlagen: *Bedürfnisse* sind immer dann im Spiel, wenn es um Fragen der Inklusion oder Exklusion im Hinblick auf soziale Praktiken geht, in welchen dann weitere Güterverteilungen ablaufen, die die Demonstration spezifischer Fähigkeiten verlangen. *Verdienst* bezieht sich auf diesen Nachweis persönlicher Qualitäten, die den sozial konstituierten Handlungslogiken der Güter entsprechen. Und *freier Tausch* kennzeichnet ein Moment der Vereinzelung, bei der allein die subjektive Sicht des Wertes einer Sache den Ausschlag gibt. Es handelt sich bei den drei Prinzipien letztlich um übergreifende Verteilungskriterien, die jeweils in spezifischer Weise an die innere Verteilungslogik der jeweiligen Distributionssphäre zurückgebunden sind. Sie werden, um einen der Lieblingsausdrücke Walzers zu gebrauchen, durch alle Sphären hindurch 'reiteriert', d.h. immer wieder unter jeweils anderen Bedingungen und Sinnzusammenhängen zur Geltung gebracht. Doch ein *viertes* übergreifendes Kriterium tritt hinzu, das der *Gleichheit der Mitgliedschaft in der politischen Gemeinschaft*. Auch der gleiche Status von Mitgliedschaft dient einer Sphäre als Hauptkriterium (jener der 'politischen Macht') und spielt in allen anderen Sphären eine Rol-

le. Auf den genauen Sinn dieser Rolle des Gleichheitsprinzips als Ausdruck
gemeinsamer Bürgerschaft werde ich im nächsten Abschnitt eingehen.

Diese Überlegungen hinsichtlich einer Reformulierung der Walzerschen
Gerechtigkeitskonzeption erscheinen insofern von besonderem Interesse, als
von ihm berechtigterweise gefordert wurde, auch sphären*übergreifenden*
Moralverständnissen Berücksichtigung zu schenken, wie etwa dem Prinzip
persönlicher Verantwortlichkeit (vgl. Gutmann 1995: 99). Walzer hat demgegenüber die Replik gebracht, daß solche Moralprinzipien als 'Basispara-
meter' durchaus eine Rolle spielen, indem sie das Verständnis einzelner Güter mitgestalten, daß sie aber keine allgemeinen Distributionsprinzipien begründen, von denen Verteilungen deduziert werden könnten. Sie seien mithin
„transsphärisch", nicht „transzendent" (Walzer 1995: 294). Die reformulierte
Fassung kann den transsphärischen Charakter grundlegender moralischer
Intuitionen insofern deutlich machen, als die drei Verteilungsprinzipien Bedürfnis, Verdienst und freier Tausch als Ausdruck solcher Intuitionen verstanden werden können, ohne daß deshalb von einer 'Ableitung' konkreter
Verteilungsarrangements gesprochen werden kann.

Architektonik der Gerechtigkeitssphären bei Walzer

Bedürfnis	*Verdienst*	*Tausch*
Mangel	Tugenden, Fähigkeiten	Eigentumstitel
Inklusion durch Befä-higung	Integrität und Entfal-tung von Praxis	Entscheidungsfreiheit
individuelle Lage	individuelle Fähigkei-ten und Interessen	individuelle Präferen-zen

'Reiteration'

Sphären der Gerechtigkeit: soziale Bedeutung der Güter

'Reiteration'

Gleichheit
Rechte und Pflichten demokratischer Staatsbürgerschaft,
effektive Ausübung der Bürgerrolle

Ich hatte oben bereits angesprochen, daß Walzers Programm einer interpretativ und gütertheoretisch ansetzenden Gerechtigkeitstheorie mit erheblichem
Aufwand verbunden ist, da ein Gesamtbild gesellschaftlicher Verteilungsar-

rangements und sozialer Praktiken zu liefern ist. Wo beginnen bei einem solch ausuferndem Unterfangen? – Walzer (1992a: 12) selbst hebt hervor, daß die Unterscheidung der verschiedenen Sphären mehr eine *Kunst* denn eine *Wissenschaft* ist – gemeint ist selbstverständlich die Kunst der Interpretation. Auch diese Kunst kommt freilich nicht ohne Orientierungspunkte aus. Wiederum lassen sich zwei Strategien identifizieren:

(1) Die erste grundlegende Orientierung Walzers ist, bei konkreten Grenzverletzungen anzusetzen, um dann 'quasi-induktiv' immer mehr Sphären voneinander unterscheiden zu können und zum Gesamtbild einer möglichen Gesellschaft komplexer Gleichheit voranzuschreiten: „Die Tyrannei hat immer einen spezifischen Charakter: eine besondere Grenzüberschreitung, eine besondere Verletzung der sozialen Bedeutung" (ebd.: 60). Dabei können aktuelle politische Streitfragen als Ausgangspunkt dienen (Einwanderungspolitik, berufliche Chancengleichheit wie z.B. in der Debatte um *affirmative action*, Frauenpolitik), Grundzüge der gesellschaftlichen Organisation (z.B. die kapitalistische Wirtschaftsordnung mit ihrer systemisch bedingten Gefahr einer Tyrannei des Marktes und die Bürokratisierung der Politik), oder einfach die Frage, durch welche Faktoren die Stellung von Akteuren durch alle Sphären hindurch negativ (oder positiv) beeinträchtigt wird. Es ist offenkundig von Vorteil, wenn man sich einer politischen Deutungstradition zugehörig weiß wie Walzer in Bezug auf die demokratische Linke (vgl. Walzer 1980a, vgl. Haus 2000: 14-20). Denn dann muß das Rad der Interpretation nicht völlig neu erfunden werden, sondern man kann an Vertrautes anschließen. Die Aufgabe bestünde dann darin, nach Anschlußmöglichkeiten dieser politischen Deutungstradition in der umfassenden Kultur zu suchen, Vorurteile zu revidieren und die Darstellung durch die Berücksichtigung möglichst vieler Perspektiven dem Ideal der Objektivität näherzubringen (vgl. Walzer 1991: 316).

(2) Die zweite grundlegende Herangehensweise ist eher theoriegeleitet: Hier dienen Walzer die drei genannten offenen Verteilungsprinzipien (Verdienst, Bedürfnis, Tausch) wie auch der Grundsatz gleichwertiger Mitgliedschaft in der politischen Gemeinschaft als Orientierungspunkte für die Bestimmung unterschiedlicher Sphären. Beide Vorgehensweisen bergen Gefahren, denen Walzer nicht immer zu entgehen vermag: Die problemorientierte Perspektive verliert über die Diskussion einzelner Fragen leicht den Anspruch systematischer Theoriebildung aus den Augen; die prinzipiengeleitete Argumentationsweise steht demgegenüber in der Gefahr, zu große Rigidität walten zu lassen, indem mitunter der Anschein erweckt wird, bestimmte

Ausschnitte der sozialen Wirklichkeit ließen sich genau einem Prinzip zuordnen – was dann, wie gezeigt, letztlich nicht aufgeht.

Mittels dieser unterschiedlichen Zugangsweisen kommt Walzer zu der in
der Tat nicht sehr systematisch anmutenden Zahl von insgesamt elf verschiedenen Sphären mit je eigenen sozialen Gütern und entsprechenden Verteilungskriterien: 'Mitgliedschaft und Zugehörigkeit', 'Sicherheit und Wohlfahrt', 'Geld und Waren', 'Ämter', 'Harte Arbeit', 'Freizeit', 'Erziehung und
Bildung', 'Verwandtschaft und Liebe', 'Göttliche Gnade', 'Anerkennung'
und 'Politische Macht'. Doch wie sind deren intrinsische Verteilungsarrangements zu bestimmen? – Auch hier können wieder zwei methodische Vorgehensweisen Walzers unterschieden werden:

(1) Anhand ca. 25 ausführlicher (und zahlloser kürzerer) historischer und
fiktiver Darstellungen will Walzer kulturelle Verständnisse von sozialen
Gütern in *fremden* Gesellschaften verdeutlichen, um auf dieser Vergleichs-
grundlage die besonderen Spezifika der Verständnisse der *eigenen* Gemeinschaft herausarbeiten zu können; statt eines 'reflexiven Gleichgewichts' von
Gerechtigkeitsintuitionen und rationalen Erwägungen (Rawls) strebt Walzer
hier gewissermaßen ein 'reflexives Ungleichgewicht' an (so Dow-
ning/Thigpen 1986: 454; vgl. auch Rosenblum 1984: 587). Das heißt, er
macht die für seine Gesellschaft selbstverständlichen Vorannahmen über die
Bedeutung sozialer Güter durch die Herausstellung *kultureller Differenz*
deutlich. Es zeigt sich allerdings auch kulturübergreifende *Kongruenz* von
Gerechtigkeitsverständnissen, die als ein Hinweis für deren (empirisch-
substantielle) Universalität verstanden werden kann, z.B. in der Diskussion
der Versorgung mit 'Sicherheit und Wohlfahrt' und der Verteilung von 'freier Zeit', also dort, wo es um Bedürfnisse geht.

(2) Von Beispielen aus der Geschichte der eigenen Gesellschaft ausgehend, in denen sich die geteilten Verständnisse widerspiegeln, ergibt sich die
Möglichkeit des *Analogieschlusses*: Wenn die politische Gemeinschaft im
Fall A ein bestimmtes Verteilungsprinzip für richtig befunden hat, dann muss
sie das auch im Fall B, weil dieser eine grundlegende Ähnlichkeit mit A
aufweist. Allerdings können Analogien auch gerade die Unähnlichkeit bestimmter Bereiche innerhalb einer politischen Gemeinschaft deutlich machen.

3.2 Inwiefern ist Walzers Gerechtigkeitstheorie egalitär?

Das Konzept der 'komplexen Gleichheit' stellt wohl den originellsten Beitrag Walzers zur gegenwärtigen Diskussion über Fragen der Gerechtigkeit dar. Es leidet jedoch, so wie es Walzer zunächst dargelegt hat, unter begrifflichen Unklarheiten, die erst in späteren Stellungnahmen gänzlich bereinigt wurden (vgl. Walzer 1995: 283f.). Walzers zentrale These ist, wie bereits erwähnt, daß eine pluralistische Theorie sozialer Güter eine überzeugendere Grundlage für eine Politik der Gleichheit darstellt als eine Theorie individueller Rechte (vgl. Walzer 1992a: 21). Das grundlegende Problem dabei ist das Verhältnis zwischen *autonomer Distribution* einerseits und *komplexer Gleichheit* andererseits. In *Spheres of Justice* mußte mitunter der Eindruck entstehen, daß autonome Distribution und komplexe Gleichheit *miteinander identisch* sind. Tatsächlich müssen sie jedoch zumindest analytisch voneinander getrennt werden: Erstere kennzeichnet ein formales Verteilungs*prinzip*, letztere ein materiales Verteilungs*ergebnis*. Das Prinzip der autonomen Distribution selbst legt zudem noch keine konkreten Verteilungen fest, sondern dient lediglich dazu, die Aufmerksamkeit auf die Bedeutung sozialer Güter zu lenken (ebd.: 50). Es stellt sich folglich die grundlegende Frage, worin genau der *Zusammenhang* zwischen Autonomie und Gleichheit besteht und um welche Art von Gleichheit es sich genau handelt. 'Autonome Distribution' impliziert zudem noch keine Aussage darüber, *wieviele verschiedene* Güter mit distinkten sozialen Bedeutungen bzw. Verteilungssphären es gibt, während 'komplexe Gleichheit' eine so hohe Zahl von Sphären voraussetzt, daß sinnvollerweise von *'Komplexität'* gesprochen werden kann, wo auch immer genau die Grenze zu ziehen sein mag.

Kann Walzer seinen gerechtigkeitstheoretischen Ansatz nun berechtigterweise 'egalitär' nennen? Wie es ihm um 'komplexe' Gleichheit geht, so kann auch die Antwort auf diese Frage nicht 'einfach' ausfallen. In gewisser Hinsicht scheint das Sphärenkonzept gegenüber den zwei Grundsätzen der Rawlsschen Gerechtigkeitstheorie eher *Un*gleichheit zu befördern. Komplexe Gleichheit wendet sich ja nicht gegen *jede* Monopolisierung von Gütern innerhalb einer Sphäre, sondern nur gegen die *Dominanz* eines bestimmten Gutes und *dessen* Monopolisierung. Das scheint zum Beispiel zuzulassen, daß Einkommensunterschiede beliebig variieren können, je nachdem, wie es der Logik der Marktsphäre gerade entspricht. Wie kann angesichts dieser Legitimation von intrasphärischen Ungleichheiten noch von einem Plädoyer für Gleichheit gesprochen werden (vgl. Brumlik 1992a)? Im folgenden sollen vier egalitäre Aspekte ins Blickfeld gerückt werden, die erst in der Zusammenschau die hinter dem Ideal der komplexen Gleichheit stehende Intuition erhellen. Dabei kann zwischen *unmittelbaren* und *mittelbaren* Gleichheitsimplikationen des Prinzips autonomer Distribution unterschieden werden (vgl. Haus 2000: 257-263).

(1) Eine Form von *Chancengleichheit* ist in der autonomen Distribution sozialer Güter *begrifflich* enthalten. Denn bei der Verteilung eines bestimmten sozialen Gutes sind alle Akteure in Bezug auf andere soziale Güter bzw. Distributionssphären dahingehend gleich zu behandeln, daß der Besitz oder Nichtbesitz der Güter anderer Sphären irrelevant für das Erlangen dieses Gutes ist. Die in den Debatten um Gerechtigkeit seit jeher wichtige Kategorie der Gleichbehandlung kann also innerhalb des Konzeptes der autonomen Distribution so verstanden werden, daß innerhalb einer Distributionssphäre für alle gleichermaßen die soziale Bedeutung dieses Gutes bzw. die in der jeweiligen Distributionssphäre gültigen Verteilungskriterien maßgebend sind. Jeder muß die Chance haben, seine für den Erwerb des jeweiligen Gutes qualifizierenden Eigenschaften zur Geltung zu bringen – womit auch der Zusammenhang zwischen Chancengleichheit und *Verdienstkriterium* herausgestellt wäre.

Die zweite und die dritte egalitäre Implikation von Walzers Ansatz entspringen *empirisch prognostizierbaren Folgen* des Prinzips autonomer Distribution.

(2) Zum ersten ist hier eine Form des *Ausgleichs* zu nennen: Bei einer entsprechend hohen Zahl autonomer Distributionssphären steigt die Wahrscheinlichkeit, daß unterschiedliche Personen aufgrund ihrer spezifischen Neigungen und Fähigkeiten in unterschiedlichen Sphären ihr Glück und ihren Erfolg suchen und finden werden, so daß Gewinne und Verluste in einem gewissen Maße sphärenübergreifend kompensiert werden.

(3) Die zweite wahrscheinliche empirische Folge mit egalitärer Wirkung kann man als personale *Gleichwertigkeit* bezeichnen: Wenn kein Gut die Verteilung der anderen Güter dominiert, dann kann auch der gesellschaftliche Erfolg eines Akteurs nicht an der erfolgreichen Akkumulation dieses einen dominanten Gutes gemessen werden. In einer Gemeinschaft mit autonomer Distribution einer Vielzahl von Gütern wird kein umfassendes *ranking* der Mitglieder mehr möglich sein. Ausgleich und Gleichwertigkeit sind freilich nur dann empirisch erwartbare Folgen autonomer Distribution, wenn weitere Annahmen plausibel erscheinen: Zum einen muß es hinreichend viele Güter mit distinkter sozialer Bedeutung geben, so daß Komplexität zu

Kompensationsmechanismen führt und eine Klasse der Erfolgreichen invisibilisiert. Zum anderen müssen die Mitglieder einer derart organisierten Gesellschaft tatsächlich über unterschiedliche Begabungen und Qualitäten verfügen, so daß nicht die selben Personen durch allen Sphären hindurch erfolgreich sind, in welchem Falle wohl eher von 'komplexer *Ungleichheit*' gesprochen werden müßte (vgl. Rustin 1995: 28, Arneson 1995: 233). Nur wenn die Verteilung verschiedener Güter gemäß unterschiedlichen Gründen auch eine Verteilung an *verschiedene Menschen* ist, kann von komplexer Gleichheit gesprochen werden, wie Walzer später zugestanden hat (Walzer 1995: 283). Komplexe *Ungleichheit* als Resultat hält Walzer freilich für eine *nicht wahrscheinliche* Folge autonomer Distribution. Wenn sie aber doch einträte, wäre sie eben moralisch nicht bedenklich (Walzer 1992a: 49f., 1995: 290). Denn es wurden ja alle Güter im Einklang mit 'guten Gründen' verteilt. Dabei gilt es freilich zu berücksichtigen, daß auch die *negative Dominanz* von Gütern gegen das Prinzip autonomer Distribution verstößt: Der Ausschluß eines 'unteren Drittels' der Gesellschaft, wie er für die westlichen Länder immer wieder festgestellt wird, ist in diesem Sinne ein schwerwiegender Verstoß gegen die Gerechtigkeit, weil hier aufgrund kollektiver Identitäten (Rasse, ethnische Zugehörigkeit, Geschlecht) und über die stigmatisierende Wirkung negativer Güter (Arbeitslosigkeit, schlecht bezahlte Arbeit) bestimmte Bevölkerungsgruppen einen „radikalen Ausschluß von allen produktiven und distributiven Sphären" erfahren (Walzer 1998b: 49). Das leitet über zum vierten egalitären Gehalt von Walzers Gerechtigkeitstheorie.

(4) Der vierte egalitäre Aspekt leitet sich aus dem Status der Mitgliedschaft in der politischen Gemeinschaft her und ist folglich *demokratietheoretischer* Natur. Zwei Punkte müssen in diesem Zusammenhang genannt werden: Zum ersten bezieht sich der Status gleicher Staatsbürgerschaft in der Sicht Walzers auf die Voraussetzungen zur Teilnahme an den Aktivitäten, welche in den verschiedenen Sphären ausschlaggebend für die Verteilung der Güter sind. Zum zweiten ist mit dem Status als Bürger das Prinzip verbunden, daß es die Bürger sind, denen die Autorität der Interpretation sozialer Bedeutungen von Gütern zukommt. Politik ist eine Sphäre besonderer Art: Ihr ureigenster Sinn liegt darin, alle anderen Sphären zu ordnen und die subversive Wirkung dominanter Güter zu bändigen (vgl. Walzer 1992a: 43). Mit dieser Bestimmung der normativen Logik der politischen Sphäre verbindet sich die Forderung, daß die Auswirkungen von Verteilungsarrangements keine systematische Beeinträchtigung der Bürgerrolle zur Folge haben dürfen. Mit anderen Worten: Wo immer eine „Klasse von ausgeschlossenen

Männern und Frauen" produziert wird, widerfährt dem Anspruch demokratischer Inklusion keine Gerechtigkeit (vgl. Walzer 1993c: 63f.). Diese Perspektive auf das Problem der Gleichheit als Bürger ist in *Sphären der Gerechtigkeit* bereits implizit von hoher Bedeutsamkeit, vor allem in der Behandlung der Bedürfnisse. Denn Bedürfnisse stehen letztlich für nichts anderes als den Anspruch, daß es allen Mitgliedern ermöglicht wird, weitestgehend zu voll kooperationsfähigen Mitgliedern der Gesellschaft zu werden – die dann freilich mehr oder weniger Erfolg haben können. Radikale egalitäre Implikationen entfaltet der Grundsatz gleicher Bürgerschaft jedoch in Walzers Behandlung der Frage legitimer Einkommensunterschiede. Interessant ist hier die Begründung seines Eintretens für weitgehende Gleichheit der Einkommen: Nicht aus Gründen sozioökonomischer Fairneß (Rawls' Ansatz) plädiert er dafür (er schließt eine solche Perspektive sogar explizit aus), sondern aufgrund der Einsicht, daß Einkommensunterschiede zu einer fundamentalen Ungleichverteilung von politischen Einflußmöglichkeiten führten (vgl. Walzer 1992a: 171ff.). Hier ist Walzers Argumentation im Hinblick auf sozioökonomische Ungleichheit sehr viel egalitaristischer als Rawls' Differenzprinzip, das nur fordert, daß Unterschiede den am wenigsten Begünstigten die besten Aussichten bieten sollten (vgl. Haus 2000: 326-328).[10] Zugleich muß betont werden, daß Walzers Standpunkt auf einem empirischen Urteil über die Auswirkungen von Einkommensungleichheiten beruht, das man selbstverständlich in seiner Stichhaltigkeit auch bezweifeln kann.

Auch wenn Walzer in einem späteren Aufsatz den besonderen begründungslogischen Status der Staatsbürgerschaft hervorgehoben hat (ebd.: 64), erscheint es jedoch zu weitgehend, mit Rainer Forst (1994: 236) von einem „formalen und materialen 'Meisterprinzip' der Sphären sozialer Gerechtigkeit" zu sprechen. Denn die Verteilungskriterien in den einzelnen Sphären werden keineswegs von einem Prinzip gleicher Mitgliedschaft *abgeleitet*. Es geht vielmehr darum, Inklusion in allen Sphären durch Teilnahmebefähigung zu sichern und politische Exklusion zu unterbinden. Indes kann man fragen, wie weitgehend die Implikationen des Erfordernisses gleichwertiger Staatsbürgerschaft sein sollten. Beschränken sie sich darauf, Gewinn- und Verlustmöglichkeiten in einzelnen Sphären auf ein verträgliches Maß zu beschränken, oder erfordern sie vielleicht eine weitgehendere Berücksichtigung

---

10 Freilich ist hier hinzuzufügen, daß Rawls den 'gleichen Wert' politischer Freiheiten gesichert wissen will, was für ihn bedeutet, daß politische Beteiligungsrechte von ökonomischer Ungleichheit nicht beeinträchtigt werden dürfen. Dies kann beispielsweise durch staatliche Parteien- und Wahlkampffinanzierung erfolgen (vgl. Rawls 1975: 256, s.a. 1992c: 232ff.).

des Bürgerstatus in allen Handlungsfeldern? Die weitestgehende Aussage Walzers hierzu ist, daß staatsbürgerliche Inklusion als ein durch demokratische politische Aktivität in allen Sphären 'reiterierter' Wert verstanden werden könne (vgl. Walzer 1993c: 64). Immer also treten wir *auch* als Bürger, d.h. als grundlegend Freie und Gleiche, in Erscheinung.

In bezug auf die Frage, ob daraus ein allgemeines *Demokratisierungs*gebot folge, tendiert Walzer jedoch zu einer zurückhaltenden Sicht. Hier haben andere weitergehende Konsequenzen gezogen, etwa Ian Shapiro, der in seiner Theorie der 'demokratischen Gerechtigkeit' die grundlegende Berücksichtigung demokratischer Prinzipien in allen sozialen Sphären vertritt (Shapiro 1999). In diesem Rahmen fordert er z.B. die Benachteiligung der Katholischen Kirche gegenüber anderen, 'demokratischer' verfaßten Religionsgemeinschaften (ebd.: 47). Gerade dieses Beispiel macht jedoch die Problematik solcher weitgehenden und doch recht simplistischen Demokratisierungsansprüche deutlich: Sie reduzieren den Wert von nicht-politischen Gemeinschaften auf deren Übereinstimmung mit demokratischen und liberalen Prinzipien, anstatt nach dem Wert dieser Gemeinschaften für das kulturelle Leben und den Erfahrungsraum des Selbst insgesamt zu fragen. Auch eine aus ihren religiösen Traditionen heraus ganz oder teilweise hierarchisch verfaßte Gemeinschaft kann verantwortliches Handeln, Solidarität und bürgerliche Gleichheit (durch ein Durchbrechen von Klassenstrukturen im Aufbau der inneren Hierarchie) befördern. Hier erscheint mir Walzers pluralistische Sicht attraktiver, wie auch seine damit korrespondierende Perspektive einer egalitären Politik unter Einbezug auch inegalitärer Gemeinschaften (vgl. Walzer 1998d).

In der Zusammenschau von *Chancengleichheit, Ausgleich, Gleichwertigkeit des Status* und *Gleichheit der Staatsbürgerschaft* sollten die egalitären Momente von Walzers Gerechtigkeitstheorie, insbesondere der Zusammenhang von autonomer Distribution und komplexer Gleichheit deutlich geworden sein. Ein Regime komplexer Gleichheit kennzeichnet eine Gesellschaft, in der unterschiedliche Menschen verschiedene persönliche Qualitäten zur Geltung bringen können und sich keine 'herrschende Klasse' und keine Klasse der 'Ausgeschlossenen' herausbilden kann, weil Ungleichheiten zum einen eine zu pluralistische Gestalt aufweisen und die Bürger zum anderen auf die Gleichwertigkeit ihres Mitgliedschaftsstatus achten. Diese Beschreibung macht bereits deutlich, daß komplexe Gleichheit das Ideal einer *demokratischen* Gemeinschaft ist. Das impliziert für Walzer freilich auch, daß egalitäre Politik selbst *Sache der Bürger* ist und nicht etwa auf dem Wege der juridischen Durchsetzung individueller Rechte realisiert wird (Walzer 1981). Das gilt wohlgemerkt auch für jene Gleichheitsforderungen, die nach Walzer gerade um der Gleichwertigkeit politischer Aktivitäten willen Eingang in seine Darstellung der Gerechtigkeit finden. Die Begründung dafür verweist auf den nach Walzer tiefsten Sinn des ganzen Unterfangens der Beförderung von Verteilungsgerechtigkeit und leitet über zur Wiederaufnahme der Frage, inwiefern er eine Reformulierung des politischen Aristotelismus geleistet hat (s.o. I.4.2). So schreibt Walzer in einer lyrischen Anwandlung, der politische Kampf gegen die Dominanz des Geldes selbst sei gegenwärtig vielleicht der „schönste Ausdruck von Selbstrespekt" (Walzer 1992a: 439, Übers. M.H.). In diesem reflexiven 'Anerkennungsgut' der Selbstachtung kommt die Idee der Verteilungsgerechtigkeit gleichsam zu sich selbst. Subjektive und soziale Gerechtigkeit finden zueinander, wie im folgenden gezeigt werden soll.

3.3   Walzer und der Aristotelismus

Von Etikettierungen wie 'Aristotelismus' möchte sich Walzer am liebsten fernhalten (vgl. Walzer 1992a: 24). Daß Walzer dennoch, v.a. hinsichtlich der gütertheoretischen Implikationen seiner Gerechtigkeitstheorie, durchaus in die aristotelische Tradition gestellt werden kann, wurde bereits des öfteren festgestellt.[11] Blickt man auf die oben (I.1) dargelegten Eigenschaften einer normativen politischen Theorie entlang aristotelischer Kategorien, so zeigt sich meines Erachtens, daß Walzers Argumentation nicht nur formell, sondern auch substantiell sehr viel aristotelischer ausfällt, als es seine sorgfältig gepflegte Distanzierung von allen philosophischen Lehren erkennen lassen will. Das will ich im folgenden deutlich machen, indem ich die Argumentation in *Sphären der Gerechtigkeit* mit Walzers Überlegungen zu einer kommunitären 'Politik der Differenz' (s.o. II.5) verknüpfe.

(1) Im Kapitel zur Moraltheorie wurde darauf hingewiesen, daß Walzer die Bezugnahme auf allgemeine normative Begriffe wie 'Freiheit' und 'Gleichheit' im Rahmen einer interpretativen Sozialkritik für unverzichtbar

---

11 Bluhm 1993: 1051, Forst 1994: 243f., Taylor 1988c: 156-161, Günther 1994: 155-159 und 172-175, Haus 2000: 263f. Krause und Malowitz wollen Walzers Denken von einem traditionalistischen 'Neo-Aristotelismus' (1998: 174-178) abgegrenzt wissen. Doch braucht man dieser Richtung nicht den Alleinvertretungsanspruch aristotelischen Denkens in der Moderne zusprechen, wie ja auch bei Taylor deutlich wird.

hält, weil Akteure sich selbst mit Hilfe solcher Begriffe rechtfertigen, und daß darin eine Analogie zu Taylors 'Hypergütern' gesehen werden kann. Hypergüter sind, wie oben dargelegt, übergeordnete Gesichtspunkte, die als Kriterien zur Bewertung untergeordneter Güter herangezogen werden. 'Konstitutive' Güter im Sinne Taylors stellen demgegenüber Vorstellungen eines in sich Guten dar, die den Hypergütern erst ihre normative Autorität verleihen. Die Herausforderung einer kommunitaristischen (bzw. aristotelischen) Theorie der Moderne besteht dann darin, die hinter den Hypergütern stehenden konstitutiven Güter zu artikulieren. Dies unternimmt Taylor durch die Rekonstruktion des Ideals der Authentizität als einer persönlichen Lebensführung, die in Treue zur eigenen Individualität steht, ohne kulturelle Herkunft und dialogische Einbindung zu vernachlässigen. Für Taylor war entscheidend, daß die Treue zu sich selbst, zu seinen eigenen Wurzeln wie seiner unverwechselbaren Originalität, mit einer Perspektive wechselseitiger sozialer Anerkennung verknüpft wird.

Walzer liefert nun eine Gerechtigkeitstheorie, die in ähnlicher Weise den Begriff der Gleichheit auf ein konstitutives Gut hin interpretiert und auf die Ermöglichung der Chance des Gelingens von Anerkennungsverhältnissen abstellt. So bestimmt er die durch 'komplexe Gleichheit' strukturell eröffnete Möglichkeit der Selbstachtung („self respect") von Personen als höchsten Zweck („deepest purpose") der Gerechtigkeit (Walzer 1992a: 395).

Darin kann ein Analogon zum 'höchsten Gut' im aristotelischen Sinne gesehen werden, d.h. einem Gut, das nicht noch einmal Zweck zu etwas anderem ist. Es ist zudem, auch darin wird ein aristotelischer Gedanke fortgeführt, ein Gut, welches auf die politische Gemeinschaft konstitutiv angewiesen ist. Die politische Gemeinschaft als eine Gemeinschaft „um des guten Lebens willen" (Aristoteles) heißt also in Walzerscher Übersetzung, daß dieses Gut *nur* in der politischen Gemeinschaft realisiert werden kann und daß es zugleich die *ratio essendi* der politischen Gemeinschaft darstellt. Es kann von daher nicht verwundern, daß Walzer dieses Regime komplexer Gleichheit, welches latent in den Praktiken einer demokratischen Gesellschaften vorhanden und doch nicht konsequent verwirklicht sei, in ausdrückliche Analogie zu Aristoteles' Bürgerideal stellt (ebd.: 451). Ein entscheidender Unterschied kann jedoch darin gesehen werden, daß die aristotelische Bestimmung des Bürgers als jemand, der „abwechselnd herrscht und beherrscht wird" (s. etwa *Politik*, 1287a,16ff.), die abwechselnde und dadurch gleichermaßen gegebene Möglichkeit an *ein und der selben* Praxis bezeichnet. Demgegenüber hat Walzer ein inhaltlich ausgeweitetes, pluralistisches, dadurch aber auch inklusiveres Verständnis des Bürgerideals im Sinne: Alle sozialen Handlungssphären gelten als Bereich, in denen die Bürger 'herrschen' können, das heißt, Erfolg haben und den Ton angeben können. Damit adressiert Walzer wiederum das Komplexitäts- und das Gleichheitsproblem, also die Frage, inwiefern eine aristotelische Perspektive mit dem Status als Gleiche und mit einer Vielzahl von ausdifferenzierten Handlungsbereichen zurechtkommen könne (s.o. I.1). Selbstachtung steht für eine Qualität gesellschaftlichen Zusammenlebens, welche die Grenzen einzelner Praktiken ('Sphären') transzendiert und doch zugleich mit einer Vielzahl von Praktiken auf komplexe Weise verbunden ist. Walzer spricht in diesem Zusammenhang von einem „*Regime* komplexer Gleichheit" (Walzer 1992a: 60, Übers. M.H.), also einer gesamtgesellschaftlichen Regulierungsweise.

(2) Ein 'Regime komplexer Gleichheit' korrespondiert mit einem bestimmten Ideal des *individuellen guten Lebens*. Walzer fragt, welche sozialen Arrangements der kommunitären Einbettung und der Anerkennung von Identitäten dem Selbst jene Kritik- und Entwicklungsmöglichkeiten bieten, die von den Liberalen als Ideal hochgehalten werden. Seine Antwort lautet, daß Kritik und Freiheit durch Partizipation an sozialer Pluralität ermöglicht wird, wodurch ein „dichtes" und „geteiltes Selbst" (*divided self*) konstituiert werden könne (Walzer 1996a: 132.). Eigentlich wäre es besser von einem 'komplexen' Selbst zu sprechen, um deutlich zu machen, daß es nicht um eine Fragmentierung personaler Identität geht. Das 'geteilte Selbst' ist ein Selbst, welches Differenz und Integrität gleichermaßen verkörpert. Es verkörpert sie in einer Weise, die Taylors Vorstellung von der persönlichen Resonanz gegenüber einem kulturell konstituierten Wertungshorizont und gegenüber sozialen Ansprüchen sowie der Vorstellung von einer persönlichen Authentizität durch ein spannungsgeladenes Eingebundensein in eine Komplexität von Praxiszusammenhängen und Überlieferungen entspricht. Das macht folgende Beschreibung des 'geteilten Selbst' deutlich:

> „Meine innere Welt [ist] voller kulturell übermittelter oder gesellschaftlich aufgezwungener Gegebenheiten – was mir bleibt ist, mich zwischen ihnen hindurchzuwinden, soweit mir ihre Vielheit ein solches Manövrieren erlaubt. Mein umfassenderes Selbst [...] wird von der Summe all dieser Gegebenheiten gebildet und bildet sich selbst durch sie" (ebd.: 129).

Je komplexer die Erfahrung 'dichter' sozialer Handlungsräume, desto größer der Raum für die 'Manöver' des Selbst. Darin kann das 'emanzipatorische' Potential dieser Vorstellung gesehen werden. 'Befreiung' muß dann nicht

Vereinzelung bedeuten, und Ausdifferenzierung nicht Zerrissenheit. Die Walzer bereits vor der Kommunitarismusdebatte umtreibende Frage, wie die 'freigesetzten' Individuen zum gemeinsamen Handeln gelangen können, wird somit theoretisch eingeholt.

(3) *Tugenden* müssen aus dieser Perspektive nicht (wie bei MacIntyre) gegen die Moderne ausgespielt werden. Sie können zum einen verstanden werden als persönliche 'Qualitäten', deren Nachweis legitimerweise mit dem Erreichen je spezifischer sozialer Güter verknüpft ist. Gerechtigkeitsrelevante Tugenden sind in diesem Sinne intrinsisch verbunden mit der sozialen Bedeutung der zur Verteilung gelangenden Güter, die sich wiederum aus dem Bezug auf bestimmte Zusammenhänge sozialer Praxis ergibt. So ist Überzeugungskraft die Voraussetzung für die legitime Erlangung politischer Autorität, unternehmerisches Geschick für den Erfolg auf dem Markt und die Bereitschaft zum selbstlosen Einsatz für die Gemeinschaft für den Empfang öffentlicher Ehrungen usw. All dies kennzeichnet eine Vielzahl *besonderer* Tugenden. Zum anderen besteht tugendhaftes Verhalten darin, sich für die Integrität der verschiedenen Praxiszusammhänge einzusetzen und dabei etwa politischem Druck und korruptiven Anreizen zu widerstehen. In diesem Zusammenhang spricht Walzer von einer „distributive[n] Unabhängigkeitserklärung", auf welche sich die 'sich selbst achtenden Bürger' verpflichtet wissen sollten (Walzer 1992a: 447). Hier lassen sich Konturen eines modernen Verständnisses *allgemeiner* Tugenden erkennen: Tapferkeit würde dann bedeuten, sich nicht wider besseren Wissens der Androhung negativer Sanktionierung zu beugen, wenn es darum geht, die Autonomie einer Praxis bzw. eines Gutes zu verteidigen; Weisheit bestände darin, systematische Einsicht in die Eigenlogiken spezifischer Praxissphären zu gewinnen; (subjektive) Gerechtigkeit hieße, sich keine persönlichen Vorteile durch illegitime Übergriffe mit Hilfe dominanter Güter zu verschaffen usw. Aber auch subjektive Eigenschaften, die traditionellerweise nicht unter dem Begriff der 'Tugend' laufen, können in dieser Perspektive tugendtheoretisch reformuliert werden. Dies gilt etwa für die Haltung der *Toleranz* (Walzer 1998a).

3.4 Schluß

Der entscheidende Unterschied zwischen Walzers und Rawls' Gerechtigkeitstheorie wurde oft in Walzers „partikularistischer Methodologie" (Mul-

hall/Swift 1992: 128) gesehen. Walzers demonstrativ zur Schau gestellter radikaler Partikularismus (vgl. Walzer 1992a: 20f.) muß allerdings als über-
triebene Rhetorik oder gar mangelnde Selbstreflexion bezeichnet werden.
Bei *Spheres of Justice* handelt es sich nicht einfach um eine 'amerikanische'
Gerechtigkeitstheorie, wenn damit gemeint ist, daß sie anderen politischen
Gemeinschaften nichts zu sagen hätte. An Walzers Erörterung der Frage, ob
eine umfassende Gesundheitsversorgung ein sozial anerkanntes Bedürfnis
ist, zeigt sich, daß die geteilten Verständnisse nicht so stark partikularistisch
gefärbt sind, wie Walzer mitunter suggeriert (vgl. Walzer 1992a: 137-43,
1996a: 45-50). Dies wird spätestens dann deutlich, wenn man einen näheren
Blick auf die horizontale Vergleichsperspektive in Walzers Gerechtigkeitstheorie wirft, also die Perspektive eines Vergleichs unterschiedlicher Gesellschaften der Gegenwart.

Im Mittelalter, so Walzer, habe die Gesundheit der Seele im Vordergrund
gestanden, in der Gegenwart sorge man sich um die Gesundheit des Leibes.
Partikularistisch ist diese Vorstellung jedoch keineswegs im Vergleich *zeit-*
genössischer politischer Gemeinschaften. Auch in *nichtliberalen* politischen
Gemeinschaften der Gegenwart legitimieren sich Regierungen mit der Sorge
um das leibliche Wohlbefinden ihrer Bevölkerungen – und um die Gesundheit der Seele in einem säkularen Sinne gleichfalls. Woher kommt diese
Kongruenz der Güterverständnisse? Warum werden grundlegende Erfordernisse für die Entfaltung menschlicher Entwicklungsmöglichkeiten mit einer
gewissen Notwendigkeit zu Legitimationsbezügen staatlichen Handelns?
Hier kann meines Erachtens man nur mit modernisierungstheoretischen
Überlegungen weiterkommen, wie sie auf kommunitaristischer Seite etwa
Charles Taylor (2002c) vorgetragen hat (s.o. II.4). Taylor beschreibt dort u.a.
ein kulturübergreifend verändertes Verständnis von Mitgliedschaft in Richtung einer 'unmittelbaren' Zugehörigkeit zur politischen Gemeinschaft, den
Zusammenbruch von Hierarchien und die Verbreitung bürokratischer Staats-
organisation. Kulturelle Abweichungen ergeben sich dann aus unterschiedlichen Anpassungen an solche übergreifenden Trends, dies jedoch in einem
Rahmen, der gewisse 'moderne' Diskurse praktisch alternativlos vorgibt, sofern Konflikte überhaupt kommunikativ und offen gelöst werden.

Weiterhin fällt auf, daß Walzer in den seltenen Fällen, wo er auf andere
demokratische Gemeinschaften Bezug nimmt, gerade nicht *Differenzen* herausstellt, sondern Parallelen aufzeigt. Dies verdeutlicht das Beispiel des ja-
panischen Schulwesens (1992a: 297ff.). Daß Walzer einer 'sozialistischen'
Lehrergewerkschaft in Japan seine Sympathie zollt, weil diese sich für die

Autonomie des Schulwesens gegenüber anderen Sphären stark macht, gibt einen wichtigen Hinweis auf die kulturübergreifende Wirklichkeit politischer Deutungstraditionen.

Können Walzers Ausführungen in weiten Teilen als Gerechtigkeitstheorie für liberal-demokratische Gesellschaften verstanden werden, so gilt das selbe für Rawls' Gerechtigkeitskonzeption. Man kann beide Theorien als je unterschiedlich vorgehende Darlegung der Bedeutung demokratischer Staatsbürgerschaft (*citizenship*) und der Voraussetzungen einer vollwertigen Mitgliedschaft verstehen (vgl. Forst 1994: 215f., Mulhall/Swift 1992: 180). Explizit unterstützt Rawls diese Einschätzung seiner Theorie, wenn er schreibt, sein Ziel sei es, „eine Konzeption politischer und sozialer Gerechtigkeit auszuarbeiten, die dem Geist der besonders tiefsitzenden Überzeugungen und Traditionen eines modernen demokratischen Staates entspricht" (Rawls 1992c: 170). Vielleicht läßt der von Rawls beschworene 'Geist' moderner Demokratien, auf den sich auch Walzer (1996a: 77) beruft, doch noch die Hintertür offen für eine mehr als kulturgebundene Verbindlichkeit? Dies könnte dann der Fall sein, wenn – wie bei Hegel – die Entwicklung hin zum demokratischen Staat als ein Prozeß von universalgeschichtlicher Logik interpretiert würde.

Die Frage an beide Theorien wäre dann, inwiefern sie die Wirklichkeit des Geistes moderner Demokratien auf den Begriff zu bringen und anschaulich zu machen vermögen. Der politische Liberalismus zieht seine argumentative Kraft vor allem aus der Überlegung, daß angesichts eines weltanschaulichen Pluralismus soziale Kooperation nur noch in der Form des Zugeständnisses gleicher Freiheitsrechte und allgemeiner Partizipation an den Früchten gesellschaftlicher Arbeit erreicht werden kann. In einem gewissen Sinne kann man Walzers Entwurf einen höher gesteckten Anspruch zuschreiben: Die Beschreibung einer in den geteilten Verständnissen latent angelegten Lebensweise unter dem 'Regime komplexer Gleichheit' ist zugleich eine politisch-kulturelle Vision einer gemeinsamen Lebensweise, der nicht von vornherein abgesprochen werden sollte, daß sie eine appellative Wirkung auch auf Diskurse in *anderen* Kulturkreisen haben könnte. Gerade weil Walzer versucht, eine reichhaltige Vorstellung der guten Lebensweise zu artikulieren, könnte diese Lebensweise in ihrem qualitativen Wert auch für die 'Außenstehenden' deutlicher sichtbar und zu einer Quelle moralischer Neuorientierung werden. Jedenfalls wäre diese Konzeption im viel beschworenen interkulturellen Dialog nicht so einfach als 'individualistisch' und unverträglich mit 'Gemeinschaftswerten' abzutun, wie dies so häufig bei Argumentationsweisen der Fall ist, die die Rechte des Einzelnen als 'Trümpfe' vorstellen (etwa Dworkin 1984: 162).

Die Tatsache, daß sowohl Walzer als auch Rawls eine Gerechtigkeitstheorie vorlegen, deren zentrales Anliegen es ist, die Bedingungen vollwertiger demokratischer Staatsbürgerschaft darzulegen, hat eine weitere wichtige Implikation. Für Walzer wie für Rawls stellt *demokratische Entscheidungsfindung* als Ort der Verwirklichung von Gerechtigkeitsforderungen selbst schon ein Element distributiver Gerechtigkeit dar. Damit verbindet sich die Einwilligung in die Ungewißheit der Ergebnisse eines offenen politischen Prozesses (vgl. z.B. Walzer 1986: 149, Rawls 1975: 226, 251). Im Hinblick auf eine verfassungsrichterliche Überprüfung politischer Entscheidungen erweist er sich freilich als beträchtlich risikofreudiger als Rawls (vgl. Walzer 1981). Walzer geht jedoch einen Schritt weiter, indem er die Frage der *Implementation* gerechter politischer Entscheidungen in die Gerechtigkeitstheorie einbindet: Wohlfahrtsstaatliche Leistungen sollten nicht nur ausgebaut, sondern auch in dezentralisierter und partizipatorischer Weise, von Akteuren der zivilen Gesellschaft distribuiert werden. Es geht ihm insgesamt nicht nur um persönliche Freiheiten, Chancengleichheit und soziale Teilhaberechte, sondern um aktive Partizipation in solidarischen Gemeinschaften. Diese Überlegungen verdeutlichen, daß die *Gerechtigkeits*theorie ohne die *Demokratie*theorie bzw. Theorie der *Zivilgesellschaft* unvollständig bleibt.

IV. Wie Demokratie?

1. Einleitung: Republikanismus und Liberalismus

War im Hinblick auf die Moraltheorie der Aristotelismus der ideengeschichtliche Bezugspunkt kommunitaristischen Denkens (s.o. Kap. 1), so ist
es im demokratietheoretischen Kontext der *Republikanismus*. Als klassisches
Modell der Demokratie war der Republikanismus, anknüpfend an antike
Vorbilder, in der Renaissance ein Modell des Gemeinwesens, welches die
aktive Teilhabe aller Bürger an den öffentlichen Angelegenheiten in den
Mittelpunkt stellte und als unabdingbare Voraussetzung für ihre Freiheit be-
trachtete.[1] Republikanischem Denken ging es infolgedessen um die Frage,
welche politischen und sozialen Voraussetzungen erfüllt sein müssen, um eine politische Praxis der Freiheitsrealisierung möglich werden zu lassen (etwa
gleiche Teilhaberechte für alle Bürger, aber auch die Entlastung dieser Bürger von den Zwängen der Erwerbsarbeit – verbunden mit geschlechts- und
schichtspezifischen Ungleichheiten auf Kosten der Nicht-Bürger). Sie stützte
sich andererseits auf ein Ethos der 'Bürgerehre', welches dem Bürger nicht
nur bestimmte Tugenden abverlangte, sondern von ihm auch erwartete, dem
Schicksal der politischen Gemeinschaft den obersten Rang auf der Liste seiner persönlichen Prioritäten einzuräumen.

Gibt es einen bleibenden normativen Kern dieses klassischen Demokratieverständnisses, welcher auch heute noch der Reflexion wert ist? Kommunitaristische Theoretiker bejahen dies. „Der Republikanismus", so die Bestimmung des Neo-Republikaners Michael Sandel, „vertritt eine Anschauung, wonach die Freiheit in einem inneren Zusammenhang steht mit der
Selbstregierung und den diese stützenden Bürgertugenden" (Sandel 1995:
57). Davon will Sandel die liberale Position scharf abgegrenzt wissen, für die
„die Freiheit in keinem inneren Wesenszusammenhang mit der Selbstregierung (steht), sondern nur zufällig mit dieser verbunden [ist]" (ebd.). Sandel
bezieht sich hier auf Denker wie Isaiah Berlin oder Thomas Hobbes, die einen solchen *inneren* Zusammenhang tatsächlich bestritten haben. Sie haben
ein rein negatives Freiheitskonzept verfochten, bei dem Freiheit ausschließ-

---

1   Zum Republikanismus als ideengeschichtlicher Quelle vgl. Held 1997: 36-69, Niesen 2001,
    Buchstein/Schmalz-Bruns 1994: 302-308.

lich als Abwesenheit äußerer Hindernisse für das gemäß seinen Vorlieben handelnde Individuum verstanden wird (vgl. Taylor 1988b). Politische Institutionen und Praktiken sind nur so weit von instrumenteller Bedeutung, wie sie diese individuelle Freiheiten schützen und respektieren. Inwiefern politische Teilhabe geboten ist, bemißt sich dann einfach an der Erforderlichkeit der Kontrolle politischer Machthaber durch wachsame Bürger. Je nachdem, wie diese Erforderlichkeit der Machtkontrolle oder umgekehrt die Kontrollerfordernisse der Machthaber gegenüber den unberechenbaren und füreinander gefährlichen Individuen eingeschätzt werden, ergeben sich dann ganz verschiedene Staatskonzeptionen, wie die Bandbreite zwischen dem autoritären Standpunkt Hobbes' und der repräsentativ-demokratischen Auffassung J.S. Mills deutlich werden läßt (vgl. Barber 1994: 43-63).

Wichtig ist also Sandels Hinweis auf den von der republikanischen Tradition behaupteten *'inneren Wesenszusammenhang'* von persönlicher Freiheit und Praxis der Selbstregierung. Er besagt, daß das soziale Zusammenleben nur dann als 'frei' bezeichnet werden kann, wenn das Ideal des aktiven Bürgers in den von den Mitgliedern einer demokratischen Gemeinschaft verfolgten Konzeptionen des guten Lebens fest verankert ist und eine partizipationsfreundliche Ausgestaltung der politischen Institutionen die effektive Ausübung dieses Ideals ermöglicht. Nur der partizipierende Bürger ist frei; nur eine politische Gemeinschaft aktiver Bürger ist ein freies Gemeinwesen. Dieses 'positive' Freiheitsverständnis, auf das bereits im ersten Teil eingegangen wurde, teilen letztlich alle der dem Kommunitarismus zuzuordnenden Theoretiker. Die Auffassung, daß „individuelle Freiheit keine Voraussetzung des politischen Handelns [ist], sondern dessen Folge" (ebd.: 33, s.a. 56 u. pass.), prägt in nachhaltiger Weise das kommunitaristische Demokratieverständnis. Freilich differieren dann die Einschätzungen hinsichtlich der Möglichkeiten zu einer Verwirklichung dieser Freiheitsvorstellung.

Der von Sandel und anderen Kommunitaristen gemeinte Republikanismus kann noch schärfer konturiert werden. Die Unterscheidung eines „protektiven" Republikanismus, der die Schutzfunktion politischer Partizipation im Hinblick auf die Gefährdung individueller Freiheit durch Tyrannen und Usurpartoren hervorhebt, und eines „auf Entwicklung ausgerichteten" („developmental") Republikanismus, welcher auf die Rolle politischer Teilhabe für die Hervorbringung des Gemeingutes („common good") abhebt, also teleologisch argumentiert (Held 1997: 50-62), ist in diesem Zusammenhang instruktiv. Sie führt zu einer klareren Erfassung kommunitaristischer Positionen in der zeitgenössischen Demokratiedebatte. Man kann dann darüber streiten, inwiefern bestimmte Denker, die gemeinhin in die 'liberale' Tradition gestellt werden, wie Kant und Rawls, als zum ideengeschichtlichen Strang des 'protektiven' Republikanismus gehören (vgl. Niesen 2001). Bei Rawls (1975: 264) bekommen politische Freiheiten sogar insofern einen nicht bloß instrumentellen Status zugesprochen, als für Bürger demokratischer Verfassungsstaaten Engagement in der Politik eine mögliche Konzeption des guten Lebens sein kann. Eine davon abgrenzbare teleologische Konzeption des Republikanismus müßte sowohl über die protektive Funktion als auch über Rawls' Optionsthese hinausgehen. Dafür bieten sich zwei Möglichkeiten an:

– Zum einen könnte die Auffassung vertreten werden, daß die protektive Funktion nur dann gewährleistet werden kann, wenn die Bürger die Sorge für die ihnen gemeinsame Freiheitsordnung als eine nicht bloß objektiv notwendige, sondern mit ihrer moralischen Identität zutiefst verbundene Verpflichtung erkennen. Diese erste Variante könnte sich auf die Überlegung stützen, daß politische Partizipation (klassisch etwa: die Teilnahme an politischen Wahlen) aus einer individuell nutzenmaximierenden Perspektive als irrational erscheinen muß und von daher auf Faktoren wie emotionale Verbundenheit, staatsbürgerliche Verpflichtungsempfindungen usw. verweist.

– Zum anderen könnte dargelegt werden, daß politische Teilhabe über die Schutzfunktion hinaus Entwicklungsmöglichkeiten bietet, die anderweitig nicht zu verwirklichen sind. Ohne deren Verwirklichung könnte weder von einem individuellen 'guten Leben' gesprochen werden, noch wäre eine Gesellschaft ohne hinreichend viele engagierte Bürger als eine 'gute Gesellschaft' zu bezeichnen.

Die hier skizzierte Alternativkonzeption zu einem bloß protektiven Republikanismus müßte also einerseits auf die Hervorbringung *gemeinsamer Güter* rekurrieren, die nur in einer partizipatorisch verfaßten Gesellschaft realisiert werden können, und andererseits die konstitutive Bedeutung dieser gemeinsamen Güter für ein gelingendes menschliches Leben aufzeigen. 'Gemeinsame Güter' kann man mit Taylor als solche verstehen, die nur als *gemeinschaftlich erfahrene* ihren Charakter als Gut entfalten können (Taylor 1993a: 113ff.).[2] Für Republiken, so Taylor, sei es wesentlich, daß sie „durch den

---

2 Taylor macht dies am Beispiel des Erlebnisses eines Symphoniekonzertes deutlich, bei dem zu der Erfahrung der Musik die Erfahrung des Dialogs zwischen Orchester und Publikum hinzu-

Sinn eines geteilten, unmittelbar gemeinsamen Gutes erfüllt sind", was bedeutet, daß „das Band der Solidarität mit meinen Landsleuten in einer funktionierenden Republik [...] auf einem Sinn geteilten Schicksals [basiert], in dem Teilen selbst von Wert ist" (ebd.: 115, vgl. Barber 1994: 239). Diese Verbundenheit ist nach Talyors Auffassung weder mit der Verfolgung eines aufgeklärten Eigeninteresses noch mit moralischem Altruismus identisch.

Unterlagen bereits die Anknüpfungsversuche an die aristotelische Tradition der Moraltheorie und die Berufung auf die 'Gemeinschaft' dem Verdacht, daß man auf vormoderne Positionen zurückfalle, so auch der Versuch einer Wiederbelebung des tugendhaften Bürgers.[3] Die im Rahmen der ersten Kapitel formulierten Probleme aristotelischen Denkens lassen sich folgendermaßen für die Vorstellungswelt des Republikanismus reformulieren:

1. Daß es sinnvoll ist, in einer ausdifferenzierten Gesellschaft der politischen Rolle des Aktivbürgers ein solches Gewicht einzuräumen, wirft eine Variante des *Komplexitätsproblems* auf (s.o. I.1). Beruhen die evolutionären Errungenschaften moderner Gesellschaft nicht gerade darauf, daß Politik nur einer von vielen sozialen Sektoren ist, in denen arbeitsteilig jeweils bestimmte Probleme abgearbeitet werden? Bedeutet es angesichts der vielfältigen Wechselwirkungen und schwierigen langfristigen Erwägungen nicht eine Unterschätzung der Komplexität politischer Probleme, wenn eine allgemeine Kompetenzvermutung für die Einschätzung politischer Fragen formuliert wird?

2. Wenn man annimmt, daß nicht alle Bürger gleichermaßen zu effektivem politischem Engagement in der Lage sind, dann wären es letztlich die aufgrund ihrer zeitlichen und finanziellen Ressourcen wie auch aufgrund ihrer persönlichen Eigenschaften (hohe Bildung, charismatisches Auftreten und rhetorisches Geschick) bevorzugten Bürger, welche Teilhabeprozesse und deren Ergebnisse dominieren. Damit tritt eine Variante des *Gleichheitsproblems* auf den Plan. Liberale Demokratietheorien wollen der Vereinbarkeit von offenen Partizipations*möglichkeiten* und fairen Politik*ergebnissen* für alle Bürger durch eine im politischen Prozeß nicht

---

tritt. Die dialogische Konstitution ist kennzeichnend für gemeinsame Güter in diesem Sinne. Für 'konvergente' Güter wie öffentliche Sicherheit trifft dies demgegenüber nicht zu.

3   In der Tat kann Aristoteles mit seiner Definition des Menschen als wesentlich 'politischem Lebewesen' (*zoon politikon*), daß man nur durch die Beteiligung am Leben der „politischen Gemeinschaft" (*koinonia politike*) zu einem 'guten Leben' (*eu zen*) gelangen kann, selbst als ein wichtiger Gewährsmann der republikanischen Tradition betrachtet werden (Sandel 1995: 57).

zur Disposition stehende Liste von Rechten und Ansprüchen entsprechen. Kommunitaristische Position müßten Alternativen dazu aufzeigen.

3. Schließlich ist fraglich, ob kommunitaristische Demokratietheorien nicht viel zu hohe Konsenserwartungen und -forderungen formulieren. Was berechtigt zu der Erwartung, daß in den pluralistisch verfaßten Gegenwartsgesellschaften und der ihr entsprechenden Interessenvielfalt jemals die Verständigung auf gemeinsame Standpunkte hinsichtlich des Guten erreichbar ist? Hier kann an das *Objektivitätsproblem* erinnert werden. Konsens erscheint zum einen unter Bedingungen des Pluralismus kaum erreichbar; zum anderen steht dennoch erreichter Konsens unter dem Verdacht der Manipulation von Willensbildungsprozessen, wenn keine Auskunft hinsichtlich der 'Vernünftigkeitsvermutung' demokratischer Verfahren (vgl. Habermas 1996: 285) gegeben wird. Das Objektivitätsproblem ist im übrigen mit dem Komplexitätsproblem verknüpft, denn es stellt sich die Frage, was den Vorrang einer bestimmten Handlungssphäre und Lebensweise vor ebenfalls möglichen anderen rechtfertigen kann

Die genannte Punkte korrespondieren mit gewissen Standard-Einwänden gegen jede *partizipatorische Demokratietheorie*, deren zentrale Eigenschaften kommunitaristische Demokratietheorien mehr oder weniger teilen, etwa die Betonung eines Eigenwerts von Beteiligung und die Maximierung von Partizipationschancen einschließlich der Demokratisierung von Wirtschaftsbetrieben (vgl. Schmidt 1995: 169).

2. Die Familienähnlichkeit kommunitaristischer Positionen im Bereich der Demokratietheorie

Als Theoretiker der jüngeren Geschichte, bei denen republikanisches Ideengut fortgewirkt hat, können u.a. Alexis de Tocqueville, Hannah Arendt und John Dewey genannt werden (vgl. Buchstein/Schmalz-Bruns 1994: 306). Diese dienten auch den kommunitaristischen Positionierungen im Rahmen der Demokratietheorie immer wieder als Referenzautoren. Im folgenden möchte ich einige von diesen Denkern gebotene Anknüpfungspunkte für kommunitaristische Demokratiekonzeptionen aufzeigen.

Tocqueville kann als ideengeschichtliche Schlüsselfigur für die Verknüpfung von Liberalismus und Republikanismus betrachtet werden. Sein politisches Denken wurde zurecht als „merkwürdiger" Liberalismus (Boesche, zit. nach Sabl 2002: 4) bezeichnet, der die Sorge um die Abwehr tyrannischer Herrschaft und die drohende Fremdbestimmung des Einzelnen durch 'herrschende Meinungen' mit kulturkritischen Betrachtungen zu einem in seinen Augen überzogenen Individualismus verband. Demokratische Politik selbst bzw. eine bestimmte Art demokratischer Politik war für ihn das einzig verbleibende Heilmittel für eine pluralistisch fragmentierte und marktförmig atomisierte Gesellschaft. „Das mächtigste und vielleicht einzige verbleibende Mittel, die Menschen für das Schicksal ihres Vaterlandes zu erwärmen", so Tocqueville, „besteht darin, sie an der Regierung teilhaben zu lassen" (Tocqueville 1987: I, 353) – und das gelte gerade in einer Zeit verbreiteter „Tugendlosigkeit" (ebd.: 357)! Auch durch die im Zuge eines assoziativen Engagements der Bürger sich ergebende Vielfalt bürgerlicher Vereinigungen (Vereine, politische Gruppen, Selbsthilfeorganisationen usw.) werde Gemeinsinn und Verantwortungsbereitschaft „künstlich hervor[ge]rufen" (ebd.: II, 164). Damit gibt Tocqueville die Themen demokratische Beteiligung und aktive Bürgergesellschaft als Garanten einer freiheitsförderlichen Integration moderner Gesellschaften vor.

Hannah Arendt kann als Verfechterin der Vorstellung einer genuinen *politischen Urteilskraft* angeführt werden, die vor allem das Moment der Unableitbarkeit politischer Urteilsbildung gegenüber vorgegebenen Prinzipien der Moral oder der Gerechtigkeit und die „notwendige Partikularität des Politischen" herausgestellt hat (vgl. Thaa 1999). Politik stellt für Arendt eine Praxis der freien und gleichen Bürger dar, in welcher diese zugleich die politische Gemeinschaft als eine Freiheitsordnung konstituieren (vgl. Arendt 1993: 38ff.). Die Möglichkeit des „gemeinsamen Handelns" und der kreativen Hervorbringung von Übereinstimmung unter von Grund auf unterschiedlichen Handelnden im Modus kommunikativer Vergemeinschaftung nimmt dabei eine zentrale Stellung ein. Gemeinsames politisches Urteilen, so Arendts Überzeugung, wird nicht durch die Anwendung allgemeiner Regeln oder Prinzipien auf besondere Umstände, sondern durch die Übernahme der Perspektive anderer möglich (ebd.: 20ff.). Insbesondere in der Verknüpfung mit Tocquevilleschen Motiven bieten sich einem eher kontinentaleuropäisch orientierten Denker wie Taylor, der den Bezug auf den amerikanischen Pragmatisten Dewey meidet, fruchtbare Anknüpfungspunkte an Hannah Arendt (vgl. Taylor 2002b: 19ff.).

Auf die Rolle Deweys möchte ich etwas ausführlicher eingehen, weil er mir am ehesten einen ideengeschichtlichen Vorgriff zentraler demokratietheoretischer Anliegen zumindest eines Teils der Kommunitaristen geleistet zu haben scheint (s.a. Schmalz-Bruns 1995: 64-71). Kommunitaristische Theoretiker wie Barber, Sandel und Walzer knüpfen vorrangig an diese „vorwärtsgewandt-optimistische" (Buchstein/Schmalz-Bruns 1994: 307) Lesart des Republikanismus Deweyscher Prägung an. Dewey wurde bereits im Hinblick auf das kommunitaristische Verständnis von Gemeinschaft als wichtiger Gewährsmann angeführt, und in diesem Zusammenhang wurde bereits auf seine intrinsische Verknüpfung von Gemeinschaft und Demokratie hingewiesen (s.o. II.1.2). „Als Idee betrachtet", so eine oft zitierte Aussage Deweys aus seinem Buch *Die Öffentlichkeit und ihre Probleme* (erschienen 1927), „ist die Demokratie nicht eine Alternative zu anderen Prinzipien assoziierten Lebens. Sie ist die Idee des Gemeinschaftslebens selbst" (Dewey 1996: 129). In sechs Punkten läßt sich die Wiederaufnahme von Deweys Anliegen durch den Kommunitarismus nachvollziehen:

(1) Wie oben dargelegt, würde sich eine voll verwirklichte Gemeinschaft laut Dewey dadurch auszeichnen, daß die in ihr ablaufenden kollektiven Handlungszusammenhänge durch öffentliche Kommunikation hinsichtlich ihrer Folgen gemeinschaftlich reflektiert, gestaltet und unterstützt werden. In diesem Anliegen einer *kommunikativ-reflexiven Moralisierung* sozialer Praktiken kann die erste Vorwegnahme kommunitaristischer Positionen gesehen werden. Die Idee der Demokratie ist dann insofern mit der Idee der Gemeinschaft identisch, als in ihr das „klare Bewußtsein eines gemeinschaftlichen Lebens, mit allem, was sich damit verbindet" (ebd.), verwirklicht ist. Demokratie ist für Dewey idealiter eine komplexe Form des Zusammenlebens in gänzlicher Transparenz und auf der Grundlage bewußter Verpflichtung.

(2) Zur konzeptionellen Verknüpfung von Demokratie und Gemeinschaft gehört jedoch nicht nur die Vorstellung der reflexiven Gestaltung des gemeinsamen Lebens, sondern auch jener der *Verkörperung von Demokratie* in den Praktiken von Gemeinschaften. So erhielten demokratische Prinzipien „nur dann eine wirklichkeitsgetreue und richtungsweisende Bedeutung, wenn sie als Zeichen und Merkmale einer Assoziation konstruiert werden" (ebd.). Für Dewey bedeutete dies vor allem, daß Demokratie „zu Hause" (ebd.: 177) beginnt, d.h. in lokalen Gemeinschaften. Zugleich muß die ganze Gesellschaft durchlässig sein für die Verbreitung von Meinungen und Erkenntnissen. Dieser *offene Lokalismus* ist die zweite Antizipation kommunitaristischer Demokratietheorien. Hier findet bereits die Vorstellung Ausdruck, daß demokratischer Staat und die Assoziationen der Bürgergesell-

schaft in einem wechselseitigen Ergänzungs- und Ermöglichungsverhältnis
stehen. Das gilt auch für die Überlegung, daß die Rolle der umfassenden
(wie Dewey formuliert: der 'Großen') Gemeinschaft darin besteht, der „Entwurzelung und Unbeständigkeit der lokalen Gemeinschaften" in der 'Großen
Gesellschaft' mit ihren unkontrollierten Dynamiken von Markt und technologischer Entwicklung entgegenzuwirken (ebd.: 176). Der offene Lokalismus
wird insofern flankiert und ermöglicht durch eine subsidiäre, gemeinschafts-
freundliche und markteinhegende Politik. Praktisch alle kommunitaristischen
Demokratiekonzepte versuchen in gleicher Weise, die gesamtgesellschaftli-
che Dimension der Demokratie mit der lokalen zu verbinden. Das Ziel der
Institutionalisierung von für alle Bürger erreichbaren demokratischen Praktiken muß demnach als gleichwertig gegenüber der Verwirklichung einer effi-
zienten wohlfahrtsstaatlichen Versorgung betrachtet werden. Dezentralisierung, Aktivierung der Bürgergesellschaft und Aufbau der politischen Willensbildung 'von unten nach oben' finden sich deshalb in vielen der kommunitaristischen Demokratieentwürfe.

(3) Die dritte Annahme Deweys, die auch für kommunitaristisches Denken einschlägig ist, betrifft die *Extensivität der Demokratie*. So hat Dewey
deutlich gemacht, daß zwischen der Demokratie als einer „sozialen Idee"
und als einem „Regierungssystem" zu unterscheiden sei. Nach seiner Auffassung handelt es sich bei der Idee der Demokratie um eine ausgreifende Form
des Zusammenlebens, die weder auf bestimmte institutionelle Vorkehrungen
noch auf eine klar abgrenzbare Handlungssphäre beschränkt werden kann:
„Die Idee der Demokratie ist eine weitere und reichere Idee als daß sie selbst
im besten Staat exemplifiziert werden kann. Um verwirklicht zu werden,
muß sie alle Formen menschlicher Assoziation, die Familie, die Schule,
Wirtschaft, Religion erfassen" (Dewey 1996: 125). Das rechtfertigt es für
Dewey, daß in einer Demokratie bevorzugt jene Gemeinschaften unterstützt
werden, die eine solche Offenheit aufweisen. Daß Demokratie für eine *gemeinsame Lebensweise* der gesamten Bevölkerung steht und insofern nicht
unabhängig von den Lebenspraktiken einer Gesellschaft insgesamt bestimmt
werden kann, kennzeichnet auch das kommunitaristische Demokratiedenken.
Diese demokratische Lebensweise wird durch ein Konzept der Aktivbürger-
schaft artikuliert, welches die aktive Teilnahme an öffentlichen Angelegenheiten und die Übernahme von Verantwortung für diese als eigentliche Verwirklichung demokratischer Staatsbürgerschaft darstellt. Politischen Institutionen wird die Funktion zugesprochen, diese Praktiken aktiver Bürgerschaft
zu befördern und zu tragen. Bestimmte institutionelle Vorgaben allein, wie

die Wahl von Repräsentanten oder das Mehrheitsprinzip, erschöpfen jedoch keinesfalls den Sinn von Demokratie.

(4) Eine vierte Vorstellung Deweys mit Einfluß auf kommunitaristisches Denken kann im *politischen Experimentalismus* erblickt werden. Es geht ihm nicht darum, die Idee der Demokratie auf normative Basisprinzipien zurückzuführen, von denen aus dann ein rationales Design oder eine rationale Rekonstruktion politischer Institutionen und Prozesse möglich wird. Nicht „Ratschläge für zweckmäßige Verbesserungen in den politischen Formen der Demokratie", sondern die „Suche nach den Bedingungen, unter denen die heute noch unfertige Öffentlichkeit demokratisch funktionieren kann", steht im Zentrum (Dewey 1996: 127f.). Wenn die kommunitaristische Kritik am 'Begründungsdenken' (*foundationalism*) im Bereich der Moraltheorie bedeutete, dem Versuch des Rückgangs auf 'Basisgründe' (Taylor) eine von Praxiszusammenhängen ausgehende Güter- und Identitätsinterpretation gegenüberzustellen (s. Kap. 1), so geht es bei der *politischen* Kritik des Begründungsdenkens um die Freisetzung politischer Urteilskraft von dem Gewißheitsstreben der Philosophie (Barber 1988: 12, Walzer 1989). Politische Praxis soll selbst als kreativer Erkenntniszusammenhang beschrieben werden, bei dem Perspektiven gewechselt, Horizonte erweitert und Präferenzen transformiert werden. Nach kommunitaristischer Auffassung bedeutet dies nicht zuletzt, daß Wertungen über die Höherwertigkeit bzw. Minderwertigkeit bestimmter Lebensweisen entgegen dem liberalen Insistieren auf 'Neutralität' nicht gänzlich aus politischen Diskursen zu verbannen seien.

(5) Obwohl die Reduzierung der Demokratie als Mittel zur Erreichung unabhängig definierter Ziele kritisiert wird, verzichtet die pragmatistische Sicht der Demokratie nicht auf normative Kriterien. Nur werden diese nicht in einer großangelegten Theoriearchitektonik entfaltet, sondern vergleichsweise unprätentiös mit der Vorstellung einer *inklusiven demokratischen Gemeinschaft* verknüpft. So macht Dewey geltend, daß es auf eine „gerechte Verteilung" des Wissens um die Folgen ökonomischer Faktoren ankomme (vgl. Dewey 1996: 134), und er bestimmt Demokratie als „ein Name für ein Leben in freier und bereichernder Kommunion" (ebd.: 155). Für den Pragmatisten Dewey mußten diese Ziele in konkreter Praxis erfahrbar werden. Demokratische Experimente können danach beurteilt werden, inwiefern sie einem egalitären Anspruch auf Kommunikations- und Verantwortungsteilhabe zur Verwirklichung verhelfen und dabei die Reichhaltigkeit sozialer Praktiken, an denen Bürger teilhaben können, befördern. Auch wenn oft erst im Nachhinein und nicht mit absoluter Gewißheit festgestellt werden kann,

inwiefern diese Ideale durch politische Experimente vorangebracht worden sind oder nicht, so steht ein Demokratiedenken ohne Letztbegründung nicht kriterienlos dar. Kommunitaristische Theoretiker teilen diese Perspektive. Für sie kommt es vor allem darauf an, daß sich Demokratie nicht auf eine funktionale Einrichtung zur Verwirklichung unabhängig definierter Gerechtigkeitsgrundsätze reduzieren läßt.

Offenkundig vermischen sich bei Dewey Aspekte des protektiven und des teleologischen Republikanismus: Die reflexive Gestaltung von Systemdynamiken durch demokratische Kommunikation ist einerseits ein *Mittel* zur bewußten Gestaltung des gemeinsamen Lebens und andererseits ein *Gut in sich*, welches grundsätzlich nur im Rahmen einer demokratischen Lebensweise hervorgebracht werden kann. Wo kommunitaristisches Denken konstruktive Vorstellungen einer Weiterentwicklung zeitgenössischer demokratischer Gemeinwesen präsentiert und nicht bloß in einem nostalgischen Rückblick auf die Selbstregierungspraktiken lokaler Gemeinschaften der Vergangenheit verharrt, da macht es sich diese Deweysche Perspektive zu eigen.[4] Es versteht Demokratie dann als ein auf dem Pluralismus assoziativer Zusammenhänge aufruhendes, durch politische Institutionen ermöglichtes und von kommunikativen Prozessen getragenes Projekt der Gesamtgesellschaft, das seine konkrete Manifestation und seinen Ursprung freilich immer wieder in lokalen Arenen finden muß. Die Idee der Demokratie kann aus dieser Sicht nicht in einer Sphäre der Politik jenseits des sonstigen Gemeinschaftslebens der Verwirklichung näher gebracht werden. Sie betrifft *alle* Formen von Gemeinschaften, denen die Mitglieder der politischen Gemeinschaft angehören. Sie steht für eine umfassende Lebensweise wie für eine kommunikative Vernetzung aller gemeinschaftlichen Lebenswelten.

Im folgenden möchte ich auf drei Varianten des kommunitaristischen Demokratiedenkens eingehen, um zu untersuchen, welche konzeptionelle Gestalt neorepublikanisches Denken im Geiste Deweys und Tocquevilles, zum Teil auch Hannah Arendts, annehmen kann und wie den oben dargelegten Kritikpunkten (wenn überhaupt) begegnet wird. Zunächst werde ich auf Sandels Vorstellung einer republikanischen 'öffentlichen Philosophie' als Quelle für die Erneuerung der Bürgertugenden eingehen, im Anschluß Barbers Modell einer 'starken Demokratie' als umfassende Ermöglichung politischer Beteiligung darlegen und sodann Vorstellungen eines 'pluralisti-

---

4   S. die Bezugnahme auf Dewey bei Barber (1988: 200, 1994: 101f.), Sandel (1995: 66f.) und
     Walzer (1993b: 175ff.).

schen Republikanismus' diskutieren, wie sie bei Walzer und Taylor angelegt sind. Abschließend soll eine Perspektive der empirischen Demokratieforschung dargestellt werden, die von kommunitaristischen Ideen beeinflußt wurde, nämlich Putnams Untersuchungen zur Bedeutung des 'sozialen Kapitals' für moderne Demokratien.

3. Neorepublikanismus bei Sandel: Das gute Leben des Bürgers

3.1 Republikanimus und der Vorrang des Guten

Michael Sandels philosophische Kritik an der liberalen Gerechtigkeitskonzeption von Rawls wurde bereits im dritten Kapitel behandelt (s.o. III.1.2). Für die Beurteilung seiner demokratietheoretischen Überlegungen ist wichtig, daß er die liberale Gesellschaftskonzeption trotz ihrer philosophischen Defizite als „die von uns gelebte" und als die „in unseren für das öffentliche Leben zentralen Praktiken und Institutionen am umfassendsten verkörperte Theorie" betrachtet (Sandel 1993: 20). Diese behauptete *Kongruenz* von liberaler Theorie und gesellschaftlicher Praxis in Amerika bildet den Hintergrund für die von Sandel verfolgte Strategie, eine kritische Diagnose der herrschenden Verhältnisse ausgehend von dem Befund des philosophischen Scheiterns der liberalen Doktrin zu unternehmen. Die von Sandel angeprangerte 'verfahrensrechtliche Republik' ist dadurch charakterisiert, daß soziale Beziehungen von Rechts- und Fairneßgesichtspunkten dominiert werden, während die öffentliche Diskussion von Kriterien des guten Lebens austrocknet oder nicht in eine politische Umsetzung ihrer Resultate mündet. Sandel macht zwei zentrale Entwicklungstendenzen der verfahrensrechtlichen Republik aus, die bereits in der liberalen Doktrin angelegt sind: „zum einen eine Tendenz, demokratische Spielräume zu verdrängen; zum anderen eine Tendenz, die Art von Gemeinschaft zu untergraben, von der sie nichtsdestoweniger abhängt" (ebd.: 33). Hier werden die zwei Kernthesen der kommunitaristischen Kritik am Liberalismus prägnant nebeneinandergestellt: der Liberalismus als Einschränkung republikanischer Selbstregierung und als sich selbst unterhöhlendes Projekt.

Wie bereits dargelegt, wäre diesen selbstdestruktiven Tendenzen nach Sandel nur zu entkommen, wenn man ein 'konstitutives' Verständnis von Gemeinschaft zugrundelegt, welches eine politische Freiheitsordnung als

Ermöglichung individueller Identität begreift (s.o. II.4). Sandel geht es folglich um die Entwicklung einer republikanischen Demokratiekonzeption, die im Sinne einer 'öffentlichen Philosophie'[5] als Alternative zum Liberalismus fungieren kann und dessen selbstdestruktive Implikationen vermeidet. Dabei sind zwei konzeptionelle Weichenstellungen von zentraler Bedeutung:

(1) Sandel lehnt den *Vorrang des Rechten vor dem Guten* ab, d.h. die Vorstellung, eine Gerechtigkeitskonzeption und die aus ihr folgenden Rechte müßten unabhängig von der normativen Auszeichnung einer bestimmten Lebensweise begründet werden. Eine Konzeption des Guten werde nämlich benötigt, um den Sinn von Rechten zu ermitteln: „Anstatt eine Definition der Rechte zu geben, die sich auf Prinzipien bezieht, die im Hinblick auf verschiedene Auffassungen des Guten neutral sind, interpretiert die Theorie des Republikanismus die Rechte im Hinblick auf eine spezifische Vorstellung von der guten Gesellschaftsordnung, nämlich der autonom regierten Republik" (Sandel 1995: 56). Individuelle Rechte seien somit durchaus Ausfluß einer Gerechtigkeitsvorstellung, aber diese sei eben nicht unabhängig von einer Auffassung des Guten (Sandel 1993: 19). Folglich schließt eine Vorrangigkeit des Gemeinwohls nicht aus, daß bestimmte, unter Rückgriff auf eine Vorstellung vom Guten begründete individuelle Rechte einen Vorrang eingeräumt bekommen vor der politischen Beförderung allgemeiner Ziele oder der Maximierung des Gesamtnutzens im Sinne utilitaristischer Erwägungen (ebd.: 33). Zum Beispiel wäre es mit der ethischen Vorstellung individueller Verantwortlichkeit nicht vereinbar, wenn man aufgrund von Gentests zur Kriminalität neigende Personen vorsorglich inhaftieren würde, ohne daß konkrete Vergehen vorliegen. Es ist also hoch mißverständlich, wenn Sandel behauptet, daß eine Freiheitsordnung nur dann nicht selbstdestruktive Tendenzen hervorbringt, wenn sie vorrangig als Praxis politischer Freiheit konzeptionalisiert wird, nicht jedoch, wenn Freiheit „in Opposition zur Demokratie definiert" und „als ein Schutz des einzelnen vor den möglichen Ansprüchen der Mehrheit" verstanden wird (ebd.). Diese Formulierung suggeriert, daß Freiheit *überhaupt nicht* in einem Gegensatz zu den Absichten der Mehrheit begriffen werden könnte, was bei einer utilitaristischen Maximierungspolitik ja durchaus der Fall sein kann.

---

5   Die deutsche Übersetzung lautet 'öffentliche Weltanschauung' (Sandel 1995: 79ff.). Ich vermute aber, daß im englischen Manuskript wie in Sandels ein Jahr später erschienenem Buch *Democracy's Discontent* der Begriff 'public philosophy' Verwendung findet.

Sandel hat Verpflichtungen im Blick, die sich die Bürger einer demokratischen Gemeinschaft vermittels öffentlicher Diskussionen und demokratischer Institutionen *gleichermaßen selbst auferlegen,* sowie den institutionellen Rahmen, welcher ihr *gemeinsames* Leben grundlegend prägt. Hier führt die liberale Perspektive mit ihrer Auszeichnung individueller Rechte als 'Trümpfe' gegenüber demokratischen Mehrheitsentscheidungen[6] seines Erachtens zu den genannten Fehlentwicklungen, indem sie den Weg zu einer Richterherrschaft ebnet, die sich zur Revision politischer Entscheidungen berufen fühle. Die republikanische Politik des Gemeinwohls richtet sich somit nicht auf die Maximierung *gegebener Präferenzen,* sondern auf die politisch vermittelte *Transformation bzw. Hervorbringung von Präferenzen,* d.h. auf eine Förderung jener Charakteranlagen bzw. Tugenden, die für das gemeinsame Gut der Selbstregierung unerläßlich sind. Als grundlegende Bürgertugend wird dabei die „Bereitschaft der Bürger, das Gemeinwohl höher zu stellen als ihre privaten Zwecke" (Sandel 1995: 55), betrachtet. Das wirft die Frage auf, worin das Gemeinwohl besteht. Hier ist Sandel offensichtlich der Auffassung, daß gerade dies Gegenstand einer öffentlichen Auseinandersetzung in einer demokratischen Gemeinschaft sein sollte. Vorrangigkeit des Gemeinwohls würde also bedeuten, die Ergebnisse eines unter allgemeiner Beteiligung ablaufenden Prozesses der Gemeinwohlbestimmung zu akzeptieren und zu unterstützen.

(2) Der Republikanismus verstehe *Freiheit* nicht als „Einschränkung der autonomen Regierung", sondern *als „Konsequenz der Selbstregierung"* (ebd.: 57). Freiheit nimmt damit grundsätzlich einen „prekäre[n] Zustand" an (ebd.: 55). Ob eine Gesellschaft frei ist, kann aus dieser Sicht nicht durch den Verweis auf bestimmte Institutionen der individuellen Freiheitssicherung gezeigt werden. Erst der Blick auf die Qualität der Prozesse, durch welche die Gesellschaft ihr kollektives Schicksal wirksam reguliert, kann hier eine Antwort liefern. Luxus, Wohlstand und Machtpotentiale können diese Prozesse verzerren, indem sie die Bürgertugend korrumpieren – offensichtlich nicht nur aufgrund wachsender Ungleichheit, sondern auch durch die Verbreitung einer Versorgungsmentalität. Sandels Unbehagen am Liberalismus und sein Plädoyer für die Revitalisierung republikanischen Denkens werden vor dem Hintergrund einer Diagnose der *Inauthentizität* formuliert,

---

6 Vgl. Dworkin 1984: 162. Dworkin leitet daraus z.B. ein Recht auf Pornographie ab. Dieses entspringe einem 'Recht auf moralische Unabhängigkeit', welches einen gleichen Ursprung habe wie etwa das 'Recht auf politische Unabhängigkeit' (Dworkin 1985: 357f.).

welche an die im ersten Kapital behandelten Modernekritiken von MacIntyre, Taylor und Walzer und die im zweiten Teil dargelegten Gemeinschaftskonzeptionen anschließen kann. Politische Inauthentizität wurde oben mit
Etzioni als eine Situation bestimmt, bei der formale Beteilungsmöglichkeiten
bestehen, ohne daß damit tatsächlicher Einfluß verbunden wäre. An der Fähigkeit, „etwas zu bewirken", hängt nach kommunitaristischer Vorstellung
die ganze „Bürgerwürde" (Taylor 1993a: 126). Sandel bemerkt dazu: „Un-
geachtet der in den letzten Jahrzehnten vollzogenen Ausweitung des Wahl-
rechts und der Stärkung individueller Rechte bzw. legaler Ansprüche
herrscht eine weit verbreitete Auffassung vor, wonach unsere Kontrolle über
die unser Leben bestimmenden Kräfte sowohl individuell als auch kollektiv
schrumpft und nicht zunimmt" (Sandel 1993: 104f.). Freiheit, so lautet die
mit Sandels zweiter These verbundene kommunitaristische Grundaussage, ist
nicht identisch mit Freiheits*rechten*.

3.2   Praktische Konsequenzen

Im folgenden möchte ich andeuten, welche Bedeutung den zwei von Sandel
verfochtenen republikanischen Thesen für moderne Demokratien zukommen
kann. Dabei werde ich auf Positionen kommunitaristischer Provenienz (nicht
nur aus der Feder Sandels) rekurrieren, die Alternativen zur liberalen Sicht
(1) der Wirtschaftspolitik, (2) der Sozialpolitik und (3) der juridischen Revision politischer Entscheidungen präsentiert haben.
      (1) Seine These von der Parallelität von Rechtsvermehrung und Hand-
lungsentmachtung verdeutlicht Sandel im Rahmen einer historischen Analyse der amerikanischen *Wirtschaftspolitik* (Sandel 1995: 55-99). Als legiti-
matorische Grundbegriffe fungieren demnach 'Wohlstand' und 'Fairneß',
d.h. die Beförderung des Wirtschaftswachstums einerseits und die Einkom-
mensverteilung andererseits. Was nicht diskutiert werde, sei die Frage, „welche Art von Wirtschaftsordnung der Selbstregierung besonders günstig ist"
(ebd.: 60). Diese Frage, die vor allem Aspekte der Dezentralisierung von
Wirtschaftsstrukturen adressiert hatte, werde seit dem Ende des Zweiten
Weltkrieges nicht mehr gestellt. Mit New Deal und Keynesianismus werden
die wirtschaftspolitischen Projekte der demokratischen Linken von Sandel
als fatale Fehlentwicklungen gedeutet. Ihnen sei es nur noch darum gegan-
gen, die Wirtschaft zu steuern, nicht mehr „die Institutionen der Wirtschaft

zu dirigieren" (ebd.: 86). Die „Sozialtechnik" (ebd.: 95) des Keynesianismus mußte insbesondere deshalb als eine attraktive Option erscheinen, weil er Wachstum an die Erhöhung von Konsum koppelte. Aufgrund seines Versagens orientieren sich Wirtschafts- und Sozialpolitik immer mehr an der 'pragmatisch' zu beantwortenden Leitfrage, wieviel Sozialausgaben und Steuerung noch mit einem gesunden Wirtschaftswachstum vereinbar sind. Die von Sandel als Fehlentwicklungen beschriebenen Ansätze der Wirtschaftspolitik haben sich auf das 'neutrale' Ziel der Wachstumsförderung und allgemeinen Wohlfahrt beschränkt, um moralischen Konflikten aus dem Weg zu gehen (ebd.: 90f.).

Es läßt sich kaum bestreiten, daß Sandel über diese amerikaspezifische Darstellung hinaus einen unübersehbaren Zug zeitgenössischer politischer Auseinandersetzungen in westlichen Demokratien erfaßt hat. Auch die Verknüpfung dieses Charakteristikums mit der Theorie des Liberalismus erscheint nicht herbeigeholt. Wirtschaftliche Dynamik und gerechte Verteilung sind die zwei Koordinaten, welche Rawls der Gestaltung der Wirtschafts- und Sozialpolitik vorgibt (s.o. III.1). Der öffentlichkeitswirksame Soziologe und Liberalismustheoretiker Ralf Dahrendorf hat seine Theorie der Gegenwartsgesellschaft ebenfalls auf diesen zwei Pfeilern errichtet. Für Dahrendorf dreht sich liberale Politik in modernen Gesellschaft um die Verteilung von 'Lebenschancen' (Dahrendorf 1979). Diese werden bestimmt vom Zusammenspiel zwischen dem „Angebot" (der Summe insgesamt vorhandener Wahlmöglichkeiten) und den „Anrechten" (den Individuen faktisch zur Verfügung stehenden Wahlmöglichkeiten). Liberale Politik müsse die Anrechte verbreitern, ohne die Verbesserung des Angebotes darüber zu vernachlässigen (Dahrendorf 1995). Sandel verdeutlicht demgegenüber, daß die für die Bestimmung einer guten Wirtschafts- und Sozialpolitik relevante Grundfrage nicht in erster Linie lauten sollte: 'Wie läßt sich eine möglichst große Menge von Gütern möglichst fair verteilen?', sondern auch oder vorrangig: 'Wie wollen wir als politische Gemeinschaft leben?' Damit wird zugleich gesagt, daß ein Verzicht auf die zweite Frage im Namen der ersten eine (kollektive) Selbsttäuschung darstellt. Denn damit hat man sich de facto hinsichtlich der zweiten Frage bereits auf bestimmte Optionen festgelegt und andere ausgeschlossen.

(2) Blickt man auf den Bereich der 'Anrechte' selbst, also der *Sozialstaatlichkeit* im engeren Sinne, so werden ebenfalls die Konfliktlinien zwischen Liberalen und Kommunitaristen deutlich. Nicht zuletzt durch die Aktivitäten des *Communitarian Network* und dessen Galionsfigur Amitai Etzioni

ist eine Debatte über die Ausgewogenheit von *Rechten* und *Pflichten* der
Bürger in den zeitgenössischen Demokratien in Gang gesetzt worden (Etzioni 1995). Diese Debatte hat fraglos gravierende praktische Konsequenzen; so
haben engen Austausch mit Etzioni suchende Politiker wie Bill Clinton oder
Tony Blair Reformen des Sozialstaates in die Wege geleitet, welche der
wahrgenommenen Überbetonung individueller Anrechte durch eine stärkere
Hervorhebung von Pflichten (seitens der Empfänger sozialstaatlicher Leistungen) entgegenwirken sollen.

Die Reformkommunitaristen setzen sich dafür ein, daß Wohlfahrtslei-
stungen für Arbeitsfähige an Gegenleistungen gekoppelt werden (vgl. Selznick 2002: 64). Anders die Liberalen, wie sich wiederum an der Argumentation Dahrendorfs verdeutlichen läßt. Für ihn umfaßt der Status des Bürgers
(*citizenship*) einen Korpus von Rechten und Pflichten, welcher unabhängig
von irgendwelchen zu erfüllenden Bedingungen sein müsse. Insbesondere
dürfe die Inanspruchnahme von Rechten nicht an die Erfüllung von Pflichten
gekoppelt werden, sondern beides sei unabhängig voneinander und für alle
Mitglieder gleich zu definieren (Dahrendorf 1995: 33). Die amerikanischen
workfare-Programme (Sozialleistungen werden an die Arbeits- und Fortbil-
dungswilligkeit des Empfängers gekoppelt und fordern Gegenleistungen ein)
stellen für Dahrendorf infolgedessen eine Form von „Arbeitszwang" dar
(ebd.). Dahrendorf sieht zwar, daß Anrechte nicht beliebig ausgeweitet werden können. In einem zyklischen Verlauf von angebots- und anrechtsorien-
tierter Politik sei deshalb auch die Stärkung der Angebotsseite und das Zu-
rückschrauben von Anrechten ein zu bestimmten Zeitpunkten angemessenes
Unterfangen, weil nur so die notwendige Dynamik für wirtschaftliches
Wachstum und die Mehrung von Lebensoptionen zu erreichen ist (ebd.:
30f.). Eine merkwürdige Konsequenz dieser liberalen Sicht ist, daß Programme, welche Einsparungen bei den Sozialleistungen und Eigeninitiative
dadurch zu realisieren versuchen, daß sie einen faktischen Zwang zur Ar-
beitsaufnahme institutionalisieren, abgelehnt werden müssen, während Kür-
zungen von Sozialleistungen, die alle Empfänger unterschiedslos treffen, akzeptabel wären. Wie wäre dies aber gegenüber denjenigen zu rechtfertigen,
die *unverschuldet* (d.h. ohne die Möglichkeit, durch eigene Anstrengungen
den Status der Abhängigkeit von sozialstaatlichen Hilfen zu überwinden) zu
Empfängern geworden sind, oder gegenüber denjenigen, die *bereit* sind zur

Aufnahme einer Erwerbstätigkeit, zur Fortbildung oder zur Erbringung von Gegenleistungen?[7]

Mit diesen unterschiedlichen Standpunkten verbindet sich eine abweichende Problemdiagnose *sozialer Ungleichheit*. Zwar gibt Dahrendorf (1995: 37) zu bedenken, daß die neue „Unterklasse" durch Umverteilungsmaßnahmen nicht mehr erreicht werde. Trotzdem führt er deren Entstehen als einen entscheidenden Grund für die Renaissance der Anrechtspolitik in den 90ern an. Kommunitaristische Positionen in der Sozialpolitik verdanken ihre Popularität nicht zuletzt der hier sichtbar werdenden Ratlosigkeit einer klassisch liberal-sozialdemokratischen Strategie, deren Effektivität für die Überwindung sozialer Exklusion mehr als fraglich geworden ist. Aus ihrer Perspektive hat soziale Inklusion ebenso mit der Übernahme von Pflichten wie mit der Inanspruchnahme von Rechten zu tun, weil nur vor diesem Hintergrund eine Anerkennung als Gleiche eine erfahrbare Grundlage bekommt. In einem Vollsinn kann republikanische Sozialpolitik freilich erst verwirklicht werden, wenn neben der Beitragsfähigkeit der Empfänger auch deren Mitsprachemöglichkeiten ausgebaut werden, was von kommunitaristischen Vorschlägen nicht immer berücksichtigt wird (vgl. aber z.B. Walzer 1988a).

(3) Die dritte Implikation des von Sandel dargelegten republikanischen Verständnisses individueller Rechte betrifft die Frage des *Verhältnisses von demokratischer Willensbildung und einklagbaren individuellen Rechten*. In diesem Zusammenhang ist Sandels Diskussion der rechtlichen Stellung von Homosexuellen ein guter Ausgangspunkt (Sandel 1995: 48f.). Sandel wendet sich hier gegen die Auffassung der Liberalen, daß man nicht darüber diskutieren sollte, ob homosexuelle Lebensweisen 'gut' oder 'schlecht' seien, weil hierüber keine Einigung zu erzielen sei. Warum, so wendet Sandel ein, sollte jedoch ein Dissens vorprogrammiert sein? Warum sollte man nicht (wovon er selbst ausgeht) zu dem Ergebnis kommen, daß alle gegen Homosexuelle angeführten Gründe sich als hinfällig erweisen? Die eigentliche Pointe diese Beispiels liegt im Hinweis darauf, was uns verloren gehen könnte, wenn wir aus lauter Kleinmütigkeit darauf verzichten, die inhaltliche Diskussion über den Wert homosexueller Lebensweisen zu führen und statt dessen die Wächter des 'liberalen Dialogs' (Ackerman 1980, 1995) für die Einhaltung der Neutralität gegenüber allen Lebensweisen Sorge tragen lassen. Im Er-

---

7 Damit soll nicht behauptet werden, daß jede Form von *workfare*-Programm unterstützenswert sei. Es geht hier nur darum, daß soziale Teilhabeansprüche nicht als in gleicher Weise 'bedingungsfrei' wie bürgerliche und politische Rechte betrachtet werden sollten.

gebnis könnte es zu einer Gesellschaft kommen, in der niemand aufgrund seiner sexuellen Orientierung benachteiligt wird (soweit formales Recht ausgreifen kann), in der aber ein Großteil der Bevölkerung nach wie vor schlecht über Homosexuelle denkt. Bei einem solchen Ausgang würden Möglichkeiten wechselseitiger Anerkennung verschenkt. Das Vertrauen in die durch Demokratie eröffneten Möglichkeiten sozialen Lernens kann als ein Kerngedanke der pragmatistischen wie der kommunitaristischen Demokratieauffassung betrachtet werden (Selznick 2002: 125).

Andererseits fällt an dieser Argumentation auf, daß Sandel von einer Diskussion ausgeht, bei der nicht nur apodiktische Behauptungen vorgebracht werden, sondern nach allgemein nachvollziehbaren Gründen gesucht wird. Ein Hinweis darauf, daß Homosexualität nicht dem Willen Gottes entspreche, weil es so in der Bibel steht, wäre damit nicht hinreichend. An dieser Stelle wird freilich deutlich, daß auch Sandel wie der politische Liberalismus eine Eingrenzung demokratischer Willensbildung im Sinne einer argumentativen Qualifizierung als legitimierendes Moment voraussetzt. Er geht nämlich stillschweigend davon aus, daß öffentliche Debatten so geführt werden, daß man sich ernsthaft mit seinen Kontrahenten verständigen will, oder doch zumindest bereit ist, sich durch deren Argumente in Frage stellen zu lassen. Das impliziert, daß einzelne Gruppen ihre moralischen Vorstellungen nicht einfach durch kompromißloses Lobbying und Mehrheitsbeschluß mit politischer Verbindlichkeit versehen lassen. Nun könnte aus liberaler Perspektive eingewendet werden, daß deren Neutralitäts- oder Ausklammerungsgebote sich gar nicht gegen eine öffentliche Diskussion über die Werthaftigkeit bestimmter Lebensweisen richteten, sondern nur gegen *politische* Diskurse, die auf die Anwendung von Zwang hinauslaufen. Jeder kann, z.B. in Talkshows und Illustrierten oder auch auf Kanzeln, für seine Auffassung des Guten *werben*, aber niemand darf *gezwungen* werden, diese zu übernehmen. Aus kommunitaristischer Sicht bestehen jedoch Zweifel, daß eine solche fein säuberliche Trennung möglich sei. Eine prozeduralistische Sprache in der Politik wird demnach zu einer Verbreitung eines *allgemeinen* moralischen Relativismus bzw. Subjektivismus beitragen, wonach eine Beurteilung der Lebensführung von außen per se abzulehnen sei (Taylor 1995a: 25ff., 65ff.). Und umgekehrt werden sich in einer lebendigen Demokratie Überzeugungen vom Guten, die in breiten Teilen der Bürgerschaft unterstützt werden, immer auch in *politischen* Entscheidungen widerspiegeln. Es sei denn, man beauftragt juristische Expertengremien mit einer nachträglichen Selektion zulässiger und unzulässiger Argumente. Systematisch läßt sich diese Entgegnung mit folgenden Hinweis plausibilisieren: Wenn politische Toleranz mit dem Hinweis darauf begründet wird, daß die 'Bürden der Vernunft' zu einem 'Pluralismus vernünftiger umfassender Lehren' führen (Rawls 1992a,b), warum sollte diese Einsicht dann nicht im privaten Bereich zu der Auffassung führen, daß es sinnlos ist, von der Überlegenheit bestimmter Konzeptionen des guten Lebens auszugehen?

Kommunitaristische Theoretiker sind durchgängig der Auffassung, daß liberale Konzeptionen ein zu enges Verständnis des Gegenstandsbereichs öffentlicher Diskussionen haben und zugleich ein zu weites Aktionsfeld für die Regelung sozialer Konflikte durch Gerichte ausweisen. Nach kommunitaristischer Auffassung sollte juridische Revision möglichst zurückhaltend operieren, wenn es um die 'Übertrumpfung' (vgl. Dworkin 1984) demokratisch gefällter Entscheidungen durch individuelle Abwehrrechte geht; und sie sollte den Schwerpunkt auf die Sicherung politischer Teilhaberechte legen.[8] Zwar folgt der politische Liberalismus Rawlsscher Prägung hier nicht der Auffassung Dahrendorfs, der dafür hält, daß politische Teilhaberechte wie das Wahlrecht im Prinzip „legitimerweise strittig und Gegenstand politischer Auseinandersetzungen" sind (Dahrendorf 1995: 35). Doch geht die republikanische Perspektive kommunitaristischer Provenienz über die Auffassung des politischen Liberalismus hinaus, daß die politischen Rechte integraler oder sogar herausgehobener Teil einer sakrosankten „Familie" von Grundfreiheiten sind (vgl. Rawls 1992c: 232f.). Für sie gilt: Politische Teilhabe ist

---

8   Am eingehendsten hat sich wohl Walzer mit dem liberalen Verständnis juridischer Revision kritisch auseinandergesetzt. Die vielbeschworene 'Renaissance' der politischen Philosophie in der Gestalt des politischen Liberalismus hat sich für ihn vor allem dahingehend ausgewirkt, daß Verfassungsgerichte die Rolle von „Philosophenkönig[en]" (Walzer 1994a: 60) beanspruchen, was ganz in der Logik philosophisch konstruierter Gerechtigkeitsvorstellungen liege: „In a settled democracy, with no revolution in prospect, judges are the most likely instruments of philosophical reformation" (Walzer 1981: 388). Darin liegt jedoch nach Walzer eine fatale Fehlentwicklung, zum einen, weil damit demokratische Beteiligung entwertet werde, und zum anderen, weil sich die Logik der Politik doch wieder durchsetzt, wenn es um die Wahl der Verfassungsrichter geht. Im Anschluß an den Rechtstheoretiker John Hart Ely setzt sich Walzer für einen partizipationsorientierten und repräsentationsstärkenden Ansatz juridischer Überprüfung des Gesetzgebers ein (vgl. Ely 1980: 87). Danach sind z.B. Fragen wie die Legitimität von Abtreibungen oder abweichenden sexuellen Verhaltens keine legitimen Gegenstände juristischer Interpretationen. Für das gemeinsame Leben in einer demokratischen politischen Gemeinschaft ist aus Walzers Sicht allein *politische* Freiheit ein „absoluter" Wert (Walzer 1980a: 12). Damit verbindet sich die Auffassung, daß möglichst keinerlei Einschränkung öffentlicher Debatten auf 'akzeptable' Argumente stattfinden sollte, indem etwa religiöse Begründungen ausgeschlossen werden (vgl. Walzer 1998c). Freilich darf das Verständnis politischer Freiheit aus dieser Sicht selbst nicht verengt werden, indem man es auf repräsentative Institutionen beschränkt. Eine kommunitaristische Konzeption politischer Freiheit muß multi-dimensional angelegt sein, d.h. auf eine Vielzahl von Gemeinschaften und politischen Arenen bezogen verstanden werden.

Voraussetzung für ein gemeinsames Verständnis von Gerechtigkeit, nicht umgekehrt.

Sandel wurde vorgehalten, daß er den Liberalismus mißverstehe, weil er ihm jedwede Gemeinwohlperspektive abspreche, und daß sein Republikanismus eine konturlose Worthülse bleibe (s. Pfahl-Traughber 1996). Zum ersten Kritikpunkt ist zu sagen, daß Sandel die Gegensätze in der Tat in unzulässiger Weise zuspitzt, wenn er 'das Gute' schlechthin an die erste Stelle setzen will. Wie gezeigt, geht auch er (wie alle Kommunitaristen) von einem 'Faktum des Pluralismus' (Rawls) aus, das nicht so einfach überwunden werden kann. Das Gute, auf das sich demokratische Diskurse beziehen sollen, ist bei Sandel offensichtlich das republikanische Ideal in einem weiten Sinne selbst, nicht z.B. spezifische religiöse Heilslehren. Dieses Ideal zeichnet sich selbst bereits durch den Rückgriff auf *allgemein zugängliche* Erfahrungen aus. Dennoch stellt Sandels Republikanismus den liberalen Vorrang des Rechten vor dem Guten meines Erachtens tatsächlich in nicht trivialer Weise in Frage. Denn die republikanische Vorstellung des guten Lebens läßt sich als eine 'partiell umfassende Lehre' im Sinne Rawls' verstehen, d.h. als eine theoriegeleitete Bewertung von Lebensweisen, Gütern und Persönlichkeitsentwicklung, die aber nicht den gesamten Bereich von Gütern und Tugenden einbezieht und in einer eher offenen Form formuliert wird (vgl. Rawls 1998: 78f., 267f.). Es ist interessant, daß Rawls philosophischen und religiösen umfassenden Lehren die Eigenschaft zuschreibt, meist als 'allgemeine' Bewertungsinstanzen auftreten zu wollen (ebd.: 79). Denn im Kontext der Kommunitarismusdebatte sind *partiell* umfassende Lehren von weitaus größerem Interesse. Auch sie scheitern nach der Auffassung des politischen Liberalismus freilich an den 'Bürden der Vernunft' und dem 'Faktum des Pluralismus', weil sie Strittiges zum allgemein Zumutbaren erheben. So werden individuelle Lebensweisen gemäß ihrer Vereinbarkeit mit dem republikanischen Ziel einer gemeinsamen Lebensweise als Aktivbürger beurteilt, und der Republikanismus als 'öffentliche Philosophie' begründet Standards der Gerechtigkeit unter Rückgriff auf eine Vorstellung vom Guten.

Damit komme ich zum zweiten Kritikpunkt. Auch nach der oben vorgenommenen Darstellung praktischer Implikationen fällt an Sandels Republikanismus in der Tat eine gewisse inhaltliche Leere auf. So mag der Republikanismus zwar eine attraktive Auffassung davon formulieren, worin politische Freiheit besteht, er sagt aber nichts darüber aus, welche Ziele eine 'gute Politik' zu verfolgen habe – außer der Ermöglichung von politischer Freiheit. Diese seltsame Abgelöstheit des republikanischen Politikverständnisses von

sozialen Konflikten und Ungerechtigkeitserfahrungen findet sich bereits bei
der von Sandel als Gewährsfrau angeführten Hannah Arendt (vgl. Habermas
1987: 223ff.). Eine anspruchsvolle Reformulierung republikanischer Grundanliegen müßte sich auch mit der Frage befassen, wie die Ausgestaltung politischer Institutionen einen Zugang zu der republikanischen Auffassung des
guten Lebens bahnen könnte. Hier hat Barbers Konzeption der 'starken Demokratie' eindeutig mehr anzubieten (s.u. Abschn. 4). Außerdem gelingt es
Sandel nicht, die pluralistischen Bezüge, in denen die Bürger stehen, kon-
struktiv in sein republikanisches Konzept zu integrieren. Für weitergehende
Überlegungen muß hierfür Ausschau bei den Vertretern eines pluralistischen
Republikanismus (s.u. Abschn. 5) gehalten werden.

4. Politik als Lebensform und kreative Problemlösung: Barbers Programm der 'starken Demokratie'

Benjamin Barbers Entwurf einer *'starken Demokratie'* im gleichnamigen
Buch (Barber 1994) ist das elaborierteste demokratietheoretische Konzept,
welches mit einiger Plausibilität als 'kommunitaristische' Theorie bezeichnet
werden kann. Zugleich hat Barber das umfänglichste politische Reformprogramm für moderne westliche Demokratien im Zusammenhang mit der
Kommunitarismusdebatte vorgelegt. Dennoch entpuppt es sich bei näherem
Hinsehen als zu unterkomplex und realitätsfern. Denn Barber rückt politische Partizipation in den Lebensmittelpunkt der Bürger und baut einen Kranz
institutioneller Vorkehrungen um dieses Zentrum herum, ohne hinreichend
darauf zu reflektieren, welche Bedeutung politischem Aktivismus in einer
pluralistischen Gesellschaft zukommen kann. Und sein Plädoyer für direktdemokratische Entscheidungsverfahren als Alternative zur repräsentativen
Demokratie berücksichtigt nicht in hinreichender Weise, welche Leistungen
das politische System in der modernen Gesellschaft zu erfüllen hat.

4.1 Starke Demokratie und Kommunitarismus

Für die Etikettierung mit dem Kommunitarismus-Label spricht zunächst die
ausgedehnte, mitunter recht polemische Kritik Barbers an allen Konzepten

repräsentativer Demokratie, die er ausnahmslos als Versionen „magerer Demokratie" denunziert, in „autoritären", „juridischen" und „pluralistischen"
Modellen der Demokratie unterschiedlich verkörpert sieht, doktrinär jedoch
gleichermaßen auf liberales Gedankengut zurückführt (ebd.: 131-142). Die
Schilderung der pathologischen Potentiale einer „mageren Demokratie" stellt
sich bei Barber deshalb zugleich als Kritik am Liberalismus selbst dar (ebd.:
31-95). So lautet das zentrale Argument des ersten, kritischen Teils der *Starken Demokratie*, daß viele der Widersprüche in liberalen Demokratien „der
politischen Theorie liberaler Demokratie selbst entspringen"; denn die liberale Demokratie gehe „von Prämissen über die menschliche Natur, das Wissen und die Politik aus, die zwar aufrichtig liberal, ihrem Wesen nach aber
nicht demokratisch" seien (ebd.: 32). Die demgegenüber für die 'starke' Demokratie angeführten Prämissen teilen wichtige Aspekte der oben genannten
'Familienähnlichkeiten' kommunitaristischer Positionen.

Mit der Thematisierung der *liberalen Sicht der menschlichen Natur* zeigt
sich Barber wie Sandel oder auch Taylor davon überzeugt, daß die Frage des
Menschenbildes nicht aus der politischen Theorie herausgenommen werden
kann. Sie bildet nach seiner Auffassung offen oder versteckt den anthropolo-
gischen Hintergrund aller demokratietheoretischen Ansätze. Charakteristisch
für liberale Auffassungen ist laut Barber, daß sie Handlungsperspektiven auf
die Verfolgung gegebener persönlicher Zwecke reduzieren und damit deren
Veränderbarkeit durch politische Teilhabe systematisch unterschätzen. Ein
partizipatorisches Konzept geht davon aus, daß die menschliche Natur von
Grund auf veränderlich ist und daß es so etwas wie feststehende Interessen
nicht gibt:

> „Die liberale Person ist ein starres Wesen mit einer aus theoretisch konstruierten In-
> teressen gebildeten Identität, wobei diese Interessen wiederum durch eine überhöhte
> Rede von Rechten legitimiert werden. [...] Der sich beteiligende Bürger ist hingegen
> ein Wesen, dessen Natur veränderlich ist, dessen Evolution zum Teil eine Funktion
> seines gesellschaftlichen Lebensraumes ist" (Barber 1995: 372 f.).

Die Suche liberaler Philosophen nach einem unerschütterlichen *Wissen* um
das einzig legitime Fundament politischer Institutionen verkenne, daß vom
politischen Prozeß losgelöste, auf Expertendiskursen beruhende Gründe
nicht mit der Logik der gemeinsamen Definition von Standards guter Politik
in einer demokratischen Gemeinschaft vereinbar seien. Die liberalen Theori-
en argumentierten – vor dem Hintergrund des atomistischen Menschenbildes
– mit der Figur der abstrakt bestimmbaren allgemeinen Zustimmungsfähig-

keit bestimmter Ordnungsprinzipien. Ziel ist es, ein Konzept zu entwickeln, daß subjektive oder objektive *Gewißheit* beanspruchen kann. Damit werde aber eine Politik des kleinsten gemeinsamen Nenners festgeschrieben. „Die Beziehung zwischen Demokratie und liberalem Individuum", so Barbers These, „wurde [...] durch den Begriff des Einverständnisses von Anfang an schief und ungleichgewichtig" (ebd.: 363). Barber begründet dies damit, daß die unter der Prämisse des Einverständnisses verstandene Politik durch die Errichtung von Veto-Positionen einen Grundzug der Negativität (ebd.: 367) bekommt. Das Konzept der 'starken' Demokratie begreift demgegenüber Politik selbst als einen Erkenntnisprozeß, in welchem die grundsätzlich gegebene Veränderbarkeit individueller Einstellungen so prozessualisiert wird, daß ein vernünftiges Urteilen möglich wird (Barber 1994: 154-204). Konsens sei dann keine *Ausgangsbedingung*, wohl aber eine *Zielbestimmung* der Demokratie.

Politik schließlich erscheine im Liberalismus nur noch als Mittel zum Zweck der Verfolgung privater Interessen – obwohl sie doch ein weit darüber hinausgehendes und in sich wertvolles Potential eines kreativen Gemeinschaftslebens biete. Am Ende gelangen Doktrinen der liberalen Demokratie nach Barber stets zu einer Vorstellung von „Politik als Raubtierhaltung" (ebd.: 56), bei der die Demokratie nur noch als „Vorrichtung" erscheint, die zu einem friedlichen modus vivendi der Raubtiere dienlich sein soll (ebd.). Dieser Vorrichtung wohnt nach Barbers Auffassung jedoch ein pathologisches Potential inne: Unter der Herrschaft negativer Freiheit und des institutionalisierten Mißtrauens gerate der moderne Mensch immer stärker in den Sog der Vereinzelung, und dies sei die beste Voraussetzung für despotische Herrschaft – ein klassisches Argument, das sich bereits bei Hannah Arendt und Tocqueville findet. Die Theorie der 'starken' Demokratie biete hingegen die Perspektive einer politischen Gemeinschaft an, der sich die Bürger aus mehr als nur Nutzenerwägungen heraus verbunden fühlen und in der sie Vertrauen und Empathie entwickeln können. Sie schätzen diese dann um ihrer bereichernden Wirkungen für die Entwicklung ihrer Persönlichkeit willen (ebd.: 205-232).

Die Prämissen von liberaler und starker Demokratie müssen nach Barber im Lichte der grundlegenden Bestimmung des Politischen verstanden werden: „Das Feld des Politischen ist durch Bedingungen umschrieben, die *öffentliches Handeln und infolgedessen vernünftige, öffentliche Entscheidungen notwendig machen, wenn Uneinigkeit vorliegt und persönliche oder unabhängige Urteilsgründe fehlen*" (ebd.: 104). Liberale Theorien zeichnen

sich dann durch eine Kombination von zwei Komponenten aus, mit denen
der Situation radikaler Ungewißheit begegnet werden soll: Sie lösen Uneinigkeit auf, indem sie *repräsentative Entscheidungsgremien* ausweisen und
zugleich in verdeckter Weise wieder *unabhängige Gründe* einführen (ebd.:
138). Regierungen, Gerichte oder die Repräsentanten von Parteien und Ver-
bänden werden dann durch den Hinweis auf die Einsicht der Eliten gegenüber den Massen (elitistische Demokratietheorie), die freiheitssichernde
Wirkung des Rechts (juridische Demokratietheorie) oder die Funktionalität
einer marktmäßigen Aushandlung von Interessen (pluralistische Demokratietheorie) als legitime Entscheidungsträger bestimmt. Dies alles beruht nach
Barbers Auffassung auf Gründen, die gleichsam von außen an demokratische
Urteilsbildung herangetragen werden. Wille und Urteilsbildung der Bürger
würden so „abstrakten Normen" untergeordnet (ebd.: 141). Die kommunitaristische Aversion gegenüber einer auf abstrakten Prinzipien aufbauenden
Moralphilosophie, welche in Widerspruch zu der dialogischen Interpretation
gemeinschaftlicher Moralverständnisse stehe (s. Kap. 1), taucht hier in de-
mokratietheoretischem Gewande wieder auf. Die starke Demokratie delegiert
politische Entscheidungen hingegen nicht an Repräsentanten gleich welcher
Art. Sie versteht Demokratie vielmehr als a) eine *Lebensweise*, die von allen
Bürgern geteilt wird und die entsprechende Dispositionen, Tugenden und
Kompetenzen bei den Bürgern zur Voraussetzung einer Auflösung von „Uneinigkeit bei Fehlen unabhängiger Gründe" macht (ebd.: 99-129) und b) Institutionalisierung von Entscheidungen durch die Bürgerschaft selbst.

Es sind im Grund zwei Seiten eines durch starke Demokratie ermöglich-
ten kreativen Prozesses, welche den normativen Kern von Barbers Konzeption bilden: Zum einen die Vorstellung einer *Transformation der Bürger* im
Fortgang politischer Beteiligung; zum anderen die Annahme einer *Transformation politischer Inhalte* durch einen kreativen Prozeß der Perspektiven-
veränderung. 'Uneinigkeit bei Fehlen eines unabhängigen Grundes' werde
hier aufgelöst „durch den partizipatorischen Prozeß fortwährender, direkter
Selbstgesetzgebung sowie die Schaffung einer politischen Gemeinschaft, die
abhängige, private Individuen in freie Bürger und partikularistische wie private Interessen in öffentliche Güter zu transformieren vermag" (Barber 1994:
147).

Beide Annahmen, jene einer moralischen Transformation der Akteure
und jene einer kognitiven Transformation politischer Entscheidungen, hängen mit dem „Herzstück des Politikverständnisses starker Demokratie" zusammen, daß politische Beteiligung zu einer *Transformation von Präferen-*

zen führen können soll (vgl. ebd.: 102). Diese Vorstellung einer endogenen (politikimmanenten) Konstruktion und Veränderung von Präferenzen (wertenden Einstellungen) teilt Barber nicht nur mit den anderen Kommunitaristen, sondern mit allen partizipatorischen Ansätzen der Demokratietheorie (vgl. Schmidt 1995: 169f., Buchstein 1996). Charakteristisch für Barber ist das Zutrauen in eine durch starkdemokratische Institutionen und Regelungen zu realisierende gemeinsame Lebensweise der Aktivbürger, aus der dann das Gute, Schöne und Wahre mehr oder weniger zwangsläufig hervorgehen würde.

Ob bei der 'starken Demokratie' tatsächlich so viel Licht zu finden ist, soll weiter unten erörtert werden. Zunächst kann gefragt werden, ob die liberale Demokratieauffassung tatsächlich soviel Schatten mit sich bringt, wie Barber dies meint. Seine Bestimmung des 'juridischen' Demokratieverständnisses schließt an Sandels Kritik der 'verfahrensrechtlichen Republik' an: Die juridische Form der Demokratie löse „Uneinigkeit bei Fehlen eines unabhängigen Grundes" dadurch auf, „indem sie sich einer repräsentativen Richterelite unterwirft, die nach Maßgabe konstitutioneller und vorkonstitutioneller Normen Streitigkeiten schlichtet sowie verfassungsmäßige Rechte und Pflichten durchsetzt" (Barber 1994: 134). Auch habe „ein vernünftiger Staat, der auf [...] den beiden Gerechtigkeitsgrundsätzen von Rawls gegründet ist, [...] nur einen geringen Bedarf an Politik", und Demokratie sei hier „nicht Bedingung von, sondern Ausdruck für zuvor festgelegte Gleichheit oder zuvor bestimmte Rechte" (ebd.: 68). Barber verkennt damit jedoch erstens, daß der zweite von Rawls' beiden Gerechtigkeitsgrundsätzen durchaus nicht ohne demokratische Politik Verwirklichung finden kann (vgl. Rawls 1975: 257). Daraus folgt zweitens, daß legitime Politik für Rawls nicht Ausdruck einer 'Raubtierhaltung' sein kann. Rawls Konzeption setzt gerade Akteure voraus, die nicht bloß ihre engen Eigeninteressen verfolgen (vgl. Hinsch 1997: 68-70), und sie geht gleichfalls davon aus, daß politische Prozesse gegebene Präferenzen *transformieren* können. Darin liegt der Sinn von Rawls' Ausführungen zum 'Ideal des öffentlichen Vernunftgebrauches' (Rawls 1997). Richtig ist freilich, daß innerhalb des Rawlsschen Konzeptes die wesentlichen Grundentscheidungen bereits gefallen sind, wenn demokratische Politik ihre Arbeit aufnimmt – sei es als Rahmenbedingung oder als Zielvorgabe demokratischer Politik.

Barbers Punkt im Hinblick auf stark solidaritätsorientierte Formen von Liberalismus wie bei Rawls müßte also eigentlich lauten, daß die philosophische Ausweisung von Gerechtigkeitsgrundsätzen als Grenze wie als Ziel demokratischer Politik nicht mit einer kreativ-prozessualen Überschreitung egoistischer Maximen in Einklang gebracht werden kann. Bereits die *Bestimmung* des Inhalts von Gerechtigkeit, so ließe sich aus Barbers Perspektive formulieren, muß ein Unterfangen sein, an dem alle Bürger partizipieren können und faktisch partizipieren – wenn sie sich zugleich an diese Grundsätze gebunden wissen sollen. Aus solchen Konstruktionsvorgängen kann dann aber niemals eine geschlossene Theorie nach dem Vorbild akademischer Diskurse erwachsen. So hält Barber fest: „Es müssen Maximen entwickelt werden, die Handlungen zu motivieren und einen Konsens herzustellen vermögen und gleichzeitig über die Formbarkeit, Flexibilität und Vorläufigkeit historisch bedingter und daher sich ständig wandelnder Faustregeln verfügen" (Barber 1994: 156). Die Absage des Liberalismus an ein „traditionelles Grundlagendenken" bleibt somit aus Barbers Sicht auf halber Strecke stehen (Barber 1995: 364). Ein Test für die *Demokratieverträglichkeit von Gerechtigkeitsgrundsätzen* aus einer Barberschen Perspektive könnte also lauten: Ist es denkbar, daß Bürger sich selbst innerhalb eines partizipatorisch angelegten Verfahrens auf ein bestimmtes Gerechtigkeitsverständnis einigen würden oder nicht? Nach Barbers Auffassung würde die Rawlssche Theorie diesen Test nicht bestehen. Wenn in akademischen Diskursen Gerechtigkeitsprinzipien bestimmt werden, die dann politischen Diskursen als Ideal vorgegeben werden, stelle dies einen Rückgriff auf 'unabhängige Gründe' dar in der „Illusion, die Bedeutung strittiger politischer Begriffe ließe sich auf metaphysischem Wege klären" (Barber 1994: 141). Über solche abstrakte Normen und Prinzipien könne es „keinen wirklichen Konsens geben" (ebd.), denn: „[Freiheit, Gleichheit und Gerechtigkeit] lassen sich nicht außerhalb dieses Kontextes [der Politik] definieren und dann auf den politischen Gebrauch zuschneiden. Sie müssen stattdessen aus der Politik hervorgehen und durch sie geprägt werden" (ebd.: 140).

In ihrem radikal prozeduralistischen Grundzug ist Barbers Position somit derjenigen Habermas' verwandt (vgl. ebd.: 163). Barbers Spezifikation von Voraussetzungen gelungener politischer Deliberation verstärken diesen Eindruck noch. So macht er die Generierung einer „Stimme der Öffentlichkeit" von einer Reihe diskursspezifischer Charakteristika abhängig (Barber 1996: 276-280): der Inklusivität der Diskussion; der Möglichkeit, eine herrschende Meinung niemals als endgültig festzuschreiben; der Bereitschaft der Teilnehmenden, zuzuhören und voneinander zu lernen usw. Das kommt einem alles sehr vertraut vor, wenn man an die diskurstheoretischen Kriterien und Regeln eines rationalen Diskurses denkt. Allerdings geht Habermas immer noch von einem Kantischen Grundverständnis allgemeiner Zustimmungsfähigkeit aus, das freilich kommunikativ reformuliert wird. Auf derlei Grundlegungsversuche verzichtet Barber geflissentlich. Hat dieser Unterschied praktische Implikationen? – Habermas wurde verschiedentlich dafür kritisiert, daß bei ihm letztlich unklar bleibe, ob und inwieweit Diskurse *tatsächlich* stattfinden müssen, um legitime (d.h. für Habermas: vermutlich vernünftige) Ergebnisse zu zeitigen, oder ob die Rechtfertigung von Rechtsnormen im Rahmen rationaler Diskurse nicht letztlich eine kontrafaktische Idee bleibt (Reese-Schäfer 1997: 121ff., Haus 2000: 360f.). Diese Spannung zwischen faktischer und hypothetischer Diskursforderung ist bei Barber *nicht* zu konstatieren. Das Konzept starker Demokratie setzt ohne jede Zaghaftigkeit auf die Realisierung von Beteiligung. Die Diskurstheorie hat sich demgegenüber einige Hintertürchen offengelassen und allzu 'konkretistischen' Lesarten ihrer selbst seit geraumer Weile bewußt einen Riegel vorgeschoben. Das Modell des 'herrschaftsfreien Diskurses' soll demnach nicht als Blaupause für die Institutionalisierung faktischer Prozesse verstanden werden. Eine rein kommunikative Vergesellschaftung dürfe nur als eine „methodische Fiktion" (Habermas 1992: 392) verstanden werden. Was bei der Diskurstheorie des demokratischen Rechtsstaates den Status einer 'regulativen Idee' annimmt (also als normative Perspektive das Denken anleitet), trägt bei Barber Züge einer 'konkreten Utopie' (soll also real verwirklicht werden).

Um die Perspektive der *Institutionalisierung* einer solchen gemeinsamen Lebensweise zu erhellen, hat Barber ein vielbeachtetes *Zwölf-Punkte-Programm* vorgestellt, das starke Demokratie nicht bloß illustrieren, sondern in umfassender Weise verkörpern soll (Barber 1994: 241-291). Bürger sollten dazu gebracht werden, gemeinsam zu *reden*, zu *entscheiden* und auch zu *handeln* – so die rudimentäre Systematik hinter Barbers Vorschlägen. Bestandteile des Reformprogramms sind im einzelnen: Ein flächendeckendes System von Stadtteilversammlungen, das zunächst mit der Beratung öffentlicher Fragen und später mit umfassenden Entscheidungsbefugnissen für die lokale Ebene betraut ist; eine nationale Kommunikationsgenossenschaft, welche sich mit der staatsbürgerlichen Nutzung neuer Kommunikationstechnologien und der Veranstaltung von Fernseh-Bürgerversammlungen befaßt und in diesem Rahmen die Diskussion von Fragen beaufsichtigt, die zur Volksabstimmung vorliegen; die Subvention der Verbreitung von Informationsmaterialien und eines allgemeinen Zugangs zu den Neuen Medien; eine Stärkung ehrenamtlicher Elemente im Bereich der lokalen Selbstverwaltung und der Laienjustiz; Volksbegehren und -entscheide auf nationaler Ebene mit komplexen Phasenabläufen und Auswahlmöglichkeiten; Experimente im Bereich des e-government; die Besetzung lokaler öffentlicher Ämter durch Losverfahren und Rotation; Experimente mit Gutscheinsystemen im Bereich von Schulen, Wohnungsvergabe und öffentlichem Nahverkehr; ein allgemeiner Bürgerdienst unter Einschluß der Wehrpflicht; die staatliche Subventionierung kommunaler Programme zur Bürgeraktivierung; Demokratisierung der Arbeitswelt und eine Stadtentwicklungspolitik, die auf die Wiedergewinnung öffentlichen Raumes ausgerichtet ist.

Auf nähere Details kann ich an dieser Stelle nicht eingehen. Es soll aber darauf hingewiesen werden, daß Barbers starkdemokratisches Programm eines jener Manifeste darstellt, an denen sich gut an konkreten Beispielen aufzeigen läßt, worin sich die kommunitaristisch-republikanische und die liberale Demokratieauffassung hinsichtlich ihrer praktischen Konsequenzen unterscheiden. Hier ist vor allem die Begründung öffentlicher Pflichten zu nennen wie die Übernahme öffentlicher Ämter ohne vorherige freiwillige Kandidatur (im Modus des Losverfahrens) und das Ableisten eines Dienstjahrs, sei es im zivilen oder im militärischen Bereich. Für Liberale wie Rawls kann ein solcher „grober Eingriff in die gleichen bürgerlichen Grundrechte" (er meint den allgemeinen Wehrdienst) nur durch seine Notwendigkeit für die Aufrechterhaltung der nationalen Sicherheit einer wohlgeordneten Gesellschaft gerechtfertigt werden (Rawls 1975: 418) – also nicht aus der Überlegung heraus, daß bestimmte Aufgaben von der gesamten Bürgerschaft als Gemeinschaft zu erbringen seien oder daß ein allgemeiner Dienst die Identifikation mit dem Gemeinwesen befördert. Im Einklang mit der kommunitaristischen Grundthese, daß Freiheit nicht identisch mit Freiheits*rechten* ist, postuliert Barber demgegenüber, daß nur durch derlei soziale Verpflichtungen ein handlungsfähiges Gemeinwesen befördert werden kann, welches die Geschicke der politischen Gemeinschaft zu bestimmen vermag. Indes: Die *Gleichheit* der Rechte bleibt gewahrt, nur ihr *Umfang* wird um der Gemeinschaft willen eingeschränkt.

4.2   *Republikanische Lebensweise und demokratischer Konsens*

Durch den Verweis auf die institutionell-prozessuale Formbarkeit von Präferenzen glaubt Barber kritische Einwände auch gegen eine modifizierte Wiederaufnahme des republikanischen Bürger-Ideals entkräften zu können. Eine

Lebensform soll die Demokratie nach Barber zwar nicht im Sinne des klassischen Republikanismus darstellen, wie er noch von Hannah Arendt oder Leo Strauss hochgehalten wurde. Wie die Liberalen hält auch Barber das Ziehen von *Grenzen* zwischen Politik und anderen Lebensbereichen für essentiell: Politik sei nicht 'die' Lebensform schlechthin und die Theorie der starken Demokratie eine „sehr viel weniger umfassende und auf Einheit drängende Theorie des öffentlichen Lebens als die Befürworter des alten Republikanismus sich wünschten" (Barber 1994: 100). Freilich bleibt es demokratischen Entscheidungen selbst überlassen, wo diese Grenzen zu ziehen ist. Ansonsten müßte wieder auf 'unabhängige Gründe' zurückgegriffen werden, die von der dialogisch ermittelten lebensweltlichen Erfahrung der sich beteiligenden Bürger abgetrennt wären. Wie bei Sandels Republikanismus der Bürgertugend so handelt es sich auch bei Barbers Konzeption der 'starken Demokratie' um eine 'partiell umfassende Lehre' in der Terminologie Rawls' (s.o. S. 216). So liegt auch bei Barber die Frage nahe, ob seine Konzeption trotz des Zugeständnisses, daß Politik nicht alles sein könne, zu starke ethische Erwartungen an die Bürger moderner Demokratien stellt. Dies wäre dann nicht der Fall, wenn es gute Gründe dafür gibt, daß

(1) das Gut politischer Beteiligung sich über allen sonstigen Differenzen hinweg erschließen würde,
(2) Barbers Zielbestimmung eines partizipativ erzeugten Konsenses Plausibilität für sich hätte und
(3) anspruchsvolle politische Beteiligung unter realistischen Bedingungen tatsächlich für alle Bürger praktikabel wäre.

Im folgenden soll die Plausibilität dieser Annahmen diskutiert werden.

(1) Um die Notwendigkeit und Zumutbarkeit politischer Beteiligung zu verdeutlichen, wartet Barber mit einer zweistufigen Erklärung auf: Zum ersten könne sich das Plädoyer für die starke Demokratie auf die „Logik des Vorrangs der Politik" berufen, welche „zeigt, daß selbst in einer privatistischen, von wirtschaftlichen Interessen bestimmten Politik Männer und Frauen heute nur durch die Autonomie der Politik und die Rechte der Bürger tatsächlich die Macht bekommen, ihre Lebenswelt zu gestalten" (Barber 1994: 239). Auf dieser ersten Stufe beruft sich Barber also auf ein *allgemeines* Interesse an Selbstbestimmung. Hier ist allerdings anzumerken, daß Barber den Beweis schuldig bleibt, daß es innerhalb des von ihm dargestellten Institutionensettings eher zu einer effektiven Gestaltung des sozialen Lebens durch demokratische Politik kommen kann. Auch die zweite Erklärung für die Zu-

mutbarkeit der aktivbürgerlichen Lebensweise vermag nicht recht zu überzeugen. So macht Barber geltend, daß politischer Beteiligung selbst ein *erzieherisches Potential* inne wohne. „Der Geschmack an der Bürgerbeteiligung", so Barber, „kommt gewissermaßen mit dem Essen", weshalb von einem „in der Partizipation angelegten Selbsterziehungsprozeß" auszugehen
sei (ebd.: 238f.). Daß die Transformation der Präferenzen sich auch auf die
Präferenzen gegenüber dem Politischen selbst erstreckt, vermag noch einzuleuchten. Daß der Geschmack beim Essen kommt, legitimiert für Barber jedoch auch eine teilweise Zwangsernährung, so bei der Vergabe kommunaler
Ämter durch Losverfahren, von der man sich höchstens gegen eine empfindliche finanzielle Buße freikaufen können soll (ebd.: 270-274). Überhaupt beruht das gesamte Konzept nicht zuletzt auf dem Prinzip, daß es Kosten verursacht, wenn man sich in einem insgesamt partizipatorisch angelegten Prozeß
nicht selbst beteiligt. Wiederum verbleibt eine Erklärungslücke: Zum einen
erscheint es plausibel, daß nicht alle gleichermaßen Freude und Erfüllung bei
der Beteiligung an demokratischer Politik haben werden. Zum anderen gibt
es zahllose andere Aktivitätsfelder, die ebenfalls die Aussicht auf persönliche
Erfüllung verheißen. Warum also sollten wir uns darauf einlassen, politischer
Partizipation einen solchen herausragenden Stellenwert einzuräumen?

(2) Wie steht es nun um die kreativen Potentiale der starken Demokratie,
d.h. ihre Möglichkeiten, zu einer rationaleren Einschätzung politischer Probleme und Lösungen zu führen und Konsens herbeizuführen, wo die liberale
Theorie nur Uneinigkeit für möglich hält? So sehr gelobt werden muß, daß
Barber Erwägungen aus dem Bereich der politischen Theorie mit institutionalistischen Betrachtungen verknüpft, so nachdrücklich muß doch auf die
Defizite in seiner Sichtweise politischer Institutionen hingewiesen werden,
die die Frage ihrer *Wirkungsweise* in Bezug auf Politikresultate stark vernachlässigt. Gerade hier schließen sich grundlegende Einwände an, von denen im folgenden drei angeführt werden.

(a) Barber macht sich keine Gedanken darüber, ob sich unterschiedliche
politische Fragen nicht in unterschiedlicher Weise für starkdemokratische
Verfahren eignen. 'Private Interessen' in 'öffentliche Güter' zu transformieren setzt die Transformierbarkeit der Interessen in einer gegebenen Frage
voraus; Nullsummenspiele, bei denen es Gewinner und Verlieren geben *muß*,
sind insofern systematisch ausgeschlossen – es sei denn, die Verlierer sehen
ein, daß die Gewinner Argumente vorbringen, denen sie sich nicht entziehen
können. Barber müßte aufzeigen, wie es möglich sein soll, daß Bürger auch
dann zur Anerkennung eines gemeinsamen Guten finden, wenn dabei einige

verlieren. Darum geht es jedoch in vielen entscheidenden Fragen, mit denen sich Politik zu befassen hat. So stellt Fritz Scharpf fest: „Um Demokratie geht es [...] in Situationen, in denen effektive Schicksalsbeeinflussung die Inanspruchnahme oder Beschränkung individueller Handlungsmöglichkeiten oder Ressourcen erfordert – und zwar unter Bedingungen, in denen nicht alle Betroffenen für sich selbst nur Vorteile erwarten können" (Scharpf 1993: 26). Die Frage lautet folglich, wie redistributive (umverteilende) Politik möglich ist. Man braucht den Fall einer auf allseitiger Einsicht gründenden Umverteilungspolitik nicht systematisch auszuschließen, um der Auffassung zu sein, daß es einer *Ausfallbürgschaft* für nicht erfolgende Zustimmung der Verlierer bedarf. Hier müßte die starke Demokratie systematisch zu den Institutionen und Organisationen der repräsentativen Demokratie (Parlamente, Parteien, Interessengruppen) in Beziehung gesetzt werden, was bei Barber jedoch unterbleibt. Das repräsentative System garantiert ein Mindestmaß an allgemeiner Interessenberücksichtigung durch das universelle Wahlrecht und Mehrheitsentscheidungen. Das Insistieren auf *Konsens*, sofern damit faktisch erreichbare Übereinstimmung gemeint ist, ist am Ende ohnehin nicht durchhaltbar: Die von Barber propagierten Referenden bringen nämlich – im Gegensatz zu repräsentativen Entscheidungen sogar mit Gewißheit (!) – Mehrheiten und Minderheiten hervor.[9]

(b) Es ist mehr als fraglich, daß direktdemokratische Entscheidungsmechanismen im Hinblick auf Politik*ergebnisse* jenen transformatorischen Zug haben, wie ihn sich Barber von der starken Demokratie erhofft. Faktisch kommt ihnen mindestens ebenso sehr eine *reaktive* und *Status quo erhaltende* Bedeutung zu. Wenn repräsentative Organe im Zuge der Einführung direktdemokratischer Elemente nicht abgeschafft werden (was wohl nicht Barbers Ziel ist – doch ganz sicher kann man sich dessen nicht sein), dann erhöht sich in der Folge die Zahl der Vetopositionen, also der Verhinderungsmöglichkeiten von Mehrheitsentscheiden, wodurch die Wahrscheinlichkeit von statusquoorientierten Entscheidungen (bzw. Nichtentscheidungen) steigt. Es verwundert von daher nicht, wenn die bisherige Erfahrung von Bürgerbegehren und -entscheiden in der Bundesrepublik zeigt, daß diese Mitentscheidungsrechte vorrangig zur *Verhinderung* politischer Initiativen politischer Akteure eingesetzt werden und kaum zur Verwirklichung ehrgeiziger politi-

---

9 Und umgekehrt sind kreative Prozesse der Problemlösung im Modus des Konsenses auch in repräsentativen Systemen möglich, wie bereits die Theorie des Neo-Korporatismus gezeigt hat (Lehmbruch/Schmitter 1982, Schmitter 1983). Vgl. dazu die gegenwärtige Diskussion um 'governance' und 'Verhandlungsdemokratie' (Scharpf 1993, Pierre 2000).

scher Projekte, weshalb Jung (1999: 128) von einem „reaktiven Charakter"
dieser direktdemokratischen Verfahren spricht. Mit anderen Worten: Formen
starker Demokratie transformieren möglicherweise in verstärktem Maße die
Präferenzen der (wenigen?) sich beteiligenden Bürger – sonst aber kaum etwas.

(c) Damit hängt die dritte Problematik zusammen. Ein Standardeinwand
gegen neue Beteiligungsmodelle lautet, daß sich *ungleich verteilte Partizi-
pationsressourcen* (Zeit, Bildung, Prestige) in einer verzerrten Artikulation
sozialer Interessen niederschlagen (vgl. Gabriel 2000). Politik mit verstärkter
Bürgerbeteiligung läuft demnach im Ergebnis auf eine Mittelstandslastigkeit
und auf eine stärkere Berücksichtigung 'postmaterialistischer' Präferenzen
hinaus. Wie läßt sich ein solcher Einwand kontern? Barber setzt meist bei
der allgemeinen Ermöglichung von Partizipation durch umfassende Informa-
tionsrechte an. Damit wird freilich der Hinweis auf unterschiedlich verteilte
Kompetenzen im Umgang mit zugänglichen Informationen nicht entkräftet
('Humankapital') – genauso wenig wie die unterschiedlichen Handlungsmöglichkeiten spezifischer Gruppen ('Sozialkapital', s.u. Abschn. 6).
Gleichheit und partizipatorische Politik stehen im übrigen in den USA in einem besonders ausgeprägten Spannungsverhältnis (Schlozman et al. 1999).
Stark egalitäre Gesellschaften wie die skandinavischen setzen zwar traditio-
nell auf politischen Konsens und Beteiligung der Bürger, dies jedoch nicht in
der Form direkter Demokratie, sondern von korporatistischer Einbindung der
Verbände und bürgerschaftlichem Engagement.

Wenn partizipatorische Politik dennoch einen Gewinn für *alle* Bürger
darstellen soll, dann müßte meines Erachtens aufgezeigt werden, inwiefern
die Qualität politischer Diskurse dadurch erhöht werden kann, daß durch erweiterte Bürgerbeteiligung Perspektiven und Argumente in die Diskussion
eingespeist werden, die in herkömmlichen Politikprozessen systematisch
vernachlässigt werden. Es wirkt etwas kläglich, wenn Barber mit Stolz darauf verweist, daß laut politikwissenschaftlicher Analysen bei einem Volks-
entscheid mit genauso großer Wahrscheinlichkeit eine „überlegte und vernünftige Entscheidung" getroffen werde wie bei repräsentativen Entscheidungen (Barber 1994: 259). Hier bietet etwa Habermas' Konzept einer deliberativen Politik bessere Ansatzpunkte, weil sie die Rolle zivilgesellschaftlicher Akteure von einem gesellschaftstheoretischen Rahmen her verdeutlicht
(Habermas 1992, 1996). Doch auch im Umfeld kommunitaristischen Denkens gibt es Versuche, das Anliegen republikanischer Selbstregierung und
demokratischer Aktivbürgerschaft systematisch mit der Perspektive der Zi-

vilgesellschaft zu verbinden (s.u. Abschn. 5). Eine weniger direktdemokratisch-institutionalisierte Ausrichtung des republikanischen Projekts hätte auch bessere Chancen, den Wert politischer Beteiligung (dann in einer weiteren Bedeutung) zu erschließen – diese wäre nämlich gekoppelt an jene sozialen Aktivitäten, denen die Bürger durch ihr Engagement in freiwilligen Assoziationen oder ihre Zugehörigkeit zu sozialen Institutionen bereits selbst einen Wert zugesprochen haben.

(3) Die genannten Einwände könnte Barber mit dem Hinweis kontern, daß er die starkdemokratischen Reformpunkte ausdrücklich als ein Programm 'aus einem Guß' präsentiert habe und eindringlich vor der isolierten Betrachtung bzw. Umsetzung einzelner Punkte warnt (Barber 1994: 236f.). Es kann vermutet werden, daß sich Barber dadurch gegenüber Mißerfolgsanalysen vermehrter Bürgerbeteiligung im Rahmen einzelner Projekte instinktiv immunisieren wollte. Denn alle bekannten Reformen setzen ja in der Tat eher inkrementalistisch an und rühren nicht an der Dominanz des Repräsentativsystems. Gerade dies sollte Barber jedoch zu denken geben. Hier ergeben sich nämlich Zweifel an der *Realisierbarkeit* des starkdemokratischen Programms. Von derart weitgehenden Kohärenzanforderungen auszugehen, erscheint mehr als fraglich. Barbers Verweis auf die deutschen GRÜNEN wirkt hier eher ernüchternd (vgl. ebd.: 238). So umgibt sein Programm einer starken Demokratie der Hauch der frühen 80er Jahre, in denen die ganze Gesellschaft auf basisdemokratische Schienen gestellt werden sollte. Barbers Insistieren auf eine umfassende Vorgehensweise ist zum einen überflüssig, weil bestimmte Reformpunkte auch unabhängig von anderen einen Sinn haben können (z.B. betriebliche Mitbestimmung ohne Nachbarschaftsversammlungen). Zum anderen fragt sich, ob der experimentelle Ansatz des Deweyschen Pragmatismus eine derartige, auf Ganze gehende Strategie noch abdeckt. Ohne das Scheitern solcher weitreichenden Pläne systematisch zu reflektieren, hat sich Barber inzwischen selbst auf 'graswurzeldemokratische' Einzelprojekte einerseits und Ortsbestimmungen der Demokratie in der Weltgesellschaft andererseits hin ausgerichtet.

5. Pluralistischer Republikanismus: Zivilgesellschaft und moderne Demokratie bei Taylor und Walzer

Unter pluralistischem Republikanismus soll im folgenden die Auffassung verstanden werden, daß das republikanische Projekt einer allgemeinen und intensiven Beteiligung der freien und gleichen Bürger an demokratischer Selbstregierung in erster Linie im Medium der vielfältigen 'vorpolitischen' Aktivitätsfelder ablaufen kann und soll, in denen sich die Bürger bereits bewegen. Mit kommunitaristischen Akzenten wird diese Position vor allem von Michael Walzer und Charles Taylor vertreten. Im Gegensatz zum politischen Republikanismus Sandelscher Prägung liegt der Akzent weniger auf 'der' Tugend 'des' Staatsbürgers und seiner Verbundenheit gegenüber 'der' (nationalen) politischen Gemeinschaft. Wie Barber geht man davon aus, daß die politische Gemeinschaft als ein Pluriversum von Partizipationsarenen zu verstehen ist und nur als solches als ein bereicherndes Gut erfahren werden kann. Anders als bei Barber jedoch wird die Rolle des Bürgers selbst von Grund auf pluralistisch verstanden; und statt einer radikalen direktdemokratischen Transformation der repräsentativen Demokratie setzt man eher auf deren Öffnung gegenüber den aktiven Gruppen in einer Gesellschaft. Medium und Träger des republikanischen Projektes sind aus dieser Perspektive die Assoziationen der *Bürger- bzw. Zivilgesellschaft.* Da um Gehalt und Relevanz dieser und verwandter Begriffe wie 'ziviler Gesellschaft' und 'bürgerlicher Gesellschaft' nun schon seit geraumer Weile eine kontroverse Debatte geführt wird (vgl. Klein 2001, Kneer 1997), möchte ich zunächst darlegen, worin spezifisch kommunitaristische Akzentuierungen des Verständnisses der Bürgergesellschaft[10] liegen.

---

10 Beide Begriffe sind Übersetzungen des englischen *civil society.* Man kann sich darüber streiten, ob es sich bei den beiden Übersetzungsalternativen um Synonyme oder verschieden akzentuierte Begriffe handelt. Ein Unterschied des Wortgebrauchs könnte man darin sehen, daß 'Zivilgesellschaft' vor allem auf der Seite 'emanzipatorischer' Konzepte Verwendung findet, während das vertrauter klingende 'Bürgergesellschaft' gern im Rahmen von 'pragmatischen' Konzepten der Aktivierung engagementbereiter Bürger gebraucht wird. Aber daraus sollte man keine grundsätzliche Differenz konstruieren. Der Einfachheit halber werde ich im folgenden in der Regel den Begriff 'Zivilgesellschaft' gebrauchen.

5.1 Die kommunitaristische Sicht der Zivilgesellschaft

Die Debatte um die Zivilgesellschaft ist weitverzweigt und häufig diffus, sie schließt eine Vielzahl theoretischer Ansätze ein, welche wiederum auf unterschiedliche, mitunter widersprüchliche historische Überlieferungen zurückgreifen (vgl. Schmalz-Bruns 1992: 246). Alle Konzepte, die heute der Zivilgesellschaft eine zentrale Stellung zuschreiben, meinen damit einen zwischen dem Staat und den politischen Institutionen einerseits und dem Individuum und seiner Privatsphäre andererseits liegenden Bereich von Vereinigungen, Aktivitäten und Identitäten. Dieser Bereich zeichnet sich grundsätzlich durch die Freiwilligkeit des Zusammenschlusses aus, die zumindest in demokratischen Verfassungsstaaten durch die Vereinigungsfreiheit garantiert wird. Mit dieser Sphäre der Selbstorganisation *jenseits von Markt und Staat* verbinden sich dann Hoffnungen auf Demokratisierung und eine bessere Legitimation politischer Entscheidungen, aber auch auf soziale Integration und die Überwindung von politischer Entfremdung.

Die genauen Grenzen der Zivilgesellschaft werden jedoch ebenso unterschiedlich bestimmt wie ihre Funktion in der Demokratie. Gehören z.B. Marktakteure grundsätzlich nicht zur Zivilgesellschaft? Im Falle von Multinationalen Konzernen dürfte dies unter den gegenwärtigen Theoretikern der Zivilgesellschaft unstrittig sein, obwohl die vorpolitische Vergesellschaftung über den Marktmechanismus eine der verschiedenen historischen Bedeutungen von *civil society* gewesen ist und 'bürgerliche Gesellschaft' bei Hegel und Marx die moderne Marktökonomie kennzeichnete. Wie verhält es sich jedoch mit Genossenschaften, welche versuchen, das Prinzip der Assoziation von Freien und Gleichen um bestimmter Ziele (Solidarität, Gerechtigkeit) willen auch in der Sphäre der Wirtschaft zu verwirklichen? Und was ist mit den traditionellen, oftmals mit hierarchischen und bürokratischen Strukturen behafteten und nicht durch freiwillige Assoziation spontan entstandenen Großorganisationen wie den etablierten Kirchen? Bezieht sich der Begriff der Zivilgesellschaft schließlich nur auf jene Vereinigungen, die eine aktive politische Orientierung aufweisen oder sieht er vom jeweiligen Assoziationszweck gänzlich ab?

Diese Abgrenzungsfragen hängen unmittelbar mit der Frage zusammen, welche *Funktion* der Zivilgesellschaft zugesprochen wird. Auch hier kann wieder ein mehr oder weniger unstrittiger Kern an Funktionserwartungen identifiziert werden:

- Die Zivilgesellschaft produziert Strukturen *informeller Öffentlichkeit*, indem sie kommunikative Räume eröffnet, Themen identifiziert und ihnen eine hörbare 'Stimme' verleiht.

- Sie ist ein Raum für den Aufbau *solidarischer Beziehungen*, sei es im Verfolgen gemeinsamer Ziele, sei es beim gegenseitigen Beistand in Problemsituationen.

- Sie bietet Möglichkeiten *individueller Entfaltung* durch die Anreicherung sozialer Kontakte, die Chance gemeinsamen Handelns und die Bereitstellung von Sinnangeboten.

Ein Charakteristikum für ein kommunitaristisches Verständnis der Zivilgesellschaft kann man darin sehen, daß die Diskussion um die Zivilgesellschaft mit der Frage nach dem *guten Leben* bzw. einer 'guten Gesellschaft' und den dafür notwendigen moralischen Orientierungspunkten verbunden wird. Die Zivilgesellschaft wird vorrangig als Ort begriffen, an welchem Vorstellungen des guten Lebens praktiziert werden und sich entsprechend moralische Identitäten herausbilden.[11] Eine entscheidende Frage ist dann, wie sich diese Sphäre des guten Lebens mit dem Projekt demokratischer Selbstregierung verbinden läßt, welches nach kommunitaristischer Auffassung ebenfalls auf eine spezifische Lebensweise, nämlich die des gemeinwohlorientierten Bürgers, verweist.

Nach Walzers Auffassung hängt das neue Bewußtsein für die Zivilgesellschaft vor allem mit zwei Ursachen zusammen: *Politisch-ideologisch* mit dem Ende der großen politischen Erzählungen, so der marxistischen Vorstellung einer Assoziation der Produzenten, der liberalen Idee eines befreienden Marktes der souveränen Konsumenten, der republikanischen Rede von einem demokratischen Gemeinwesen der tugendhaften Staatsbürger und des nationalistischen Pathos eines traditionalistischen Patriotismus (Walzer 1992a); *soziomoralisch* mit der Erfahrung von Desintegration, Entwurzelung und Entfremdung, die die Suche nach neuen Bindungskräften in modernen Gesellschaften dringlich werden läßt (Walzer 1993b, 1994b). Angesichts des 'Endes der großen Erzählungen' (Lyotard) steht die Zivilgesellschaft für die Lokalisierung und Pluralisierung der Frage nach einer erstrebenswerten Lebensweise. Sie bezeichnet ein Nebeneinander von Deutungshorizonten, vor deren Hintergrund Vorstellungen vom guten Leben artikuliert und gemein-

---

11 Zum Zusammenhang von Vorstellungen des Guten und personaler Identität im kommunitaristischen Denken s. die Ausführungen zur Moraltheorie im I. Kapitel.

schaftlich praktiziert werden können. Gegenüber einer voranschreitenden Desintegration verheißt eine aktive Bürgergesellschaft soziale Integration und Einbettung in orientierungsstiftende Gemeinschaften ohne die Erfordernis kollektiver Zwangsausübung – gleichsam eine Integration 'von unten'. Alles kommt aber nach Walzer und Taylor darauf an, ob zivilgesellschaftliche Assoziationen in ein Komplementärverhältnis zur Demokratie gesetzt werden können.

Dieses erforderliche Komplementärverhältnis zur Demokratie schließt drei Dimensionen ein: (1) Die *politisch-kulturelle* Dimension ist darin zu sehen, daß das demokratische Gemeinwesen einer starken Zivilgesellschaft bedarf, weil nur in der Sphäre freiwilliger Vereinigungen Kompetenzen und Einstellungen sozialisatorisch vermittelt werden, die für eine Ausübung der Bürgerrolle wichtig sind. (2) In *legitimitätstheoretischer* Hinsicht geht es um die Existenz leicht erreichbarer und dennoch kommunikativ gehaltvoller Partizipationsarenen, die in der Lage sind, Fragen politischer Gerechtigkeit Gehör zu verschaffen. (3) In *normativ-handlungstheoretischer* Perspektive schließlich bietet die Vorstellung der Zivilgesellschaft einen komplexeren Handlungsrahmen für das Verfolgen von Konzeptionen des 'guten Lebens' als dies bei der Konzentration allein auf die Rolle des tugendhaften Bürgers der Fall ist, verspricht jedoch zugleich, daß durch die breite Inklusion der Staatsbürger die Entwicklung auch ihres Gemeinsinns erfolgt.

Die zivile Gesellschaft ist laut Walzer daran zu messen, „ob sie fähig ist, Bürger hervorzubringen, die wenigstens manchmal Interessen verfolgen, die über ihre eigenen und diejenigen ihrer Genossen hinausgehen, und die über das politische Gemeinwesen wachen, das die Netzwerke der Vereinigungen fördert und schützt" (Walzer 1992b: 93). Sie kann aber nicht als bloße Erfüllungsgehilfin des republikanischen Staatsbürgerideals eingespannt werden. Gegenüber republikanischen Verfallsklagen und Tugendpredigten erhebt Walzer den Einwand, daß die Ideale der Staatsbürgerschaft „heute kein zusammenhängendes Ganzes mehr" bilden (Walzer 1992e: 189). Während die Ideale von *Patriotismus* und politischem *Aktivismus* nach „einer Art Hingabe" verlangen und den Weg zu Erregung und Aufruhr ebnen, sollen *Zivilität* und *Toleranz* die Spannung mildern, bewirken dadurch jedoch die Lockerung der Bindungen und den Rückzug in die Privatsphäre.

Es besteht also ein grundsätzliches Spannungsverhältnis zwischen Republikanismus und Liberalismus, das nach Walzer nicht einseitig aufgelöst werden kann. Die gegenwärtige Situation sei durch ein „liberales Gleichgewicht" gekennzeichnet. Individualistisch-säkulare Einstellungen und die An-

passung an die Erfordernisse einer kapitalistischen Wirtschaftsordnung ent-
sprächen dabei durchaus der Komplexität der modernen Gesellschaft und
den vorherrschenden wirtschaftlichen Organisationsformen. Mehr 'Gemeinsinn' ist für Walzer nicht ohne erweiterte politische Partizipationsmöglich-
keiten zu haben. Aber diese Erweiterung staatsbürgerlicher Eingriffsmög-
lichkeiten wird den politischen Prozess seiner Ansicht nach nicht vernünftiger und verständigungsorientierter machen, sondern „erbitterter", „streit-
süchtiger", „intoleranter" und „fanatischer", denn die Politik beruht „ihrem
Wesen nach auf Wettstreit" (ebd.: 194). Dennoch plädiert Walzer für die
breite Teilhabe an diesem Wettstreit, denn „es gibt eine Art von Gemeinsamkeit, die selbst dann möglich ist, wenn es Konflikte gibt, vielleicht sogar
nur dann" (ebd.). Walzer behauptet damit nicht, wie dies bei Barber und
auch Sandel anklingt, daß eine rationale Einigung in jedem Fall möglich ist,
wohl aber eine Form von *wechselseitiger Anerkennung und Verpflichtung*:

> „Im Laufe anhaltender politischer Betätigung werden […] aus Feinden vertraute Ge-
> genspieler, von denen man weiß, daß sie dieselben (einander widersprechenden) Fra-
> gen stellen. Männer und Frauen, die zuvor ihre wechselseitige Verschiedenheit bloß
> tolerierten, erkennen nun, daß sie ein gemeinsames Engagement teilen, *dieser* Bühne
> gegenüber und den Menschen, die sich auf ihr bewegen. Selbst eine Wahl, die in
> gegnerische Lager spaltet, ist dann ein Ritual der Einheit" (ebd.: 195).

Walzer bringt damit einen wichtigen Gedanken in die demokratietheoretische Auseinandersetzung zwischen Kommunitaristen und Liberalen ein:
Selbst wenn man Dissens für erwartbarer als Konsens hält, muß daraus noch
nicht die Schlußfolgerung gezogen werden, bestimmte Fragen der politischen
Agenda zu entziehen. Es kann auch im bleibenden Dissens zu wechselseitiger Anerkennung kommen, wenn man die Kontrahenten als gleichermaßen
engagiert, loyal und um die besten Argumente bemüht erfährt. Dies führt er
in seinen Betrachtungen zur 'deliberativen' Demokratieauffassung aus und
präsentiert in diesem Zusammenhang eine anerkennungstheoretische Deutung (Walzer 1999). Demokratische Beteiligung verweise nicht ausschließlich auf eine wechselseitige Anerkennung „bloß als Individuen, die in genau
derselben Weise vernünftig sind, wie wir selbst, sondern [auch] als Angehörige von Gruppen, die Überzeugungen und Interessen haben, welche ihnen
ebensoviel bedeuten, wie unsere Überzeugungen und Interessen uns bedeuten" (ebd.: 57f.). Dies hat Folgen für die Art von Konsens, welcher im Rahmen demokratischer Politik erreichbar ist: „Je besser wir die Unterschiede
verstehen, die tatsächlich vorhanden sind, und je mehr wir die Menschen auf
der 'anderen Seite' respektieren, desto eher sehen wir ein, dass das, was wir

brauchen, nicht eine rationale Einigung, sondern ein Modus vivendi ist" (ebd.: 58). Verhandlungslösungen ('bargaining') haben aus Walzers Sicht deshalb einen normativen Status, der der verständigungsorientierten Suche nach einem rationalen Konsens ('arguing') nicht nachsteht.[12]

5.2 Zivilgesellschaft und Komplexität

Die „Beschwörung" der Zivilgesellschaft (Taylor 1989) hat nicht nur Freunde und Sympathisanten gefunden. Für manchen Beobachter lag darin eine begriffsakrobatische Flucht aus sozialen Realitäten mit dem Ziel, in der ausdifferenzierten Gesellschaft der Moderne ein neues Zentrum mit gesamtgesellschaftlicher Zuständigkeit zu etablieren. Am theoretisch versiertesten sind sicherlich die Einwände der Theorie autopoietischer sozialer Systeme, wonach die Auffassung einer die Grenzen ausdifferenzierter Funktionssysteme (wie Wirtschaft, Politik, Recht, Medien und Religion) überschreitenden, selbstorganisierten Öffentlichkeit „so deutlich schwärmerische Züge" hat, daß man nur noch von einem systematischen 'Ausschluß der Wirklichkeit' sprechen könne (Luhmann 2000: 12). Wird damit erneut das *Komplexitätsproblem* angesprochen, so sind auch das Gleichheits- und das Objektivitätsproblem wieder virulent, worauf unten eingegangen werden wird. Zunächst soll es um die zwei Vorwürfe Luhmanns gehen, daß nämlich das Konzept der Zivilgesellschaft (1) keine soziale Wirklichkeit bezeichne und (2) einen Versuch sozialer (bzw. gesellschaftstheoretischer) Entdifferenzierung darstelle.

(1) Für kommunitaristische Theoretiker stellte die Diskussion um die Zivilgesellschaft eine relative unspektakuläre Wiederaufnahme etwa von Tocqueville her bestens bekannter Topoi dar (Taylor 1993c). Ihre Auseinandersetzung mit dem Zusammenhang von staatlich verfaßter Politik, marktlicher Regelung und sozialen Assoziationen ist ohnehin älter als der Diskurs um die Zivilgesellschaft. Walzer brachte die Banalität der 'Entdeckung' der Zivilgesellschaft dahingehend auf den Punkt, daß wir „seit vielen Jahren in einer zivilen Gesellschaft gelebt [haben], ohne uns dessen bewußt zu sein" (Walzer 1992b: 65). Luhmanns und Walzers Position spiegeln jedoch insofern komplementäre Perspektiven wieder, als das Faszinierende des Zivilgesell-

---

12 Die Unterscheidung von 'bargaining' und 'arguing' wurde von John Elster popularisiert (s. dazu Saretzki 1996).

schaftsdiskurses wohl tatsächlich darin liegt, daß etwas Bekanntes, Alltägli-
ches zum Ort oder Vehikel des Ersehnten wird. Die unterschiedliche Einschätzung mag dann darin begründet sein, daß Luhmann die 'leitbildorien-
tierte' Variante der Zivilgesellschaft im Auge hat, bei der die Zivilgesellschaft stark als normatives Postulat und Trägerin der Menschheitsemanzipa-
tion in Erscheinung tritt (Cohen/Arato 1992), während Walzer und andere
Kommunitaristen von dem 'vermittlungsorientierten' Verständnis ausgehen,
wonach unter Zivilgesellschaft zunächst mehr oder weniger das gesamte En-
semble intermediärer Instanzen begriffen wird, um dann zu schauen, welches
Potential in diesem intermediären Bereich verortet werden kann.[13] Freilich
schließen beide zivilgesellschaftlichen Paradigmen die Wirklichkeit nicht
aus, wie Luhmann meinte, sondern sie schließen an die Wirklichkeit *an* und
zeichnen dabei bestimmte Aspekte dieser Wirklichkeit als normativ gehalt-
voll aus.

    Die von anderen Ansätzen der Bürger- bzw. Zivilgesellschaft in den
Mittelpunkt gerückten *neuen sozialen Bewegungen* stoßen bei kommunitaristischen Autoren eher auf eine reservierte Haltung. Insbesondere deren *sin-
gle-issue*-Orientierung, also die Konzentration auf ein einziges Themenfeld
(Atomkraft, Ökologie, Frauen usw.) wird moniert. Neben dem Bemühen von
Gerichten, so klagt Taylor, stellten „Kampagnen, bei denen es um ein einziges Thema geht", heute die gängige Weise der Durchsetzung politischer
Ziele dar; dies gehe auf Kosten des Versuches, „demokratische Mehrheiten
im Umkreis sinnvoller Programme zu bilden, die dann auch zum Abschluß
gebracht werden können" (Taylor 1995a: 128f.). Dies ist für Taylor Ausdruck einer umfassenden politischen „Fragmentierung", also der Unfähigkeit, inhaltlich umfassende politische Programme und sozial übergreifende
Koalitionen zu bilden (ebd.: 130ff.). Trotz seiner Furcht vor Fragmentie-
rungstendenzen hat gerade Taylor ein starkes Faible für politische *Dezentralisierung*, und zwar sowohl in institutioneller als auch in territorialer Hinsicht. Fragmentierung soll eben nicht durch Etatismus überwunden werden,
sondern gemäß der eingangs erwähnten Maxime Tocquevilles, daß die Orientierung am Gemeinwohl am besten durch Einbindung erreicht werden
könne. Darin liegt die große Herausforderung einer kommunitaristischen In-
tegrationsperspektive, und dies macht sie zum Stachel im Fleisch sozialde-
mokratischer Politik, der die Kommunitaristen im allgemeinen doch so nahe-

---

13 Die Unterscheidung von 'vermittlungsoriertem' und 'leitbildorientiertem' Zivilgesellschaftsver-
    ständnis stammt von Frank Nullmeier (vgl. Schmals/Heinelt 1997: 12ff.)

stehen. Trösten mögen sich die so Traktierten freilich damit, daß dem pluralistischen Republikanismus im Gegensatz zu anderen Ansätzen der Zivilgesellschaft eine durchaus wohlwollende Haltung gegenüber den *Parteien* eigen ist (Taylor 2002a: 25), zumindest in ihrer Funktion als Programm- und Volksparteien, weniger als personenzentrierte Wahlkampfmaschinen. Taylor war im übrigen lange Jahre selbst ein einflußreicher Parteipolitiker in der sozialdemokratisch orientierten *New Democratic Party* in Kanada. Dezentralisierung kann aber, wie Taylor ganz richtig erkennt, nur dann ein Heilmittel gegen Fragmentierung sein, wenn es gelingt, dezentralisierte Partizipationsarenen an „Identifikationsgemeinschaften" (ebd.) anzuschließen bzw. solche Identifikationsmöglichkeiten durch Partizipation zu intensivieren. Neben politischen Parteien, Betrieben und sozialen Institutionen (wie Schulen) kommen dafür v.a. Gemeinden in Betracht.

(2) Im Rahmen des zivilgesellschaftlichen Diskurses wird soziale Differenzierung in der Tat auch als Problem, nicht bloß als Lösung aufgegriffen. Auf Walzers Vorstellungen zu einer 'Kunst der Trennung' bin ich bereits an anderer Stelle eingegangen (s.o. II.5). Die demokratietheoretische Pointe an dieser Überlegung ist, daß die *Grenzen* zwischen Bereichen wie Politik, Markt und Wissenschaft selbst Gegenstand der Entscheidungen eines partizipatorisch-zivilgesellschaftlich angelegten politischen Prozesses sein müssen. Insofern plädiert Walzer für eine 'Vergesellschaft' der 'Kunst der Trennung' (vgl. Walzer 1992c: 62f.), m.a.W.: eine „Demokratisierung der Differenzierungsfrage" (Joas 1990). Für eine 'Sozialisierung' von moderner Staatlichkeit plädiert Walzer freilich auch im Hinblick auf die Verfolgung von Gleichheitszielen wie sie im Ausbau des *Wohlfahrtsstaates* ihren Ausdruck gefunden hat (Walzer 1988a). Es geht also um zwei Dimensionen von Re-Integration problematischer Ausdifferenzierungsfolgen: a) um eine Überbrückung der Kluft zwischen politischen und administrativen *Eliten* einerseits und passiven *Bürgern* andererseits durch eine zivilgesellschaftlich angereicherte Politik und Verwaltung und b) um eine „*Rekontextualisierung*" (vgl. Kallscheuer 1992: 110) ausdifferenzierter Bereiche, d.h. eine öffentliche Interpretation der Funktionsweise ausdifferenzierter institutioneller Sphären. Für *diese* Herausforderungen ist *lebensweltliches Insiderwissen und gemeinsames Handeln* in der Tat unverzichtbar, nicht jedoch (wie Barber meinte) für alle möglichen politischen Entscheidungen.

Systemtheoretische Einwände gegen die Möglichkeit einer über Systemgrenzen hinweg gelingenden Kommunikation, wie Luhmann sie immer wieder vorgebracht hat, können hier nicht weiter diskutiert werden. Es reicht der

Hinweis, daß die autopoietische Systemtheorie selbst ihre Häretiker hervorgebracht hat, die offen oder versteckt mit Modellen organisationeller Kommunikation *zwischen* Teilsystemen operieren. Sie tun dies gerade vor dem
Hintergrund der Probleme, die auftreten, wenn die autonome Evolution des
einen Systems auf Kosten der anderen geht (vgl. Willke 1996).

   Das Idealbild pluralistisch-republikanischer Politik in der modernen Demokratie lautet *Komplexität ohne Fragmentierung.* Komplexität, zugleich
Fundament wie Ziel demokratischer Politik, wird im Sinne eines Zusammen-
spiels unterschiedlicher institutioneller Handlungszusammenhänge, Praxis-
formen und Gütersphären verstanden. Die sie erhaltenden Politiken der
Grenzziehung und der Ressourcenunterstützung sollen auf eine gemeinsame
Praxis aktiver Staatsbürgerschaft rückbezogen bleiben. Das setzt voraus, daß
auch spezifische Grenzziehungsversuche und Ressourcenforderungen in einer gemeinsamen Sprache der demokratischen Öffentlichkeit artikuliert werden können, ohne den Bezug auf die zu verteidigende Binnenlogik aufzugeben. Damit wird nicht zuletzt vorausgesetzt, daß diese Sprache der demokratischen Öffentlichkeit selbst von Differenzverständnissen durchtränkt
ist, die in das kollektive Bewußtsein aufgenommen wurden und durch Bildungsprozesse immer wieder aktualisiert werden.

5.3   *Bürgeraktivierung und soziale Gleichheit*

Im folgenden möchte ich auf zwei weitere zentrale Vorstellungen des pluralistischen Republikanismus näher eingehen. Zum ersten geht die kommunitaristische Sicht von der Annahme aus, „daß Bürgergesellschaften nicht auf
abstrakten Gerechtigkeitsprinzipien basieren, sondern in *solidarischen* Anerkennungsverhältnissen verankert sind" (Kneer 1997: 240). Dies bringt
kommunitaristische Vorstellungen in ein potentielles Spannungsverhältnis
etwa mit sozialstaatlichen *Gleichheits*prinzipien. Zum zweiten ist die Auffassung zentral, daß demokratischer Staat und Bürgergesellschaft eine politisch
konstituierte Gesamtheit bilden, und so gemeinsam für die Integration der
Gesellschaft verantwortlich zeichnen. „Bürgerliche Gesellschaft", so Taylor
(1993a: 146), „ist nicht so sehr eine Sphäre außerhalb der politischen Macht;
sie dringt vielmehr tief in diese Macht ein, fragmentiert und dezentralisiert
sie." Für Walzer sollten demokratischer Staat und Zivilgesellschaft eine „soziale Allianz" eingehen (Walzer 1998b). Hier stellt sich zum ersten die Fra-

ge, inwiefern *verantwortliches Entscheiden* in einem solchen Kooperationsgeflecht noch möglich erscheint; zum zweiten ist vor der Gefahr der schleichenden *Verstaatlichung zivilgesellschaftlicher Gruppen* zu warnen, je mehr diese in die allgemeine Wohlfahrtsbürokratie integriert werden; drittens schließlich stellt sich die Frage nach der *Rechtfertigung* der Unterstützung zivilgesellschaftlicher Assoziationen durch öffentliche Leistungen, und zwar nicht zuletzt deshalb, weil es Walzer um eine gezielte Förderung bestimmter Gruppen geht (eine Variante des *Objektivitätsproblems*).

(1) Eine „Politik der demokratischen Ermächtigung" („democratic empowerment") muß nach Taylor (1995a: 132) auf Subsidiarität, Föderalismus und Dezentralisierung setzen – freilich nicht um ihrer selbst willen, sondern weil sich damit bestimmte *Erwartungen* verbinden. Letztlich ist es die „Bürgerwürde" (Taylor 2002a: 20) bzw. die „Selbstachtung" (Walzer 1992a: 395) der freien und gleichen Bürger, der Ausdruck und damit zugleich: Verwirklichung verschafft werden soll. Neben einer moralphilosophischen Begründung der Erfordernis kompetenter Bürger muß der Nachweis der Möglichkeit treten, daß die erwünschten Bürgertugenden auch tatsächlich einen praktischen Entfaltungsraum erhalten können. Hier bietet die Makroebene nationaler Gesellschaften und politischer Systeme keinen Ansatzpunkt, wohl aber die Ebene der „kleinräumig-überschaubaren Strukturen, in denen die für die antiken wie spätmittelalterlichen Stadtrepubliken geltend gemachten Umstände persönlicher Bekanntschaft der Bürger und sachbezogener Vertrautheit mit den zu bewältigenden Aufgaben nach wie vor als gegeben vorausgesetzt werden können" (Münkler 1997: 168).

Vor diesem Hintergrund ist es jedoch auch verständlich, daß die Kommunitaristen nicht davon ausgehen, daß eine Politik der *Deregulierung* und des sozialstaatlichen *Minimalismus* die automatische Stärkung einer aktiven Gesellschaft zur Folge hätte. Dies gilt um so mehr, als sie an einem *egalitären* Ideal von Aktivismus festhalten wollen. Dem liefe es zuwider, wenn das Ergebnis von Reformen eine Aktivität der Wenigen wäre. Die politischen Konsequenzen ihrer Reflexionen laufen entsprechend regelmäßig auf die Forderung nach einem gezielt 'aktivierenden Staat', nicht auf einen Minimal-Staat (Nozick 1974) hinaus. „Die zivile Gesellschaft", so macht Walzer (1992a: 97) deutlich, „ist ein Projekt von Projekten", getragen von einer „neue[n] Empfänglichkeit für das, was lokal, spezifisch und kontingent ist." Es könne aber die allen gemeinsame Staatsbürgerschaft nicht einfach als eine Rolle neben anderen behandeln, da der Staat immer noch den Handlungsrahmen für dieses Projekt und den Garanten ihres Gelingens darstelle (ebd.:

89f.). Da alle kommunitaristischen Theoretiker in der *Dominanz des Marktes* eine entscheidende Ursache für voranschreitende Gemeinschaftserosion und die Behinderung demokratischer Entfaltungsmöglichkeiten sehen, kommt hinzu, daß eine lokalisierte Politik der Zivilgesellschaft mit einer *Marktein-hegung* auf nationaler Ebene einhergehen muß (Walzer 1992b, 1992c, Taylor 2002a). Somit erfordert die kommunitaristische Perspektive einen hand-lungsfähigen, effektiven und responsiven Staat – der freilich zugleich bereit sein soll, einen Großteil seiner Macht wieder an untere Instanzen abzugeben bzw. sensibel gegenüber lokalem Widerstand sein soll (vgl. Haus 2000a: 318ff.). Es ist offensichtlich ein komplexes politisches Projekt, welches den Kommunitaristen vorschwebt. Ein stabiles Arrangement kann dabei zwar prinzipiell nicht erwartet werden, wohl aber können wiederum einige Kriteri-en für die Bewertung solcher Experimente plausibilisiert werden.

Diese Erfolgskriterien können anhand der Frage bestimmt werden, wie ein verändertes Verständnis sozialer *Gleichheit* überzeugender Weise ausse-hen könnte. Gleichheit wäre dann eher in einem 'republikanischen' Sinn, d.h. als Anerkennung und tatsächliches Praktizieren gleicher Aktivbürger-schaft, von Bedeutung. Nach Walzers Konzept einer 'komplexen Gleichheit' (Walzer 1992a) impliziert dieses 'republikanisch-pluralistische' (vgl. Walzer 1993b: 177) Verständnis von staatsbürgerlicher Gleichheit eine zweifache Differenzierung: gemäß den Sinnzusammenhängen unterschiedlicher Güter-sphären und gemäß je spezifischen lokal-zivilgesellschaftlichen Handlungs-räumen. Da staatsbürgerliche Gleichheit bei alledem nicht *negiert*, sondern *differenziert* und auf partikulare Anerkennungsverhältnisse zurückbezogen werden soll, ist eine gezielte Politik des *Empowerment* das notwendige Sup-plement einer lokalisierten Politik der Bürgergesellschaft. Gleichheit heißt dann allgemeine Inklusion in das Projekt einer aktiven Gesellschaft. Sie würde gleichermaßen Zumutung wie auch Ermöglichung von Partizipation bedeuten, letzteres eingedenk der Tatsache, daß Partizipationschancen schicht-, bildungs- und geschlechtsspezifisch ungleich verteilt sind. Dabei kann *Gleichheit der Ergebnisse* in einem handfesten Sinne – 'einfache Gleichheit', wie Walzer despektierlich schreibt (Walzer 1992a) – nicht ga-rantiert werden.[14] Das nicht weniger egalitäre Ziel, Gleichheit als sich selbst achtende Handelnde zu befördern, stünde dazu in Widerspruch. Aktivierung kann scheitern, im Unterschied zu einer klar normierten Zuteilung eindeutig definierter Leistungen. Wo die Schwelle tolerierbarer Resultatsungleichhei-

---

14 Zu Walzers Unterscheidung von 'einfacher' und 'komplexer Gleichheit' s.u. III.3.1.

ten liegt, wäre eine Frage der politischen Urteilskraft der Bürger – als Mitglieder der verschiedenen lokalen Gemeinschaften wie auch der politischen Gemeinschaft insgesamt. Insofern bedarf auch eine Politik der Aktivierung des öffentlichen Diskurses. Leitend müßte dabei das Prinzip sein, daß die Ungleichheit der Resultate nicht in einer Weise die Selbstachtung der Bürger beeinträchtigen darf, die die Gleichheit als Handelnde zur Makulatur werden läßt. Dies ist eine Bestimmung, die offensichtlich kaum für apriorische Festlegungen taugt – wie überhaupt die kommunitaristische Sicht von Staat, Demokratie und ziviler Gesellschaft in erster Linie als ein Argument für die Bereitschaft, sich auf Experimente einzulassen, verstanden werden könnte. Damit steht einmal mehr das Deweysche Plädoyer für das Wagnis demokratiepolitischer Experimente auf der Agenda (s.o. Abschn. 2). In jedem Fall ist es irreführend, einen Rückbau des Sozialstaates mit kommunitaristischen Argumentationsfiguren belegen zu wollen. Vielmehr geht es um eine *Transformation* sozialpolitischer Programme und Maßnahmen.

(2) Für jede Reformpolitik unter zivilgesellschaftlichen Vorzeichen ist die Frage von herausragender Bedeutung, wie eine sinnvolle, kohärente und funktionale Einpassung zivilgesellschaftlicher Elemente in das bestehende Institutionensystem aussehen kann, vor allem im Hinblick auf die Institutionen und Verfahren der *repräsentativen Demokratie*. Hier ist das Problem politischer *Verantwortlichkeit* einschlägig. Im Hinblick auf diskursive Verfahren der Bürgerbeteiligung ist fraglich, inwiefern repräsentative Entscheidungsträger sich tatsächlich an deren Ergebnis vorab binden können, wie dies von ihren Verfechtern mitunter gefordert wird. Auch bei direktdemokratischen Entscheidungen kann letztlich niemand für den Ausgang 'verantwortlich' gemacht (und abgewählt) werden. Diese Seite des Verantwortungs-Dilemmas betrifft vor allem jene unter den Kommunitaristen, die das 'gemeinsame Entscheiden' (Barber) auf ihre Fahnen geschrieben haben. Verfechter intermediärer Organisationen, nicht zuletzt der politischen Parteien wie Walzer und Taylor, betrifft diese Problematik weit weniger.

Doch auch diese repräsentationsfreundliche Variante, welche eine direkte Involvierung von Bürgergruppen v.a. auf der Output-Seite des politischen Systems verortet, also bei der Einbeziehung im Rahmen wohlfahrtsstaatlicher Leistungserbringung, bleibt vom Verantwortungs-Dilemma nicht verschont. Werden nämlich dezentralisierte und demokratisierte Entscheidungsarenen gleichmäßig durch den Gesamtstaat subventioniert (wie es etwa Walzer vorschlägt), so stellt sich die Frage der Verantwortung der Empfänger gegenüber den Gebern in der Form des Nachweises einer effektiven und ef-

fizienten Verwendung von Ressourcen. Dem zivilgesellschaftlichen Wohl-
fahrtsstaatsmodell wohnt deshalb die Gefahr einer *Einebnung der Differenz
von staatlicher Sphäre einerseits und Bürgergesellschaft andererseits* inne.
Diese Gefahr kann einerseits zu einer Instrumentalisierung öffentlicher Ressourcen für gruppenspezifische Zwecke führen. Es kann aber genauso gut
passieren, daß Empowerment in Paternalismus umschlägt, Subventionierung
in Abhängigkeit und die Beteiligung an staatlichen *policies* in eine interne
Bürokratisierung der Organisationen. Am Schicksal der sozialstaatlichen
Verwirklichung von 'Subsidiarität' in Deutschland läßt sich dies ablesen
(vgl. Anheier et al. 2000: 77f., 81-84). Eine Lösung dieser Variante des Ver-
antwortungsdilemmas bestünde darin, lokale Öffentlichkeiten zu organisie-
ren, die der utilitaristischen Wohlfahrtslegitimation ('Einheitlichkeit' bzw.
'Gleichwertigkeit der Lebensverhältnisse', wie dies in schönem Verfas-
sungsdeutsch heißt) eine transparente lokal-partizipatorische Legitimations-
basis gegenüberstellen.

(3) Wie läßt sich die Förderung von Gemeinschaften durch Einbindung in
wohlfahrtsstaatliche Leistungserbringung, finanzielle Subventionierung oder
rechtliche Garantien überhaupt legitimieren? Diskriminiert dies nicht jene
Bürger, die zur Verfolgung ihrer eigenen Vorstellung vom guten Leben gar
keine Gemeinschaften brauchen, weil sie das gute Leben als privatistischen
Rückzug auf die eigenen Bedürfnisse oder als heroisches Einzelkämpferda-
sein verstehen? Diesen Vorwurf könnte man zunächst mit dem Hinweis darauf kontern, daß kulturelle Identitäten von den meisten Bürgern nach wie vor
als „kollektives Gut" betrachtet werden, welches in einer auf individueller
Freiheit gründenden Gesellschaft, von „religiösen und kulturellen Trittbrett-
fahrern" genossen wird, ohne daß diese einen entsprechenden Eigenbeitrag
dafür aufbringen würden (Walzer 1992f: 167). Es erscheint also nur 'fair',
der schwierigeren Ausgangsposition dieser Gemeinschaften Rechnung zu
tragen. Was aber ist mit Walzers Forderung nach einer Politik, die jene Gemeinschaften besonders fördert und schützt, welche „in Gestalt und Zielen
den gemeinsamen Werten einer liberalen Gesellschaft am meisten zu entsprechen scheinen" (Walzer 1993b: 173)? Als solche Werte begreift Walzer
politische Teilhabe, individuelle Entscheidungsräume und soziale Solidarität.
Auch hier wäre zu fragen, ob damit letztendlich nicht ein kollektives Gut befördert wird, das zum Vorteil aller ist, aber auf der Basis individuellen Handelns allein nicht aufrechtzuerhalten ist. Dieser Status als kollektives Gut wäre dann zu konstatieren, wenn kulturelle Gemeinschaften zu einer Qualität
der Demokratie beitragen, die letztlich *allen* Bürgern zugute kommt. Walzers

Gerechtigkeitstheorie wie auch seine Ausführungen zu einer 'Politik der Differenz' versuchen, dafür gute Gründe zu geben (s.o. II.5, III.3). Im folgenden soll eine weitere, empirisch ausgerichtete Begründungsvariante aufgezeigt werden, die Perspektive des 'sozialen Kapitals'.

6. Putnams Forschungen zum sozialen Kapital

Taylor konstatiert im Hinblick auf eine 'Politik der demokratischen Ermächtigung' die Existenz sowohl eines Circulus vitiosus (= Teufelskreises) als auch eines Circulus virtuosus (= Tugendkreises): Mangelnde Identifikation mit dem politischen Gemeinwesen unterhöhlt die Bereitschaft, sich für übergreifende politische Ziele einzusetzen und erschwert gemeinsames Handeln, da dieses auf dem Vertrauen in die Kooperationswilligkeit der Umgebung aufbaut. „Erfolgreiches gemeinsames Handeln" könne jedoch demgegenüber auch „ein Gefühl gesteigerter Macht auslösen und zugleich die Identifikation mit der politischen Gemeinschaft stärken" (Taylor 1995a: 132). Diese beiden Zirkel sind in der Tat wichtige Probleme in der Diskussion um das 'soziale Kapital' politischer Gemeinschaften, zumindest in der kommunitarismusnahen Variante von Robert Putnam, auf die im folgenden eingegangen werden soll.

Die Sozialkapitalforschung kann als eine wichtige Ergänzung der Kommunitarismusdebatte und Demokratietheorie durch Erkenntnisse der empirischen Sozialforschung betrachtet werden. Dies gilt besonders für jene Arbeiten, die grundsätzlich Putnams Verständnis dieses Begriffs folgen, wenn sie es auch mitunter kritisieren und modifizieren.[15] Putnam, ein amerikanischer Politikwissenschaftler, traf offensichtlich bereits mit seiner bahnbrechenden Studie *Making Democracy Work* (Putnam 1993) den Nerv der Gegenwartsgesellschaft, obwohl es sich noch um ein recht anspruchsvoll zu lesendes Fachbuch mit einem relativ speziellen Gegenstandsbezug (Regionalregierungen in Italien) handelte. Mit einigen Aufsätzen wie auch seiner zweiten großen Studie mit dem melancholisch-einprägsamen Titel *Bowling Alone* (Putnam 2000) mutierte Putnam, vormals ein eher in der Stille arbeitender Forscher, endgültig zum Wissenschaftsprominenten.

---

15 Zu unterschiedlichen Verständnissen von 'sozialem Kapital' vgl. Haug 1997.

6.1 Putnams Italien-Studie: Sozialkapitalfatalismus

In *Making Democracy Work* untersucht Putnam (1993), warum die Regionalregierungen in Italien eine dauerhaft unterschiedliche Funktionstüchtig-
keit aufweisen, obwohl sie von ihrer formalen Struktur her ähnlich aufgebaut
sind, praktisch zum selben Zeitpunkt (Anfang der 70er) eingeführt wurden
und über eine ähnliche Ressourcenausstattung verfügen. Er erklärt diese gra-
vierenden Unterschiede mit der jeweils vorfindlichen Annäherung der Region an das Ideal einer 'civic community', also einer 'Gemeinschaft der Bürger'. Eine *civic community* zeichnet sich dadurch aus, daß die Bürger sich für
öffentliche Angelegenheiten interessieren, in horizontal-egalitären Koopera-
tionsverhältnissen zueinander stehen und an einem vielfältigen Assoziati-
onswesen (v.a. Vereine) teilhaben. Für Putnam unterstreicht dieser Befund
die republikanische Tradition der Demokratietheorie, wonach die Tugend der
Bürger der entscheidende Faktor für das Wohlergehen der politischen Gemeinschaft darstellt (Putnam 1993: 86-91 u. pass.).

Über die empirisch-analytische Herausstellung der Bedeutung der *civic
community* hinaus bietet Putnam eine theoretische Erklärung für deren Stellenwert an. Hier kommt nun das Konzept des *'sozialen Kapitals'* ins Spiel,
wie es vorher u.a. schon vom Soziologen James Coleman (1988) thematisiert
wurde. Unter dem sozialen Kapital einer Gesellschaft versteht Putnam (1993:
167) a) anerkannte *Normen reziproken Verhaltens*, b) persönliches *Vertrau-
en* in die Mitmenschen und c) soziale *Netzwerke*. Diese Trias wurde in empirischen Vergleichen, die an Putnams Studien anschlossen, dann auch immer
wieder aufgegriffen (Gabriel et al. 2002). Bei Vorhandensein von sozialem
Kapital ist es, so Putnams und Colemans These, möglich, die *Dilemmata
kollektiven Handelns* zu überwinden, welche aus der Ungewißheit hinsichtlich der Kooperationswilligkeit und Verläßlichkeit möglicher Interaktions-
partner herrühren. Wechselseitige Ungewißheit und Mißtrauen erzeugen hohe Transaktions-, Informations- und Kontrollkosten; Vertrauen hingegen
bewirkt, daß diese Kosten eingespart und Synergieeffekte freigesetzt werden.
Dies ist besonders ersichtlich bei kollektiven Gütern, also Gütern, deren
Nutzen nicht auf diejenigen begrenzt ist, die zu ihrer Produktion und Erhaltung einen aktiven Beitrag leisten. Hier sind Trittbrettfahrerprobleme vorprogrammiert.

Putnams Beschreibung des sozialen Lebens in den 'un-zivilen' Regionen
Italiens zeigt genau jene Züge, die Taylor, Walzer, Barber und andere Kommunitaristen als Gefahr westlicher Gesellschaften kennzeichnen: „Citizens of

less civic regions feel exploited, alienated, powerless" (Putnam 1993: 109).
Der zentrale Unterschied zwischen zivilen und unzivilen Gemeinschaften
liegt in der durch erfolgreiches gemeinsames Handeln immer wieder bestä-
tigten, ja reproduzierten Gewißheit, daß kooperatives Verhalten erwidert
wird: „Collective life in the civic regions is eased by the expectation that
others will probably follow the rules. [...] In the less civic regions nearly
everyone expects everyone else to violate the rules" (ebd.: 111). Offensichtlich liegt hier nicht nur eine sog. 'Gefangenendilemma'-Situation vor (das
heißt, in einer Konstellation wechselseitigen Mißtrauens werden für alle betroffenen Seiten suboptimale Ergebnisse produziert), sondern auch um einen
sich selbst verstärkenden Mechanismus: Die Erwartungsstruktur wechselseitigen Mißtrauens bestätigt und reproduziert sich ständig selbst aufs neue und
gewinnt damit einen Status der Allgemeinheit und Unveränderlichkeit. Was
Taylor für den Zusammenhang von Identifikation und Kooperation herausstellt, gilt nach Putnam für das soziale Kapital: Dort, wo es fehlt, wird ein
Circulus vitiosus (eine Abwärtsspirale) induziert, dort hingegen, wo es vorhanden ist, ein Circulus virtuosus (eine Aufwärtsspirale) (ebd.: 170f.). Wie
Putnam weiter darlegt, ist der Teufelskreis sogar noch weiter gezogen: In den
unzivilen Regionen besteht nämlich die Neigung, beständig nach dem 'starken' Staat zu rufen, da solidarische Selbsthilfe nicht möglich ist; aber gerade
die mangelnde Zivilität seiner Umwelt läßt die Aktivitäten des politischen
Systems ineffektiv werden – so daß auch das Vertrauen in politische Institutionen früher oder später erodieren muß (ebd.: 113).

Wenn der Bestand an sozialem Kapital eine so große Rolle für die Leistungsfähigkeit politischer Institutionen spielt, dann gewinnt natürlich auch
die Frage nach den Quellen, welche wiederum dieses Kapital zum Sprudeln
bringen, eine enorme Bedeutung. Mit anderen Worten: Von welchen Faktoren hängt die Produktion sozialen Kapitals ab? In seiner Italien-Studie kam
Putnam zu dem recht unbefriedigenden Ergebnis, daß das soziale Kapital einer Region vor allem von historisch bedingten Assoziationspotentialen und
fortwirkenden Traditionen bestimmt werde. Soziales Kapital habe „tiefe historische Wurzeln" (ebd. 1993: 183) und sei weder durch institutionelle Reformen noch durch sozioökonomische und kulturelle Modernisierungspolitik
gewissermaßen als Nebenprodukt generierbar (vgl. ebd.: 158). Es wäre aber
voreilig anzunehmen, daß damit zu den Entstehungsbedingungen von sozialem Kapital alles gesagt wäre und man sich eben mit der Wirkmacht historischer Faktoren abfinden müßte. Dafür weisen Putnams Untersuchungen
nicht nur zu gewichtige analytische Lücken auf (vgl. Haug 1997: 31-38). Mit

der Frage von Institutionendesign und sozioökonomischer Modernisierung ist das Reservoir möglicher Einflußfaktoren auf die Bildung von sozialem Kapital auch bei weitem noch nicht ausgeschöpft. Insbesondere stellt sich die Frage, inwiefern *bürgerschaftliche Projekte* und *beteiligungsorientierte Politiken* zu einer nachhaltigen Vitalisierung von Aktivitätspotentialen beitragen können.

6.2   Putnams Amerika-Studie: Der Wandel zum Sozialkapitalaktivisten

Ein Blick auf sein zweites großes Buch zum sozialen Kapital verdeutlicht, daß Putnam selbst sich auf die Suche nach Quellen des Sozialkapitals begeben hat, die weniger von historischen Pfadabhängigkeiten bestimmt werden und leichter angezapft werden können. In *Bowling Alone* belegt er nämlich nicht nur mit einem enormen Datenaufwand, daß das soziale Kapital in den USA seit den 60er Jahren in einem dramatischen Niedergang begriffen ist, sondern erörtert auch die Gründe für diese Entwicklung (Putnam 2000). Es sind Phänomene wie ein gestiegener finanzieller und zeitlicher Druck auf Haushalte und Familien aufgrund veränderter Erwerbsarbeitsstrukturen, die Veränderung der Siedlungsstruktur (Stichwort 'Suburbanisierung'), die Privatisierung des Freizeitverhaltens im Zeichen der elektronischen Medien und ein generationeller Einstellungswandel, welchen Putnam mit je unterschiedlichem Gewicht Verantwortung für den Niedergang des sozialen Kapitals zuspricht (vgl. ebd.: 183-284).

Dennoch liegt ein Grundanliegen von Putnam nun in der Frage, wie soziales Kapital *vermehrt* werden könne. Mit der Betrachtung der eigenen Gesellschaft hat sich Putnam offensichtlich vom 'Sozialkapital*fatalisten*' zum 'Sozialkapital*aktivisten*' gewandelt. So stellt er eine appellative *„Agenda für Sozialkapitalisten"* an den Schluß seines Buches (Putnam 2000: 402-414). Neben dem 'Kommunitaristischen Programm' des *Communitarian Network* (Etzioni 1995: 281-299) und dem 10-Punkte-Programm der 'starken Demokratie' (Barber 1994: 241-291) kann diese sozialkapitalistische Agenda als eine wichtige programmatische Äußerung im Rahmen der Kommunitarismusdebatte verstanden werden. Wie bei den Aktivisten des *Communitarian Network* um Etzioni ist die Verknüpfung von Verhaltensänderungen des Einzelnen bzw. sozialer Gruppen und Institutionen einerseits und politischen Maßnahmen andererseits kennzeichnend für Putnams Agenda: Das Ziel sei,

„to restore American community for the twenty-first century through both collective and individual initiative" (Putnam 2000: 204). So richtet Putnam je spezifische Appelle an die Verantwortlichen im Schul- und Jugendbereich, Berufsleben, Städtebau, der Religion, den Medien, dem Kulturbereich und der Politik. Nirgends sonst jedoch, so Putnam, zeige sich die Notwendigkeit, soziale Einbindung, Vertrauen und bürgerschaftliches Engagment wiederherzustellen, deutlicher als im Bereich demokratischer Teilhabe. Neben der Ersetzung von „check-based participation" durch „time-based participation" wartet auch er mit der bekannten Forderung nach Dezentralisierung auf sowie mit dem Vorschlag, eine Art Sozialkapital-Klausel für alle neuen politischen Programme einzuführen, welche die Berücksichtigung von Auswirkungen auf lokales Sozialkapital obligatorisch macht.

Daß die Forderungen alle hinreichend ausgegoren sind, mag bezweifelt werden, müßte jedoch im einzelnen diskutiert werden. Wichtiger erscheint jedoch folgendes: Auch wenn die Forschungen zum sozialen Kapital den Blick auf die Bedeutung des sozialen Mikro-Bereichs für die Qualität des gesellschaftlichen Lebens insgesamt lenken (van Deth 2001), auch wenn sie in gewisser Weise bestätigen, daß die Demokratie 'vor der Haustür' beginnt (Dewey), so wäre es doch ein fatales Mißverständnis, daraus den Schluß zu ziehen, daß sich die aufgezeigten Probleme auch auf lokaler Ebene *lösen* ließen (vgl. Evers 2002, Mayer 2002). Das verdeutlicht etwa die Forderung nach einem reformierten Städtebau. Die Ausbreitung privatistischer Zersiedlung von Lebensräumen läuft zwar auf urbaner bzw. metropolitaner Ebene ab. Insofern sie aber aus einer gesamtgesellschaftlichen Entwicklung resultiert, die Städte nicht einfach beeinflussen können, muß die lokale Ebene als integraler Bestandteil eines weitergefaßten Reformprogrammes aufgefaßt werden.

6.3 Sozialkapitalforschung und Kommunitarismus

Es kann angesichts des Dargelegten nicht verwundern, daß Putnam bereits in seinem Italien-Buch selbst einen engen Zusammenhang zwischen neorepublikanischem Kommunitarismus als Sozialphilosophie bzw. Reformbewegung und seiner Sozialkapitalforschung ausmachte. So stützt er sich bei der Erarbeitung seines Konzepts einer 'civic community' in sozialphilosophischer Hinsicht ausdrücklich auf kommunitaristische Autoren wie Bellah,

Barber und Walzer sowie in historischer Hinsicht auf Tocqueville und grenzt
diesen Ansatz von der liberalen Sicht ab (vgl. Putnam 1993: 86-91, 117f.). In
Bowling Alone wird diese Affinität zu einem kommunitaristisch-republikani-
schen Demokratieverständnis noch deutlicher zum Ausdruck gebracht (etwa
Putnam 2000: 404, s.a. kritisch zu Putnams kommunitaristischer Inspiration
Braun 2001). Sowohl konzeptionell als auch in empirischer Hinsicht hat der
Sozialkapitalansatz dazu beigetragen, zu einer anspruchsvolleren Rahmung
der Diskussion über die Folgen von Individualisierung und Privatisierung in
westlichen Gesellschaften zu gelangen. Im Hinblick auf die Diskussion um
die Zivilgesellschaft sind die Erkenntnisse der Sozialkapitalforschung über
die soziokulturellen Voraussetzungen von gemeinsamem Handeln von hoher
Bedeutung. Wie die gegenwärtige Diskussion um die Bedeutung von Vertrauen deutlich macht, sind hier Felder erschlossen worden, in denen ein
fruchtbarer Dialog zwischen politischer Theorie und empirischer Forschung
ablaufen kann.[16]

Mit der umfassenden Erforschung der Entwicklung sozialer Teilhabe hat
Putnam zudem einen entscheidenden Schritt hin zur empirischen Unterfütte-
rung der bislang stark von einer Kombination aus moralphilosophischen
Theoremen und sozialwissenschaftlichen Plausibilitäten geprägten Kommunitarismusdiskussion geleistet, wie dies hierzulande etwa von Hans Joas
(1993: 57f.) und Micha Brumlik (1992b) angemahnt wurde. Daß es um das
Netz sozialer Beziehungen zumindest in den USA heute sehr viel schlechter
bestellt ist als noch vor dreißig Jahren, unterstreichen Putnams Forschungen
nachdrücklich. Die vielzitierten „vier Mobilitäten", welche Walzer als disso-
ziative Kräfte in modernen Gesellschaften ins Feld geführt hat[17], verweisen
auf jene soziokulturellen Hintergrundbedingungen, die effektive Netzwerk-
bildung erschweren und 'Trittbrettfahrertum' einen Anreiz liefern (Walzer
1993b: 167). Putnam spricht entsprechend von den in modernen Gesellschaften gegebenen Anreizen für „opportunism, cheating, and shirking"
(Putnam 1993: 178).

Doch muß auch vermerkt werden, daß viele gängige Ursachendiagnosen,
die kommunitaristischen Thesen als Hintergrundplausibilitäten dienten, von
Putnam einer *kritischen* Überprüfung unterzogen wurden. Man denke etwa

---

16   Zur aktuellen Theorie-Diskussion über die Bedeutung von Vertrauen vgl. die Sammelbände
     Warren 1999, Hartmann/Offe 2001, Schmalz-Bruns/Zintl 2002.
17   Das heißt: *geographische* Mobilität (=häufiges Umziehen), *soziale* Mobilität (=Milieuerosion),
     *Ehe*mobilität (=hohe Scheidungsraten) und *politische* Mobilität (=Nachlassen politischer Loya-
     litäten).

an die Behauptung, daß v.a. der Verfall klassischer Familienstrukturen im Zuge von Scheidungen und Geburtenrückgang für den Rückgang an sozialem Zusammenhalt verantwortlich sei, oder die Auffassung, die Berufstätigkeit der Frau sei die Ursache für die Auflösung des sozialen Gewebes (s. z.B. Selznick 2002: 53). Putnam kommt nach minutiöser Sichtung der zur Verfügung stehenden Daten zu dem Ergebnis, daß diese Vermutungen in die Irre führen.[18]

Putnam hat auch in Weiterentwicklung seines Konzepts des sozialen Kapitals eine wichtige Unterscheidung verschiedener Formen von sozialem Kapital eingeführt, die für die Frage der möglichen Rolle der Gemeinschaft in der Demokratie von allgemeiner Bedeutung ist (Putnam 2000: 22-24). So grenzt er 'bonding social capital', welches den Zusammenhalt mehr oder weniger abgeschlossener Gemeinschaften bezeichnet, von 'bridging social capital' ab, womit die Fähigkeit zu gemeinschaftsübergreifender Kooperation angesprochen wird. Damit reagiert Putnam nicht nur auf den Einwand, daß soziales Kapital nicht als etwas schlechthin *Positives* begriffen werden darf. Auch Gangsterbanden verfügen über soziales Kapital. Wie jede andere Form von Kapital (also Finanz- oder Humankapital), so kann auch soziales Kapital nicht nur für gemeinnützige, sondern auch für antisoziale oder gruppenegoistische Ziele eingesetzt werden (ebd.: 22). Die Unterscheidung hilft auch, zwei verschiedene Formen sozialer Desintegration auseinanderzuhalten, die kommunitaristische Intellektuelle immer wieder umtreiben: den Verlust von Bindewirkung der Gemeinschaften gegenüber ihren Mitgliedern einerseits (Rückgang an 'fesselndem' Sozialkapital) und die Radikalisierung und Entsolidarisierung von Gemeinschaften gegenüber der umfassenden politischen Gemeinschaft andererseits (Rückgang an 'überbrückendem' Sozialkapital).

Auch wenn die Datenlage nicht immer eine systematische Überprüfung der Entwicklung beider Sozialkapitalformen zuläßt, liefern Putnams Analysen doch Anlaß zu der beunruhigenden Einschätzung, daß beide Formen von Desintegration nicht nur *zugleich voranschreiten*, sondern sich auch *gegen-*

---

18 So sind Familien nicht aktiver als Paare ohne Kinder oder Unverheiratete, sondern nur tendenziell in anderen Aktivitätsbereichen engagiert; und nicht die Berufstätigkeit von Frauen schlechthin, sondern das dahinterstehende Motiv erklärt am besten, ob diese sich negativ auf ihr Engagementverhalten und Kontakte auswirkt – Frauen, die aus dem Motiv der inneren Befriedigung bzw. Selbstentfaltung heraus zu arbeiten begonnen haben und eine Halbtagsstelle besetzen, verfügen über ein gegenüber nicht berufstätigen Frauen *höheres* soziales Kapital (Putnam 2000: 194-203, 277ff.). Nicht die Berufstätigkeit von Frauen ist also ursächlich für den Rückgang an sozialem Kapital, sondern die Tatsache, daß in der amerikanischen Gesellschaft viele Frauen *gezwungen* sind, Arbeit anzunehmen, um das Familieneinkommen abzusichern.

seitig bedingen. Besonders eindrücklich wird dies am Beispiel der Religionsgemeinschaften: Insgesamt sinkt die Zahl derer, die einer Gemeinde angehören bzw. dort soziale Aktivitäten verfolgen; davon sind aber vor allem die gemäßigten, offenen und sozial engagierten Religionsgemeinschaften betroffen, während Organisationen mit starker Außenabgrenzung oder intoleranter Orientierung eher florieren (ebd.: 69-79).[19] Ein ähnliches Phänomen zeigt sich im Bereich der Politik: Je weniger Bürger insgesamt bereit sind, sich in öffentlichen Debatten oder lokalen Politikzusammenhängen zu engagieren, desto stärker wird die Dominanz radikaler Gruppen, die sehr wohl zu Engagement bereit sind (ebd.: 342). Das könnte nun freilich auch daran liegen, daß der (gemessen an der Gesamtbevölkerung) ständig wachsende Anteil der Moderaten sich durch eine ent-ideologisierte Parteipolitik bereits gut repräsentiert fühlt. Dennoch ist Putnams Hinweis erwägenswert, daß die Angst vor politischer Fragmentierung durch radikal-aktivistische Gruppen eigentlich erst durch den festzustellenden *Rückzug* breiter Bevölkerungsgruppen an Plausibilität gewinnt. Jedenfalls bieten sich hier eine Reihe von interessanten Fragestellungen für die empirische Demokratietheorie, wenn auch vor einer übereilten Übertragung der Beobachtungen für die Gesellschaft der USA auf andere Länder zu warnen ist.

Angesichts der zum Teil ambivalenten Implikationen sozialen Kapitals (hat es gute Wirkungen? hat es schlecht Wirkungen?) und der immer nur kontextuell sinnvollen Unterscheidung von überbrückenden und gebundenen Formen erscheint es sinnvoll, das Konzept des sozialen Kapitals von vornherein auf bestimmte *Probleme* und mit diesen Problemen konfrontierte *soziale Gruppen* zu beziehen, um dann zu fragen, ob zu der Lösung dieser Pro-

---

19 Putnams empirisch-quantitativ geprägte Forschungen bestätigen damit einen Trend, der bereits Anfang der 80er Jahre von dem Soziologenteam um Robert Bellah konstatiert wurde. Dies versuchte in der Tradition Tocquevilles mit Methoden der qualitativen Sozialforschung (biographische Interviews) Verschiebungen in den 'Gewohnheiten des Herzens' der amerikanischen Bevölkerung zu ermitteln (Bellah et al. 1987). Im Mittelpunkt steht die Feststellung, daß religiöse Einstellungen, in den USA traditionell der wichtigste Ursprung für die Ausbalancierung eines 'utilitaristischen Individualismus', selbst einem tiefgreifenden Prozeß der Individualisierung unterworfen sind. Das heißt, sie würden zunehmend unabhängig von Gemeinschaften und Institutionen verstanden. Einerseits wird dieser Individualismus von Bellah und Kollegen als genuiner Bestandteil der kulturellen Überlieferung der Vereinigten Staaten begriffen, andererseits die Gefahr einer kulturellen Verflachung aufgrund einer sich abzeichnenden Loslösung von religiösen Überlieferungen und anspruchsvolleren Formen der religiösen Vergemeinschaftung beschworen. Die zeitgenössische Religiosität unterbiete das historische Erbe eines Protestantismus, der versuchte, „biblischen Glauben und religiöse Praxis in Beziehung [zu] bringen – zur Kultur, zur Gesellschaft, zur Politik und zur Ökonomie –, nicht nur zur persönlichen und familiären Moral" (ebd.: 274).

bleme bestimmte Formen sozialen Kapitals etwas beitragen könnten, andere eher Hindernisse in den Weg legen. Diese normative Ausrichtung empirischer Sozialkapitalforschung könnte sich an den im Abschnitt über das kommunitaristische Verständnis der Bürgergesellschaft aufgeworfenen Fragen orientieren (s.o. 5.1). Die Fokussierung auf das soziale Kapital der Bürgerschaft sollte sich dabei der gerechtigkeitsrelevanten Tatsache stellen, daß soziales Kapital ohne zusätzliche Anreize dort vermehrt wird, wo es bereits vorhanden ist, und dort abnimmt, wo es bereits schwach ist, gemäß dem Matthäus-Prinzip (vgl. Mt, 13,12): 'Wer hat, dem wird gegeben werden' (vgl. Putnam 1993: 171). Die Zielsetzung eines aktivierenden Staates kann sich in theoretischer Hinsicht vor allem von Überlegungen zu den Dilemmata kollektiven Handelns und deren Auflösungsmöglichkeiten informieren lassen. Entscheidend ist, daß der Teufelskreis von Entfremdung und Passivität unterbrochen wird und so soziales Vertrauen und nachhaltige Beteiligungsbereitschaft aus der Erfahrung des Gelingens heraus erwächst.

V.Schluß: Im Zweifelsfall für die Gemeinschaft?

Im folgenden soll in einer Zusammenschau und Weiterführung der voran stehenden vier Teile der Versuch gemacht werden, die von kommunitaristischem Denken ausgehenden Anstöße für die politische Theorie der Gegenwart herauszustellen, aber auch auf spezifische Probleme und Defizite des Kommunitarismus hinzuweisen. Dabei möchte ich auf die in der Einleitung dargelegte Fragestellung zurückkommen (s.o. Einleitung, Abschn. 4). Anschließend an Allbrecht Wellmer ist dort gefragt worden, was den 'Zweifelsfall' ausmache, in welchem Kommunitaristen die Option für die Integrität gemeinschaftlicher Praxiszusammenhänge auf Kosten individueller Rechtsansprüche für zulässig erachten, während Liberale diese Option kategorisch ausschließen und Diskurstheoretiker die Frage an sich für unsinnig ausgeben. Unter 'individuellen Rechten' sind dabei Abwehrrechte (negative Freiheiten) sowie Ansprüche auf Gleichbehandlung in Form von Chancengleichheit und gleichen sozialen Teilhaberechten zu verstehen.

Die Stichhaltigkeit von Wellmers Ansatz zum Verständnis der Kommunitarismusdebatte kann sich auf explizite Ausführungen bei Taylor und Walzer berufen, in denen sie für ein alternatives (gewissermaßen 'kommunitäres') Verständnis des Liberalismus werben. Ersterer ist in seinem *Multikulturalismus*-Essay für Ordnungsvorstellungen eingetreten, die „keine prozeduralen Liberalismusmodelle" sind, sondern „auf Urteilen darüber [gründen], worin ein gutes Leben besteht, – auf Urteilen, in denen der Integrität der Kulturen ein zentraler Platz eingeräumt wird" (Taylor 1993b: 56). Konstitutiv für den nichtprozeduralen Liberalismus ist nach Taylor die Unterscheidung zwischen (gleichförmig anzuwendenden) Grundrechten und einem „breite[n] Spektrum der Sonderrechte und Ansprüche auf Gleichbehandlung, die sich in den modernen, von der gerichtlichen Überprüfung der Gesetzgebung geprägten Kulturen herausgebildet haben" (ebd.). Erstere seien unantastbar, letztere könnten unter bestimmten Umständen einer Abwägung mit der „Wichtigkeit des Überlebens einer Kultur" unterzogen werden (ebd.). Walzer hat in seinem Kommentar zu Taylor bekundet, mit dieser Auffassung „ganz und gar" übereinzustimmen (Walzer 1993d: 109). Er beschreibt ebenfalls zwei Liberalismusversionen: 'Liberalismus 1' sei der bekannte neutrale Rechte-Liberalismus, welcher jedwede Parteinahme verbietet. 'Liberalismus 2' hingegen zeichne sich durch die Erlaubnis aus, „daß sich ein Staat für den Fortbestand und das Gedeihen einer bestimmten Nation, Kultur oder Religion oder einer (begrenzten) Anzahl von Nationen, Kulturen und Religionen einsetzt – solange die Grundrechte jener Bürger geschützt sind, die sich in anderer Weise (oder gar nicht) engagieren oder gebunden fühlen" (ebd.: 110). Walzer gibt der Vorstellung eines nichtprozeduralen Liberalismus damit noch einmal eine besondere Wendung: Die zweite Liberalismusvariante ist *permissiv*, insofern die Möglichkeit offengelassen wird, ob aufgrund bestimmter Kontextbedingungen nicht auch die erste Variante gewählt werden sollte; vertritt man hingegen von vornherein die erste Variante, so wird eine solche Entscheidung ganz ausgeschlossen.

Wann genau der Zweifelsfall gegeben ist, ist freilich umstritten. Wann verletzt der Staat das Gebot der neutralen Gleichbehandlung aller Individuen? Ist dies schon der Fall, wenn bestimmte Praktiken finanziell gefördert werden, etwa kulturelle oder karitative? Darf der Staat z.B. mit hohen Summen kulturellen Einrichtungen fördern, die sich auf dem Markt nicht behaupten würden und für die sich nur eine Minderheit erwärmen kann? Darf er die Mitgliedschaft in Gewerkschaften für alle Arbeitnehmer erzwingen, um soziale Machtasymmetrien durch Organisation zurückzudrängen? Darf er religiösen Gemeinschaften Vorteile einräumen und sie in seine wohlfahrtsstaatlichen Aktivitäten einbinden?[1] Legt man das Neutralitätsverständnis von Rawls an, dann ist dies zumindest fraglich. Wie oben im Rahmen der Diskussion von Galstons liberalem 'Perfektionismus' dargestellt (s.o. 3.2.3), verbietet das Neutralitätsprinzip laut Rawls die *bewußte* Förderung bestimmter Konzeptionen des Guten bzw. umfassender Lehren (Rawls 1998: 286-290.). Genau das wird aber von kommunitaristischen Theoretikern gerechtfertigt, wobei es sich in ihrem Fall um 'partiell' umfassende Lehren im Sinne Rawls' handelt (s.o. 216). Was für sie *nicht* in den legitimen Bereich des Zweifelsfalls fällt, ist, wie bei Taylor und Walzer deutlich wurde, der Kernbestand individueller Grundrechte, v.a. politische Teilhaberechte. Kommunitaristische Freiheitskonzeptionen drängen immer auf eine Unterscheidung zwischen *wesentlichen* Freiheitsrechten und einem völlig von Bewertungen der Bedeutsamkeit entkleideten Verständnis von Freiheit als *Nichteinmischung* (vgl. Taylor 1988b). Einer Person eine bestimmte religiöse

---

1 Vgl. Walzers Beispiele für eine „zum Teil bewußt parteiisch[e], d.h. nicht neutral[e]" Regierungsweise des liberalen Staates (Walzer 1993b: 172).

Überzeugung aufdrängen zu wollen oder ihm die Ausübung seiner Religionszugehörigkeit zu nehmen, wäre auch für sie in jedem Falle illegitim.

Die von Taylor und Walzer vertretene Auffassung eines kommunitären Liberalismus sollte nicht als 'die' offizielle Position des Kommunitarismus verstanden werden – der ja, wie in der Einleitung hervorgehoben, ohnehin nur für eine 'Familienähnlichkeit', nicht für eine geschlossene Theorieschule steht. Es wird an dieser Bestimmung allerdings deutlich, warum selbst dann, wenn eine weitestgehende Annäherung zwischen Liberalismus und Kommunitarismus vorgenommen wird, der Zweifelsfall zwischen individuellen Rechten und Integrität gemeinschaftlicher Praktiken nicht ausgeräumt wird. Ich hatte in der Einleitung entsprechend darauf hingewiesen, daß Wellmers Zweifelsfall *nicht* darauf zurückgeführt werden sollte, ob individuelle Freiheitsrechte im allgemeinen Unterstützung finden oder nicht, sondern auf das unterschiedliche Verständnis dieser Rechte, aus dem sich dann divergierende Standpunkte in besonderen Fällen moralischer Urteilsbildung ergeben können. Für kommunitaristische Autoren bleibt diese Begründung zurückgebunden zum einen an ein wertbehaftetes *Selbst*bild bzw. eine Vorstellung der moralischen Identität, zum anderen an verschiedene Formen sozialer *Praxis*, die unsere Wertschätzung auf sich ziehen und durch institutionalisierte Rechte ermöglicht werden sollen. Ein Hinweis auf die Deformation dieser Praktiken durch die Herrschaft eines Systems individueller Rechte ist deshalb ein wichtiger Schritt bei der Begründung einer erforderlichen Neujustierung individueller Freiheiten in der Form politisch herbeigeführter Verbindlichkeit. Ebenso ist ein Hinweis auf die Deformation des Selbst innerhalb faktisch vorherrschender sozialer Arrangements ein wichtiger Schritt der Begründung einer Re-Arrangierung sozialer Praktiken durch Politik. Ein 'kommunitärer Liberalismus' (Selznick) ist dabei zugleich als ein 'demokratischer Kommunitarismus' (Walzer 1992g: 469, Barber 1995: 383) zu verstehen: Er geht grundlegend von der Alternativlosigkeit *demokratischer Politik* als Medium der Erörterung und Verwirklichung dieser Reformpraxis aus.

Im folgenden Abschnitt werde ich darlegen, wie diese Integritätskriterien für Personen und Praktiken von kommunitaristischer Seite ihren Niederschlag in der Leitvorstellung der *Authentizität* bzw. der Kritik an sozialer *Entfremdung* finden.[2] Authentizität steht für ein Zuhause-Sein in der Welt,

---

[2] Für eine weitere Deutung der kommunitaristischen Perspektive als Entfremdungskritik s. Rosa 1998b

für das Verstehen und Gestalten des eigenen Lebens in Gemeinschaft mit anderen. Sie verlangt nicht Aufopferung für eine mystifizierte 'Gemeinschaft', sondern eine moralische Verbundenheit mit real praktizierter Gemeinschaft, einer Gemeinschaft, die ich in einer irgendeiner Weise als die meine erkennen kann, ohne in Hirngespinsten Zuflucht zu nehmen. In den darauffolgenden Abschnitten werde ich die Ausführungen zu Moraltheorie, Gemeinschaft, Gerechtigkeit und Demokratie im Lichte dieser Leitvorstellung deuten und erörtern, inwiefern sich jeweils Anlässe für den Zweifelsfall ergeben, an welchem Kommunitaristen und Liberale sowie Diskurstheoretiker abweichende Optionen verfechten.

1. Individuelle Rechte, gemeinschaftliche Praktiken und Authentizität

Die kommunitaristische Kritik am Liberalismus kann in zwei Aspekte differenziert werden: Sie ist Kritik (1) an einer als verfehlt wahrgenommenen *Begründung* normativer Maßstäbe, insbesondere individueller Freiheitsrechte, durch die liberale Theorie, und (2) an den *destruktiven Wirkungen*, die die Durchsetzung eines liberalen Verständnisses individueller Freiheiten in modernen Gesellschaften entfaltet. Beide Kritiken lassen sich prinzipiell trennen, wenn sie auch in einer Beziehung zueinander stehen und in kommunitaristischen Argumentationen meist im Verbund auftreten. Aus der ersten Kritik folgt jedoch noch nicht automatisch, daß am *Inhalt* oder dem *Rang* individueller Freiheitsrechte in einem politischen Gemeinwesen irgendetwas zu ändern wäre. Sie könnte sich auf den Hinweis beschränken, daß individuelle Rechte mit den prozeduralistischen Argumentationsfiguren nicht überzeugend begründet seien oder daß die moralische Motivation der Normbefolgung und des Einsatzes für die freiheitlichen Institutionen auf diese Art nicht gewährleistet werden könnte.[3] Ein 'Zweifelsfall' wäre aber noch nicht gege-

---

3 Noch schwächer hat Richard Rorty, der pragmatistische Grenzgänger zwischen Liberalismus und Kommunitarismus, die Implikationen dieser ersten Kritik dargestellt: „Falls wir unser Ichbild als Bürger einer solchen [liberalen, M.H.] Demokratie durch eine philosophische Auffassung bereichern *wollen*, dann ist die von Taylor vertretene Auffassung durchaus in Ordnung" (Rorty 1988: 88). Falls nicht, so tut es eine pragmatistische Lesart des Rawlsschen *overlapping consensus* als Bestimmung dessen, worauf wir uns als liberale Demokraten ohne Ausflüge in die Metaphysik noch einigen können. Dieser Wohlfühl-Kommunitarismus von Rorty ist allerdings nicht nur im Hinblick auf die dabei vorausgesetzte radikal-partikularistische Lesart der Rawlsschen Theorie fragwürdig, sondern er verkennt auch, daß die Pointe der kommunitaristischen Auffassung in der argumentativen *Unverzichtbarkeit* von Vorstellungen des Guten liegen. Eine

ben. Erst wenn die zweite Kritik Anwendung findet, ist dies der Fall. Er tritt
ein, wenn es darum geht, daß individuelle Rechte zugunsten der Integrität
gemeinschaftlicher Praktiken *eingeschränkt* werden sollen, weil das Unter-
lassen einer solchen Einschränkung zum Zusammenbruch der Praxis führen
würde. Die Begründungsebene wird dann insofern in Anspruch genommen,
als die Teilhabe an solcher Praxis von kommunitaristischer Seite als das zu
befördernde Ziel ausgegeben wird. Die unterschiedliche Begründung eröffnet gleichsam legitimatorischen Spielraum für politische Optionen einge-
schränkter Neutralität.

Für den Liberalismus sind die Freiheits- und Gleichheitsrechte als aus-
schließlicher Ausdruck der ethischen *Neutralität* des Staates zu begreifen.
Sie leiten sich letztlich von moralischen Prinzipien und Intuitionen wie der
'gleichen Sorge' ('equal concern') für alle betroffenen Personen (Dworkin)
oder der 'fairen' Begründung der politischen Ordnung (Rawls) her – wobei
diese Prinzipien selbst nicht wieder als Ausdruck einer bestimmten Auffassung des guten Lebens verstanden werden. Welche soziale *Praxis* sich im
Rahmen dieser individuellen Freiheitsräume und Gleichbehandlungsansprü-
che entwickelt, ist letztlich eine Frage, der keine begründungslogische Bedeutung zukommt. Es ist Sache der Individuen und ihrer freiwilligen Assoziationen, ob und welche Formen von sozialen Aktivitäten sie praktizieren
möchten. Ob jemand dieses Aktivitätsfeld in einer Vereinigung zum Studium
pornographischer Schriften und Bilder ansiedelt oder im örtlichen Kunstver-
ein, ist für den normativen Status seiner Rechte gleichgültig (auch wenn dies
der liberale Theoretiker persönlich für eine Verschwendung persönlicher
Ressourcen oder einfach nur für obszön halten mag)[4]. Entscheidend ist, daß
niemandem 'Schaden' zugefügt wird, wobei auch dieser Schaden wieder in
wertneutraler Weise zu definieren ist.[5] Allenfalls Erwägungen der möglichen
Stabilität einer ethisch-neutralen Gesellschaftsordnung in einer wertplurali-
stisch verfaßten Gesellschaft werden als zulässig erachtet. Erwägungen der
Qualität der öffentlichen Sphäre (als einer Praxis) werden hingegen als noto-
risch umstritten ausgeklammert.

---

derart anti-normativistische Lesart des Liberalismus kann gar nicht mehr beantworten, worin die
moralische Verbindlichkeit der Gerechtigkeitsgrundsätze liegen soll. Hinzu kommt, daß innerhalb des prozeduralen Lagers durchaus keine Einigkeit über den Inhalt der Gerechtigkeit besteht
– wieso also gerade Rawls' Theorie zum alternativlosen Standard erheben?

4   Vgl. Dworkins Diskussion der Pornographie (Dworkin 1985: 335-372).
5   Dafür steht John Stuart Mills berühmtes Schadensprinzip ('harm principle') – „eines der Grund-
     prinzipien des politischen Liberalismus" (Forst 1994: 105). Vgl. kritisch zu der minimalisti-
     schen Deutung des Schadensprinzips etwa Mendus 1989: 123-126.

Methodisch kommt für den Liberalismus alles darauf an, diese ethisch-neutralen, aber moralisch verpflichtenden Prinzipien in ein rationales Verfahren zu überführen, also in ein Gedankenexperiment, welches die Überprüfung faktisch vorhandener oder in der Diskussion befindlicher Normen und Grundsätze zu leisten vermag, ohne Einfluß 'ideologischer' Überzeugungen. Gleiches gilt für die Frage nach der Sicht der menschlichen Person bzw. des 'Selbst': Mag es beim frühen Rawls noch Spuren der Spekulation über die 'wahre' Natur des Menschen gegeben haben (s. 3.1.2), so plädiert er späterhin eindeutig für eine Ausklammerung solcher Fragen im Hinblick auf die Begründung politischer Grundsätze (s. 3.1.3). Es soll ausreichen, daß die Adressaten einer Gerechtigkeitstheorie in ihrer Eigenschaft als 'moralische Personen' elementar an der Verfolgung einer Konzeption des guten Lebens interessiert und zur Einhaltung allgemein begründeter Gerechtigkeitsnormen bereit sind.

Aus kommunitaristischer Sicht sind individuelle Freiheitsrechte und Gleichheitsansprüche nicht in dieser Weise als ethisch neutral zu verstehen. Sie verweisen demnach vielmehr a) auf eine eigenverantwortliche Teilhabe an sozialen *Praktiken*, denen ein ethischer Wert zuerkannt wird, und b) auf eine Entwicklung des *Selbst*, die als Entfaltung eines guten menschlichen Lebens verstanden werden kann. Zugespitzt formuliert: In einer Gesellschaft, in welcher individuelle Rechte bloß für hedonistische Zwecke in Anspruch genommen würden, die Menschen völlig vereinzelt lebten, dabei nach und nach autistische und sonstige psychische Deformationen aufwiesen und durch allerlei soziale Mächte in ihrem Lebensvollzug manipuliert würden, wäre gar nicht ersichtlich, worin der moralische Sinn von individuellen Freiheitsrechten läge. So verhält es sich – gottlob – natürlich nicht in modernen Gesellschaften. Dennoch: Der 'Zweifelsfall' eines Konfliktes zwischen öffentlich gewährleisteten Rechten und der Integrität gemeinschaftlicher Praktiken kann in seiner allgemeinsten Fassung insofern eintreten, als die im rechtlichen Rahmen ablaufenden Aktivitäten einerseits die potentielle Qualität dieser Praktiken deutlich unterschreiten oder sie gar in ihrem Bestand gefährden und andererseits zu einer Deformation des Selbst führen.

Es muß jedoch berücksichtigt werden, daß es zu einem solchen Zweifelsfall überhaupt erst kommen kann, weil alle kommunitaristischen Theoretiker davon überzeugt sind, daß personale Freiheit selbst ein konstitutives Element der Integrität sozialer Praxiszusammenhänge und der moralischen Person darstellt. Handlungszusammenhänge, die auf radikalem Zwang beruhen und in keiner Weise auf einer intrinsischen Einsicht in ihren Wert, stellen im kommunitaristischen Sinne gar keine 'Praktiken' dar. Es geht also keinem von ihnen um die *autoritäre Durchsetzung von Vorstellungen des Guten*, unabhängig von deren eigenverantwortliche Aufnahme durch einzelne Personen. Hinzu kommt: Die Kommunitaristen wissen sowohl um die prinzipielle Nicht-Alternativlosigkeit und die Kritisierbarkeit von Praktiken und den ihnen korrespondierenden Gütern als auch um die Schwierigkeit der objektiven Begründung dieser Güter. Praktiken können und müssen also auch aus ihrer Sicht in Frage gestellt werden und sind in vielen historischen Fällen mit Recht kritisiert oder gar endgültig verworfen worden. Insofern postuliert auch keiner der Kommunitaristen eine *allgemeine Bestandsgarantie* für Praktiken und Gemeinschaften, der die individuelle Freiheit zu unterwerfen sei. Wie sich bei allen kommunitaristischen Theoretikern zeigte, wird das Gute, an welchem es sich zu orientieren gelte, im Rahmen einer durch Traditionen geprägten, aber in die Zukunft offenen *Suche* begriffen.

Führt man diesen Gedanken vom guten Leben als 'Suche nach dem guten Leben' (MacIntyre) weiter, dann zeigt sich, daß die Kommunitaristen zwei zentrale Annahmen des politischen Liberalismus teilen: (1) daß Konzeptionen des guten Lebens von den Individuen revidiert und gegebenenfalls verworfen und Gemeinschaften gegebenenfalls verlassen werden können sollten und (2) daß politische Einigkeit auf einer Ebene gesucht werden muß, die die für die Suchenden nicht teilbaren Überzeugungen in irgendeiner Weise transzendiert. Eine rein proceduralistische Lösung wird dem Charakter der Suche aus ihrer Sicht jedoch ebenfalls nicht gerecht. Denn diese verkennt die möglichen Widersprüche zwischen einer *gehaltvollen* Suche nach dem Guten und der Verbreitung atomistischer, relativistischer und instrumentalistischer Einstellungen in einer liberalen Kultur. Stattdessen schlagen sie die Orientierung an einem Ideal der dialogischen Suche nach dem Guten vor, in welchem das individuelle bzw. assoziative und das kollektiv-politische Moment miteinander verbunden werden.

Der Leitbegriff für dieses Ideal einer wertvollen Suche ist nun *'Authentizität'*. Mal wird er offen verwendet, mal steht er unausgesprochen im Hintergrund. Authentizität steht für die Perspektive des Gelingens der Verbindung von individueller und kollektiver Suche nach dem Guten. Sie kann verstanden werden (1) als Anforderung an eine Sozialordnung und (2) als Erfordernis eines guten menschlichen Lebens, beides im Modus der Suche. Eine authentische Sozialordnung würde sich dadurch auszeichnen, daß sie von Zustimmung aus guten Gründen heraus getragen würde, wobei aus kommunitaristischer Sicht Vernunft als eingebettet in spezifische Traditionen betrachtet wird. Ein im Sinne des Authentizitätsideals gutes menschliches Leben hingegen wäre eines, in welchem es dem Einzelnen möglich ist, sich selbst durch die Erzählung einer kohärenten Lebensgeschichte zu verstehen und den im Modus der Selbstinterpretation gewonnen moralischen Maßstäben treu zu bleiben. Das vermittelnde Element müßten Gemeinschaften und Institutionen bilden, in denen sich Traditionen verkörpern und in Offenheit gegenüber den Erfahrungen ihrer Mitglieder bzw. ihrer Umwelt weitergeführt werden. Institutionen und Gemeinschaften müßten sich um Transparenz des Guten durch dessen Artikulation sorgen, denn diese wäre eine konstitutive Voraussetzung für das Gelingen authentischer Existenz und reichhaltiger Kommunikation.

Eine soziologische Theorie der strukturell und kulturell bedingten Inauthentizität in modernen Gesellschaft gibt es von kommunitaristischer Seite bereits seit den späten 60er Jahren mit Etzionis Darlegungen zur *Aktiven Gesellschaft* (dt. Etzioni 1975), also schon zu einem Zeitpunkt, als noch die neo-marxistische Variante der Kritik an sozialer 'Entfremdung' den gesellschaftlichen Diskurs dominierte. Etzioni stellte heraus, daß Authentizität im Sinne einer Sensibilität der Gesellschaft für das Handeln von Individuen nur möglich ist, wenn Assoziationen Konsens zu produzieren und im größeren gesellschaftlichen Umfeld effektiv zu handeln vermögen (s. II.2.1). Doch erst mit den Schriften MacIntyres, Sandels, Taylors, Walzers und Barbers ab Beginn der 80er Jahre mündete der Authentizitätsdiskurs in eine grundlegende Kritik des Liberalismus. Mit der Behauptung des grundsätzlich manipulativen, persönlichkeitsverzerrenden und entfremdenden Charakters sozialer Beziehungen in zeitgenössischen Gesellschaften hat MacIntyre einen zentralen Topos der kommunitaristischen Gesellschafts- und Kulturkritik markiert. Genau besehen handelt es sich um eine Kritik mit doppelter Stoßrichtung: Der modernen Gesellschaft wird vorgehalten, sie beruhe strukturell größtenteils nicht auf einer authentischen Anerkennung durch ihre Mitglieder, sondern auf deren manipulatorischen Ruhigstellung. Die moderne Moralphilosophie als intellektueller Stand hingegen wird bezichtigt, diesen defizitären Zustand nicht in den Blick zu bekommen oder gar unfreiwillig zu befördern. Beide zusammen sind für MacIntyre tragende Pfeiler einer „Kultur des Liberalismus" (MacIntyre 1988: 343), in der manipulative Sozialtechnologien und Rationalitätsrhetoriken eine beherrschende Symbiose eingehen. Eine grundsätzliche Frage, der sich liberale Theorien zu stellen hätten, die sie aber souverän ignorieren, lautet, inwiefern in einer Gesellschaft sämtliche der von ihnen genannten Gerechtigkeitsprinzipien erfüllt sein könnten und dennoch Entfremdungsphänomene virulent wären.[6]

Doch das Grundproblem ist für Kommunitaristen wie Liberale gleich: Wie ist Gemeinsamkeit trotz Trennung möglich? Die Antwort des Liberalismus lautet: in Form der Klärung des einzig allgemein Zustimmungsfähigen. Die Kommunitaristen hingegen meinen: in Form der Etablierung einer gemeinsamen demokratischen Lebensweise, innerhalb derer kreative dialogische Prozesse möglich werden. Für beide Positionen gilt, daß sie sich mit der durch die jeweils andere Position adressierten Herausforderung dann doch wieder auseinandersetzen müssen: Liberale können sich letztlich nicht vor einer Antwort auf die Frage drücken, wie das allgemein Zustimmungsfähige in einer gemeinsamen Lebensweise verkörpert wird, die zur Akzeptanz des Vorrangs politischer Loyalität und der im Namen sozialer Gerechtigkeit erhobenen Solidaritätsforderungen führen kann. Das würde jedoch auch bedeuten, daß all jene typischerweise von den Kommunitaristen in die Diskussion eingebrachten Punkte nicht ignoriert werden könnten. Der Liberalismus könnte zwar bestreiten, eine 'atomistische' Grundlage zu haben und das Ziel der Gerechtigkeit als Identitätspol der politischen Gemeinschaft vorstellen. Damit ist aber noch nicht geklärt, ob die prozeduralistische Selbstbeschreibung liberaler Gesellschaft hinreichend ist, um die Bereitschaft zum persönlichen Einsatz für die gemeinsamen Institutionen zu gewährleisten.[7]

Umgekehrt müssen sich die Kommunitaristen Gedanken darüber machen, wie eine gemeinsame Lebensweise auf Grundsätzen aufbauen oder diese selbst erzeugen kann, welche die freie Zustimmung der daran Teilhabenden finden könnten. Da sie – z.T. aus guten Gründen – nicht von einem abstrakten Konstruktionsverfahren her zustimmungsfähige Regelungen bestimmen wollen, müssen sie anderweitig plausibilisieren, wie ein authentischer Konsens zumindest grundsätzlich erreichbar ist. Ohne die Garantie grundlegender Freiheitsrechte als Hintergrundbedingungen für die Suche nach einem solchen Konsens erscheint eine solche Plausibilisierung nicht möglich. Denn ohne eine solche Absicherung des eigenen Freiheitsraumes, auch als *Rückzugs*möglichkeit von sozialer Praktiken, ist es kaum vorstellbar, daß hinreichend wechselseitiges Vertrauen generiert werden könnte, auf dessen Grundlage das Wagnis einer offenen Konsenssuche erst eingegangen würde. Es sollte schließlich nicht vergessen werden, daß es bei dieser zunächst viel-

---

6 Vgl. Ryan (1985: 116): „There is no room in Rawls's theory for such a notion as 'alienation'."
7 Vgl. die differenzierte Diskussion dieser Frage bei Taylor (1993a).

leicht harmlos anmutenden 'Konsenssuche' letztlich um soziale Prozesse geht, die in verbindliche, mit staatlichem Zwang durchgesetzte Entscheidungen münden können! Irgendeine Form der Trennung von 'Staat' und 'Gesellschaft' ist deshalb auch aus kommunitaristischer Perspektive ein Gebot der Moderne – nur müßte diese Trennung selbst wieder auf einem ethisch gehaltvollen Lernprozeß, nicht bloß einer abstrakten Einsicht in die 'Bürden der Vernunft' (Rawls) beruhen, d.h. auf einer Erfahrung des Wertes von Individualität. Der Wellmersche Zweifelsfall ist im Spannungsfeld dieser jeweiligen Herausforderung für Liberalismus und Kommunitarismus angesiedelt.

2. Moraltheorie: Kategoriale Anforderungen an die Suche nach dem guten Leben

Im ersten Kapitel ging es um die kommunitaristische Reflexion über die Bedeutung rationalen normativen Urteilens auf der Suche nach dem guten Leben. Ausgangspunkt der Darstellung der moraltheoretischen Positionen von MacIntyre, Taylor und Walzer war zum einen deren Kritik an prozeduralen Ethikansätzen, zum anderen die Frage, inwiefern bei ihnen eine modernetaugliche Weiterführung der Tradition des Aristotelismus als einer substantiellen Ethik feststellbar ist. Die Kritik an den Ansätzen der zeitgenössischen Moralphilosophie wie Liberalismus, Utilitarismus und Diskursethik wurde in den Zusammenhang mit einer Kritik der modernen Gesellschaft gesetzt, wie er auch in kommunitaristischen Schriften selbst immer wieder hergestellt wird. Konzeptionell wird bemängelt, daß Verfahrens- bzw. Regelethiken reduktionistisch verfahren, indem sie die Verabsolutierung bestimmter Prinzipien oder Intuitionen als Inhalt der Moral schlechthin auszeichneten, daß sie einem bloß formalistischen Gleichheitsideal anhingen, indem sie Rechte und Präferenzen, nicht aber Anerkennungsverhältnisse thematisieren, und daß sie sich einem irregeleiteten Objektivitätsideal verpflichtet glaubten, indem sie den Zusammenhang von kultureller Praxis und moralischer Identität übersehen (s. I.1). Dies wird aus kommunitaristischer Sicht moralischen Akteuren als Suchenden nicht gerecht. Wenn Handelnde in all ihren Bezügen konstitutiv auf eine Orientierung an Vorstellungen des Guten angewiesen sind, dann kann dies die Moralphilosophie nicht aussparen bzw. nur unter der Bedingung aussparen, das sie stillschweigend von einer Vorstellung des Guten zehrt. Dies führte zur Thematisierung der Tradition des Aristotelismus als kommunitaristisches Alternativprogramm in der politischen Ethik.

Mit der Darstellung des Objektivitäts-, des Komplexitäts- und des Gleichheitsproblems wurde jedoch auf spezifische Herausforderungen für eine Wiederaufnahme des aristotelischen Programms einer praktischen politischen Philosophie hingewiesen. Die Kommunitaristen reagieren auf diese Probleme, indem sie das Gute partikularisieren und an bestimmte Praktiken zurückbinden, es in institutionell vermittelten und bewahrten Lernprozessen verorten und mit der narrativen Erschließung von Identitäten verknüpfen (s. I.2-I.4). Man könnte im Anschluß daran eine Art Liste von Anforderungen an eine gehaltvolle und aussichtsreiche Suche nach dem Guten erstellen. Auf der Seite des handelnden Selbst wäre zu nennen: die Vertrautheit mit kulturellen Traditionen, der bewußte Umgang mit der eigenen Herkunft und das Vorhandensein verschiedener Tugenden, die dazu befähigen, sich nicht mit bequemen oder oberflächlichen Antworten abspeisen zu lassen. Auf der Seite der Gesellschaft wären konstitutive Bedingungen: die Artikulation von Vorstellungen des Guten durch Praktiken und Gemeinschaften, ein allgemeiner Diskurs, der bei der Aufdeckung verzerrter Vorstellungen hilft, und institutionelle Mechanismen, die einen Schutz vor Manipulation durch äußere Anreize oder auch Drohungen bieten. Damit wären gewissermaßen die Rahmenbedingungen für eine Selbst-Entfaltung des Guten gesetzt. Die implizite Annahme wäre, daß das Gute sich tatsächlich *selbst*entfaltet, wenn nur der Boden bestellt ist, daß also keine Gewalt zu seiner Durchsetzung erforderlich ist.

Die Weiterführung des Aristotelismus habe ich als tragische Unanwendbarkeit des Aristotelismus im Falle MacIntyres, hermeneutische Anwendbarkeit im Falle Taylor und pragmatische Anwendung im Falle Walzers gekennzeichnet. Bei aller berechtigten Kritik würde man selbst MacIntyre freilich Unrecht tun, wenn man unterstellte, ihm gehe es um die Unterordnung der gesamten Gesellschaft unter eine gleichsam fertige Vorstellung des Guten. Sein Anliegen liegt vielmehr, wie auch bei den anderen Kommunitaristen, in Institutionen und Praktiken, in denen eine kohärenten Suche nach dem Guten möglich ist, und zwar zunächst in Form einer Weiterführung verschiedener Traditionen, doch mit der Perspektive, daß es auch zu einer rationalen Auseinandersetzung über die jeweiligen Stärken und Schwächen kommt sowie Möglichkeiten einer Synthese gibt. Solche Verständigungsversuche wären ein hoch anspruchsvolles Projekt. Das Problem in MacIntyres Argumentation ist, daß er letztlich keine Perspektive aufzuzeigen vermag, wie die gemeinsame Gestaltung dieser Institutionen und damit Authentizität in individueller oder kollektiver Hinsicht möglich sein könnte. Stattdessen empfiehlt er einen widerspruchsreichen Rückzug in kleine Gemeinschaften, so als gäbe es, entgegen dem Diktum Adornos, ein 'richtiges Leben im falschen' (s. I.2.3).

Wie ist die Perspektive einer Gesellschaft möglich, in der Argumente *nicht* bloß als 'Waffen' (vgl. MacIntyre 1988: 5) und Institutionen *nicht* bloß als Instrumente individueller Präferenzbefriedigung und sozialer Beherrschung herhalten? Nach Taylors Auffassung kann sie erstens nur dann nachvollziehbar gemacht werden, wenn sie den modernen Individualismus nicht als ihren Feind betrachtet, sondern ihn im Sinne der Suche nach Originalität und persönlicher innerer Tiefe in die Rekonstruktion des Guten bzw. der Suche nach dem Guten mit hinein nimmt. Dafür ist es erforderlich, nicht bloß an der Oberfläche bleibender Dissense zu kratzen, sondern auch jene modernetypischen Einstellungen in den Blick zu nehmen, in denen sich genuin moralische Überzeugungen zeigen, und diese aristotelisch zu reformulieren. Moderner Individualismus und moralphilosophischer Aristotelismus sollen miteinander ausgesöhnt werden. Authentizität als 'Treue zu sich selbst' (Taylor) bedeutet dann nicht nur die Treue zur eigenen Geschichte und spezifischen Traditionen (im Sinne einer bewußten Aneignung, Weiterführung, Korrektur, Neudefinition etc.), sondern auch die Treue zur unverwechselbaren Individualität und Originalität seiner selbst (s. I.3.4). Voraussetzung für eine solche Aussöhnung von Individualismus und Aristotelismus ist, daß der Individualismus nicht atomistisch oder subjektivistisch, der Aristotelismus hingegen nicht substantialistisch, sondern hermeneutisch verstanden wird.

Damit ist auch die zweite Voraussetzung angesprochen: Die zeitgenössische Moralphilosophie sollte nicht wie bei MacIntyre in Bausch und Bogen verdammt, sondern als Ausdruck unterschiedlicher moderner Vorstellungen des Guten begriffen werden, denen ein genuiner Platz auf der moralischen Landkarte der Gegenwart zukommt. Das bedeutet, daß auch sie in den Versuch der Versöhnung der Moralquellen mit hineingenommen werden muß. In diesem heroischen Versuch einer großangelegten Synthese liegt zugleich Taylors einzigartige Leistung als auch, wie Taylor selbst weiß, die Vorherbestimmung des Scheiterns. Gerade die hermeneutische Vorgehensweise impliziert, daß immer auch *andere* Interpretationen möglich sind. Die Absehbarkeit dieses Scheiterns oder anders: die Vorläufigkeit jeder kulturellen Interpretation ist in Walzers pragmatischer Herangehensweise von vornherein einprogrammiert (s. I.4). Zugleich machen seine historischen Exkurse deutlich, daß bestimmte Deutungen des Sinnes sozialer Praktiken und Institutionen sich im Nachhinein als ungleich überzeugender erweisen und zu kulturellen Selbstverständlichkeiten gerinnen. Auch für Walzer können die wichtigen politischen Streitfragen nicht durch eine Abstraktion von Interpretationsdifferenzen entschieden werden. Zugleich gilt, daß liberale Demokratien für eine Form von politischer Ordnung stehen, in der das Bewußtsein um die Nicht-Alternativlosigkeit von Interpretationen selbst zu einem zentralen Ordnungsprinzip geworden ist. Insofern kann in liberalen Gesellschaft auch aus kommunitaristischer Perspektive nur eine 'nicht-traditionalistische' Auffassung von Tradition vertreten werden (vgl. Walzer 1993b: 168), d.h. eine Auffassung, die sich dem Pluralismus von Interpretationen stellt, die Möglichkeit der Revision von Vorstellungen des guten Lebens gewährt und den Individuen entsprechende Rechte einräumt.

Der Zweifelsfall, in dem die Entscheidung zwischen einer Integritätssicherung gemeinschaftlicher Praktiken und maximaler Berücksichtigung individueller Rechte aufkommt, wird freilich auch im Lichte solcher Überlegungen nicht ein für alle Mal aus der Welt geschafft. Die Inanspruchnahme individueller Autonomie und Einforderung von Gleichbehandlung einerseits und die Integrität der für eine reichhaltige Selbstentfaltung erforderlichen Persönlichkeitsmerkmale und kulturellen Infrastruktur andererseits können noch immer in einen Widerspruch geraten. Die moraltheoretische Dimension des Wellmerschen Zweifelsfalls verweist auf die von den Kommunitaristen wahrgenommene Verarmung moralischer Artikuliertheit in modernen Gesellschaften. Auf der Seite personaler Integrität ist dafür die Beobachtung eines Vorherrschens instrumenteller Einstellungen, der Dialogverweigerung, und eines 'milden Relativismus' (Taylor) einschlägig: Wahlfreiheit wird zum Dogma schlechthin erhoben, Kritik an bestimmten Lebensweisen grundsätzlich als Zumutung aufgefaßt. Auf der Seite sozialer Praktiken stellt sich die Frage, inwiefern deren Integrität durch die Dominanz von Effizienz-Diskursen bedroht wird. War etwa die Freiheit wissenschaftlichen Forschens ursprünglich als Schutz einer wertbehafteten Praxis gedacht, so steht sie unter modernen Bedingungen der Subjektivierung in der Gefahr, weder zu dieser Praxis in der Lage noch gefeit gegen Instrumentalisierung durch Politik oder Markt zu sein.

Gewöhnlich, dies sei abschließend bemerkt, wird die kommunitaristische Kritik am Liberalismus entweder in irgendeiner Weise als *Gefährdung* des liberalen Konsenses empfunden oder aber als „Lebensweltpflege" trivialisiert (Kersting 2000: 34-39). Doch wenn sie zutrifft – und man sollte sich ihr ein-

fach unvoreingenommen stellen – ist der Vorschlag einer expliziten Artikulation von Vorstellungen des Guten nicht einfach als *Einschränkung* des modernen Freiheitsstrebens zu verstehen, sondern zugleich als der Versuch einer besseren – umfassenderen, überzeugenderen, soziologisch gehaltvolleren
– *Begründung* des Freiheitsethos. Alternativlos wäre dieser Versuch ohnehin,
denn jede prozedurale Position könnte als letztlich doch auf eine Vorstellung
vom Guten verweisend 'entlarvt' werden – und das ist Wasser auf die Müh-
len der postmodernistischen Verächter der Moderne. Verfechter liberaler Positionen wie Wolfgang Kersting räumen ein, daß jedes kontraktualistische
Argument moralische Annahmen voraussetzt, die selbst nicht mehr kontrak-
tualistisch begründet werden können (Kersting 1994a: 352-355) und konze-
dieren, daß es methodisch keine Alternative zu einer im weitesten Sinne
hermeneutischen Herangehensweise gibt, die schaut, welche Gerechtigkeitsintuitionen bereits in irgendeiner Weise vorfindlich sind (Kersting
1994b). Was aber, wenn diese Intuitionen vielfältiger Art sind und sich nicht
einem abstrakten Rekonstruktionsverfahren fügen? Und was, wenn die Resonanz dieser Intuitionen in einer Gesellschaft am Versiegen ist, weil sie gar
nicht mehr als Bestandteil der eigenen Handlungsorientierung wahrgenommen werden? – Die Kommunitaristen mögen unbequeme Verbündete sein,
aber es ist fraglich, ob die Liberalen unter gegenwärtigen Bedingungen auf
sie verzichten können. Wer sonst könnte, wie im Anschluß an Durkheim gefragt werden kann, für die vorvertraglichen Voraussetzungen des großen Gesellschaftsvertrages besser kulturelle Werbung betreiben als sie? Doch trotz
ihrer augenfälligen kulturellen Marginalisierung (zumindest in den USA)
halten die meisten Liberalen an ihrem Selbstgenügsamkeitsglauben fest.

3. Gemeinschaft: Moralische Bindung und kulturelle Lebensweise

Im zweiten Kapital wurden Gemeinschaften im kommunitaristischen Sinne
als Arenen der wechselseitigen moralischen Verpflichtung, kulturelle Quellen der Moral und Räume praktizierter individueller Verantwortung rekonstruiert. Die Einwände gegen den normativen Rekurs auf die Gemeinschaft
stellen diese entweder als quasi-organische, unreflektierte oder aber ideologisch hochintegrierte Form des Zusammenlebens dar. Beide Kritikvarianten
sind, wie gezeigt wurde, bereits in sich fragwürdig, weil sie von Entgegensetzungen zehren, die kaum anschlußfähig an die soziale Wirklichkeit er-

scheinen. 'Gemeinschaft' und 'Gesellschaft' lassen sich nicht so auseinanderhalten, wie dies oft unterstellt wird. Es handelt sich um einen weiteren Fall dessen, was Amy Gutmann (1985: 77) – freilich als Vorwurf an die Adresse der Kommunitaristen – die „Tyrannei der Dualismen" genannt hat.[8] In diesem Fall trifft er deren Kritiker, insofern kommunitaristische Positionen praktisch durchgehend davon ausgehen, daß Gesellschaften *mehr oder weniger* die Züge einer Gemeinschaft tragen könnten: Je mehr sie auf moralischen Verpflichtungen und Verantwortlichkeit statt auf Zwang und Anreizen beruhen, desto näher kommen sie dem Pol der Gemeinschaft. Das gilt im Prinzip für *alle* Gesellschaften/Gemeinschaften. Aber im Anschluß an Dewey läßt sich dieser Grundgedanke als teleologisch-normativ auf die 'Idee der Demokratie' verweisend begreifen – denn erst in demokratischen Gesellschaften/Gemeinschaften ist das Prinzip der Bindung an das Gemeinwesen aus bewußter Selbstverpflichtung heraus gleichsam zu sich selbst gekommen.

Der Standard-Vorwurf, Gemeinschaft beruhe stets auf dem 'Ausschluß von Differenz' (Benhabib 1994: 23), geht an der eigentlichen Fragestellung vorbei, die da lautet, ob nicht auch 'Einschluß von Differenz' auf Gemeinschaften angewiesen ist. Wenn Gemeinschaft, wie Selznick argumentiert, als auf vielfältige Ziele und die Anerkennung von Personen als solche (und nicht als bloße Funtionsträger oder Kunden im Hinblick auf einen bestimmten Zweck) verstanden wird (s. II.3), dann nimmt gerade sie Unterschiedlichkeit in einen solidarischen Zusammenhang mit hinein. Freilich brauchen freiheitliche Gesellschaft eine Vielzahl von Gemeinschaften, damit diese Form von Inklusion ablaufen kann. Vor dem Hintergrund des im ersten Kapitel dargelegten Personen- und Moralverständnis ließe sich eine Anreicherung der Gesellschaft durch die Gemeinschaft auf dem Weg kommunikativer Moralisierung nur erreichen, wenn Praktiken bestünden und miteinander kompatibel gemacht würden, in denen sich eine konstitutive Bindung an die Gemeinschaft herausbilden kann. Eine solche Gemeinschaft könnte auf den 'zukunftsoffenen Verpflichtungen' (Selznick) ihrer Mitglieder aufbauen, d.h. auf der moralisch motivierten Bereitschaft, öffentliche Verantwortung in eine ungewisse Zukunft hinein zu übernehmen. Wäre die Generierung solcher zukunftsoffenen Verpflichtungen in einer liberalen Gesellschaft nicht möglich bzw. erwartbar, dann muß die Möglichkeit eines Zielkonfliktes zwischen gemeinschaftlicher Praxis und individuellen Rechten einkalkuliert werden.

---

8   Insofern sie sich dabei auf MacIntyre bezieht, ist ihr freilich zuzustimmen (s. II.1.3).

Ein wichtiger Beitrag diskurstheoretischer Provenienz zur Frage unterschiedlicher Gemeinschaftsbezüge streitet die Berechtigung einer solchen Kalkulation ab. Gemeint ist Rainer Forsts *Kontexte der Gerechtigkeit* (Forst 1994). Forsts Standpunkt ist insofern von besonderem Interesse, als er nicht auf das Standard-Argument zurückgreift, wonach Gemeinschaften stets auf Ausschluß beruhen, sondern danach fragt, in welchen normativen Kontexten welche Form von Gemeinschaft angemessen ist. Dadurch will er – wie die Diskurstheorie insgesamt – zu einer Position „jenseits von Kommunitarismus und Liberalismus" vorstoßen (so der Untertitel des Buches). Zum Beispiel definiert Forst *'ethische'* Gemeinschaften als solche, in denen Konzeptionen des guten Lebens verfolgt würden, welche dann konstitutive Bedeutung für die Herausbildung personaler Identität haben. Bürger eines modernen Gemeinwesens gehören deshalb nicht der selben ethischen Gemeinschaft an, weil dieser Kontext unauflöslich von kulturellem Pluralismus geprägt ist. Eine *'politische'* Gemeinschaft hingegen sei zu verstehen als „ein gemeinschaftliches Gut, das allen Staatsbürgern aufgegeben, nicht vorgegeben ist – und das Maß, an dem der Anspruch eine 'Gemeinschaft' zu sein, gemessen werden muß, ist die Inklusion aller Bürger" (ebd.: 401). Der zuletzt erhobene Anspruch ist – auch für alle hier diskutierten Kommunitaristen – in gewisser Hinsicht unabweisbar. Ohne Inklusion (Beteiligung, Mitsprache, Berücksichtigung) ist eine konstitutive Bindung an die politische Gemeinschaft für sie nicht denkbar. Die Frage ist freilich, was 'Inklusion' genau bedeutet und worin das 'Gut' der politischen Gemeinschaft bestehen kann.

In Forsts Konzeption wird nicht recht klar, was moralische, ethische, rechtliche und politische Gemeinschaften eigentlich zur *Gemeinschaft* werden läßt. Kommunitaristische Perspektiven rekonstruieren Gemeinschaften als Teil einer Infrastruktur bedeutungsvollen Handelns. Das heißt, Gemeinschaften zeichnen sich durch kollektive Handlungsfähigkeit bei der wechselseitigen Ermöglichung einer *gemeinsamen Lebensweise* aus. Diese strukturiert (wie im Anschluß an Seel gezeigt wurde) individuelles Handeln und verleiht ihm einen kommunizierbaren Sinn. Es handelt sich um eine Infrastruktur, die – bei hinreichender Hege und Pflege – womöglich aussichtsreichere Integrationsperspektiven bietet als Rawls' Hoffnung auf einen 'overlapping consensus' (s. II.6). Bei näherem Hinsehen zeigt sich meines Erachtens, daß die von Forst vorgenommene Form der Ausdifferenzierung von Gemeinschaften einen artifiziellen Zug hat. Die Familie z.B. ist sicherlich eine Gemeinschaft, die großen Einfluß auf die 'Konstitution des Selbst' hat, aber nicht unbedingt über eine umfassende Konzeption des guten Lebens integriert sein muß – Liebe und Zuneigung spielen hier eine viel größere Rolle. Die politische Gemeinschaft wiederum kann – entgegen Forsts Auffassung (Forst 1994: 178) – insofern auch als eine 'ethisch konstitutive' Gemeinschaft betrachtet werden, als sie die *Lebensweise* der Bürger ermöglicht und erheblich prägt, und das weit über den politischen Handlungsrahmen hinaus. Dies gilt nicht nur für die Definition von Erziehungs- und Bildungszielen, welche nachhaltigen Einfluß auf die Entwicklung der Persönlichkeit und des Selbstbildes hat (mitunter zum Leidwesen der Familie oder der Religionsgemeinschaften). Was wir für Personen *sind*, hängt insgesamt entscheidend davon ab, worauf wir uns in politischer Weise wechselseitig festlegen bzw. welche Entscheidungen der Vergangenheit als Ausgangspunkt gesetzt wurden. Denn konstitutiv für meine Identität sind nicht nur die *Ziele*, welche ich verfolge, sondern auch die Art und Weise, *wie* ich sie verfolge. Die strikte Trennung von 'Ethik' und 'Moral', wie sie charakteristisch für diskurstheoretische Positionen ist, vernachlässigt aus kommunitaristischer Sicht, daß die eigentliche Herausforderung darin besteht, die *Vereinbarkeit* dieser Sphären in einer insgesamt realisierbaren, gelingenden und die Akteure bereichernden *Lebensweise* zu erreichen (vgl. Taylor 1986a: 47f.).

Auch Walzers Kennzeichnung politischer Gemeinschaften als 'Gemeinschaften des Charakters' (s. II.5) steht offensichtlich quer zu der Unterscheidung von Ethik und Moral. Eine 'Gemeinschaft des Charakters' wird kaum in allen Lebensbereichen von einer umfassenden Lehre oder Konzeption des guten Lebens durchdrungen sein. Dennoch steht außer Frage, daß sie für die Konstitution von personaler Identität hochrelevant ist. Taylors Argumentation zeigt, daß vorpolitische Identitäten in einer durch Anerkennungskämpfe geprägten Moderne nicht so einfach von politischen Identitäten getrennt werden können, obwohl dieselbe Anerkennungsdynamik (worauf Forst dann wieder zu Recht hinweist) dies in irgendeiner Weise erforderlich machen würde (s. II.4). Ohne den Rekurs auf vorpolitische Identitäten wäre es nämlich oftmals unklar, wieso überhaupt *diese* und nicht eine ganz andere politische Gemeinschaft besteht. Der 'Zweifelsfall' tritt demnach ein, wenn vorpolitische Herkunfts-Identitäten der politischen Gemeinschaft durch unkontrollierbare Kräfte der Moderne (technische Zivilisation, bürokratische Organisation, individuelle Mobilitäts- und Flexibilitätsanforderungen, kulturelle Kommerzialisierung usw.) – nicht durch einen Mangel an innerer Überzeugungskraft – überrollt und vernichtet werden.

Ich hatte oben darauf hingewiesen, daß auch Walzer die Perspektive eines nicht absolut neutralen, sondern permissiven Liberalismus vertritt, wonach sich ein Staat unter Umständen für eine Nation, Kultur oder Religion einsetzen darf, solange er die Grundrechte aller Bürger respektiert. In die Bestimmung dieser Umstände geht die Überlegung ein, um welche Art von politischer Gemeinschaft es sich handelt. In einer Einwanderungsgesellschaft wie den USA, in der alle Immigranten mit ihrem Eintritt in die Gesellschaft gewissermaßen stillschweigend akzeptieren, daß ihre ethnische Identität fürderhin nur noch im Modus der freiwilligen Assoziation gepflegt werden kann, und in der kulturelle Minoritäten in der Regel nicht ortsgebunden sind, wäre es beispielsweise unangemessen, Identitäten mit staatlicher Politik festzuschreiben. Völlige Neutralität wäre zwar auch hier nicht geboten, weil auch Einwanderungsgesellschaften eine partikulare Geschichte als Kulturgut schützen und die staatsbürgerliche Infrastruktur unter republikanisch-demokratischen Vorzeichen gefördert werden sollte. Von einem klassischen liberalen Nationalstaat wäre aber darüber hinaus auch nicht zu erwarten, daß er etwa dem Schicksal der Landessprache gleichgültig gegenüberstehen sollte (Walzer 1993d: 110-115). Das verdeutlicht, daß die Rede vom Zweifelsfall keine generelle Vermutung für die aktive Integritätssicherung gemeinschaftlicher Praktiken *per se* erfordert, sondern eine konkrete Urteilsbildung in konkreten Fällen, die die Identität von Individuen in Beziehung zu ihrer moralischen Biographie setzt.

4. Gerechtigkeit: Integrität von Handlungssphären und Würdigung individuellen Verdienstes

Im Kapitel zur Gerechtigkeitstheorie wurden der liberalen Konzeption von Rawls ('Gerechtigkeit als Fairneß', 'politischer Liberalismus') zwei kommunitaristische Konzeptionen gegenübergestellt (Galstons 'ethischer Liberalismus' und Walzers Theorie der Gerechtigkeits-'Sphären'). Die Forderung nach einer genuin *pluralistischen* Gerechtigkeitstheorie, wie sie typisch für kommunitaristisch inspirierte Konzeptionen sozialer Gerechtigkeit ist, korrespondiert mit der allgemeineren moraltheoretischen Kritik am Reduktionismus der zeitgenössischen Sozialphilosophie: Zum einen geht es darum, daß es verschiedene Grundsätze der Verteilung sozialer Güter gibt, welchen gleichermaßen eine genuine normative Bedeutung zukommt. Bedürftigkeit (*need*), Verdienstlichkeit (*desert*) und freier Tausch (*exchange*) fungieren als Gerechtigkeitsprinzipien, deren Rolle zwar im Kontext konkreter Institutionen, Gemeinschaften und Güter bestimmt werden muß, die als solche jedoch nicht von einem anderen, abstrakteren Prinzip abgeleitet werden können. In der jeweiligen Bestimmung ihres Anwendungsbereichs liegt dann der zweite pluralistische Zug kommunitaristischer Gerechtigkeitstheorien: An dieser Stelle kommt nämlich die unterschiedliche Logik verschiedener Handlungssphären ins Spiel und fordert eine Beurteilung der Angemessenheit der jeweiligen Verteilungsweisen im Hinblick auf die Bedeutung der zu verteilenden Güter ein. Hinzu kommt eine spezifische Deutung des Mitgliedsschaftsstatus in der politischen Gemeinschaft (*citizenship*), womit die Forderung einer grundlegenden Gleichwertigkeit von Teilhabemöglichkeiten verbunden ist. Es wurde darauf hingewiesen, daß sowohl der Rawlssche Entwurf als auch die Theorien von Galston und Walzer als Interpretation des Bürgerstatus in einem demokratischen Gemeinwesen verstanden werden können. Zu einer grundlegenden Gleichwertigkeit der Mitgliedschaft gibt es auch aus kommunitaristischer Perspektive keine Alternative. Diese wird von liberalen Gerechtigkeitstheorien in der Weise als konzeptioneller Ausgangspunkt genommen, daß von einer fiktiven Situation der Gleichheit ausgehend jedwede Einführung von Ungleichheitsmomenten eine allgemeine Rechtfertigung finden muß. Damit verliert man nach kommunitaristischer Auffassung jedoch die Grundlagen aus dem Blick, von denen her die Anerkennung als Gleiche überhaupt ihren Sinn erhält: eine gemeinsame Lebensweise, die uns allen gleichermaßen (wenn auch nicht ohne individuelles Engagement) zugänglich ist und eine Wertschätzung des Individuums als autonom und damit eigenverantwortlich handelnde Person.

   Galston und Walzer legen zur Erhellung dieser gemeinsamen Lebensweise einen unterschiedlichen 'Subtext' zugrunde: Ersterer operiert mit einer 'unabhängigen' Theorie des individuell Guten als Grundlage der liberalen politischen Gemeinschaft; letzterer orientiert sich an einer Leitidee der prozeduralen Bestimmung angemessener Gerechtigkeitsstandards im Rahmen einer demokratischen Praxis, deren Logik in der gemeinsamen Interpretation von zu verteilenden Gütern liegt. Das Problem von Galstons aristotelischer Gerechtigkeitstheorie ist, daß sie zu einer bloß äußerlichen Vermittlung von politischer Gemeinschaft und demokratischer Praxis gelangt. Bei allem Mangel an systematischer Stringenz hat Walzer mit seiner Darstellung zumindest angedeutet, worin die Grundzüge einer Gerechtigkeitstheorie liegen könnten, die nicht-reduktionistisch verfährt, an kulturelle Praktiken (insbesondere Erfahrungen von Ungerechtigkeit) zurückgebunden ist und eine Reformulierung des Gleichheitsideals liefert, die konzeptionell auf die Frage von Anerkennungsverhältnissen bezogen bleibt. Eine Gesellschaft, die Güter 'fair' verteilen würde, die aber keine Praktiken der authentischen Hervorbringung von 'Selbstachtung' beherbergen würde – also Formen des effektiven gemeinsamen Handelns gemäß geteilten Wertmaßstäben – wäre keine gute Gesellschaft (s. III.3.3). Eine 'unfaire', aber von sozialer Aktivität durchdrungene Gesellschaft wäre dem womöglich vorzuziehen.

Damit bringt Walzer die Perspektive der authentischen Lebensweise auch in die Gerechtigkeitstheorie ein. Authentizität als Gerechtigkeitsideal bedeutet, daß eine Gesellschaft gleichsam sich selbst „treu" bleibt (Walzer 1992a: 441). Letztendlich bedeutet das: Sie sollte nicht zulassen, daß dominante Güter wie Geld, politische Macht oder soziales Prestige ihre offen oder subversiv tyrannische Wirkung entfalten – anstatt, daß die Stimme der Bürger, die Interpretation ihrer 'geteilten Verständnisse' der zu verteilenden Güter den Ausschlag gibt. Authentische 'Selbstachtung' (im Gegensatz zu Egomanie) wird möglich, wo die intrinsische Logik von Gütern und Handlungssphären wie medizinische Versorgung, Bildung, Freizeit und vor allem demokratische Politik selbst durch aktive Bürger verteidigt wird und politische Institutionen sie dabei unterstützen. Auch in der gerechtigkeitstheoretischen Dimension der Kommunitarismusdebatte wird der Wellmersche Zweifelsfall deshalb virulent, wenn nämlich die Unterbindung praxiskorrumpierender Tauschgeschäfte gefordert wird, auch wenn dies unter bloßen Fairneßgesichtspunkten nicht kritisierbar erscheint; wenn Umverteilung von Einkommen unter Absehen von Effizienzgesichtspunkten mit dem Hinweis auf die Unverträglichkeit von großer ökonomischer Ungleichheit und gleichwertiger Staatsbürgerschaft begründet wird; wenn eine Umverteilung von unangenehmen und degradierenden Tätigkeiten gefordert wird; und wenn regelmäßig die Anerkennung individuellen Verdienstes postuliert wird.

5. Demokratietheorie: Wie ist der 'gute Bürger' möglich?

Die kommunitaristischen Überlegungen zur Demokratietheorie sind Teil der bereits in der Einleitung angesprochenen Renaissance von normativistischen Standpunkten in der politischen Theorie. Gerade im Bereich der Demokratietheorie zeigt sich, wie ein minimalistisches, auf normative Reflexion weitgehend verzichtendes Verständnis von Politik zunehmend in die Defensive geraten ist. Den Zusammenhang mit der *moraltheoretischen* Dimension der

Kommunitarismusdebatte, wie sie im ersten Kapitel rekonstruiert wurde, liegt in der Frage der *motivationalen Basis* eines anspruchsvolleren Konzeptes von Demokratie. Es stellt ein Grundproblem der Demokratietheorie dar, welche Zumutungen unter welchen institutionellen Rahmenbedingungen an den Bürger gestellt werden können. Die minimalistischen Demokratietheorien, allen voran die ökonomische Theorie der Demokratie haben zur Unterstützung ihrer Position immer wieder geltend gemacht, daß sie die geringsten Erwartungen an das tugendhafte bzw. gemeinwohlorientierte Verhalten von Bürgern und politischen Eliten stellen. Beide verhielten sich einfach gemäß der Maxime, die eigenen Interessen bestmöglich zu verfolgen, und Demokratie sei nichts weiter als eine Methode, diese Interessenverfolgung in ein Gleichgewicht zu bringen und auf möglichst optimale Ergebnisse im Sinne der maximalen Befriedigung vorhandener Präferenzen hinzulenken (s. Schmidt 1995: 129-150).

Sowohl aus liberaler und diskurstheoretischer wie auch kommunitaristischer Sicht stellt es hingegen allenfalls eine Minimalbedingung für eine demokratische Gesellschaft dar, wenn alle relevanten Akteure die 'Spielregeln akzeptieren', wie ein gängiges Kriterium der Konsolidierung demokratischer Regime lautet. Für den republikanismusfreundlichen Liberalismus Rawlssianischer Prägung ist demokratische Herrschaft nur dann konstitutiv für eine 'wohlgeordnete' Gesellschaft, wenn jeder die tatsächliche ('materiale') Chance hat, sich politisch zu beteiligen und wenn sich politische Diskussionen an Gerechtigkeitsprinzipien orientieren ('Ideal des öffentlichen Vernunftgebrauchs') (Rawls 1997). Für die diskurstheoretische Sicht der Demokratie ist es nicht nur essentiell, daß in den Kerninstitutionen des politischen Systems Raum für eine vernünftige Beratschlagung über rechtliche Normen gegeben ist; sie verlangt zusätzlich, daß eine Vermachtung politischer Prozesse verhindert wird, indem sich die Chance der kommunikativen Einflußnahme von der „Peripherie" der Lebenswelt, getragen von freiwilligen Assoziationen und den von ihnen hergestellten Öffentlichkeiten, bietet (Habermas 1996). Kommunitaristische Theoretiker schließlich machen geltend, daß von demokratischer Selbstregierung nur dann aufrichtig gesprochen werden kann, wenn die Praxis des Regierens in irgendeiner Weise unter den Mitgliedern demokratischer politischer Gemeinschaften geteilt wird.

Jede dieser drei Auffassungen modifiziert und qualifiziert das Minimalverständnis demokratischer Herrschaft, verlangt eine gewisse normative Füllung der demokratischen Spielregeln als bloßem *modus vivendi* und spezifiziert damit zugleich Erwartungshaltungen hinsichtlich der Verankerung politischer Institutionen und Verfahren in der politischen Kultur einer Gesellschaft. *Gerechtigkeits-*, *Rationalitäts-* und *Authentizitäts*erwartungen legen dabei je unterschiedliche Akzente im Hinblick auf das Verhältnis zwischen politischen Institutionen und Verfahren einerseits und den praktischen Orientierungen der Bürger andererseits. Dennoch gilt für alle drei Positionen: Die Frage nach der praktischen *Komplementarität von Lebensformen* im Modus demokratischer Selbstregierung markiert den eigentlichen Kern der politiktheoretischen Diskussion zu einem möglichen 'Ethos' der Moderne; und die Frage nach der politischen Definition und Garantie der Verwirklichungsvoraussetzungen dieses Ethos macht den Grundgehalt der gegenwärtigen demokratietheoretischen Herausforderung aus.

So verwundert es nicht, daß für manche Kommentatoren der Kommunitarismusdebatte die Demokratietheorie bzw. das Verständnis demokratischer Staatsbürgerschaft (*citizenship*) den eigentlichen Fokus der Auseinandersetzungen darstellt (Mouffe 1993). Dabei wird meines Erachtens nicht selten übers Ziel hinausgeschossen, indem die Relevanz der moraltheoretischen Dimension gänzlich negiert wird. So kommt Rainer Schmalz-Bruns, ausgehend von der Einsicht, daß kommunitaristische Theoretiker zumindest zum überwiegenden Teil den Wert individueller Autonomie und der sie ermöglichenden oder flankierenden Freiheitsrechte hochschätzen, zu der Auffassung, daß der eigentliche Streitpunkt nicht der *Vorrang des Rechten oder des Guten* sein könne, wie von Sandel insinuiert. „In Frage steht vielmehr", so Schmalz-Bruns (1995: 56), „der liberale Versuch, die Idee gleicher Rechte in Spannung zur Idee der Volkssouveränität zu bringen und eine vorpolitische Geltungsbasis von Freiheitsrechten zu reklamieren." Eine sinnvolle Weiterführung der republikanischen Perspektive, wie sie in Konzepten wie dem der 'deliberativen' oder der 'reflexiven Demokratie' angeboten werden, würde dann darlegen, wie Freiheitsrechte als praktische Voraussetzung für demokratische Diskurse und deren Ergebnisse verstanden werden können (Habermas 1992, Schmalz-Bruns 1995).

Die kommunitaristische Perspektive, die die Bedeutung eines substantiellen moralischen Bezugsrahmens für das Projekt der Demokratie herausstellt, wäre dann im Grunde überflüssig, gleichsam in der Diskurstheorie 'aufgehoben' (s. Habermas 1996). Rechtliche Garantien sollten aus dieser Perspektive entweder als *Ermöglichungsbedingungen* demokratischer Diskurse oder als deren *Ergebnisse* betrachtet werden. Die Kommunitaristen sollten sich demnach auf die Frage nach den Angemessenheitskriterien für die prozedurale Erzeugung allgemeinverbindlicher Normen konzentrieren.

Der „politiktheoretische Gehalt" der Kommunitarismusdebatte liegt dann, um nochmals Schmalz-Bruns (1995: 57) zu Wort kommen zu lassen, in folgendem: „Es geht um ein Interesse an guter Politik im Sinne eines Interesses an der Legitimität und Qualität der Ergebnisse von Politik – daraus resultiert ein Interesse an der 'Qualität' des Staatsbürgers wie ein Interesse an der moralischen und moralfördernden Qualität politischer Gemeinschaften und Institutionen." Indem Kommunitaristen wie Walzer oder Barber gegen Theorien der diskursiven Rechtssetzung mittels demokratischer Verfahren polemisieren, begeben sie sich nach dieser Einschätzung der Möglichkeit, eine regulative Idee davon zu entwickeln, welches die Kriterien einer solchen 'guten Politik' sind.

Diese 'Aufhebung' der kommunitaristischen Demokratiereflexion halte ich für nicht überzeugend. Sie versucht, den Zweifelsfall der Parteinahme für die Integrität kommunitärer Praktiken oder individueller Rechte zum Verschwinden zu bringen. Wirft man jedoch einen Blick auf die Kontroverse zwischen diskurstheoretischen und liberalen Positionen, so fällt auf, daß so gut wie nie deutlich gemacht wird, worin die zwei Ansätze zu unterschiedlichen praktischen Konsequenzen führen. Man streitet sich auf einer recht abstrakten Ebene darüber, ob der Liberalismus einen Rest von Heteronomie impliziert oder die Diskurstheorie eine umfassende Lehre sei (vgl. Habermas 1997, Rawls 1997). Aber trotz des vermeintlich fundamentalen Einwands, daß Rawls ein unpolitisches Verständnis von Freiheitsrechten habe, hat meines Wissens noch kein Diskurstheoretiker die von Rawls vorgeschlagene Liste individueller Freiheiten in Frage gestellt. Im von Wellmer angesprochenen 'Zweifelsfall' der Entscheidung zwischen der Integrität kommunitärer Lebensweisen und der Vorrangigkeit individueller Autonomie stehen die Vertreter der deliberativen Demokratie soweit ersichtlich stets auf der Seite der Liberalen. Dabei wird zugleich bestritten, daß solch eine Entscheidung überhaupt vorkommen könne. Die Einschätzung, daß der Streit um den Vorrang des Rechten oder des Guten demokratietheoretisch obsolet sei, weil es letztlich nur darum gehe, ob das Rechte politisch oder vorpolitisch zu verstehen sei, wird jedoch genau dann fragwürdig, wenn gezeigt werden kann, daß eine politische Auffassung von Freiheit nicht ohne einen Rückgriff auf Vorstellungen vom Guten konzipiert werden kann. Sobald republikanische Demokratiekonzeptionen individuelle Freiheitseinschränkungen oder das Durchbrechen von wertneutralen Fairneßgesichtspunkten zugunsten einer Beförderung des Aktivbürgerideals oder der Sicherung gemeinschaftlicher Lebensweisen befürworten, kommt man um eine *Sprache des Guten* nicht herum. Und hier liegen auch die wirklichen Bruchlinien zwischen dem kommunitaristischen Denken und den anderen Ansätzen.

Der Zweifelsfall, anläßlich dessen sich die Wege von Liberalen und Kommunitaristen trennen (und die Diskurstheoretiker an der Wegscheide verharren läßt), macht sich im Bereich der Demokratietheorie zunächst an den mit einer Beförderung der aktiven Bürgerrolle einhergehenden Zumutungen fest: an dem Verzicht auf die Einklagbarkeit von individuellen Rechtsansprüchen nach dem Muster der 'verfahrensrechtlichen Republik' (Sandel) und an der Prämierung politischer Partizipation; an der abgeforderten Bereitschaft, im Bereich der Wirtschafts- und Sozialpolitik einen auf die Begriffe von Wachstum und fairer Verteilung fixierten Diskurs zu verlassen; an der Akzeptanz von weltanschaulich geprägten Gemeinschaften als Agenten öffentlicher Wohlfahrtspolitik an Stelle 'neutraler' öffentlicher Verwaltungen; schließlich an der Verpflichtung zur Übernahme öffentlicher Ämter und zur Erfüllung eines sozialen oder militärischen Gemeinschaftsdienstes. Als Ziel solcher Maßnahmen bestimmen kommunitaristische Demokratietheorien die Hervorbringung eines unter den Bürgern geteilten Sinnes für das gemeinsame Schicksal der politischen Gemeinschaft oder auch die Bildung von 'sozialem Kapital'. Auf einem solchen Gemeinsinn könnte dann eine partizipative Praxis aufbauen, die die Annäherung eines normativ gehaltvollen Konsenses in der Erkenntnis wechselseitiger Abhängigkeit und Verpflichtetheit in Aussicht stellt – bzw., im Falle der stärker pluralistisch orientierten unter den Kommunitaristen, zumindest die Erfahrung, daß gemeinsames Handeln möglich ist und einen Unterschied machen kann. Dabei sollen Traditionen in Anspruch genommen werden dürfen, aber zugleich unter die Anforderung der 'Übersetzung' in allgemein zugängliche Erfahrungen stehen, um als eine Art Gemeingut erschlossen zu werden. Individuelle Rechte treten hier als Beschränkungen solcher kreativen Prozesse und als Hemmschuh demokratischer Experiment negativ in Erscheinung. Das gilt auch für das Ziel einer effektiven Gestaltung der Gesellschaft durch politische Maßnahmen.

Die mit solchen Vorstellungen einhergehenden Probleme wurden im vierten Kapitel bereits geschildert. So muß gezeigt werden, wie all dies gegenüber einer exzessiven Form der Freiheitssicherung durch Gerichte, repräsentative Institutionen und *checks and balances* ein Mehr an individuellen Entfaltungschancen bieten soll. Daß jede(r) diese Chancen tatsächlich nutzt, wäre nicht unbedingt erforderlich, denn es ist ganz im Sinne kommunitaristischen Denkens, daß bereichernde Erfahrungen an persönliches Engagement gekoppelt werden. Entscheidend ist, daß diese Erfahrung allen Mitgliedern einer politischen Gemeinschaft *offensteht*. Das impliziert, daß (1) demokratische Politik tatsächlich eine Praxis darstellt, die *alle* Bürger miteinander teilen *können*, und (2) daß diese Praxis von *allen* Bürgern als bereichernd und zu zufriedenstellenden Ergebnissen führend betrachtet werden *kann*. Wiederum ist es irreführend, den Gedanken einer institutionellen Sicherung individueller Grundrechte an sich gegen die Beteiligung an demokratischer Politik auszuspielen. Daß Grundrechte unabhängig von politischen Mehrheiten gewährt werden, ist eine unerläßliche Gewähr dafür, daß alle Gruppen Vertrauen in das politische Gemeinwesen gewinnen. Eine restriktive juridische Auslegungspraxis käme der Autonomie demokratischer Prozesse freilich entgegen.

Aber übertreibt diese Darstellung nicht die 'Familienähnlichkeiten' unter den Kommunitaristen? Gerade eine demokratietheoretische Lesart der Kommunitarismusdebatte hat dazu geführt, eine grundsätzliche Abgrenzung unterschiedlicher Ansätze innerhalb der kommunitaristischen Theoriefamilie einzuführen. Dabei diente die Gegenüberstellung von 'Identifikation' und 'Partizipation' als Ausgangspunkt (Forst 1993: 199ff.). MacIntyre, Sandel und mit Abstrichen Taylor werden dann als substantialistisch-aristotelische Kommunitaristen kenntlich gemacht, für die die politische Gemeinschaft nach dem Modell von Freundschaft und Familie verstanden werden muß, die also *Identifikation* an erste Stelle setzen. Walzer und Barber hingegen dürfen aus dieser Sicht für sich in Anspruch nehmen, republikanisch-partizipatorische Kommunitaristen zu sein, da sie die Unerläßlichkeit politischer *Partizipation* ins Zentrum stellten. Zunächst fragt sich, wieso man ausgerechnet Identifikation und Partizipation als unterscheidende Kriterien anbringen sollte, wo doch offensichtlich alle Kommunitaristen von einem Verhältnis der *Korrespondenz* zwischen beiden Aspekten ausgehen. Dem entsprechen dann exegetische Erklärungsnotstände, die ich hier aber nicht im einzelnen darlegen will, zumal sie bei Forst selbst deutlich werden, so bei seiner Auseinandersetzung mit der Position Taylors (vgl. ebd.: 200).[9] Überhaupt gilt für eine aristotelische Argumentation, daß es grundsätzlich abwegig ist, Identifikation in einen Gegensatz zu Partizipation zu stellen, weil *je-*

---

9   So ist es auch nicht verwunderlich, daß etwa Iris Young mit ähnlichen Kategorien zu einer ganz anderen Einordnung kommunitaristischer Demokratiekonzeptionen gelangt. Während für einige die Übereinstimmung über das Gemeinwohl als *Voraussetzung* partizipatorischer Demokratie gelte (MacIntyre, Walzer), stelle es für andere deren *Ziel* dar (Barber) (Young 2000: 40-44).

de Form des guten Lebens durch die Teilhabe an einer Praxis gekennzeichnet ist.

Auch beim 'partizipatorischen' Kommunitaristen Barber bildet die Annahme eines solchen Komplementärverhältnisses eine entscheidende Argumentationsgrundlage. So schreibt Barber: „Die starkdemokratische Gemeinschaft ist nicht (jedenfalls nicht am Anfang) ein Zusammenschluß von Freunden, denn das Band zwischen den Bürgern ist ein Produkt der Uneinigkeit und des Ungenügens, nicht des Konsenses. Aber diese Gemeinschaft kann kein Zusammenschluß von Fremden bleiben, weil ihre Handlungen die Menschen und deren Interessen verändern" (Barber 1994: 232). Dabei ist unübersehbar, daß zumindest bestimmte Teile von Barbers starkdemokratischen Reformprogramm genau das Ziel verfolgen, das Band der Freundschaft zu *stiften*. Dies wird deutlich, wenn er den Sinn eines allgemeinen Bürgerdienstes darin erblickt, daß folgende Größen eine Beförderung erfahren: „gemeinschaftliche Verbundenheit und Kameradschaft, gemeinsames Handeln, Teamwork, Dienst an und mit anderen, Gemeinschaftsgefühl" (ebd.: 285).

Der moraltheoretische Dissens kann also nicht, wie die deliberativen Demokratietheoretiker meinen, auf den Gegensatz zwischen vorpolitischer liberaler Freiheitssicherung und republikanischer Rekonstruktion politischer Selbstbestimmung reduziert werden. Er berührt ganz offensichtlich auch das Verständnis politischer Selbstbestimmung selbst, das nach kommunitaristischer Sicht weder von einer ethischen Auffassung des Politischen noch von der Orientierung an vorpolitischen Gütern gänzlich losgelöst werden kann. Auch in bezug auf letzteres standen die Diskurstheoretiker im Zweifelsfall auf der Seite der Liberalen. Nirgends wird dies deutlicher als in den Kommentaren zu Taylors *Multikulturalismus*-Essay (Taylor 1993b). Gerade weil die Debatte zu Taylors Ausführungen in einzigartiger Weise dokumentiert, wo sich die Wege trennen, wenn eine Entscheidung getroffen werden muß, halte ich es für bedauerlich, daß einige (wohlwollende) Kommentatoren Taylors Auslassungen ganz von seiner sozialphilosophischen Position zu entkoppeln beabsichtigen (so Rosa 1999: 63f.). Auch wird der wesentliche Punkt in der von Taylor vollzogenen Urteilsbildung meines Erachtens nicht hinreichend gewürdigt. Taylor plädiert für die Zulässigkeit der Politik der *surveillance*, also der politischen Unterstützung des Überlebens der frankophonen Kultur in der kanadischen Provinz Quebec. Die Politik der *surveillance* will nach seinem Dafürhalten mehr leisten als nur, den jetzt lebenden französischsprechenden Bürgern von Quebec die Ausübung ihrer Sprache zu sichern. Sie zielt auf die *Bewahrung* des Französischen *in der Zukunft* ab (Taylor 1993b: 52). In diesem Zusammenhang rechtfertigt es Taylor, daß der Gesetzgeber von Quebec öffentliche Werbung nur in französischer Sprache zuläßt und von den frankophonen (nicht von den anglophonen) Bürgern verlangt, daß sie ihre Kinder auf Schulen schicken, in denen Französisch als Unterrichtssprache gebraucht wird.

Jürgen Habermas hat in seinem Kommentar Taylor vorgeworfen, liberale Prinzipien nicht bloß zu korrigieren, sondern grundsätzlich den „individualistischen Kern des modernen Freiheitsverständnisses" in Frage zu stellen (Habermas 1993: 150). Habermas behauptet, daß ein rechtverstandener Liberalismus überhaupt keiner solchen vermeintlichen Korrektur bedarf, weil er von der „Gleichursprünglichkeit von privater und politischer Autonomie" ausgeht und deshalb nicht „blind" gegenüber ethischen Identitäten ist, und er kritisiert Taylor für seine angeblich „nicht trennscharf[e]" Interpretation der kanadischen Situation (ebd.: 153). Doch am Ende hinterläßt er beim Leser eine gewisse Ratlosigkeit. Denn es stellt sich heraus, dass ein 'richtiger' Liberaler zwar die Anerkennungskämpfe von kulturellen Minderheiten oder benachteiligten Gruppen wie Frauen oder Homosexuellen im Rahmen demokratischer Prozeduren begrüßen kann; aber er muß letztendlich eben doch die Erosion der frankophonen Kultur in Quebec akzeptieren. Genau auf diese Haltung zielte jedoch Taylor mit dem Vorwurf der kulturellen 'Blindheit' eines streng prozeduralistisch verstandenen Liberalismus im Hinblick auf die Situation in Quebec ab. Taylors Ausgangsproblem, daß ohne entsprechende Maßnahmen davon ausgegangen werden kann, daß sich die frankophone Kultur in Quebec nicht wird halten können, ist damit von Habermas erfolgreich 'wegtheoretisiert' worden: Die Maßnahmen werden von ihm anscheinend nicht gebilligt, die (vermutlichen) empirischen Konsequenzen aber auch nicht offen ausgesprochen.

Die diskurstheoretische Rekonstruktion der Legitimität politischer Systeme *aus einem Prinzip* heraus (dem Diskursprinzip) macht deshalb einen signifikanten Unterschied zu kommunitaristischen Auffassungen von Demokratie aus. Auch vor dem Hintergrund des in den vorangegangenen Kapiteln Dargelegten kann ein wichtiger Beitrag der kommunitaristischen Demokratietheorie darin gesehen werden, daß es ihr in besonderer Weise gelingt, die Dilemmata der moralischen Probleme herauszustellen, vor denen demokratische Gemeinwesen gegenwärtig stehen. Die demokratietheoretische Antwort (nicht: Lösung) kann für sie nur lauten, beim Projekt demokratischer Selbstregierung größere Wagnisse einzugehen, weil nur so Erfahrungen gewonnen und Grenzen der Einsicht transzendiert werden können.

Die kommunitaristische Kardinaltugend, so scheint es, ist der *Mut.* Ein pathetischer Schluß? Eher ein dezenter Hinweis darauf, daß kommunitaristische Positionen als Bereicherung des 'Projekts der Moderne' verstanden werden können – vorausgesetzt, daß sie selbst bereit sind, sich diesem Projekt gegenüber zu öffnen. Auf Vernunft und die Einsicht historischer Erfahrung zu verzichten, hieße hingegen, in kommunitären *Über*mut zu verfallen und das rechte aristotelische Maß gewiß zu verfehlen.

Zitierte Literatur

Ackerman, Bruce (1980): *Social Justice in the Liberal State*, New Haven.
- (1995): „Warum Dialog?", in: van den Brink, Bert/van Reijen, Willem (Hrsg.): *Bürgergesellschaft, Recht und Demokratie*, Frankfurt/Main: 385-410.
Alemann, Ulrich von/Heinze, Rolf G./Wehrhöfer, Ulrich (Hrsg.) (1999): *Bürgergesellschaft und Gemeinwohl – Analyse. Diskussion. Praxis*, Opladen: 13-21.
Anderson, Benedict (1991): *Imagined Communities: Reflections on the Origin and Spread of Nationalism*, überarbeitete Aufl., London und New York.
Anheier, Helmut K./Priller, Eckhard/Zimmer, Annette (2000): „Zur zivilgesellschaftlichen Dimension des Dritten Sektors", in: Klingemann, Hans-Dieter/Neidhardt, Friedhelm (Hrsg.): *Zur Zukunft der Demokratie. Herausforderungen im Zeitalter der Globalisierung*, WZB-Jahrbuch 2000, Berlin: 71-98.
Arendt, Hannah (1993): *Was ist Politik?*, aus dem Nachlaß hrsg. von Ursula Lutz, München.
Arneson (1995): „Against 'Complex Equality'", in: Miller, David/Walzer, Michael (Hrsg.): *Pluralism, Justice and Equality*, New York: 226-252.
Barber, Benjamin (1988): *The Conquest of Politics. Liberal Philosophy in Democratic Times*, Princeton/NJ.
- (1994): *Starke Demokratie. Über die Teilhabe am Politischen*, Berlin.
- (1995): „Die liberale Demokratie und der Preis des Einverständnisses", in: van den Brink, Bert/van Reijen, Willem (Hrsg.): *Bürgergesellschaft, Recht und Demokratie*, Frankfurt/Main: 360-384.
- (1996): „An American Civic Forum: Civil Society Between Market Individuals and the Political Community", in: Paul, Ellen F. et al. (Hrsg.): *The Communitarian Challenge to Liberalism*, Cambridge: 269-283.
Bauer, Otto (1961): „Das Wesen des Nationalcharakters" (aus dem Vorwort zur 2. Aufl. von 'Die Nationalitätenfrage und die Sozialdemokratie'), in: Ders.: *Eine Auswahl aus seinem Lebenswerk*, Wien: 143-155.
Bell, Daniel (1995): *Communitarianism and its Critics*, Oxford.
Bellah, Robert/Madsen, Richard/Sullivan, William/Swidler, Ann/Tipton, Steven (1987): *Gewohnheiten des Herzens. Individualismus und Gemeinsinn in der amerikanischen Gesellschaft*, Köln.
Benhabib, Sheyla (1994): „Democracy and Difference. Reflections on the Metapolitics of Lyotard and Derrida", in: *Journal of Political Philosophy*, Jg. 2: 1-23.
Berlin, Isaiah (1995): „Zwei Freiheitsbegriffe", in: Ders.: *Freiheit. Vier Versuche*, Frankfurt/Main: 197-256.
Bittner, Rüdiger (1997): „Die Hoffnung auf politischen Konsens", in: *Zur Idee des politischen Liberalismus. John Rawls in der Diskussion*, hrsg. von der Philosophischen Gesellschaft Bad Homburg und W. Hinsch, Frankfurt/Main: 39-51.
Bluhm, Harald (1993): „Erhellende Gegensätze - Michael Walzers und Leo Strauss' Rückgriff auf die Antike", in: *Deutsche Zeitschrift für Philosophie*, Jg. 41, Heft 6: 1049-1057.
Braun, Sebastian (2001): „Putnam und Bourdieu und das soziale Kapital in Deutschland. Der rhetorische Kurswert einer sozialwissenschaftlichen Kategorie", in: *Leviathan*, Jg. 29, Nr. 3: 337-354.
van den Brink, Bert (1995): „Die politisch-philosophische Debatte über die demokratische Bürgergesellschaft", in: Ders./van Reijen, Willem (Hrsg.): *Bürgergesellschaft, Recht und Demokratie*, Frankfurt/Main: 7-26.

Brumlik, Micha (1992a): „Gleichheit und Bürgerstolz. Michael Walzers nachegalitäre Theorie der Gerechtigkeit", in: *Blätter für deutsche und internationale Politik*, Heft 4: 482-490.

– (1992b): „Der Kommunitarismus – letzten Endes eine empirische Frage?", in: Zahlmann, Christa (Hrsg.): *Kommunitarismus in der Diskussion*, Berlin: 94-101.

Brunkhorst, Hauke (1994): *Demokratie und Differenz. Vom klassischen zum modernen Begriff des Politischen*, Frankfurt/Main.

Buchstein, Hubertus (1996): „Die Zumutungen der Demokratie. Von der normativen Theorie des Bürgers zur institutionell vermittelten Präferenzkompetenz", in: Beyme, Klaus von/Offe, Claus (Hrsg): *Politische Theorie in der Ära der Transformation*, PVS-Sonderheft 26, Opladen: 295-361.

Buchstein, Hubertus/ Schmalz-Bruns, Rainer (1992): „Gerechtigkeit als Demokratie – Zur politischen Philosophie von Michael Walzer", in: *Politische Vierteljahresschrift*, Jg. 33, Heft 3: 375-398.

– (1994): „Republikanische Demokratie", Nachwort zu Barber, Benjamin: *Starke Demokratie*, Berlin: 297-323.

Burnham, James/Reiwald, Paul (1949): *Die Machiavellisten*, Zürich.

Chatzimarkakis, Georgios/Hinte, Holger (1997): *Freiheit und Gemeinsinn – Vertragen sich Liberalismus und Kommunitarismus?*, Bonn.

Cladis, Mark S. (1992): *A Communitarian Defense of Liberalism: Emile Durkheim and Contemporary Social Theory*, Stanford.

Clausen, Lars/Schlüter, Carsten (Hrsg.) (1991): *Hundert Jahre 'Gemeinschaft und Gesellschaft'. Ferdinand Tönnies in der internationalen Diskussion*, Opladen.

Cohen, Jean/Arato, Andrew (1992): *Civil Society and Political Theory*, Cambridge/Mass.-London.

Cohen, Joshua (1992): „Review of ‚Spheres of Justice'", in: Kymlicka, Will (Hrsg.): *Justice in Political Philosophy*, Brookfield: 323-334.

Coleman, James S. (1988): „Social Capital in the Creation of Human Capital", in: *American Journal of Sociology*, Jg. 94, Supplement: 95-120.

Dahrendorf, Ralf (1979): *Lebenschancen – Anläufe zur sozialen und politischen Theorie*, Frankfurt/Main.

– (1995): „Über den Bürgerstatus", in: van den Brink, Bert/van Reijen, Willem (Hrsg.): *Bürgergesellschaft, Recht und Demokratie*, Frankfurt/Main:29-43.

van Deth, Jan (2001): „Ein amerikanischer Eisberg: Sozialkapital und die Erzeugung politischer Verdrossenheit, in: *Politische Vierteljahresschrift*, Jg. 42, Heft 2: 275-281.

Dewey, John (1996): *Die Öffentlichkeit und ihre Probleme*, Darmstadt (engl. *The Public and Its Problems*, New York 1927).

Downing, Lyle A./Thigpen, Robert A. (1986): „Civic Republicanism and Its Critics. Beyond Shared Understandings", in: *Political Theory*, Jg. 14, August: 451-472.

Dubiel, Helmut (1994): „Metamorphosen der Zivilgesellschaft I. Selbstbegrenzung und reflexive Modernisierung", in: Ders.: *Ungewißheit und Politik*, Frankfurt/Main: 67-105.

Dworkin, Ronald (1974): „The Original Position", in: Daniels, Norman (Hrsg.): *Reading Rawls*, New York.

– (1984): *Bürgerrechte ernstgenommen*, Frankfurt/Main.

– (1985): *A Matter of Principle*, Cambridge, Mass.

Ely, John Hart (1980): *Democracy and Distrust*, Cambridge/Mass.

Etzioni, Amitai (1975): *Die aktive Gesellschaft*, Opladen (engl. *The Active Society*, New York 1968).

– (1995): *Die Entdeckung des Gemeinwesens. Ansprüche, Verantwortlichkeiten und das Programm des Kommunitarismus*, Stuttgart.

– (1999): *Verantwortungsgesellschaft. Individualismus und Moral in der heutigen Demokratie*, Berlin.

Evers, Adalbert (2002): „Bürgergesellschaft und soziales Kapital. Die politische Leerstelle im Konzept Robert Putnams", in: Haus, Michael (Hrsg.): *Bürgergesellschaft, soziales Kapital und lokale Politik. Theoretische Analysen und empirische Befunde*, Opladen: 59-75.

Fink-Eitel, Hinrich (1993): „Gemeinschaft als Macht. Zur Kritik des Kommunitarismus", in: Brumlik, Micha/Brunkhorst, Hauke (Hrsg.): *Gemeinschaft und Gerechtigkeit*, Frankfurt/Main: 306-322.

Forst, Rainer (1993): „Kommunitarismus und Liberalismus – Stationen einer Debatte", in: Honneth, Axel (Hrsg.): *Kommunitarismus*, Frankfurt/Main-New York: 181-212.

– (1994): *Kontexte der Gerechtigkeit. Politische Philosophie jenseits von Liberalismus und Kommunitarismus*, Frankfurt/Main.

Gabriel, Oscar W. (2000): „Partizipation, Interessenvermittlung und politische Gleichheit. Nicht intendierte Folgen der partizipatorischen Revolution", in: Klingemann, Hans-Dieter/Neidhardt, Friedhelm (Hrsg.): *Zur Zukunft der Demokratie. Herausforderungen im Zeitalter der Globalisierung*, WZB-Jahrbuch 2000, Berlin: 99-122.

Gabriel, Oscar W./Kunz, Volker/Roßteutscher, Sigrid/van Deth, Jan (2002): *Sozialkapital und Demokratie. Zivilgesellschaftliche Ressourcen im Vergleich*, Wien.

Gadamer, Hans-Georg (1967): „Rhetorik, Hermeneutik, Ideologiekritik. Metakritische Erörterungen zu 'Wahrheit und Methode'", in: Ders.: *Kleine Schriften 1: Philosophie - Hermeneutik*, Tübingen: 113-130.

Galston, William, (1980): *Justice and the Human Good*, Chicago.

– (1989a): „Community, Democracy, Philosophy. The Political Thought of Michael Walzer", in: *Political Theory*, Jg. 17, Nr. 1: 119-130.

– (1989b): „Civic Education in the Liberal State", in: Rosenblum, Nancy (Hrsg.): *Liberalism and the Moral Life*, Cambridge/Mass.: 89-101.

– (1991): *Liberal Purposes. Goods, Virtues, and Diversity in the Liberal State*, Cambridge.

– (2002): *Liberal Pluralism. The Implications of Value Pluralism for Political Theory and Practice*, Cambridge.

Gesang, Bernward (2001): Konsequenter Utilitarismus – ein neues Paradigma der analytischen Bioethik, in: Zeitschrift für philosophische Forschung, Bd. 55, Heft 1: 24-51.

Giusti, Miguel (1994): „Topische Paradoxien der kommunitaristischen Argumentation", in: *Deutsche Zeitschrift für Philosophie*, Jg. 42, Heft 5: 759-781.

Günther, Klaus (1994): „Was heißt: 'Jedem das Seine?'", in: Frankenberg, Günter (Hrsg.): *Auf der Suche nach der gerechten Gesellschaft*, Frankfurt/Main: 151-181.

Gutmann, Amy (1985): „Die kommunitaristischen Kritiker des Liberalismus", in: Honneth, Axel (Hrsg.): *Kommunitarismus*, Frankfurt/Main und New York 1993: 68- 83.

– (1989): „The Central Role of Rawls's Theory", in: *Dissent*, Jg. 36 (Sommer): 338-342.

– (1993): „Die kommunitaristischen Kritiker des Liberalismus", in: Honneth, Axel (Hrsg.): *Kommunitarismus*, Frankfurt/Main und New York: 68- 83.

– (1995): „Justice Across the Spheres", in: Miller, David/ Walzer, Michael (Hrsg.): *Pluralism, Justice and Equality*, New York: 99-119.

Habermas, Jürgen (1973): *Erkenntnis und Interesse*, Frankfurt/Main.

– (1981): *Theorie des kommunikativen Handelns*, 2 Bde., Frankfurt/Main.

– (1987): „Hannah Arendt", in: Ders.: *Philosophisch-politische Profile*, erweiterte und korrigierte Aufl., Frankfurt/Main: 223-248.

– (1991): *Staatsbürgerschaft und nationale Identität*, St. Gallen.

– (1992): *Faktizität und Geltung. Beiträge zur Diskurstheorie des Rechts und des demokratischen Rechtsstaats*, Frankfurt/Main.

– (1993): „Anerkennungskämpfe im demokratischen Rechtsstaat", in: Taylor, Charles: *Multikulturalismus und die Politik der Anerkennung*, Frankfurt/Main: 147-196.

– (1996): „Drei normative Modelle der Demokratie", in: Ders.: *Die Einbeziehung des Anderen. Studien zur politischen Theorie*, Frankfurt/Main: 277-292.

– (1997): „Versöhnung durch öffentlichen Vernunfgebrauch", in: *Zur Idee des politischen Liberalismus. John Rawls in der Diskussion*, hrsg. von der Philosophischen Gesellschaft Bad Homburg und W. Hinsch, Frankfurt/Main: 169-195.

Hartmann, Martin/Offe, Claus (Hrsg.) (2001): *Vertrauen. Die Grundlage des sozialen Zusammenhalts*, Frankfurt/Main und New York.

Haug, Sonja (1997): *Soziales Kapital. Ein kritischer Überblick über den aktuellen Forschungsstand*, Arbeitspapiere des Mannheimer Zentrums für europäische Sozialforschung, Arbeitsbereich II/Nr. 15, Mannheim.

Haus, Michael (2000): *Die politische Philosophie Michael Walzers. Kritik, Gemeinschaft, Gerechtigkeit*, Wiesbaden.

– (2002): „Der Begriff der Gemeinschaft in der politischen Philosophie Michael Walzers oder Systematische Rekonstruktion einer aus Überzeugung antisystematischen Perspektive", in: *Associations*, Jg. 6, Nr. 1/2002: 123-159.

Held, David (1997): *Models of Democracy*, 2. Aufl., Cambridge.

Hillmann, Karl-Heinz (1994): *Wörterbuch der Soziologie*, 4., überarbeitete und ergänzte Auflage, Stuttgart.

Hinsch, Wilfried (1992): „Einleitung", in: Rawls, John: *Die Idee des politischen Liberalismus*, Frankfurt/Main: 9-44.

– (1997): „Politischer Konsens in einer streitbaren Welt", in: *Zur Idee des politischen Liberalismus. John Rawls in der Diskussion*, hrsg. von der Philosophischen Gesellschaft Bad Homburg und W. Hinsch, Frankfurt/Main: 9-38.

Hirschberger, Johannes (1976): *Geschichte der Philosophie. Band I: Altertum und Mittelalter*, Freiburg/Br.

Höffe, Otfried (1995): „Ausblick: Aristoteles oder Kant – wider eine plane Alternative", in: Ders. (Hrsg.): *Aristoteles. Die Nikomachische Ethik*, Klassiker auslegen Bd. 2, Berlin: 277-304.

– (1996): *Aristoteles*, München.

Honneth, Axel (1993): „Posttraditionale Gemeinschaften. Ein konzeptueller Lösungsvorschlag", in Brumlik, Micha/Brunkhorst, Hauke (Hrsg.): *Gemeinschaft und Gerechtigkeit*, Frankfurt/Main: 260-270.

– (2001): *Leiden an Unbestimmtheit. Eine Reaktualisierung der Hegelschen 'Rechtsphilosophie'*, Stuttgart.

Horton, John/ Mendus, Susan (Hrsg.) (1994): *After MacIntyre: Critical Perspectives on the Work of Alasdair MacIntyre*, Cambridge.

Joas, Hans (1990): „Die Demokratisierung der Differenzierungsfrage. Die Krise des Fortschrittsglaubens und die Kreativität des kollektiven Handelns", in: *Soziale Welt*, Heft 1: 8-27.

– (1992): *Pragmatismus und Gesellschaftstheorie*, Frankfurt/Main.

– (1993): „Gemeinschaft und Demokratie in den USA. Die vergessene Vorgeschichte der Kommunitarismus-Diskussion", in: Brumlik, Micha/Brunkhorst, Hauke (Hrsg.): *Gemeinschaft und Gerechtigkeit*, Frankfurt/Main: 49-62.

– (1995): „Der Kommunitarismus – eine neue 'progressive Bewegung'?", in: *Forschungsjournal Neue Soziale Bewegungen*, Jg. 8, Nr. 3: 29-38.

Jung, Otmar (1999): „Siegeszug direktdemokratischer Institutionen als Ergänzung des repräsentativen Systems? Erfahrungen der 90er Jahre", in: von Arnim, Hans Herbert (Hrsg.): *Demokratie vor neuen Herausforderungen*, Berlin: 103-137.

Kagan, Robert A./Krygier, Martin/Winston, Kenneth (Hrsg.) (2002): *Legality and Community. On the Intellectual Legacy of Philip Selznick*, New York.

Kallscheuer, Otto (1990): „Michael Walzers kommunitärer Liberalismus oder Die Kraft der inneren Opposition", Nachwort zu Walzer, Michael: *Kritik und Gemeinsinn*, Berlin: 126-143.

– (1992): „Gemeinsinn und Demokratie. Hinter dem Etikett 'Kommunitarismus' verbirgt sich eine Debatte um das Selbstverständnis der USA", in: Zahlmann, Christa (Hrsg.): *Kommunitarismus in der Diskussion*, Berlin: 109-117.

– (1995a): „Was heißt schon Kommunitarismus?", in: *Forschungsjournal Neue soziale Bewegungen*, Jg. 8, Heft 3: 17-28.

– (1995b): „On Labels and Reasons: The Communitarian Approach – Some European Comments", in: Walzer, Michael: *Toward a Global Civil Society*, Providence: 133-145.

Kant, Immanuel (1793): *Über den Gemeinspruch: Das mag in der Theorie richtig sein, taugt aber nicht für die Praxis*, in: Werkausgabe Band XI, herausgegeben von W. Weischedel, Frankfurt/Main 1996.

Kersting, Wolfgang (1993): „Kant und die politische Philosophie der Gegenwart", Vorwort zu: Ders.: *Wohlgeordnete Freiheit. Immanuel Kants Rechts- und Staatsphilosophie*, 2. Aufl., Frankfurt/Main: 11-87.

– (1994a): *Die politische Philosophie des Gesellschaftsvertrages*, Darmstadt.

– (1994b): „Verfassung und kommunitäre Demokratie", in: Frankenberg, Günter (Hrsg.): *Auf der Suche nach der gerechten Gesellschaft*, Frankfurt/Main: 84-102.

– (1997): *Recht, Gerechtigkeit und demokratische Tugend. Abhandlungen zur praktischen Philosophie der Gegenwart*, Frankfurt/Main.

– (2000): *Politik und Recht. Abhandlungen zur politischen Philosophie der Gegenwart und zur neuzeitlichen Rechtsphilosophie*, Weilerswist.

Keyt, David (1991): „Aristotle's Theory of Distributive Justice", in: Ders./ Miller, Fred D. (Hrsg.): *A Companion to Aristotle's 'Politics'*, Oxford: 238-278.

Klein, Ansgar (2001): *Der Diskurs der Zivilgesellschaft*, Opladen.

Kneer, Georg (1997): „Zivilgesellschaft", in: Ders./Nassehi, Armin/Schroer, Markus (Hrsg.): *Soziologische Gesellschaftsbegriffe*, München: 228-251.

Korsgaard, Christine M. (1996): *The Sources of Normativity*, Cambridge.

Krause, Skadi/Malowitz, Karsten (1998): *Michael Walzer zur Einführung*, Hamburg.

Lehmbruch, Gerhard/Schmitter, Philippe C. (Hrsg.) (1982): *Patterns of corporatist policy-making*, London.

Luban, David (1980): „The Romance of the Nation-State", in: *Philosophy & Public Affairs*, Jg. 9, Nr. 4: 392-397.

Luhmann, Niklas (1984): *Soziale Systeme*, Frankfurt/Main.

– (2000): *Die Politik der Gesellschaft*, Frankfurt/Main.

MacIntyre, Alasdair (1987): *Der Verlust der Tugend. Zur moralischen Krise der Gegenwart*, Frankfurt/Main und NewYork (engl. *After Virtue. A Study in Moral Theory*, Notre Dame/Indiana 1981).

– (1988): *Whose Justice? Which Rationality?* Notre Dame/Indiana.

– (1990): *Three Rival Versions of Moral Enquiry. Encyclopaedia, Genealogy, and Tradition*, Notre Dame/Indiana.

– (1993): „Ist Patriotismus eine Tugend?", in: Honneth, Axel (Hrsg.): *Kommunitarismus*, Frankfurt/Main-New York: 84-102 (urspr. 1984).

– (1994): „A Partial Response to my Critics", in: Horton, John/ Mendus, Susan (Hrsg.): *After MacIntyre: Critical Perspectives on the Work of Alasdair MacIntyre*, Cambridge: 283-304.

– (1996): „Wahre Selbsterkenntnis durch Verstehen unserer selbst aus der Perspektive anderer" – Interview mit Dmitri Nikulin, in: *Deutsche Zeitschrift für Philosophie*, Jg. 44, Heft 4: 671-683.

Macpherson, C. B. (1967): *Die politische Theorie des Besitzindividualismus. Von Hobbes bis Locke*, Frankfurt/Main.

Malowitz, Karsten/Krause, Skadi (1998): *Michael Walzer zur Einführung*, Hamburg.

Mayer, Margit (2002): „Soziales Kapital und Stadtentwicklungspolitik – ein ambivalenter Diskurs", in: Haus, Michael (Hrsg.): *Bürgergesellschaft, soziales Kapital und lokale Politik. Theoretische Analysen und empirische Befunde*, Opladen: 33-58.

Martinsen, Renate (1992): „Theorien politischer Steuerung – Auf der Suche nach dem dritten Weg", in: Grimmer, Klaus et al. (Hrsg.): *Politische Techniksteuerung*, Opladen: 51-73.

Mayntz, Renate (1996): „Politische Steuerung. Aufstieg, Niedergang und Transformation einer Theorie", in: Beyme, Klaus von/Offe, Claus (Hrsg.): *Politische Theorie in der Ära der Transformation*, PVS-Sonderheft 26, Opladen: 148-167.

Mendus, Susan (1989): *Toleration and the Limits of Liberalism*, Basingstoke.

Meyer, Lutz (1996): *John Rawls und die Kommunitaristen. Eine Einführung in Rawls' Theorie der Gerechtigkeit und die kommunitaristische Kritik am Liberalismus*, Würzburg.

Meyer, Thomas (1999): „Sozialdemokratie und Kommunitarismus. Impulse für die politische Erneuerung", in: Alemann, Ulrich von/Heinze, Rolf G./Wehrhöfer, Ulrich (Hrsg.): *Bürgergesellschaft und Gemeinwohl*, Opladen: 25-46.

Miller, David (1994): „Virtues, Practices and Justice", in: Horton, John/Mendus, Susan (Hrsg.): *After MacIntyre. Critical Perspectives on the Work of Alasdair MacIntyre*, Cambridge: 245-264.

Miller, David/Walzer, Michael (Hrsg.) 1995: *Pluralism, Justice and Equality*, Oxford.

– (1999): *Principles of Social Justice*, Cambridge/Mass. und London.

Mouffe, Chantal (1993): „Democratic Citizenship and the Political Community", in: Dies.: *The Return of the Political*, London: 60-73.

Münkler, Herfried (1997): „Der kompetente Bürger", in: Klein, Ansgar/Schmalz-Bruns, Rainer (Hrsg.): *Politische Beteiligung und Bürgerengagement in Deutschland*, Bonn: 153-172.

Mulhall, Stephen/Swift, Adam (1992): *Liberals and Communitarians*, Oxford.

Niesen, Peter (1999): „Die politische Theorie des politischen Liberalismus: John Rawls", in: Brodocz, André/Schaal, Gary S. (Hrsg.): *Politische Theorien der Gegenwart. Eine Einführung*, Opladen: 17-41.

– (2001): „Volk-von-Teufeln-Republikanismus. Zur Frage nach den moralischen Ressourcen der liberalen Demokratie", in: Wingert, Lutz/Günther, Klaus (Hrsg.): *Die Öffentlichkeit der Vernunft und die Vernunft der Öffentlichkeit. Festschrift für Jürgen Habermas*, Frankfurt/Main: 568-604.

Nozick, Robert (1974): *Anarchy, State, and Utopia*, New York.

Nullmeier, Frank (2000): *Politische Theorie des Sozialstaates*, Frankfurt/Main und New York.

Nussbaum, Martha C. (1993): „Menschliches Tun und soziale Gerechtigkeit. Zur Verteidigung des aristotelischen Essentialismus", in: Brumlik, Micha/ Brunkhorst, Hauke (Hrsg.): *Gemeinschaft und Gerechtigkeit*, Frankfurt/Main: 323-361.

Offe, Claus (2001): „Wie können wir unseren Mitbürgern vertrauen?", in: Hartmann, Martin/Offe, Claus (Hrsg.) (2001): *Vertrauen. Die Grundlage des sozialen Zusammenhalts*, Frankfurt/Main und New York: 241-294.

Pfahl-Traughber, Armin (1996): Rezension zu Sandel (1995), in: *Politische Vierteljahresschrift*, Jg. 37, Heft 3: 609-610.

Philipp, Thomas (1998): *Rückwärtsgewandt in die Zukunft? Positionen und Perspektiven des kommunitarismus*, St. Augustin.

Pierre, Jon (Hrsg.) (2000): Debating Governance, Authority, Steering, and Democracy, Oxford.

Popper, Karl (1957/58): *Die offene Gesellschaft und ihre Feinde*, 2 Bde., Bern.

Probst, Lothar (1996): „Gesellschaft versus Gemeinschaft? Zur Tradition des dichotomischen Denkens in Deutschland", in: *Aus Politik und Zeitgeschichte*, 36/96: 29-35.

Putnam, Robert D. (1993): *Making Democracy Work. Civic Traditions in Modern Italy*, Princeton/New Jersey.

– (2000): *Bowling Alone. The Collapse and Revival of American Community*, New York.

Rapp, Christoph (1997): „War Aristoteles ein Kommunitarist?", in: *Internationale Zeitschrift für Philosophie*, Heft 1: 57-75.

Rawls, John (1975): *Eine Theorie der Gerechtigkeit*, Frankfurt/Main (überarbeitete Fassung des 1971 erschienen Originals *A Theory of Justice*, Cambridge/Mass.).

– (1992a): „Der Gedanke eines übergreifenden Konsenses", in: Ders.: *Die Idee des politischen Liberalismus. Aufsätze 1978-1989*, hrsg. von Wilfried Hinsch, Frankfurt/Main: 293-332.

– (1992b): „Der Bereich des Politischen und der Gedanke eines übergreifenden Konsenses", in: Ders.: *Die Idee des politischen Liberalismus. Aufsätze 1978-1989*, hrsg. von Wilfried Hinsch, Frankfurt/Main: 333-363.

– (1992c): „Der Vorrang der Grundfreiheiten" (Tanner Lectures on Human Values), in: Ders.: *Die Idee des politischen Liberalismus. Aufsätze 1978-1989*, hrsg. von Wilfried Hinsch, Frankfurt/Main: 159-254.

– (1992d): „Der Vorrang des Rechten und die Idee des Guten", in: Ders. (1992): *Die Idee des politischen Liberalismus Aufsätze 1978-1989*, hrsg. von Wilfried Hinsch, Frankfurt/Main: 364-397.

– (1992e): „Kantischer Konstruktivismus in der Moraltheorie" (Dewey Lectures), in: Ders.: *Die Idee des politischen Liberalismus Aufsätze 1978-1989*, hrsg. von Wilfried Hinsch, Frankfurt/Main: 80-158.

– (1997): „Das Ideal des öffentlichen Vernunftgebrauchs", in: *Zur Idee des politischen Liberalismus. John Rawls in der Diskussion*, hrsg. von der Philosophischen Gesellschaft Bad Homburg und W. Hinsch, Frankfurt/Main: 116-141.

– (1998): *Politischer Liberalismus*, übers. von W. Hinsch, Frankfurt/Main (engl. *Political Liberalism*, New York 1993).

– (2001): *Justice as Fairness. A Restatement*, Cambridge/Mass. und London.

Raulet, Gérard (1993): „Die Modernität der 'Gemeinschaft'", in: Brumlik, Micha/Brunkhorst, Hauke (Hrsg.): *Gemeinschaft und Gerechtigkeit*, Frankfurt/Main: 72-93.

Raz, Joseph (1986): *The Morality of Freedom*, Oxford.

Rehberg, Karl-Siegbert (1993): „Gemeinschaft und Gesellschaft – Tönnies und Wir", in: Brumlik, Micha/Brunkhorst, Hauke (Hrsg.): *Gemeinschaft und Gerechtigkeit*, Frankfurt/Main: 19-48.

Reese-Schäfer, Walter (1994): *Was ist Kommunitarismus?* Frankfurt-New York.

– (1997): *Grenzgötter der Moral. Der neuere europäisch-amerikanische Diskurs zur politischen Ethik*, Frankfurt/Main.

– (2000): *Politische Theorie heute. Neuere Tendenzen und Entwicklungen*, München und Wien.

– (2001): *Amitai Etzioni zur Einführung*, Hamburg.

Richter, Joachim (1969): „'Politik' und 'Ethik' in der praktischen Philosophie des Aristoteles", in: Ders.: *Metaphysik und Politik. Studien zu Aristoteles und Hegel*, Frankfurt/Main: 106-132.

Rorty, Richard (1988): „Der Vorrang der Demokratie vor der Philosophie", in: Ders.: *Solidarität oder Objektivität? Drei philosophische Essays*, Stuttgart: 82-125.

Rosa, Hartmut (1995): „Hypergüter der Moderne. Die konfliktreiche moralische Landkarte der Gegenwart", in: *Politische Vierteljahresschrift*, Jg. 36: 505-522.

– (1998a): *Identität und kulturelle Praxis. Politische Philosophie nach Charles Taylor*, Frankfurt/Main.

– (1998b): „Integration, Konflikt und Entfremdung – Die Perspektive des Kommunitarismus", in: Giegel, Hans-Joachim (Hrsg.): *Konflikt in modernen Gesellschaften*, Frankfurt/Main: 202-244.

– (1999): „Die politische Theorie des Kommunitarismus: Charles Taylor", in: Brodocz, André/Schaal, Gary S. (Hrsg.): *Politische Theorien der Gegenwart. Eine Einführung*, Opladen: 43-68.

Rosenblum, Nancy (1984): „Moral Membership in a Postliberal State", in: *World-Politics*, Jg. 36, Nr. 4, July: 581-596.

Rustin, Michael (1995): „Equality in Post-Modern Times", in: Miller, David/Walzer, Michael (Hrsg.): *Pluralism, Justice and Equality*, New York: 17-44.

Ryan, Alan (1985): „John Rawls", in: Skinner, Quentin (Hrsg.): *The Return of Grand Theory in the Human Sciences*, Cambridge: 101-119.

Sabl, Andrew (2002): „Community Organizing as Tocquevillian Politics: The Art, Practices, and Ethos of Association", in: *American Journal of Political Science*, Jg. 46, Nr. 1: 1-19.

Sandel, Michael (1982): *Liberalism and the Limits of Justice*, Cambridge/Mass.

– (1993): „Die verfahrensrechtliche Republik und das ungebundene Selbst", in: Honneth, Axel (Hrsg.): *Kommunitarismus*, Frankfurt/Main-New York: 18-35.

– (1995): *Liberalismus oder Republikanismus. Von der Notwendigkeit der Bürgertugend*, Wien.

Saretzki, Thomas (1996): „Wie unterscheiden sich Argumentieren und Verhandeln? Definitionsprobleme, funktionale Bezüge und strukturelle Differenzen von zwei verschiedenen Kommunikationsmodi", in: von Prittwitz, Volker (Hrsg.): *Verhandeln und Argumentieren. Dialog, Interessen und Macht in der Umweltpolitik*, Opladen: 19-39.

Scharpf, (1993): „Versuch über Demokratie im verhandelnden Staat", in: Czada, Roland/Schmidt, Manfred G. (Hrsg.): *Verhandlungsdemokratie, Interessenvermittlung, Regierbarkeit*, Opladen: 25-50.

Schmals, Klaus M./Heinelt, Hubert (1997): „Anspruch und Wirklichkeit ziviler Gesellschaften – Eine Diskussion mit offenem Horizont", in: Dies. (Hrsg.): *Zivile Gesellschaft. Entwicklung - Defizite - Potentiale*, Opladen: 9-25.

Schmalz-Bruns, Rainer (1992): „Civil Society – ein postmodernes Kunstprodukt? Eine Antwort auf Volker Heins", in: *Politische Vierteljahresschrift*, Jg. 33, Heft 2: 243-255.

– (1995): *Reflexive Demokratie. Die demokratische Transformation moderner Politik*, Baden-Baden.

Schmalz-Bruns, Rainer/Zintl, Reinhard (2002): *Politisches Vertrauen. Soziale Grundlagen reflexiver Kooperation*, Baden-Baden.

Schmidt, Manfred G. (1995): *Demokratietheorien. Eine Einführung*, Opladen.

Schmitt, Carl (1932): *Politische Theologie. Vier Kapitel zur Lehre von der Souveränität*, Berlin.

Schmitter, Philippe C. (1983): „Democratic Theory and Neocorporatist Practice", in: *Social Research*, Jg. 50, Nr. 4: 885-928.

Schlozman, Kay Lehman/Verba, Sidney/Brady, Henry E. (1999): „Civic Participation and the Equality Problem", in: Skocpol, Theda/Fiorina, Morris P. (Hrsg.): *Civic Engagement in American Democracy*, Washington, D.C.: 427-460.

Schlüter, Carsten/Clausen, Lars (Hrsg.) (1990): *Renaissance der Gemeinschaft? Stabile Theorie und neue Theoreme*, Berlin.

Schulze, Hagen (1999): *Staat und Nation in der europäischen Geschichte*, München.

Seel, Martin (1993): „Ethik und Lebensformen", in: Brumlik, Micha/Brunkhorst, Hauke (Hrsg.): *Gemeinschaft und Gerechtigkeit*, Frankfurt/Main: 244-259.

Selznick, Philip (1992): *The Moral Commonwealth. Social Theory and the Promise of Community*, Berkeley und Los Angeles.

– (2002): *The Communitarian Persuasion*, Washington, D.C.

Shapiro, Ian (1999): *Democratic Justice*, New Haven und London.

Shklar, Judith (1998): „The Work of Michael Walzer", in: Dies.: *Political Thought and Politial Thinkers*, hrsg. von Stanley Hoffmann, Chicago und London: 376-385.

Skinner, Quentin (Hrsg.) (1985): *The Return of Grand Theory in the Human Sciences*, Cambridge.

Sontheimer, Kurt (1978): *Antidemokratisches Denken in der Weimarer Republik. Die politischen Ideen des deutschen Nationalismus zwischen 1918 und 1933*, München.

Steinvorth, Ulrich (1999): *Gleiche Freiheit. Politische Philosophie und Verteilungsgerechtigkeit*, Berlin.

Sternberger, Dolf (1978): *Drei Wurzeln der Politik*, Frankfurt/Main.

Taylor, Charles (1975): „Neutralität in der politischen Wissenschaft", in: Ders.: *Erklärung und Interpretation in den Wissenschaften vom Menschen*, Frankfurt/Main 14-64 (urspr. 1967).

– (1983): *Hegel*, Frankfurt/Main.

– (1985a): *Philosophical Papers 1: Human Agency and Language*, Cambridge.

– (1985b): *Philosophical Papers 2: Philosophy and the Human Sciences*, Cambridge.

- (1986a): „Sprache und Gesellschaft", in: Honneth, Axel/Joas, Hans (Hrsg.): *Kommunikatives Handeln. Beiträge zu Jürgen Habermas' 'Theorie des kommunikativen Handelns'*, Frankfurt/Main: 35-52.
- (1986b): „Die Motive einer Verfahrensethik", in: Kuhlmann, Wolfgang (Hrsg.): *Moralität und Sittlichkeit*, Frankfurt/Main: 101-135.
- (1988a): „Was ist menschliches Handeln?", in: Ders.: *Negative Freiheit? Zur Kritik des neuzeitlichen Individualismus*, Frankfurt/Main: 9-51.
- (1988b): „Der Irrtum der negativen Freiheit", in: Ders.: *Negative Freiheit? Zur Kritik des neuzeitlichen Individualismus*, Frankfurt/Main: 118-144.
- (1988c): „Wesen und Reichweite distributiver Gerechtigkeit", in: Ders.: *Negative Freiheit? Zur Kritik des neuzeitlichen Individualismus*, Frankfurt/Main: 145-187.
- (1989): „Die Beschwörung der *Civil Society*", in: Michalski, Krzysztof (Hrsg.): *Europa und die Civil Society*, Castelgandolfo-Gespräche 1989, Stuttgart: 52-81.
- (1993a): „Aneinander vorbei: Die Debatte zwischen Liberalismus und Kommunitarismus", in: Honneth, Axel (Hrsg.): *Kommunitarismus*, Frankfurt/Main: 103-130.
- (1993b): *Multikulturalismus und die Politik der Anerkennung*, Frankfurt/Main (engl. *Multiculturalism and 'The Politics of Recognition'*, Princeton/NJ).
- (1993c): „Der Begriff der 'bürgerlichen Gesellschaft' im politischen Denken des Westens", in: Brumlik, Micha/Brunkhorst, Hauke (Hrsg.): *Gemeinschaft und Gerechtigkeit*, Frankfurt/Main: 117-148.
- (1994a): „Shared and Divergent Values", in: Ders.: *Reconciling the Solitudes. Essays on Canadian Federalism and Nationalism*, hrsg. von Guy Laforest, Montreal u.a.: 155-186.
- (1994b): Why Do Nations Have to Become States?", in: Ders.: *Reconciling the Solitudes. Essays on Canadian Federalism and Nationalism*, hrsg. von Guy Laforest, Montreal u.a.: 40-58.
- (1995a): *Das Unbehagen an der Moderne*, Frankfurt/Main (engl. *The Ethics of Authenticity*, Cambridge/Mass. 1991).
- (1995b): „Atomismus", in: van den Brink, Bert/van Reijen, Willem (Hrsg.): *Bürgergesellschaft, Recht und Demokratie*, Frankfurt/Main: 73-106.
- (1996a): *Quellen des Selbst. Die Entstehung der neuzeitlichen Identität*, Frankfurt/Main (engl. *Sources of the Self. The Making of the Modern Identity*, Cambridge/Mass. 1989).
- (1996b): „A World Consensus on Human Rights?", in: *Dissent*, Jg. 43 (Sommer): 15-21.
- (1999): „A Catholic Modernity?", in: Heft, James L. (Hrsg.): *A Catholic Modernity? Charles Taylor's Marianist Award Lectures*, Oxford und New York: 13-37.
- (2002a): „Wieviel Gemeinschaft braucht die Demokratie?", in: Ders.: *Wieviel Gemeinschaft braucht die Demokratie? Aufsätze zur politischen Philosophie*, Frankfurt/Main: 11-29.
- (2002b): „Demokratie und Ausgrenzung", in: Ders.: *Wieviel Gemeinschaft braucht die Demokratie? Aufsätze zur politischen Philosophie*, Frankfurt/Main: 30-50.
- (2002c): „Nationalismus und Moderne", in: Ders.: *Wieviel Gemeinschaft braucht die Demokratie? Aufsätze zur politischen Philosophie*, Frankfurt/Main: 140-165.
Thaa, Winfried (1999): „Die notwendige Partikularität des Politischen", in: *Zeitschrift für Politik*, Jg. 46, Nr. 4: 404-423.
Thigpen, Robert B. (1984): „Michael Walzer's Political Theory of the Common Life", in: *The Political Science Reviewer*, Jg. 14: 133-163.
Tocqueville, Alexis de (1987): *Über die Demokratie in Amerika*, 2 Bde., Zürich.
Tönnies, Ferdinand (1979): *Gemeinschaft und Gesellschaft. Grundbegriffe der reinen Soziologie*, Neudruck der 8. Aufl. von 1935, Darmstadt (urspr. 1881 bzw. 1887).
Tönnies, Sybille (1995): *Der westliche Universalismus. Eine Verteidigung klassischer Positionen*, Opladen.
- (1996): „Kommunitarismus – diesseits und jenseits des Ozeans", in: *Aus Politik und Zeitgeschichte*, B 36/96: 13-19.

Vilmar, Fritz/Runge, Brigitte (1986): *Auf dem Weg zur Selbsthilfegesellschaft? 40.000 Selbsthilfegruppen: Gesamtüberblick, polit. Theorie und Handlungsvorschläge*, Essen.

Vorländer, Hans (1995): „Ein vorläufiges Nachwort zur deutschen Kommunitarismusdebatte", in: *Forschungsjournal Neue soziale Bewegungen*, Jg. 8, Nr. 3: 39-43.

Walzer, Michael (1970): *Obligations. Essays on Disobedience, War and Citizenship*, Cambridge/Mass.

– (1971): *Political Action. A Practical Guide to Movement Politics*, Chicago.

––(1973): „Political Action: The Problem of Dirty Hands", in: Philosophy & Public Affairs, Jg. 2, Nr. 2: 160 – 180.

– (1980a): „Introduction: Radical Principles", in: Ders.: *Radical Principles. Reflections of an Unreconstructed Democrat*, New York: 3-19.

– (1980b): „The Moral Standing of States: A Response to Four Critics", in: *Philosophy & Public Affairs*, Jg. 9, Nr. 3: 209-229.

– (1980c): „In Defense of Equality", in: Ders.: *Radical Principles. Reflections of an Unreconstructed Democrat*, New York: 237- 256.

– (1980d): „Dissatisfaction in the Welfare State", in: Ders.: *Radical Principles. Reflections of an Unreconstructed Democrat*, New York: 23-53.

– (1981): „Philosophy and Democracy", in: *Political Theory*, Jg. 9, Nr. 3: 379-399.

– (1982): *Gibt es den gerechten Krieg?* Stuttgart (engl. *Just and Unjust Wars. A Moral Argument with Historical Illustrations*, New York, 2. Auflage mit neuem Vorwort 1992).

– (1986): „Justice Here and Now", in: Lucash, Frank (Hrsg.): *Justice and Equality Here and Now*, Ithaca: 136-150.

– (1988a): „Socializing the Welfare State", in: Gutmann, Amy (Hrsg.): *Democracy and the Welfare State*, Princeton: 13-26.

– (1989): „A Critique of Philosophical Conversation", in: *The Philosophical Forum*, Jg. 21, Nr. 1-2: 182-196.

– (1990a): *Kritik und Gemeinsinn*, Berlin (engl. *Interpretation and Social Criticism*, Cambridge, Mass. 1987).

– (1990b): „Zwei Arten des Universalismus", in: *Babylon. Beiträge zur jüdischen Gegenwart*, Heft 7: 7-25.

– (1991): *Zweifel und Einmischung. Gesellschaftskritik im 20. Jahrhundert*, Frankfurt/Main (engl. *The Company of Critics. Social Criticism and Political Commitment in the Twentieth Century*, New York 1988).

– (1992a): *Sphären der Gerechtigkeit. Ein Plädoyer für Pluralität und Gleichheit*, Frankfurt/Main (engl. *Spheres of Justice, A Defence of Pluralism and Equality*, New York 1983).

– (1992b): „Was heißt zivile Gesellschaft?", in: Ders.: *Zivile Gesellschaft und amerikanische Demokratie*, Berlin: 64-97.

– (1992c): „Liberalismus und die Kunst der Trennung", in: Ders.: *Zivile Gesellschaft und amerikanische Demokratie*, Berlin: 38-63.

– (1992d): „Für eine Politik der Differenz", in: Ders.: *Zivile Gesellschaft und amerikanische Demokratie*, Berlin: 228-240.

– (1992e): „Republikanische Tugend und zivile Toleranz", in: Ders.: *Zivile Gesellschaft und amerikanische Demokratie*, Berlin: 171-196.

– (1992f): „Ethnischer Pluralismus und politische Demokratie", in: Ders.: *Zivile Gesellschaft und amerikanische Demokratie*, Berlin: 140-170.

– (1992g): „Scenarios for Possible Lefts", in: *Dissent*, Jg. 39 (Herbst): 466-469

– (1992h): „Das neue Stammeswesen", in: Ders.: *Zivile Gesellschaft und amerikanische Demokratie*, Berlin: 115-137.

– (1993a): „Objectivity and Social Meaning", in: Nussbaum, Martha C. (Hrsg.): *The Quality of Life*, New York: 165-177.

- (1993b): „Die kommunitaristische Kritik am Liberalismus", in: Honneth, Axel (Hrsg.) *Kommunitarismus*, Frankfurt/Main-New York: 157-180.
- (1993c): „Exclusion, Injustice, and the Democratic State", in: *Dissent*, Jg. 40 (Winter): 55-64.
- (1993d): „Kommentar", in: Taylor, Charles: *Multikulturalismus und die Politik der Anerkennung*, Frankfurt/Main: 109-115.
- (1994a): „Wieviel Gemeinschaft braucht der Mensch?" in: *Babylon*, Heft 13-14: 39-60.
- (1994b): „Multiculturalism and Individualism", in: *Dissent*, Jg. 41 (Frühjahr): 185-191.
- (1995): „Response", in Miller, David/Walzer, Michael (Hrsg.): *Pluralism, Justice and Equality*, Oxford: 281-297.
- (1996a): *Lokale Kritik – globale Standards: zwei Formen moralischer Auseinandersetzung*, Berlin (engl. *Thick and Thin: Moral Argument at Home and Abroad*, Notre Dame 1994).
- (1996b): „On Negative Politics", in: Yack, Bernard (Hrsg.): *Liberalism without Illusions. Essays on Liberal Theory and the Political Vision of Judith Shklar*, Chicago: 17-24.
- (1998a): *Über Toleranz*, Berlin (engl.: *On Toleration*, The Castle Lectures in Ethics, Politics, and Economics, Yale 1997).
- (1998b): „Pluralism and Social Democracy", in: *Dissent*, Jg. 45 (Winter): 47-53.
- (1998c): „Drawing the Line: Religion and Politics", in: *Soziale Welt*, Jg. 49, Nr. 3: 295-308.
- (1998d): „On Involuntary Association", in: Gutmann, Amy (Hrsg.): *Freedom of Association*, Princeton: 64-74.
- (1999): *Vernunft, Politik und Leidenschaft. Defizite liberaler Theorie*, Max Horkheimer-Vorlesungen 1998, Frankfurt/Main.
- Warnke, Georgia (1989): „Social Interpretation and Political Theory: Walzer and his Critics", in: *The Philosophical Forum*, Vol. XXI, Herbst/Winter: 204-226.
- Warren, Mark E. (Hrsg.) (1999): *Democracy and Trust*, Cambridge.
- Weber, Max (1980): *Wirtschaft und Gesellschaft. Grundriß der verstehenden Soziologie*, 5., rev. Aufl., Tübingen (urspr. 1927).
- (1988): „Die 'Objektivität sozialwissenschaftlicher und sozialpolitischer Erkenntnis", in: Ders.: *Gesammelte Aufsätze zur Wissenschaftslehre*, hrsg. von J. Winckelmann, 7. Aufl., Tübingen: 146-214 (urspr. 1904).
- Wellmer, Albrecht (1993): „Bedingungen einer demokratischen Kultur. Zur Debatte zwischen Liberalen und Kommunitaristen", in: Brumlik, Micha/Brunkhorst, Hauke (Hrsg.): *Gemeinschaft und Gerechtigkeit*, Frankfurt/Main: 173-196.
- Willke, Helmut (1992): *Ironie des Staates. Grundlinien einer Staatstheorie polyzentrischer Gesellschaften*, Frankfurt/Main.
- (1996): *Systemtheorie III: Steuerungstheorie. Grundzüge einer Theorie der Steuerung komplexer Sozialsysteme*, 2. Aufl., Stuttgart.
- Wittgenstein, Ludwig (1995): *Philosophische Untersuchungen*, Werkausgabe Band 1, 10. Auflage, Frankfurt/Main.
- Young, Iris M. (2000): *Inclusion and Democracy*, Oxford.

MIX
Papier aus verantwortungsvollen Quellen
Paper from responsible sources
FSC® C105338

If you have any concerns about our products,
you can contact us on
ProductSafety@springernature.com

In case Publisher is established outside the EU,
the EU authorized representative is:
**Springer Nature Customer Service Center GmbH
Europaplatz 3, 69115 Heidelberg, Germany**

Printed by Libri Plureos GmbH
in Hamburg, Germany